Bruno Bauch

Das Substanzproblem in der griechischen Philosophie bis zur Blütezeit

Verone

Bruno Bauch

Das Substanzproblem in der griechischen Philosophie bis zur Blütezeit

1st Edition | ISBN: 978-9-92500-043-2

Place of Publication: Nikosia, Cyprus

Erscheinungsjahr: 2015

TP Verone Publishing House Ltd.

Bauch beschreibt das Substanzproblem in der griechischen Philosophie bis zur Blütezeit, Nachdruck des Originals von 1910.

Bruno Bauch

Das Substanzproblem in der griechischen Philosophie bis zur Blütezeit

Verone

Das Substanzproblem
in der griechischen Philosophie bis zur Blütezeit

(Seine geschichtliche Entwicklung in systematischer Bedeutung)

Von

Dr. Bruno Bauch
Privatdozent an der Universität Halle a. S.

Wilhelm Windelband

in

aufrichtiger, herzlicher Verehrung.

Vorwort.

Die Anfänge dieser Arbeit liegen für mich schon sehr weit zurück, viel weiter als alles, was ich bisher veröffentlicht habe. Der Gedanke, überhaupt einmal dem Substanzprobleme bei den Griechen nachzugehen, kam mir vor mehr als einem Jahrzehnt, schon in meinen letzten Studentenjahren. Das war in dem Platon-Seminar des Mannes, dessen Namen dieses Buch, wie ich hoffe: nicht ganz unwürdig, an der Spitze tragen darf, und der für mich unvergleichlich viel mehr bedeutet, als daß er mir gerade in jener Zeit zuerst und eigentlich das Verständnis für die beiden, nicht etwa bloß hinsichtlich meiner persönlichen Entwickelung wichtigsten, sondern auch in der Geschichte meiner Wissenschaft größten Denker — für Platon und für Kant — wie für diese Wissenschaft selbst und ihre Geschichte erschließen half. —

Als ich in meiner Straßburger Zeit die «Entdeckung» gemacht zu haben glaubte, daß die «erste Analogie der Erfahrung» eine ganz merkwürdige Anwendung in Platons Unsterblichkeitslehre gefunden, da ahnte ich freilich in meiner naiven Entdeckerfreude noch nicht, wie untergeordnet dieses Moment im Verhältnis zur ganzen Fülle problemgewaltiger Kraft, die der Substanzbegriff im Systeme Platons als Ganzem entfaltet, ist, und daß ich später einmal in einem Buche dieses Moment in einer kurzen Bemerkung bloß erwähnen sollte. Nur entdeckte ich, — und ich darf sagen: mit reiner Freude, ohne Neid — daß meine «Entdeckung» — so ungefähr ein Jahrhundert vorher schon gemacht war, von Schleiermacher nämlich. Immerhin befestigte sich damals in mir schon der Plan, meinem Problem einmal nicht bloß bei Platon, sondern, wenn möglich, überhaupt in der griechischen Philosophie bis Aristoteles nachzuspüren.

Der Gründe, die die Fertigstellung und den Abschluß der Arbeit eine lange Reihe von Jahren aufhielten, waren mancherlei. Sie lagen teils im gleichzeitigen Vorhaben anderer Arbeiten, teils in der Natur gerade dieses Problems selbst. Das ganze Denken der Griechen — ich meine selbstverständlich: in theoretischer Hinsicht — rankt sich in gewisser Weise um das Substanzproblem. Die Gefahr, der manchmal sonst Problemmonographien ausgesetzt sein mögen, daß sie, wie ein witziger Kopf (ich weiß nicht, welcher) gesagt hat, leicht «dicke Bücher mit viel Gelehrsamkeit und wenig Gedanken» abgeben, bestand also für meine Untersuchung nicht; und zwar ganz ohne mein Verdienst. Wie nämlich die soeben erwähnte Monographiencharakteristik, soweit sie überhaupt berechtigt ist, ihren Grund keineswegs etwa weniger in denen findet, die die Probleme bearbeiten, als in den Problemen selbst, so will ich es umgekehrt durchaus nicht als mein persönliches Verdienst in Anspruch nehmen, wenn bei mir die Sache anders liegen sollte. Eben diese Sache, d. h. der Reichtum des griechischen Geistes, der sich an diesem einen Problem entlädt, mag dafür die Begründung hergeben. Es ist, wie Windelband es ausgesprochen hat, «das Grundproblem der griechischen Philosophie, wie hinter der wechselnden Mannigfaltigkeit der Erscheinungen ein einheitliches und bleibendes Sein zu denken sei». Das Substanzproblem innerhalb der griechischen Philosophie verfolgen heißt darum nichts Anderes, als die theoretische Philosophie der Griechen unter dem Gesichtspunkte des Substanzproblems betrachten. Da war also wahrlich keine Armut des gedanklichen Stoffes durch Reichtum an Gelehrsamkeit zu verdecken. Im Gegenteil forderte die Fülle des Stoffes, den der griechische Geist darzubieten hat, in Sachen alles bloß gelehrtenhaften Beiwerkes die äußerste Beschränkung auf das, was nun einmal für eine wissenschaftliche Untersuchung unerläßlich ist. Diese Beschränkung war in solchem Maße notwendig, daß zum Schluß die Mühe, einst getane Arbeit wegzuwerfen (auch das muß man ja tun können), manchmal nicht geringer war als die, einst geleistete Arbeit für die schriftliche Darstellung zu verwerten. Darum habe ich, wie mir überhaupt das Positive mehr gilt, bei der letzten Ausarbeitung vor allem die literarische Polemik auf ein Minimum reduziert. Die Auswahl war beherrscht von dem Gesichtspunkte, daß sie überhaupt lohne, indem sie durch Klärung für das Verständnis wenigstens positive Ansatzpunkte biete. Dagegen ist aus der Literatur nach bestem Wissen und Gewissen nichts von dem unerwähnt geblieben, dem ich irgendwie positiv zu Dank verpflichtet bin. Mit besonderer Dankbarkeit möchte ich hier der grundlegenden philologischen Arbeiten von Diels für das Gebiet der vorsokratischen Philosophie gedenken. Ihnen schulde ich für die Einsicht in dieses Gebiet, also für den grundlegenden Teil meiner Untersuchung und damit auch für diese, als Ganzes genommen, nächst Wort und Schrift meines Lehrers Windelband, am meisten. Gerade weil mir die «Passionsstraße» durch die Originaltexte und der Stand von deren Ausgaben im Laufe meiner Arbeit nicht ganz unbekannt geblieben ist, ist mir vollkommen klar, was Diels' philologische Arbeiten auch für die philosophiegeschichtliche Forschung bedeuten, so wenig ich freilich umgekehrt meiner philosophiegeschichtlichen Arbeit auch nur den geringsten philologischen Anspruch zuweisen darf. Mir persönlich waren jene auf dem Pfade meiner Untersuchung stete Begleiter und Wegweiser. Ich habe darum — um auch dieses äußere Moment hier nicht unerwähnt zu lassen — nicht nur die eigentlichen Fragmente entweder direkt nach Diels zitiert oder doch den Originalstellen Diels' Zählung beigefügt, sondern auch bei dem weiteren historischen doxographischen Material an manchen Punkten, die mir besonders wichtig schienen, die Stellen bei Diels mitangegeben; und zwar der Einheitlichkeit wegen nach der Ausgabe der Vorsokratiker. Daß ich daneben Mullachs Sammlung nicht mehr verwendet habe, wird mir der Kundige nicht als historische Ungerechtigkeit auslegen. Ich brauche mich dafür nicht besonders zu rechtfertigen. Diels' Urteil darüber (Fragm. S. VI) ist Rechtfertigung genug.

Vielleicht erwartet mancher zum Schluß noch eine Erklärung darüber, was ich mit meiner Arbeit anstrebe, wenn ich sie als eine Untersuchung der geschichtlichen Entwickelung des Sub-

stanzproblems in systematischer Bedeutung auffasse. Soweit das
für das Verständnis meiner Arbeit notwendig ist, soll darüber
die Einleitung Aufschluß geben. Soweit diese das nicht tut,
wäre eine besondere methodologische Abhandlung erfordert, zu
der das Vorwort nicht bestimmt sein kann. Hier sei nur soviel
gesagt, wie nötig ist, um Mißverständnissen vorzubeugen: Jede
Erscheinung, die der Geschichte der Philosophie angehört, hat eine
systematische Bedeutung. Sonst wäre sie eben keine geschichtliche Erscheinung. Ohne eine Bedeutung wäre die Geschichte
sinnlos, und sinnlos wäre alle historische Arbeit. Einer geschichtlichen Erscheinung innerhalb der Philosophie eine systematische
Bedeutung anerkennen heißt darum aber nicht: sie in ein bestimmtes System zwängen, sie in ein System oder ein System
in sie hineinprojizieren, das ihr historisch-genetisch fremd ist.
Ohne systematische Voreingenommenheit und gänzlich vorur-
teilslos gilt es die historische Erscheinung in der Bedeutung zu
verstehen, in der sie sich selber darstellt. Damit aber, daß wir
einer Erscheinung, eben weil sie geschichtlich ist, auch eine Bedeutung zusprechen, sind wir auf der anderen Seite weit davon
entfernt, die Geschichte nach dem Rezepte aufzufassen: «Die
Geschichte nehme man hin, aber man mache sich keine Gedanken über sie». Das ist eine oft zwar nur stillschweigend ge-
pflogene, manchmal auch schamlos genug offen ausgesprochene
Maxime. Wenn einer so denkt, mag er nun der Geschichte
überhaupt in stolzer Ignoranz gegenüberstehen, mag er immerhin im Troß bloßer Geschichtsgepäckträger mitlaufen — wenn
er nur überhaupt so denkt, so macht er sich ja schon über die
Geschichte seine Gedanken. Sie sind freilich auch danach. Sie
stehen, wenn sie nicht gar innerlich unwahrhaftig sind, zum
mindesten logisch auf sehr schwachen und kurzen Beinen. Ihnen
ist die Welt der Geschichte stumm geblieben. Um des Himmels
willen verwechsele man also nicht die historische Unvoreinge-
nommenheit mit prinzipieller Gedankenlosigkeit und bedenke:
**Wahrhaft historisch ist allein das, was nicht allein
historisch ist.** Denn wahrhaft historisch ist es nur durch
seine überhistorische Bedeutung, nicht deshalb, weil es überhaupt
einmal gewesen ist.

Also weder mit der Präokkupation für ein bestimmtes System hat die Frage nach der systematischen Bedeutung einer historischen Tatsache etwas zu schaffen, noch ist die historische Tatsächlichkeit ein bedeutungsloses factum brutum. Wir können sie schlechterdings von einer Bedeutung nicht trennen. Ohne die Anerkennung dieser Bedeutung ist aller Respekt vor den historischen Tatsachen leere Phrase. Nur liegt eine Bedeutung in philosophischer Beziehung nicht notwendig darin, Bedeutung für ein System, sondern darin, Bedeutung für die Bearbeitung einer systematischen Aufgabe, für ein systematisches Problem zu sein. Die Arbeit am Substanzproblem und ihr Ertrag innerhalb der griechischen Philosophie — das also ist es, was seine geschichtliche Entwickelung in systematischer Bedeutung charakterisiert.

Alles in allem genommen ist also der Untertitel meiner Arbeit, unter logischem Betracht, eine Tautologie. Ich bin mir dessen bewußt, füge ihn aber trotzdem hinzu. Denn für das geschichtliche Denken unserer Zeit im allgemeinen ist unsere logische Tautologie leider selbst noch keine historische.

Mit diesen Bemerkungen kann ich es hier bewenden lassen. Für jeden, der wirklich historisch zu denken vermag, der in der Geschichte einen Sinn erkennt und dem, allein aus diesem Grunde, die geschichtliche Forschung mehr ist, als eine Kuriositätensammlung, werden sie vollkommen für eine Orientierung über die Absicht meiner Arbeit genügen. Wer freilich in der Geschichte und in geschichtlicher Arbeit keinen Sinn erkennt, den könnte ich zum Verständnis nicht zwingen, auch wenn ich noch ausführlicher würde. Darum lasse ich es mit dieser Vorbemerkung genug sein.

Es sei mir nur noch gestattet, meinem verehrten Verleger, Herrn O. Winter in Heidelberg, für sein freundliches Eingehen auf alle meine Wünsche den besten Dank auszusprechen; ebenso Herrn Dr. K. Bache in Halle, der die Freundlichkeit hatte, die Korrekturen dieses Buches zu lesen.

Halle a. S. im Januar 1910.

Bruno Bauch.

Inhalt.

			Seite
Einleitung		. . . .	1
1. Kapitel.		Die Anfänge der Naturphilosophie bei den Ioniern	10
2.	„	Die eleatische Schule	38
3.	„	Die Anfänge der naturwissenschaftlichen Begriffsbildung innerhalb der Naturphilosophie	63
4.	„	Die Anfänge der mathematischen Begriffsbildung	91
5.	„	Die Negation der wissenschaftlichen Erkenntnis	108
6.	„	Der Substanzbegriff innerhalb des Systems des Idealismus .	130
7.	„	Der Substanzbegriff innerhalb des Aristotelischen Systems .	217

Einleitung.

«Es gibt ein Etwas, das konstant bleibt.» So ist in der neuesten Zeit eine der Grundvoraussetzungen aller exakten Forschung von dieser selbst formuliert worden. Als was immer nun sich dieses «ein Etwas» herausstellen möchte, ob es sich, wie in dem Zusammenhange, in dem hier bei Poincaré[1] der Satz steht, um die Energie handelt, ob man das «Etwas» als Äther, als Materie, als Bewegung, als Zahl, als Geist oder als Idee oder wie immer sonst charakterisiere und welchen Inhalt man auch immer jener allgemeinen Formel gebe, darauf kommt es uns zunächst nicht an. Und gerade das ist das Entscheidende, daß sich für unser Problem zunächst Form und Inhalt unterscheiden müssen, um das Problem überhaupt scharf und deutlich stellen zu können. Das Problem eines überhaupt konstanten Etwas steht allein zur Diskussion. Wir untersuchen von vornherein also nicht einen seiner möglichen Inhalte; nicht Energie, Bewegung, Zahl, Geist, Idee, oder Materie, wie das hinsichtlich dieser letzten ja für die griechische Philosophie Clemens Bäumker getan hat.[2] Vielmehr fragen wir erst nach jener allgemeinen Bestimmung dieses Problems, um zu sehen, welche mannigfachen Bestimmungen inhaltlicher Art das griechische Denken für jene allgemeine Form versucht hat. Bedarf dafür jene an die Spitze gestellte allgemeine Formel immerhin noch in einer Hinsicht eine exaktere Präzision, so

---

[1] Poincaré, Wissenschaft und Hypothese, deutsch von F. und L. Lindemann, S. 134.
[2] Clemens Bäumker, Das Problem der Materie in der griechischen Philosophie. Münster 1890.

ist sie für unser Problem gerade wegen ihrer Allgemeinheit von Bedeutung, weil, auch trotz der Notwendigkeit einer exakteren Bestimmung, die wir bald an ihre Stelle setzen werden, gerade an ihr die methodologische Grundforderung einer historischen Problemuntersuchung, einer problemgeschichtlichen Forschung überhaupt deutlich wird: Zu den Errungenschaften der an der kritischen Philosophie orientierten Methodologie historischer Forschung gehört die Einsicht, daß die historisch-genetische Betrachtungsweise implizite immer schon die systematisch-kritische Fragestellung zur logischen Voraussetzung hat. Wenn der Historiker etwas in seiner geschichtlichen Entstehung und Entwickelung verstehen will, so muß er zunächst wissen, was denn das ist, was er in seiner geschichtlichen Entstehung und Entwickelung verstehen will. Er kann nicht Staaten-, Sitten-, Rechts-, Moral-, Kunst-, Wissenschafts-, Kulturgeschichte usw. treiben, ohne die Begriffe von Staat, Sitte, Recht, Moral, Kunst, Wissenschaft, Kultur usw. vorauszusetzen. So bedarf jede historische Wissenschaft implizite der begrifflichen Fundamentierung, und die Methodenlehre der geschichtlichen Forschung sucht in logischer Analyse die begrifflichen Fundamente selbst explizite zu ermitteln.

Für die Philosophie, der die Methodologie als Sonderdisziplin zuständig ist, wird dies bedeutsam. Denn dadurch allein kann ihre eigene geschichtliche Disziplin zur philosophischen Disziplin selber werden, kann die Geschichte der Philosophie selbst philosophischen Gehalt erlangen. Sie hört auf, eine mehr oder minder interessante Sammlung von «allerlei Meinungen über alles Mögliche und verschiedenes Anderes» zu sein, sie wird vielmehr zur Wissenschaft von der geschichtlichen Entwickelung der philosophischen Probleme selbst, die nicht bloß implizite, sondern explizite systematisch-kritisch orientiert ist. Damit treten die philosophischen Begriffe als solche in den Vordergrund der philosophie-geschichtlichen Betrachtungsweise. Ihre systematisch-wissenschaftliche Bedeutung gilt es in geschichtlicher Ermittelung zu verstehen.

Diese Ermittelung ist aber schon durch unsere erste Überlegung, daß man, um etwas in seiner geschichtlichen Entwicke-

lung zu verstehen, bereits wissen muß, was man denn in dieser
seiner geschichtlichen Entwickelung verstehen will, in ihrem
Charakter logisch determiniert. Danach muß, sobald es sich
um die Geschichte eines bestimmten Begriffes — man erlaube
mir einstweilen noch diesen Ausdruck, ohne die eben jetzt erst
in Angriff zu nehmende genaue Präzision — handelt, der Begriff selbst schon, um ihn geschichtlich bestimmen und durch
die Geschichte verfolgen zu können, vorausgesetzt sein. Liegt
aber in dem Begriff der Geschichte und der geschichtlichen
Entwickelung nicht selbst Wandel und Wechsel eingeschlossen,
geht damit aber nicht gerade jener bleibende Richtpunkt, nach
dem die Entwickelung geschichtlich bemessen werden soll, in
dem geschichtlichen Wandel und Wechsel selbst verloren, sofern man mit einer wirklich begriffsgeschichtlichen Untersuchung
auch wirklich Ernst macht? So wahr und sicher es sein mochte,
daß wir etwa den Begriff der Kultur voraussetzen müssen, um
die Geschichte der Kultur verstehen zu können, so unsicher
und schwankend scheint doch unsere Voraussetzung zu werden,
sobald wir z. B. nun etwa den Begriff der Kultur selbst in die
historische Betrachtung einbeziehen. Wandelt und wechselt er
nicht selbst in der Geschichte, und geht uns damit nicht bloß
der ruhende Pol in der Erscheinungen Flucht verloren, sondern
begehen wir damit nicht die Absurdität, der Erscheinungen
Flucht für den ruhenden Pol selber auszugeben, um sie in einer
petitio principii an sich selber geschichtlich zu messen; eine
Art Münchhauseniade, als wollte man versuchen, den Meter-
stab an sich selber zu messen?

Nun, die Schwierigkeit ist nicht unüberwindlich. Ihre
Überwindung wird uns sogar gleich den Schlüssel des Verständnisses für die begriffsgeschichtliche Methodik überhaupt
geben. Jedes Zeitalter hat seine eigene besondere Kultur, und
darum ist zuzugeben, daß es, um zunächst noch bei unserem
Beispiele zu bleiben, seine eigene Auffassung vom Wesen der
Kultur hat, daß also die Auffassung vom Wesen der Kultur
im Laufe der Geschichte selber wechseln mag. Allein damit
man diese Auffassung eben als Auffassung vom Wesen der
Kultur ansehen und beurteilen kann, ist der Begriff der Kultur

selbst schon als Kriterium der Beurteilung vorausgesetzt. Die Schwierigkeit beruhte nur auf einer vorläufig nicht scharf gefaßten Unterscheidung zwischen dem Begriffe als solchem, und der Art und Weise, wie sich das geschichtliche Denken des vom Begriffe umschlossenen Wahrheitsgehaltes bemächtigt. Begriffe als solche geschehen nicht, sind keine geschichtlichen Ereignisse, also an sich selbst überhaupt nicht geschichtlich. Geschichtlich ist in Rücksicht auf sie immer nur die gedankliche Arbeit, die sich den Begriffsgehalt eben zu erarbeiten, anzueignen sucht. In diesem Sinn schied bereits Platon mit aller Schärfe und begrifflicher Distinktheit den λόγος von der geschichtlichen δόξα, und der Wahrheitswert der δόξα bestimmte sich ihm nach Maßgabe des von der δόξα umfaßten Gehaltes an λόγος.

Jetzt ist deutlich, in welchem Sinne man überhaupt von einer Geschichte des Begriffs sprechen darf; und wie gerade diese historische Methodik die Einsicht erhärtet und befestigt, daß die geschichtliche Betrachtung auf begrifflicher Voraussetzung bereits basiert ist. Einen Begriff in geschichtlicher Entwickelung zu verfolgen, fordert als Voraussetzung den Begriff selbst schon in dem Sinne, daß seine Sphäre im Kontinuum der Erkenntnis distinkt bestimmt ist und als Aufgabe die Untersuchung, in welcher Weise sich das geschichtliche Denken des von jener begrifflichen Sphäre umschlossenen Wahrheitsgehaltes bemächtigt. Diese Unterscheidung von Voraussetzung und Aufgabe der begriffsgeschichtlichen Untersuchung, die wohl nur der wissenschaftlich nicht bewährte Verstand etwa mit der scholastischen Unterscheidung von Nominal- und Realdefinition verwechseln kann, ist die oberste Bedingung der Untersuchung selbst.

In der Tat hat die Geschichte der Philosophie von dem Augenblick an, da sie als Wissenschaft auftreten konnte, diese Methodik gehandhabt. Diese ist ebenso charakteristisch für die, wenn auch in vieler Hinsicht noch ohne genaue Einzelkenntnis der geschichtlichen Gegenstände verfahrende, aber großzügige Forschung Hegels auf dem Gebiete der Geschichte der Philosophie, wie sie bestimmend ist für die gerade mit philologischer

Genauigkeit liebevoll dem Einzelnen zugewandte historische Arbeit eines Schleiermacher und eines Boeckh. In der beide Tendenzen zusammenfassenden Schule Hegels tritt, soweit sie an historischer Forschung beteiligt ist — und das ist in der Lebensarbeit eines Kuno Fischer und eines Eduard Zeller in großartiger Weise der Fall — dieser methodische Zug mit voller Deutlichkeit zutage. Was seitdem auch an geschichtlicher Arbeit weiter geleistet worden ist, nirgends läßt sich der systematische Grundzug verkennen. Und je schärfer er hervortritt, um so bedeutsamer ist die Leistung, mag es sich dabei um die allgemeine Geschichte der Philosophie handeln, wie in Wilhelm Windelbands Lehrbuch, das ausdrücklich eine Geschichte der Probleme gibt, oder um die Behandlung eines einzelnen Denkers, wie etwa in Hermann Cohens Kant-Werken, die gerade den bleibenden Gehalt der Kantischen Lehre zu ermitteln bestrebt sind.

Die Methodologie gibt darum auch die Rechtfertigung dafür, daß die historische Forschung geradezu bestimmte Begriffe zu ihrem Gegenstande wählt. Eine solche spezielle Untersuchung wird auch hier angestrebt. Wenn ich den Begriff der Substanz zum Gegenstande einer besonderen Untersuchung mache, so geht aus den bisherigen Bemerkungen bereits der allgemeine Charakter der Untersuchung hervor. Es bleibt zunächst nur noch zu ermitteln, was aus der allgemeinen Bestimmung für die Besonderheit des vorliegenden Problems folgt.

Dabei bedarf es zunächst wohl kaum der Restriktion, daß es sich für mich nicht um das Wort «Substanz», sondern eben ganz allein um den Begriff der Substanz handelt. Die allgemeinen Darlegungen dürften bisher schon zur Genüge klargelegt haben, daß ich eine begriffsgeschichtliche, nicht eine sprachgeschichtliche Untersuchung anstrebe. Daß diese dabei sprachgeschichtlich für die Anfänge des philosophischen Denkens wenigstens für unseren Kulturkreis auf die griechische Philosophie verwiesen ist, deren Sprache doch das Wort «Substanz» nicht angehört, die aber den Begriff der Substanz entdeckt, — schon diese eine Tatsache mag genügen, um hierin wenigstens jedem Mißverständnis vorzubeugen.

Dafür ist es auch bemerkenswert, daß der Begriff der Substanz für das philosophische Denken bereits seine bestimmende Bedeutung erhält, noch ehe sprachlich eine **exakte** Formulierung erreicht wird. Denn auch die Unterscheidung zwischen dem Begriffe als solchem und der Formulierung des Begriffes ist nicht außer acht zu lassen. Wir werden daher im Einzelnen der geschichtlichen Untersuchung, auch innerhalb der griechischen Philosophie, um die allein es sich ja für uns handelt, den impliziten Gebrauch des Begriffes der Substanz vor seiner expliziten Formulierung antreffen. Er ist aber in der formalen Bedeutung, die seine Sphäre innerhalb des allgemeinen Kontinuums der Erkenntnis umschließt, und die ihm in diesem seine distinkte Stellung anweist, genau derselbe vor seiner exakten Formulierung, wie in dieser und nachdem diese erreicht ist. Jene Bedeutung ist es darum auch, die allein wir voraussetzen müssen, um an ihrer Hand zu verstehen, wie das geschichtliche Denken sich des von der Form umschlossenen Wahrheitsgehaltes im Laufe der geschichtlichen Entwickelung selbst kontinuierlich bemächtigt.

Für die historische Untersuchung ist darum, lediglich aus den entwickelten methodologischen Gründen die explizite Formulierung selbst notwendig. Und lediglich um der Klarheit und Schärfe der begrifflichen Bestimmung willen, also eigentlich nur aus didaktisch-technischen Gründen tun wir gut, die Untersuchung von vornherein an der exaktesten Formulierung zu orientieren. Diese aber ist erreicht in der kritischen Philosophie. Wir greifen damit unserer eigentlichen Einzeluntersuchung schon deshalb, weil sich diese gar nicht bis in das Zeitalter der kritischen Philosophie erstreckt, nicht vor. Ihr dient vielmehr diese Formulierung nur als Orientierungstafel, oder, wenn man lieber will, als Richtlinie der μέθοδος, als Wegweiser. Von der geschichtlichen Erarbeitung des Wahrheitsgehaltes wird damit noch nichts vorweggenommen; ja die exakte Gestaltung der Formulierung müßte selbst erst in ihrer historischen Bedingtheit deutlich werden. Und weil sie in der Tat nur die genaueste Präzision betrifft, so dient sie nur dazu, gerade die formale Identität des Begriffes im Laufe der für uns in Betracht kommenden geschichtlichen Entwickelung innerhalb der griechischen Philosophie festzuhalten, um an seiner formalen Identität den Begriff selbst immer wieder zu erkennen und so die inhaltliche Bereicherung, die das Denken geschichtlich aus der Analyse seines Inhaltes gewinnt, zu verstehen.

Wenn wir uns, zunächst in diesem rein formalen Sinne, an die präziseste Fassung des Substanzbegriffes wenden, so können wir uns an die bekannte Formulierung halten, daß die Substanz das Bleibende und Beharrliche in allem Wechsel der Erscheinungen sei. Um diese logische Voraussetzung von der Aufgabe der Einzeluntersuchung, wie vorhin für die begriffsgeschichtliche Forschung überhaupt, so jetzt für unser bestimmtes Problem, scharf abzugrenzen, können wir die Aufgabe unserer Arbeit in der Frage ausdrücken: Was ergibt sich der geschichtlichen Denkarbeit als das Beharrliche in allem Wechsel? Hier wird deutlich, daß wir von dem Inhalt dessen, was das Beharrliche in allem Wechsel denn nun eigentlich ist, noch nichts vorweggenommen haben, daß wir also vielmehr mit der Bestimmung der Substanz als des in allem Wechsel Beharrenden in der Tat der Substanz im Erkenntniszusammenhange überhaupt nur jene diskrete Stelle angewiesen haben, die wir ihr logisch-methodologischerweise anweisen mußten, um im Einzelnen der Untersuchung von ihr aus die inhaltliche Bestimmtheit ermitteln zu können.

Und alles, was wir einleitenderweise zunächst noch über jene Bedeutung des Beharrlichen im Wechsel zu bemerken haben werden, dient allein seiner formalen Bestimmung, nicht etwelcher inhaltlichen Ermittelung. Das heißt: es gilt jetzt nur noch, die Beharrlichkeit im Wechsel als solche, nicht das «Was» des Beharrlichen, schärfer zu präzisieren, um, abermals wenigstens in formaler Hinsicht, sie von anderem Beharrlichen zu unterscheiden. Das Beharrliche in allem Wechsel ist nicht das Einzige bei allem Wechsel Beharrliche, dem Wechsel Entrückte. Es kommt genau auf die Bestimmung des «In allem Wechsel Beharrlichen» an; das «In» ist das Entscheidende. Alle Grundlagen des Wechsels der Erscheinungen wechseln selbst nicht, weil sie eben schon für den Wechsel als Grundlagen vorausgesetzt sind. So wechseln reiner Raum und reine Zeit nicht, weil in ihnen der Wechsel ist. Aber sie sind nicht das Beharrliche im Wechsel, sondern der Wechsel ist in ihnen. Ebenso wechselt nicht, sondern beharrt die Kausalität als Gesetz, die Identität als das Maß des Wechsels. Aber sie beharren nicht im Wechsel, sondern über oder an dem Wechsel, insofern dieser sich nach ihnen vollzieht. Das Spezifische der Substanz liegt also in ihrer Bestimmtheit als das in allem Wechsel Bleibende. Es ist das, was in den Wechsel selbst hineingezogen ist, nicht bloß insofern der Wechsel in ihm stattfände, wie in Raum und Zeit, auch nicht, insofern es, wie die Kausalität das Gesetz, oder wie die Identität das Maß des Wechsels wäre, sondern insofern es das Wechselnde selber ist. Aber es ist das Wechselnde, nicht der Wechsel. Es ist ebenfalls allgemeine Grundlage des Wechsels. Als solche allgemeine Grundlage wechselt es selber freilich nicht. Aber es muß wechseln, da der Wechsel nicht sein könnte ohne das, an dem er sich vollzöge. Und das, was wechselt, muß, um wechseln zu können, selbst sein, bleiben und beharren. Das Beharrliche in allem Wechsel beharrt und wechselt zugleich in eigentümlicher logischer Dialektik. Als allgemeine Grundlage des Wechsels beharrt es im Wechsel und wechselt selbst nicht. Insofern es aber als allgemeine Grundlage auch die bestimmte Bedeutung hat, im Wechsel zu beharren, muß es das sein, an dem aller Wechsel sich vollzieht, zum Unterschiede von dem, worin und wonach er sich vollzieht. Es muß wechseln; das bedeutet nicht, daß es wechselte in seinem Beharren, sondern beharrt in seinem Wechsel, beharrt, um wechseln zu können.

Die im Begriff der Substanz angelegte Dialektik hat geschichtlich zu den verschiedensten Wertbeurteilungen geführt. Bald galt der Begriff als Universalmittel, um alle Rätsel zu lösen, bald als eben jenes charakterlose philosophische Mädchen für alles, das nichts zu leisten vermag und alles zu leisten verspricht, und das man je eher, desto besser aus dem Dienste entlassen sollte. Zu einer richtigen Würdigung des wissenschaftlichen Wertes dieses Begriffes, wie der Grenzen seiner Leistungsfähigkeit aber wird gerade die scharfe Unterscheidung zwischen dem Beharren im Wechsel und dem Wechsel im Beharren verhelfen. Sie wird implizite bereits auch in den ersten Anfängen des philosophischen Denkens, freilich in der naivsten Weise gehandhabt, um im steten Denkfortschritt weitergeführt zu werden, bis sie rein begrifflich gefaßt und im Begriffe selbst befestigt wird.

In diesem Sinne verfolgen wir den Begriff nun durch die Geschichte der griechischen Philosophie bis zu deren Blütezeit. Die geschichtlichen Versuche, den Begriffsgehalt zu ermitteln, sind unser Gegenstand. Ist der Begriff als solcher auch, um mit Platon zu sprechen, dem Reiche der γένεσις entrückt, so verläuft in deren Bereiche doch der kontinuierliche Fortgang der Erkenntnis. Unser Problem bestimmt sich darum genau als der Begriff der Substanz in der geschichtlichen Entwickelung seiner Erkenntnis innerhalb der griechischen Philosophie bis zu deren Blütezeit, in deren Epoche unser Problem die größte Vertiefung innerhalb des ganzen antiken Denkens gefunden hat.

Erstes Kapitel.
Die Anfänge der Naturphilosophie bei den Ioniern.

Der Substanzbegriff begegnet uns bereits auf den frühesten Anfängen des philosophischen Denkens. Lange also vor der geschichtlichen Erscheinung des Sokrates findet er im Laufe der ersten vorsokratischen Entwickelung der Philosophie, deren wesentlichster Gehalt und Umfang uns jetzt in Diels' Ausgabe der Fragmente der Vorsokratiker in mustergültiger und für die philosophiegeschichtliche Forschung richtunggebender Weise zugänglich gemacht ist, eine bereits wissenschaftlich brauchbare Formulierung. Zunächst freilich hat der Begriff nur einen impliziten Gebrauch. Dieser schreitet aber bis zu seiner Formulierung kontinuierlich fort. Aus den einfachsten Anfängen, da er in der impliziten Anwendung noch ganz in der Sphäre der Anschauung verbleibt, nähert sich diese Anwendung in stetigem Fortgange der begrifflichen Fassung, die, nachdem die Formulierung bereits vor Sokrates gewonnen, in Sokrates' größerem Schüler Platon den begrifflichen Höhepunkt innerhalb der Philosophie des Altertums erreicht, um nach diesem Höhepunkte eine Weite der Anwendung im Aristotelischen Denken zu finden, die ihre beherrschende Bedeutung nicht nur für das ganze ausgehende Altertum, sondern auch für das Mittelalter bis in die neue, ja neueste Zeit behaupten sollte.

Den ersten impliziten Gebrauch des Substanzbegriffes aber treffen wir in der Geschichte des Denkens im Altertum da an, wo uns überhaupt die ersten Ansätze zu naturphilosophischer Betrachtungsweise begegnen.

Das Eigenartig-Neue und Bedeutsame, das bei aller Naivität des Denkens dieses Denken doch als wissenschaftlich wertvoll charakterisiert, das ist, zunächst negativ ausgedrückt, seine Loslösung von der Welt der Mythologie und, positiv ausgedrückt, seine Hinwendung zur Welt der erfahrbaren Wirklichkeit, zur Natur. In allem Phantastischen, das der neuen Weltanschauung anhaften mag, ist ein tiefer Natur- und Wirklichkeitssinn lebendig. Das gilt es von vornherein zu beachten, um dem philosophischen Denken in seiner primitivsten Form gerecht werden zu können. Über dem, was uns heute mit Recht als primitiv und kindlich anmutet, übersieht man nur allzuleicht, was in dem Primitiven an Neuem und für die geschichtliche Entwickelung Bedeutsamem wirksam ist.

1. Wenn Thales lehrt, daß das Wasser das Prinzip der Dinge ist[1], so mag uns das, wenn wir diese Behauptung an der heutigen naturwissenschaftlichen Begriffsbildung messen, freilich als eine, wie Clemens Bäumker[2] sich ausdrückt, «mißglückte naturwissenschaftliche Hypothese» erscheinen. Allein, daß das darum «nichts als eine mißglückte naturwissenschaftliche Hypothese» sei, das ist doch nicht zutreffend. Möchte es auch in Hinsicht auf das für Bäumker in Frage stehende Problem der Materie gelten, für das allgemeine Substanzproblem ist die Geringschätzung schon nicht mehr gerechtfertigt. Denn ganz allgemein genommen kündigt jene naive Ansicht doch die bedeutsame Tendenz des Denkens an, die natürlichen Einzeldinge nicht mehr aus einer welt- und naturfremden, übernatürlichen Welt der Mythologie verstehen, sondern eben auf natürlichem Wege erklären und begreifen zu wollen. Es ist die Tendenz des Verstehen- und Begreifenwollens überhaupt zum Unterschiede von der bloß mythologischen Erdichtung des Weltzusammenhanges, was der scheinbar so kindlichen Ansicht des Thales eine wahrhaft geschichtliche Bedeutung gibt. Sehr treffend sieht, im Gegensatz zu Bäumker, das Bedeutsame dieser Anschauung auch Riehl in dem «Bruch mit der vorangegange-

---

[1] Arist. Met. I, 3,983 b ... Θαλῆς μὲν ὁ τῆς τοιαύτης ἀρχηγὸς φιλοσοφίας ὕδωρ εἶναί φησιν. S. auch die S. 13 Anm. 1 zitierten Stellen bei Stob. Ekl. I, 290 und Plut. I, 3,2.

[2] Clemens Bäumker, Das Problem der Materie in der griechischen Philosophie. Eine historisch-kritische Untersuchung. S. 9.

nen, rein mythologischen und allegorischen Naturbetrachtung» und in dem «Beginn eines sich auf sich selber stellenden Denkens» ...... «Statt auf einen von der Phantasie ersonnenen — werden die Bildungen in der Natur auf einen den Sinnen gegebenen und erforschbaren Grund, einen Grundstoff zurückgeführt.»[1]

Das ist zunächst im allgemeinen das Bedeutsame der Lehre des Thales, daß das Wasser die ἀρχή der Dinge ist. Ob nun, wie man nach den vorhin zitierten Worten des Aristoteles annehmen könnte, Thales auch den Ausdruck ̦ἀρχή᾽ schon gebraucht hat, oder ob dieser, wie es nach Simplikios[2] scheint, erst auf Anaximander zurückgeht, das ist zunächst für die begriffliche Bedeutung der Sache irrelevant. Für diese aber wird sodann weiter bedeutsam, daß es sich um ein Prinzip handelt, um eine einheitliche Natur, φύσιν μίαν[3], um das Eine schlechthin, τὸ ἕν.[4] In formaler Hinsicht ist also schon die auf ein Prinzip gerichtete Fragestellung von Bedeutung, insofern in ihr die Forderung einer einheitlichen Erklärung enthalten ist. Diese Bedeutung des Thalesschen Prinzips hat man stets allgemein anerkannt.[5] Daß er die ἀρχή aber im ὕδωρ erblickt, das heißt: material auch die Antwort, die er auf seine Fragestellung gibt, ist nicht minder bedeutsam. Dadurch, daß er sich, wie vorhin ausgeführt, von der mythologischen Vorstellungsweise befreit und eine Antwort sucht, durch die er wenigstens glaubt, die Welt der Wirklichkeit begreifen zu können, durch seine Tendenz nach Begreiflichkeit der φύσις also, die ihm nun auch eine physische Grundlage vermitteln soll, wird ihm sein Einheitsprinzip zugleich zum logischen Erklärungsprinzip, wie zum physischen Entstehungsprinzip. Diese drei Funktionen — Einheitsprinzip, Erklärungsprinzip, Entstehungsprinzip — seiner ἀρχή haben wir zu beachten, wollen wir ihre ganze geschicht-

---

[1] Alois Riehl, Zur Einführung in die Philosophie der Gegenwart, S. 11.
[2] Simpl. Phys. 24 (zitiert unten S. 15, Anm. 1), vgl. Windelband, Lehrbuch der Geschichte der Philosophie, S. 27.
[3] Arist. Met. ebenda.
[4] Arist. Met. I, 3,984 a.
[5] Auch Bäumker, a. a. O. ebenda, der damit freilich die Bedeutung für erschöpft hält.

liche Bedeutung ermessen. Um die Leistung des Thales auf einen kurzen Ausdruck zu bringen, kann man sagen: Ihr Wert liegt in einer Forderung, nämlich der Forderung prinzipiell-einheitlicher Naturerklärung. Das Wasser soll ihm diese Forderung erfüllen. Es gilt ihm als der einheitliche Grundstoff aller Dinge. Sie gehen aus ihm hervor, und lösen sich in das Wasser wieder auf.[1] Wie Thales sich die Verwandlung des Wassers in die Dinge und der Dinge in das Wasser gedacht, darüber geben uns die Berichte keine Aufklärung. Die wechselnden Zustände scheinen vielmehr einer wohl als selbstverständlich angenommenen Aktivität und inneren Lebendigkeit des Grundstoffes zugeschrieben zu werden, der als solcher bleibt und nur eben in seinen Zuständen kraft seines eigenen Wesens wechselt, insofern er, wie beim Magneten, die Bewegung auf eine innere seelisch gedachte Kraft zurückführt.[2]

---

[1] Stob. Ekl. I. 290. ἀρχὴν τῶν ὄντων ἀπεφήνατο τὸ ὕδωρ, ἐξ ὕδατος γὰρ πάντα εἶναι καὶ εἰς ὕδωρ ἀναλύεσθαι; vgl. auch in genauer Übereinstimmung Plut. Plac. I, 3,2.

[2] Arist. de an. I, 2,405 a. ἔοικε δὲ καὶ Θαλῆς ἐξ ὧν ἀπομνημονεύουσι κινητικόν τι τὴν ψυχὴν ὑπολαβεῖν, εἴπερ τὸν λίθον ἔφη ψυχὴν ἔχειν, ὅτι τὸν σίδηρον κινεῖ.

Die Annahme Cic. de nat. deo. I, 10,25: aquam dixit esse initium rerum, Deum autem eam mentem quae ex aqua cuncta fingeret, weist Zeller (Die Philosophie der Griechen, I, S. 177) treffend unter Hinweis auf Arist. Met. I, 3,984 a/b zurück, wonach die ersten Naturphilosophen neben ihrem Grundstoff gerade nicht noch ein besonderes Bewegungsprinzip gestellt. Es ist jedenfalls durchaus richtig, wenn Zeller meint, daß Thales die Dinge aus seinem Prinzip «ohne Dazwischenkunft eines weltbildenden Geistes» erzeugt dachte (a. a. O., S. 179). Daß er darum aber den «Götterglauben seines Volkes noch geteilt», geht daraus doch nicht hervor; viel eher das Gegenteil. Wenn es freilich Arist. de an. I, 511 a heißt: καὶ ἐν τῶι ὅλωι δέ τινες, αὐτὴν (scil: ψυχὴν) μεμῖχθαί φασιν, ὅθεν ἴσως καὶ Θαλῆς ὠήθη πάντα πλήρη θεῶν εἶναι, so darf man aber von vornherein, worauf Bäumker (a. a. O., S. 10) richtig aufmerksam macht, die Zurückhaltung, die in dem «vielleicht» liegt und die auf die Lehre des Thales bezogen, die aristotelische Auffassung als «eine bloße Vermutung» erscheinen läßt, nicht übersehen. Sodann dürfte gerade die Ansicht, daß «alles voll von Göttern» sei, nicht mit dem «Götterglauben seines Volkes» zusammenstimmen. Und wenn, wie Zeller (ebenda) annimmt, Thales in der Tat «von einer Weltseele nichts gewußt», so ist doch der Begriff der «Weltseele» nicht dazu erfordert, um die Welt als Einheit zusammenzufassen. Daß

In dieser ἀρχή liegt also implizite die erste und elementarste Anwendung des Substanzbegriffes vor. Insofern das Wasser der Grundstoff der Natur ist, aus dem alle Dinge entstehen, wird es selbst als bleibend und beharrlich gedacht. Insofern es sich in die Dinge und die Dinge in es selbst zurückverwandeln, wird es zugleich zum Träger der Veränderung in der Natur, an dem sich der Wechsel des Geschehens vollzieht. Es ist das, an dem das Geschehen stattfindet. Freilich bleibt dabei der Substanzbegriff noch durchaus in der Sphäre der sinnlichen Anschauung; und die logische Funktion der Substanz muß das Wasser als ein bestimmter empirischer Stoff übernehmen. Aber dieser Stoff ist doch von vornherein nicht ein Stoff unter Stoffen, sondern aller einzelnen stofflichen Gestaltung einheitliche Grundlage, und ausdrücklich als der «allumfassende» gesetzt.[1] Er hat die Funktion, Beharrlichkeit und Wechsel miteinander zu verbinden, und so unzulänglich die Denkweise in naturwissenschaftlicher Beziehung ist, so naiv unter logischem Betracht das Verbleiben des Begriffes in der Sphäre der Anschauung sein mag, in ebendiesem logischen Fehler verbirgt

---

das möglich ist auch ohne den Begriff der «Weltseele», dafür wäre gerade die Lehre des Thales ein Beleg, wenn er in der Tat den Begriff der Weltseele nicht gehabt. Und daß er die Welt als Einheit gefaßt, das eben liegt in seiner ganzen Einheitslehre und geht aus den Berichten des Arist. besonders Met. I, 3,983 b und 984 a selbst hervor. Wenn ihm darum die Welt lebendig und voll von Göttern war, so wäre das selbst ganz allein im Sinne seiner Einheitslehre, also pantheistisch, nicht im Sinne des Götterglaubens seines Volkes, polytheistisch, zu verstehen. Sein eines Prinzip ist von sich selbst aus bewegt, tätig, göttlich. Darum bedarf es eines besonderen weltbildenden Gottes als Bewegungsprinzip nicht. Ebendeshalb sind die einzelnen Dinge «Götter», nicht als besondere weltbildende Mächte, sondern als Formen des einen göttlichen Urprinzips. — Was aber des Thales Stellung zur Volksreligion anlangt, so sei, ohne daß wir näher auf dieses Verhältnis hier eingehen können, im Vorbeigehen doch soviel bemerkt, daß, was Edw. Caird über das Verhältnis der griechischen Philosophen überhaupt zur Religion ihres Volkes bemerkt, auch für Thales gilt, nämlich: daß ihnen die Volksreligion ziemlich gleichgültig gewesen ist. Vgl. Edw. Caird, The Evolution of Theology in the Greek Philosophers I, S. 55.

[1] So ist das «πάντα» in dem ἐξ ὕδατος πάντα εἶναι oben zu verstehen. Siehe Zeller, a. a. O., S. 175.

sich doch die für das Substanzproblem gerade logisch ungemein wertvolle Tendenz, den Begriff auf die Anschauung zu beziehen. Mag der Wert auch immerhin in einer bloßen Tendenz liegen, als solche ist diese doch von der größten Bedeutung. Denn gerade sie ist es, auf Grund deren das Denken aus der Sphäre der bloßen Phantasie heraustritt, um sich des realen Gehaltes der empirischen Wirklichkeit zu bemächtigen. Diese, wenn auch zunächst nur implizite vorliegende, Beziehung von Anschauung und Begriff ist das Bedeutsamste und Tiefste, das sich in der Denkweise des Thales enthüllt, und das auch den tiefsten Kern erst jener vorhin besprochenen Abwendung vom Mythischen und der Hinwendung zum Natürlichen enthält. Jene Abwendung und diese Hinwendung sind an sich freilich schon bedeutsam genug, um in der Auffassung des Thales nicht bloß eine verfehlte Hypothese zu sehen. Sie bezeichnen deren geschichtlichen Wert. Tiefer und bedeutsamer aber als dieser geschichtliche Wert ist das, was den geschichtlichen Wert erst gründet. Das ist der logische Wert. Dieser aber besteht in der wie unvollkommen auch immer vollzogenen und nur implizite angewandten Beziehung des Begriffes auf die Anschauung, wie sie in dem die Funktion der Substanz erfüllensollenden einheitlichen Grundstoffe des Thales vorliegt. Denn dieser ist ihm der begriffliche Einheitsgrund für die Totalität der in der Wahrnehmung gegebenen anschaulichen Einzeldinge.

2. Entrückt wird aber die Substanz der Anschauung und Wahrnehmung, und zwar so, daß sie doch bestimmend für diese bleibt, bei Anaximander, dem, wie schon bemerkt, Simplikios[1] die erste Namengebung der ἀρχή zuschreibt. Denn ihm wird die ἀρχή zum Unendlichen, zum ἄπειρον.[2] Hier kündigt sich das ungemein bedeutsame gedankliche Motiv an, die unendliche Fülle des der Wahrnehmung gegebenen Wechsels der Erscheinungen, aus einem im Wechsel sich nicht erschöpfenden

---

[1] Simpl. Phys. 24. ... πρῶτος τοὔνομα κομίσας τῆς ἀρχῆς; ... vgl. Hippol. Ref. I, 6 ... πρῶτος τοὔνομα καλέσας τῆς ἀρχῆς.

[2] Arist. Phys. III, 4,203 b. Siehe besonders auch Stob. Ekl. I, 292 und in genauer Übereinstimmung Plut. Plac. I, 3. φησὶ τὴν τῶν ὄντων ἀρχὴν εἶναι τὸ ἄπειρον.

und darum im unendlichen Wechsel selbst unendlich beharrenden Urgrunde zu begreifen.

Wie bei Thales ist das zunächst das Bestimmende, daß sich alles Geschehen aus dem einen Urgrunde muß begreifen lassen. Dieser ist alles, und alles ist doch aus ihm.[1] Alles entsteht darum aus dem Unendlichen; aber da das Entstandene auch vergeht, muß seine Vernichtung nicht eine absolute, sondern selbst eine Rückkehr zum Unendlichen bedeuten.[2] Insofern es also jegliche Ursache alles Entstehens und Vergehens in sich selbst hat[3], allem Entstehen und Vergehen also schon zugrunde liegt, muß es selbst jenseits aller Vergänglichkeit stehen, ungeworden und unvergänglich[4], «unsterblich und unzerstörlich» sein. In dieser Behauptung der Ungewordenheit und Unzerstörlichkeit des einheitlichen Urgrundes wird Anaximander bestimmend auch für die weitere antike Naturphilosophie[5] überhaupt, wie für das Substanzproblem insbesondere. Denn das ist das Entscheidende, das zugleich auch seinen gewaltigen Fortschritt über Thales hinaus bezeichnet, daß er die Forderung der Unendlichkeit seiner ἀρχή gerade mit Rücksicht auf das Geschehen stellt. Das logische Motiv nämlich, aus dem er seinen einigen Urgrund als unendlich setzt, ist gerade das, daß er den Wechsel und das Geschehen selbst zu tragen hat. Ist er die Ursache alles Geschehens, geht aus ihm alles hervor und kehrt zu ihm alles zurück, so muß er unendlich sein, damit er sich im Prozeß des Geschehens und damit das Geschehen selbst nicht aufhebe und auflöse.[6] In dem einen Unendlichen

[1] Arist. Phys. III. 4,203 b. ἅπαντα γὰρ ἢ ἀρχὴ ἢ ἐξ ἀρχῆς.

[2] Stob. a. a. O. ebenda und wörtlich Plut. a. a. O. ebenda. Ἐκ γὰρ τούτου τὰ πάντα γίγνεσθαι καὶ εἰς τοῦτο πάντα φθείρεσθαι.

[3] Plut. Strom. 2 (Dox 579; Thophr. s. Diels, «Die Fragmente der Vorsokratiker» I, S. 13) μεθ' ὃν Ἀναξίμανδρον Θάλητος ἑταῖρον γενόμενον τὸ ἄπειρον φάναι τὴν πᾶσαν αἰτίαν ἔχειν τῆς τοῦ παντὸς γενέσεώς τε καὶ φθορᾶς ...

[4] Arist. a. a. O. ebenda. ἔτι δὲ καὶ ἀγένητον καὶ ἄφθαρτον ὡς ἀρχή τις οὖσα.

[5] Arist. ebenda. ἀθάνατον γὰρ καὶ ἀνώλεθρον, ὥς φησιν ὁ Ἀναξίμανδρος καὶ οἱ πλεῖστοι τῶν φυσιολόγων.

[6] Stob. a. a. O. ebenda und ebenso Plut. a. a. O. ebenda. λέγει οὖν ὅτι ἄπειρόν ἐστιν, ἵνα μηδὲν ἐλλείπῃ ἡ γένεσις ἡ ὑφισταμένη.

und seiner unendlichen Beharrlichkeit wird also der Wechsel
des Entstehens selbst verankert und gegründet. Um bleibende
Grundlage alles Wechsels zu sein, muß es unendlich, allem
Wechsel selbst entrückt sein. Ebendarum weil es jegliche
Ursache für diesen in sich hat, kann es keine Ursache außer
sich und kein Prinzip über sich haben.[1] Es ist das schlechthin
letzte und höchste Prinzip und allumfassend.

Wenn das Allumfassen (πάντα περιέχειν) des Unendlichen
darum kein Prinzip über und keine Ursache außer diesem zuläßt, weil es «jegliche Ursache für jegliches Entstehen und Vergehen in sich selbst hat», so ist seine Wirksamkeit, die eben
eine Allwirksamkeit ist, folgerichtig eine immanent notwendige.
Nicht von etwas außer ihm bestimmt, gleichsam von außen ge-
trieben, sondern von innen heraus, gleichsam aus innerem
Bedürfnis ist es alles, ist alles aus ihm, geht alles aus seiner
Notwendigkeit aus ihm hervor und kehrt in es zurück[2]. Also
wird nicht nur alles Geschehen, sowohl als Entstehen wie auch
als Vergehen, auf das ἄπειρον überhaupt gegründet, und nicht nur
wird das Vergehen nicht als ein absolutes, sondern als ein
Wiedereingehen in das Unendliche gedacht, vielmehr alles Geschehen wird sowohl in der Form des Entstehens wie in der
des Vergehens auf immanent notwendige Wirksamkeit des Unendlichen gegründet. Das πάντα περιέχειν und das πᾶσαν αἰτίαν
ἔχειν τῆς τοῦ παντὸς γενέσεως τε καὶ φθορᾶς wird durch das
κατὰ τὸ χρεών bestätigt, erläutert und erklärt. Wenn das ἄπειρον
so als Grundlage alles kosmischen Geschehens, der Welt und
der Ordnungen in der Welt gedacht wird[3], so kann es selbst
nicht kosmisch sein. Denn die Grundlage alles Kosmischen
und das Kosmische selbst können konsequenterweise nicht zusammenfallen. Das ἄπειρον als Grundlage alles Kosmischen
muß also metakosmisch gedacht werden.

---

[1] Arist. a. a. O. ebenda. Διὸ καθάπερ λέγομεν, οὐ ταύτης ἀρχή, ἀλλ᾽ αὕτη
τῶν ἄλλων εἶναι δοκεῖ καὶ περιέχειν ἅπαντα καὶ πάντα κυβερνᾶν, ὥς φασιν
ὅσοι μὴ ποιοῦσι παρὰ τὸ ἄπειρον ἄλλας αἰτίας, οἷον . . .

[2] Simpl. a. a. O. ebenda. ἐξ ὧν δὲ ἡ γένεσίς ἐστι τοῖς οὖσι, καὶ τὴν
φθορὰν εἰς ταῦτα γίνεσθαι κατὰ τὸ χρεών. (Man beachte das χρεών!)

[3] Simpl. ebenda. . . . φύσιν ἄπειρον, ἐξ ἧς ἅπαντας γίνεσθαι τοὺς οὐρα-
νοὺς καὶ ἐν αὐτοῖς κόσμους; vgl. Hippol. Ref. ebenda.

Das Altertum aber kennt auf dieser Stufe des Denkens für das Metakosmische keine andere Form als die religiöse, hat darum auch keinen anderen Ausdruck dafür als den religiösen. Darum muß für Anaximander das allumfassende, allwirksame Unendliche zur Gottheit, zum Göttlichen werden. Es ist das Göttliche schlechthin: τὸ θεῖον.[1] Damit erhält zugleich der von dem ungewordenen, unvergänglichen, also ewigen Unendlichen abhängig gedachte zeitliche Prozeß des Geschehens eine religiöse Bedeutung und wird gedacht als ein Prozeß der Buße und Vergeltung nach der Ordnung der Zeit.[2] Diese religiöse Bestimmung macht noch einmal die immanente Notwendigkeit, um die es sich in der Allwirksamkeit des Unendlichen handelt, so recht deutlich. Das κατὰ τὸ χρεών faßt also sowohl die Allursächlichkeit, wie die religiöse Weltgerechtigkeit zusammen. Es bezeichnet, was sein muß und sein soll, verbindet das Schicksal mit dem Geschehen zur Einheit. Wie später explizite, so werden hier wenigstens implizite ἀνάγκη und δίκη vereinigt, die Notwendigkeit dem Unendlichen immanent und zugleich religiös gedacht.

Ist diese metakosmische Bedeutung hier auch religiös bestimmt, so macht doch gerade diese religiöse Bestimmung nun auch wechselseitig jene metakosmische Bedeutung selbst klar und beweist, daß es sich eben um eine solche handelt. Das ἄπειρον hat auch logisch etwas zu leisten, was kein der Wahrnehmung gegebenes Ding, kein Stoff der sinnlichen Welt, weder das Wasser noch sonst einer zu leisten vermag. Diesem Prinzip also kann sich kein bestimmter kosmischer Stoff vergleichen[3]; es ist nicht bloß ein Stoff unter Stoffen, oder auch einer unter den übrigen später sogenannten, darum uns im Kosmos selbst gegebenen Grundstoffen, sondern geradezu eine andersartige Natur, eben die Natur des Unendlichen. Aus ihm

---

[1] Arist. Phys. ebenda.

[2] Simpl. a. a. O. ebenda. διδόναι γὰρ αὐτὰ δίκην καὶ τίσιν ἀλλήλοις τῆς ἀδικίας κατὰ τὴν τοῦ χρόνου τάξιν.

[3] Simpl. ebenda. λέγει δ' αὐτὴν (scil. ἀρχήν) μήτε ὕδωρ μήτε ἄλλο τι τῶν καλουμένων στοιχείων, ἀλλ' ἑτέραν τινὰ φύσιν ἄπειρον ... (hierzu die Fortführung des Gedankens, s. S. 17 Anm. 3).

gehen erst die einzelnen Stoffe hervor.[1] Es kann also selbst kein bestimmter einzelner Stoff sein, keine bestimmte einzelne Eigenschaft haben, muß «qualitätslos» sein.[2] Ebendarum kann

[1] Arist. Phys. III, 5, 204 b. ἀλλὰ μὴν οὐδὲ ἓν καὶ ἁπλοῦν ἐνδέχεται εἶναι τὸ ἄπειρον σῶμα, οὔτε ὡς λέγουσί τινες τὸ παρὰ τὰ στοιχεῖα, ἐξ οὗ ταῦτα γεννῶσιν, οὐθ' ἁπλῶς. εἰσὶ γάρ τινες, οἱ τοῦτο ποιοῦσι τὸ ἄπειρον, ἀλλ' οὐκ ἀέρα ἢ ὕδωρ, ὡς μὴ τἆλλα φθείρηται ὑπὸ τοῦ ἀπείρου αὐτῶν. ἔχουσι γὰρ πρὸς ἄλληλα ἐναντίωσιν, οἷον ὁ μὲν ἀὴρ ψυχρός, τὸ δ' ὕδωρ ὑγρόν, τὸ δὲ πῦρ θερμόν. ὧν εἰ ἦν ἓν ἄπειρον, ἔφθαρτο ἂν ἤδη τἆλλα. νῦν δ' ἕτερον εἶναί φασιν ἐξ οὗ ταῦτα. — Mit Recht bemerkt Zeller zu dieser Stelle, daß, so sicher die Form der Begründung hier aristotelisch ist, die Lehre selbst, für die der Grund angegeben wird, «ohne Zweifel» Anaximander angehört (a. a. O., S. 210). In aller Kürze tritt der Gedanke zutage bei Simpl. ebenda: ἐξ οὗ (scil. τοῦ ἀπείρου) τὰ στοιχεῖα γεννῶσιν.

[2] Theophr. bei Simpl. Phys., 154 ... μίαν εἶναι φύσιν ἀόριστον καὶ κατ' εἶδος καὶ κατὰ μέγεθος ..., vgl. auch Phys. 24 und Diog. Laert. II, 1. Wenn Bäumker, a. a. O., S. 12 bemerkt, «daß die ganz aristotelische Terminologie Theophrasts beweist, daß er hier nicht so sehr historisch referiert, als vielmehr durch ein Ausdenken der Gedanken des Anaximander diese auf eine den Begriffen der eigenen Schule entsprechende Formel zu bringen sucht», so macht er entschieden aus der richtig bemerkten terminologischen Situation schon eine logische Aktion, was nicht angeht. Daß das Wort ἀόριστον aristotelisch (seine Spuren weisen übrigens schon auf Platon) ist, das ist zwar durchaus richtig. Allein auf die logische Funktion folgt daraus nichts. Es bedurfte in der Tat erst keines «Weiterdenkens», um die von Bäumker selbst zugegebene Konsequenzlage, d. h. die Tatsache, daß die Qualitätslosigkeit des ἄπειρον in der Konsequenz des Anaximandrischen Grundgedankens liegt, zu ermitteln. Da es in Wahrheit aber nicht erst noch darauf ankommt, daß aus diesem Grundgedanken die Qualitätslosigkeit des ἄπειρον als Konsequenz gefolgert würde, sondern diese eigentlich unmittelbar schon in der Auffassung Anaximanders liegt, daß alle besonderen Dinge aus dem unendlichen Urgrunde folgen, so scheint der logische Gehalt, unbeschadet der sicher erst späteren terminologischen Fassung, dennoch bei Anaximander zu suchen und die später erfolgte terminologische Fassung nur eine besonders glückliche Form für den Anaximandrischen Begriffsgehalt zu sein, zumal da ohne diese begrifflichen Impulse von seiten Anaximanders seine Lehre schwerlich in der Überlieferung die terminologische Fassung hätte erhalten können. Viel eher, als die spätere Terminologie gegen das logische Moment der «Qualitätslosigkeit» spricht, läßt sich umgekehrt dieses für die Erklärung jener verwenden. Dabei ist innerhalb des Begriffs der Qualitätslosigkeit scharf zu unterscheiden, ob dem ἄπειρον nicht bloß keine Qualitäten beigelegt werden, oder ob sie ihm abgesprochen werden. Vgl. Zeller, a. a. O., S. 191 ff., auch J. Cohn, Geschichte des Unendlichkeitsproblems im abendländischen Denken bis Kant, S. 14 f.

es auch nicht aus den einzelnen Stoffen erst zusammengesetzt sein[1], da es ihnen gegenüber das Primäre ist und diese aus ihm hervorgehen. Sie sind in ihm alle bereits enthalten. In diesem Sinne ist es «allumfassend»[2] und nur in diesem Sinne kann es (s. u. Anm. 1 u. 3) als «Mischung» bezeichnet werden; und werden von ihm als solcher die «übrigen» Stoffe ausgeschieden.[3]

Fassen wir die Ansicht des Anaximander, um ihre Bedeutung für das Substanzproblem ins rechte Licht zu setzen, kurz zusammen, so können wir sagen: Mit Thales teilt er den

[1] Arist. Phys. I, 4,187 a spricht zwar von einem μῖγμα; was darauf hinzudeuten scheint, daß er das ἄπειρον als Mischung der einzelnen Stoffe angesehen. Auch Simpl. Phys. 154 scheint in derselben Weise darauf hinzuweisen. Allein dem steht entgegen, daß damit der eigentliche Einheitsgedanke, der die ganze Lehre Anaximanders beherrscht, und damit der Kern dieser Lehre selbst aufgehoben würde. Weiter aber stehen dem Aristoteles' eigene Zeugnisse entgegen. An eben der Stelle der Phys. spricht er von einem Enthaltensein und einem Ausscheiden der Gegensätze aus dem Einen. Ferner hat Arist. Phys. III, 4,203 b das ἄπειρον selbst klar als allumfassend charakterisiert. Endlich zeigt er uns, worauf Zeller, a. a. O., S. 190 sehr richtig aufmerksam macht, De caelo III, 3,302 a, welche beiden Momente er in dem Enthaltensein und Ausscheiden unterscheidet, und damit fällt zugleich ein Licht darauf, wie wir das μῖγμα Phys. I, 4,187 a, Met. XII, 2,1069 b u. a. zu verstehen haben. Es handelt sich, wie Zeller ebenda treffend bemerkt, um die Unterscheidung eines «potentiellen» und «aktuellen» Enthaltenseins. Die einzelnen Stoffe sind im ἄπειρον potentiell enthalten. Nicht ist jenes aus diesen aktuell gemischt. Darum gehen sie aktuell erst aus ihm hervor durch Ausscheidung.

[2] Siehe S. 17, besonders Anm. 1, das Zitat aus Arist. Phys. III, 4,203 b.

[3] Arist. Phys. I, 4,187 a. οἱ δ' ἐκ τοῦ ἑνὸς ἐνούσας τὰς ἐναντιότητας ἐκκρίνεσθαι, ὥσπερ Ἀναξίμανδρός φησι καὶ ὅσοι δ' ἓν καὶ πολλά φασιν εἶναι, ὥσπερ Ἐμπεδοκλῆς καὶ Ἀναξαγόρας. ἐκ τοῦ μίγματος γὰρ καὶ οὗτοι ἐκκρίνουσι τἆλλα.

Wie nun dieses Hervorgehen sich vollzieht, und wie Anaximander sich die Entstehung des Kosmos und der Welten im einzelnen denkt, das zu untersuchen fällt aus unserem engbegrenzten Thema heraus. Es gehört in die Darstellung der allgemeinen Lehre des Anaximander und insbesondere in diejenige seiner Kosmologie. Darüber vgl. man besonders P. Natorp (Philos. Monatshefte 1884, S. 368 ff.), Über das Prinzip und die Kosmologie Anaximanders; auch die allgemeinen historischen Darstellungen bei Zeller, a. a. O., S. 207 ff., Windelband, a. a. O., S. 40 f., Vorländer, Gesch. d. Philos. I, S. 22. Von älteren Arbeiten siehe besonders Schleiermacher, Über Anaximandros (S. W. III, 2, S. 171 ff.), Teichmüller, Stud. z. Gesch. d. Begr., S. 31 ff. und Gruppe, Kosm. Syst. d. Gr., S. 35 ff.

Einheitsgedanken, aber er geht in fruchtbarer und ertragreicher Weise über ihn hinaus. Wenn er die Unendlichkeit seines Prinzips fordert, so liegt in dieser Forderung der logisch bedeutsame Gedanke, daß sich seine ἀρχή im Wandel des Geschehens nicht auflösen dürfe, sodaß der Gedanke der Beharrlichkeit im Wechsel des Geschehens in explizite verschärfter und vertiefter Form zutage tritt. Weiter aber wird die metakosmische Funktion des Unendlichen von besonderer Bedeutung. Wenn diese zunächst auch in religiöser Form auftritt, so macht gerade diese die Einsicht deutlich, daß das ungewordene, unzerstörliche unendliche Prinzip als Grundlage der ganzen erfahrbaren Wirklichkeit nicht in dieser erfahrbaren Wirklichkeit und ihren bestimmten Gegenständen zu suchen ist, daß wir, abstrakt gesprochen, die Grundlage der Erfahrung nicht selbst auf Erfahrung begründen können, weil das ein Zirkel im Erklären wäre. Die ursprüngliche, durch Thales bereits inaugurierte Hinwendung zur erfahrbaren Wirklichkeit wird also keineswegs aufgegeben. Nur wird erkannt, daß deren Grundlage nicht mit ihr selbst zusammenfällt. Der Zusammenhang mit ihr wird gewahrt, und zwar der engste Zusammenhang, der möglich ist: der der Grundlegung. Darum hat die ἀρχή für Anaximander die Bedeutung, alle Dinge der erfahrbaren Wirklichkeit zu bedingen, ohne unter diesen selbst angetroffen werden zu können.[1] Ebendeshalb muß sie von diesen und allen bestimmten Stoffen prinzipiell verschieden sein, weil sie alle erst aus ihr hervorgehen sollen. Daß in diesem Sinne für Anaximander das Unendliche zur Substanz der Wirklichkeit und deren grundlegender Bedingung wird, das ist der tiefste logische Ertrag, den sein Denken am Substanzbegriffe zeigt. Wie unvollkommen darum auch immer der Begriff des Unendlichen als solcher gefaßt sein mag, so ist es für unser Problem doch von der allergrößten Bedeutung, daß er mit jenem Begriffe nicht nur eine vage Grenzenlosigkeit überhaupt fordert, sondern diese darum setzt, um seinem Prinzip auch die ewige Unerschöpflichkeit des Ungewordenen und Unvergänglichen zu sichern, wodurch es sich

[1] Vgl. Windelband, a. a. O., S. 28.

als das Beharrliche in allem Wechsel allein und wirklich auszuweisen vermag.

3. Bei Anaximander erreicht das begriffliche Denken also insofern bereits eine sehr bedeutsame Höhe, als er in dem der Anschauung selbst entrückten Begriffe des Unendlichen die bleibende Grundlage des anschaulichen Seins zu gewinnen sucht. Wenn darum nun Anaximenes wieder in einem bestimmten Stoffe, nämlich in der Luft, die ἀρχή[1] der Dinge erblickt, so erscheint das zunächst als ein Rückfall in die Vorstellungsweise des Thales. Wieder scheint doch hier ein empirischer Einzelstoff, wie bei jenem, die Funktion des beharrlichen Substrates der Dinge übernehmen zu sollen. Allein, näher besehen, soll wohl die These des Anaximenes eher eine Synthese zwischen Thales und Anaximander sein. Und in letzter Linie ist das, was Anaximenes Luft nennt, doch etwas anderes als das, was man nicht bloß heute in wissenschaftlichem Sinne, sondern auch was man selbst auf den ersten Anfängen der philosophischen Besinnung im Altertum schon unter Luft verstand.[2] Denn nicht allein legt Anaximenes seiner Luft das von Anaximander über-

---

[1] Arist. Met. I, 3,984 a.
[2] Zeller, a. a. O., I, S. 220 macht dagegen und auch gegen die Auffassung von Ritter, Geschichte der Philosophie I, S. 217 und Brandis, Handbuch der Geschichte der griechisch-römischen Philosophie I, S. 144 unter Berufung auf Hippol. Ref. I, 217 zwar geltend, daß nach A. die Luft «im reinen Zustande unsichtbar, und nur durch die Empfindung ihrer Kälte, Wärme, Feuchtigkeit und Bewegung wahrnehmbar» sei, und daß das «ja aber vollkommen auf die uns umgebende Luft passe». Allein darum paßt doch, wenn auch einiges auf diese paßt, doch noch nicht alles auf sie, was A. von seiner ἀρχή-Luft behauptet. Die Attribute der Unendlichkeit, der Allumfassenheit, der seelischen Eigentümlichkeit unterscheiden A.s Prinzip doch ganz erheblich von unserer empirischen atmosphärischen Luft. Nun ist ja freilich nicht anzunehmen, daß er neben der empirischen Luft noch eine besondere metaphysische Luft gesetzt hätte. Allein um die Luft zur bleibenden Grundlage der Dinge zu machen, mußte er sie mit überempirischen, d. i. für ihn metaphysischen Prädikaten ausstatten. Zellers Argument beweist also gegen Ritter und Brandis nur die Unangängigkeit der Annahme einer gleichsam zweifachen Luft, aber nicht die Ununterschiedenheit des Anaximenesschen Prinzips von der «uns umgebenden Luft».

nommene Prädikat der Unendlichkeit bei.[1] Vielmehr setzt er auch seine Luft in Parallele zur Seele: Wie die Seele Luft ist, und wie diese uns zusammenhält, so wird auch die Welt und das All von der Luft umfaßt.[2] Die Luft wird so zum allumfassenden Weltprinzip, bei dem man in der Tat an eine Art von Weltseele, die aus sich heraus zugleich weltschöpferisch ist, denken könnte.[3]

Was ihn aber veranlaßte, der Luft diese entschieden überempirische Bedeutung beizulegen, das ist die für das Substanzproblem bemerkenswerte Überlegung, daß die Luft sich wegen ihrer leichten Veränderbarkeit und Wandelbarkeit[4] besonders als

---

[1] Arist. Phys. III. 4.203 b; vgl. auch de caelo III, 5.304 a/b und besonders klar Simpl. Phys. 24 . . . μίαν μὲν καὶ αὐτὸς τὴν ὑποκειμένην φύσιν καὶ ἄπειρον φύσιν ὥσπερ ἐκεῖνος (scil. Ἀναξίμανδρος) . . .

[2] Fr. 2 (Diels Fragmente der Vorsokratiker, S. 21; vgl. Plut. a. a. O. I, 3,6 und Stob. a. a. O. I, 296). οἷον ἡ ψυχὴ ἡ ἡμετέρα ἀὴρ οὖσα συγκρατεῖ ἡμᾶς, καὶ ὅλον τὸν κόσμον πνεῦμα καὶ ἀὴρ περιέχει.

[3] Anaximenes darum aber, wie Röth (Geschichte der abendländischen Philosophie II, S. 250 ff.) will, zum ersten Vertreter des Spiritualismus zu machen, das geht, wie Zeller, a. a. O., I, S. 22 richtig bemerkt, nicht an. Dagegen scheint es nicht so unannehmbar, wie Zeller meint, daß Anaximenes sein Prinzip als göttliches angesehen habe. Cic. de nat. de. I, 10,26 ist freilich in diesem Punkte für Anaximenes ebensowenig ein entscheidendes Zeugnis, wie früher (s. S. 13 Anm. 2), I, 10,25, für Thales. Allein historisch wäre eine solche Ansicht des Anaximenes wohl verständlich, sowohl nach rückwärts, d. h. nach dem Vorgang Anaximanders, sofern dieser sein ἄπειρον dem θεῖον gleichsetzte, wie nach vorwärts, wo es doch bezeichnend ist, daß von einem späteren Fortbildner des Anaximenes, von Diogenes von Apollonia, der Luft vernünftiges Denken beigelegt wird. — Diese Vernunftbestimmung wird, wenngleich nicht gerade bei Diogenes v. A. selbst (über diesen vgl. P. Natorp, Rhein. Mus. 1886, S. 348 ff.) später auch für das Substanzproblem in hervorragender Weise von Bedeutung. — Sachlich nun würde eine solche Annahme des Anaximenes auch die Parallelisierung der Luft mit der Seele in gewisser Weise selbst nahe legen. Und wenn er nach Hippol. Ref. I, 7 auch Götter und überhaupt Göttliches aus seinem Prinzip hervorgehen lassen konnte, so drängt sich der Gedanke der Göttlichkeit des Prinzips selbst ebenfalls auf. Mögen wir immerhin in diesem Punkte bei Anaximenes noch nicht über Vermutungen hinauskommen, so dürfen diese doch nicht ohne weiteres abgeschnitten werden; vgl. dazu auch Tannery Anax. et l'unité de substance (Rev. philos. 1883, S. 621).

[4] Simpl. Schol. in Arist., 514 a. . . . οἰόμενος ἀρκεῖν τὸ τοῦ ἀέρος εὐαλλοίωτον πρός μεταβολήν.

Grundlage aller Dinge eigne und denken lasse, indem sie auch immer in Bewegung ist.[1] Wie nun Anaximenes sich im Einzelnen das Hervorgehen der Dinge aus der Luft denkt — Verdünnung und Verdichtung und auf ihnen beruhende Erwärmung und Abkühlung werden für ihn die ding- und weltbildenden Faktoren[2] — das gehört nicht in unseren Zusammenhang, sondern wäre Gegenstand der allgemeinen Geschichte der Philosophie bezw. im speziellen auch der Kosmologie. Für unser Problem aber ist es auch hier von Bedeutung, daß das bleibende Substrat der Dinge gerade mit Rücksicht auf seine Veränderlichkeit zu ermitteln gesucht wird. Und wenn den Bestimmungen Anaximanders gegenüber auch der positive Ertrag dieser Anschauungsweise gering erscheinen mag und sich an Eigenbedeutung mit jenen vielleicht nicht vergleichen lassen darf, so wird sich, was sich auf den ersten Blick vielleicht als ein Rückfall in die Denkweise des Thales darstellt, genauerer Prüfung doch als etwas anderes enthüllen. Ja, gerade unser spezielles Problem kann es deutlich machen, daß sich hinter jener scheinbaren Rückständigkeit ein ganz guter logischer Sinn verbirgt. Indem ein Stoff, der zunächst in der Tat nur ein bestimmter empirischer ist, mit den Mitteln des Anaximander sodann aber eine metaphysische Erweiterung und Umbildung erfährt, liegt hier in dem Substanzgedanken des Anaximenes nicht nur rein historisch eine Synthese zwischen Thales und Anaximander vor, sondern zugleich auch logisch ein, wenn auch mit untauglichen Mitteln unternommener Versuch, nicht bloß den Wechsel der Erscheinungen in einem bleibenden durch das reine Denken gesuchten Prinzip überhaupt zu begründen, sondern die Begründung so zu führen, daß sich auch umgekehrt das im reinen Denken gesuchte Bleibende an der anschaulichen Tatsächlichkeit bewahrheite.

4. Bedeutsamer aber als alle bisher besprochenen Denker ist gerade für das Substanzproblem Heraklit. Und wenn wir dafür auch nicht von allen Einzelheiten seiner Lehre und deren

---

[1] Hippol. a. a. O. ebenda. κινεῖσθαι δὲ καὶ ἀεί· οὐ γὰρ μεταβάλλειν ὅσα μεταβάλλει, εἰ μὴ κινοῖτο.

[2] Arist. Phys. I, 4. 187a vgl. Plut. Strom 3 (Diels, Vorsokr. I. 18).

Gesamtumfange[1] eine gleiche Förderung erhalten, so liegt eine solche gerade in seinen bedeutendsten Grundbegriffen vor, auf die also unsere spezielle Untersuchung zugleich angewiesen wie beschränkt ist: Wenn Heraklit lehrt, daß alles in Bewegung[2], in stetigem Fortgang sei und nichts bleibe[3], in stetiger Bewegung fließe[4], sodaß alles einem Flusse vergleichbar sei und daß man nicht zweimal in denselben Fluß steigen könne[5], so erscheint hier geradezu das Problem der Substanz in dem Verhältnis von Bleiben und Wechseln formuliert, gerade indem scheinbar die Substanz mit dem Bleiben geleugnet und allein der Wechsel behauptet wird. Das gerade ist das Paradoxe der Heraklitischen Lehre, daß sie in der Tat die Substanz zum Problem macht, indem sie sie scheinbar leugnet. Und merkwürdig genug gerade in Verbindung mit diesem Fundamente des Heraklitischen Denkens begegnet uns auch das Wort οὐσία in der Bedeutung der Substanz. Möchte selbst dieses Wort der Überlieferung angehören — und das ist wahrscheinlich — so ist es doch immer-

---

[1] Darüber sehe man außer den allgemeinen historischen Darstellungen von Hegel, Gesch. d. Philos. I, S. 305 ff., Zeller, a. a. O. I, S. 566 ff., Windelband, a. a. O., S. 30 ff. und S. 41 ff. noch besonders die Spezialdarstellungen der Heraklitischen Lehre von Schleiermacher, Herakleitos der Dunkle, S. W. III, 2, S. 1 ff., Lassalle, Die Philosophie Herakleitos des Dunklen von Ephesos, Bernays, Ges. Abhandlungen (Heraclitea und Herakl. Stud.). Schuster, Heraklit von Ephesos, Teichmüller, Herakleitos, in Neue Stud. z. Gesch. d. Begr., Heft 1, und H. als Theol., Heft II d. u. Stud., M. Wundt. Die Philosophie des Heraklit von Ephesus im Zusammenhange mit der Kultur Ioniens (Arch. für Gesch. d. Philos. 1907, S. 432 ff.). Speziell über die Heraklitische Logoslehre, die uns hier auch zu beschäftigen hat, vgl. M. Heinze, Die Lehre vom Logos in der griech. Phil., S. 1 ff., Aall, Gesch. der Logosidee in der griech. Philos. und christl. Lit. und der Logos bei Heraklit, Zeitschr. f. Philos. und philos. Krit. 1895, S. 217 ff.

[2] Arist. de an. I, 2,405 a. ἐν κινήσει δ᾽ εἶναι τὰ ὄντα; vgl. Phys. VIII, 3,253 b.

[3] Platon, Kratyl. 401 d. ... τὰ ὄντα ἰέναι τε πάντα καὶ μένειν οὐδέν.

[4] Platon, Theait. 160 d. ... οἷον ῥεύματι κινεῖσθαι τὰ πάντα; vergl. auch 181 b.

[5] Platon, Kratyl. 402 a. λέγει που Ἡράκλειτος, ὅτι πάντα χωρεῖ καὶ οὐδὲν μένει, καὶ ποταμοῦ ῥοῇ ἀπεικάζων τὰ ὄντα λέγει, ὡς δὶς ἐς τὸν αὐτὸν ποταμὸν οὐκ ἂν ἐμβαίης; vgl. Arist. Met. III, 5,1010 a genau ebenso ... ὅτι δὶς τῶι αὐτῶι ποταμῶι οὐκ ἔστιν ἐμβῆναι.

hin bezeichnend, daß diese es als ein Bestandstück der Heraklitischen Lehre aufweist, man könne «nach Heraklit nicht zweimal eine ihrer Beschaffenheit nach identische vergängliche Substanz berühren»[1]; und wenn das nicht auch dem Buchstaben nach Heraklitisch sein sollte, dem Geiste nach ist es doch echt Heraklitisch. In dem Kern der Lehre Heraklits verbirgt sich eine gedankliche Tiefe, die sie seiner Zeit und lange auch der Zeit nach ihm «dunkel» erscheinen ließ. Der Schein aber entsteht allein daraus, daß Heraklit sich bereits in den lichten Höhen des reinen Denkens bewegt. In der Tat muß es dem naiven Denken nicht nur schwer faßlich, sondern auch in seiner Schwierigkeit unauflöslich erscheinen, wenn nichts bleiben, sondern alles wechseln soll. Denn wenn alles Bleiben aufgehoben erscheint, erscheint auch alles Sein aufgehoben. Und dennoch, wenn alles wechseln soll, so muß doch der Wechsel selber sein und bleiben. Bleiben und Sein scheinen auf der einen Seite im Wechsel und Werden aufgehoben, auf der anderen Seite scheinen Sein und Bleiben gerade durch Werden und Wechsel gesetzt. Das ist in der Tat der große Impuls gewaltiger Dialektik[2], der das Denken Heraklits bewegt, und ver-

---

[1] Plut. de Ei ap. Delph. XVIII, b. (Diels, Fragm. d. Vors. 1, S. 75, fr. 91, dem ich mit Absicht aus Gründen der Objektivität auch die obige Übersetzung entnommen habe). ποταμῶι γάρ οὐκ ἔστι ἐμβῆναι δὶς τῶι αὐτῶι καθ᾽ Ἡράκλειτον οὐδὲ θνητῆς οὐσίας δὶς ἅψασθαι κατὰ ἕξιν. Auch ich möchte also nicht damit behaupten, daß diese Worte bei Plut. schon Heraklits eigene Worte seien. Zeller deutet mit K. Schuster, a. a. O., S. 91, richtig auf die Schwierigkeit des 'κατὰ ἕξιν' hin und meint «von θνητὴ οὐσία hat Heraklit schwerlich gesprochen» (a. a. O. I, S. 576). Wenn nicht überhaupt, so scheint mir doch zum mindesten in der Bedeutung der Substanz die οὐσία späteren Ursprungs, wenn ich mir darüber überhaupt ein Urteil erlauben darf. Sicher aber möchte ich in dem 'καθ᾽ Ἡράκλειτον' einen Hinweis darauf sehen, daß es sich Plut. mehr um ein Referieren als um ein Zitieren handelt, wenn auch andererseits freilich in dem ἅψασθαι die ganze echt Heraklitische Kritik des bloß «Greifbaren» gleichsam selbst anschaulich greifbar zutage tritt. Wie man sich aber auch immer zum bloßen Worte stelle, der Gedanke, der nach Heraklit ja im Worte lebt, ist sicher echt und ursprünglich heraklitisch, wie ja auch Zeller gegen Schuster nicht bestreitet.

[2] Aus dem dialektischen Grundmotiv Heraklits erklärt sich auch die übrigens wohl verdiente Hochschätzung, die dieser Denker bei Hegel, Gesch.

möge dessen er auch die Grundantinomie aller Welterkenntnis stellt und — wenigstens im Prinzip — schon auflöst, daß in der Setzung von Werden und Wechsel bereits Sein und Bleiben im Sein und Bleiben des Wechsels mitgesetzt ist.

Die Auflösung aber wird bedingt durch die scharfe Unterscheidung zwischen Sinnen- und Vernunfterkenntnis und das Wertverhältnis, in das beide zueinander gebracht werden, wonach die sinnliche Erkenntnis als unzuverlässig, die Vernunfterkenntnis als Kriterium und Bürge der Wahrheit erkannt wird.[1] Die Sinne gelten ihm als «schlechte Bürgen.»[2] Die Sinnendinge «foppen» den Menschen[3], sie wechseln beständig, und ebendarum

d. Philos. I, S. 305 ff. findet. Auch Lassalle hat, um das schon hier zu bemerken, a. a. O. II, S. 49 das dialektische Moment treffend bezeichnet. Wenn er freilich von der Identität der logischen Gegensätze im Sinne der «Einheit des Seins und Nichtseins» a. a. O., I, S. 361 und II, S. 6 f. spricht, so ist das eine Umbiegung und Vergewaltigung im Sinne Hegels. Die dialektischen Tendenzen bei Heraklit sind aber trotzdem vorhanden, nur in anderer Art als bei Hegel. Sie liegen nicht in dem Verhältnis von Sein und Nichtsein, wie Lassalle sagt, sondern, wie oben im Text bereits angedeutet und bald noch weiter auszuführen ist, in dem von Sein und Werden, von Bleiben und Wechsel. Wenn Lassalle hier also auch nicht ohne eine gewisse Willkür verfährt, so enthalten seine Ausführungen doch einen durchaus berechtigten Kern und bleiben nicht etwa bloß geistvoll, sondern auch wissenschaftlich wertvoll und lehrreich, wenn man von seiner hegelisierenden Einseitigkeit absieht. Sie, wie Zeller das will, einfach als «wortreich und weitschweifig» (a a. O., I, S. 591) abzutun, dürfte also doch nicht gerecht sein. — Die etwas zurückhaltende Polemik von Arist. Met. III, 3,1055 b, daß Heraklit das Widerspruchsgesetz aufhöbe, ist in dieser Hinsicht lehrreich. Und wenn Aristoteles den Heraklit nicht trifft, so geschieht es nicht aus dem von Zeller, a. a. O., I, S. 601 angegebenen und von Heinze, a. a. O., S. 13 akzeptierten Grunde, weil er nicht behauptet hätte, «entgegengesetzte Bestimmungen können demselben Subjekt nicht bloß gleichzeitig, sondern auch in der gleichen Beziehung zukommen», sondern deshalb, weil es sich für Heraklit gar nicht um das bloß formale Widerspruchsgesetz, sondern um inhaltliche logische Entwicklung handelt.

[1] Sext. Emp. adv. math. VII, 126. ὁ δὲ Ἡράκλειτος, ἐπεὶ πάλιν ἐδόκει δυσὶν ὠργανῶσθαι ὁ ἄνθρωπος πρὸς τὴν τῆς ἀληθείας γνῶσιν, αἰσθήσει τε καὶ λόγῳ, τούτων τὴν μὲν αἴσθησιν παραπλησίως τοῖς προειρημένοις φυσικοῖς ἄπιστον εἶναι νενόμικεν, τὸν δὲ λόγον ὑποτίθεται κριτήριον. Vgl. ebenda 127.

[2] Sext. Emp. adv. math. VII, 126 (Diels, fr. 107). κακοὶ μάρτυρες ἀνθρώποισιν ὀφθαλμοὶ καὶ ὦτα βαρβάρους ψυχὰς ἐχόντων.

[3] Hippol. Ref. IX, 9 (Diels, fr. 56) ἐξηπάτηνται, φησίν, οἱ ἄνθρωποι πρὸς τὴν γνῶσιν τῶν φανερῶν.

ist über sie keine Erkenntnis möglich.¹ Es ist schon charakteristisch, daß gerade der Wechsel der Sinnendinge mit deren Unzulänglichkeit zur Erkenntnis in Verbindung gebracht wird. Das ist bedeutsam, um später das Verständnis für den ganzen Zusammenhang von Sein und Werden, Bleiben und Wechsel erschließen zu helfen. Der Schwäche und Unzulänglichkeit der Sinnlichkeit aber tritt als größter Vorzug das vernünftige Denken gegenüber², das allen gemeinsam ist³ und durch das wir teilhaben an der allgemeinsamen Vernunft, dem Logos als dem Kriterium der Wahrheit, der durch seine Allgemeinsamkeit der beschränkten Einzelansicht als göttliche Vernunft gegenübersteht, durch deren Teilhaben wir selbst erst vernünftig werden.⁴ Denn der Logos ist der Seele eigen.⁵ Ihm zu folgen ist Pflicht. Er ist allen gemeinsam, obschon «die meisten so leben, als ob sie eine eigene Einsicht hätten.»⁶ Zeller⁷, und fast wörtlich ebenso Heinze⁸ bemerken zu dieser Stelle richtig: «dem κοινὸς λόγος tritt entgegen ἰδία φρόνησις» und Zeller erläutert, «als ob sie in ihren Meinungen eine Privatvernunft hätten.»⁹ Das trifft durchaus zu. Das Bedeutsame ist aber doch wohl das, daß Heraklit eben die liebe eigene Meinung, auf die die meisten so pochen, für nichts erachtet. Der Unterschied der objektiven Erkenntnis und der subjektiven Ansicht wird deutlich. Darum fällt von hier erst das rechte Licht auf den Gegensatz von

[1] Arist. Met. I, 6,987 a. ... Ἡρακλειτείοις δόξαις ὡς ἁπάντων τῶν αἰσθητῶν ἀεὶ ῥεόντων καὶ ἐπιστήμης περὶ αὐτῶν οὐκ οὔσης ...; vgl. Phys. III, 3,253 b.

[2] Stob. Flor. III, 84 (Diels, fr. 112) τὸ φρονεῖν ἀρετὴ μεγίστη ...

[3] Ebenda (Diels, fr. 113) ξυνόν ἐστι πᾶσι τὸ φρονεῖν.

[4] Sext. Emp. adv. math. VII, 127. τὸν δὲ λόγον κριτὴν τῆς ἀληθείας ἀποφαίνεται οὐ τὸν ὁποιονδήποτε, ἀλλὰ τὸν κοινὸν καὶ θεῖον· vgl. 131 τοῦτον δὴ κοινὸν λόγον καὶ θεῖον καὶ οὗ κατὰ μετοχὴν γινόμεθα λογικοί, κριτήριον ἀληθείας φησὶν ὁ Ἡράκλειτος.

[5] Stob. Flor. III, 85 (Diels, Fr. 115) ψυχῆς ἐστι λόγος ἑαυτὸν αὔξων.

[6] Sext. Emp. adv. math. VII, 133 (Diels, Fr. 2). διὸ δεῖ ἕπεσθαι τῶι κοινῶι· ξυνὸς γὰρ ὁ κοινός. τοῦ λόγου δὲ ἐόντος ξυνοῦ οἱ πολλοὶ ὡς ἰδίαν ἔχοντες φρόνησιν ....

[7] Zeller a. a. O. I, S. 607.

[8] Heinze a. a. O., S. 55.

[9] Zeller ebenda.

αἴσθησις und λόγος. Indem die wahre Einsicht erst aus dem λόγος fließt, bleibt in der «eigenen Einsicht», die nicht in der allgemeinsamen wurzelt, von «Einsicht» nichts, und alles bleibt «eigen». Dem einzelnen Subjekt gegenüber bedeutet der Logos das allgemeine Einheitsprinzip der Erkenntnis, auf das der Einzelne erst sich zu gründen hat, wenn er selbst Erkenntnis erlangen will, eine allgemeine Instanz, zu der das einzelne Subjekt sich erheben und erweitern muß, wenn es aus seiner subjektiv beschränkten «Eigenheit» heraustreten und seiner Meinung einen Wert geben will, der eben die Meinung zum Wissen erhöht.

Wie immer auch die Wahrnehmungsgegenstände wechseln und die Sinnlichkeit mit ihrer Subjektivität in jenen keine bleibende Einheit und Erkenntnis zu ergreifen vermag, so erkennt man durch den allgemeinen Logos, wenn man nur auf ihn, nicht aber auf ein einzelnes Subjekt hört, doch gerade, daß Alles Eins ist,[1] aus Allem Eines, Eines aus Allem ist[2]. Wie der Logos also zunächst Prinzip der Allgemeinheit und Einheit der Erkenntnis überhaupt ist, so wird er zugleich zum Prinzip der Erkenntnis der Einheit des Seins, um endlich zum Prinzip der Einheit des Seins schlechthin zu werden. Die Schwierigkeit, daß die Sinne uns ein Bleiben vortäuschen, daß es trotzdem aber gerade die Sinnenwelt ist, die da wechselt, daß die Welt der Dinge, die sich den Sinnen darbietet, nicht beharrt, löst die Vernunft: Die Welt der Sinne ist in beständigem Wechsel, auch wenn uns gerade die Sinne ein Bleiben vor-

---

[1] Hippol. Ref. IX, 9 (Diels, Fragm. I, S. 69, Fr. 50) οὐκ ἐμοῦ, ἀλλὰ τοῦ λόγου ἀκούσαντας ὁμολογεῖν σοφόν ἐστιν ἓν πάντα εἶναι. Ich lese hier mit der Oxforder Hippolyt-Ausgabe und mit Diels' Ausgabe der Fragmente das letzte Wort εἶναι, was auch Lassalle, a. a. O. I, S. 339, annimmt, nicht mit Zeller, a. a. O. I, S. 610, und Heinze, a. a. O., S. 30 ff., εἰδέναι. Gerade weil, wie Zeller hier bemerkt, mit dem εἰδέναι dem λόγος gegenüber nichts Neues gesagt würde, vor allem weil es sich auch im weiteren Zusammenhange dieser Stelle bei Hippolyt nicht mehr allein um das Wissen, sondern auch um das Sein handelt, scheint mir die von Miller vorgeschlagene, schon von Lassalle und nun auch von Diels angenommene Lesart die richtige zu sein.

[2] Arist. de mundo V, 396 b. καὶ ἐκ πάντων ἕν, καὶ ἐξ ἑνὸς πάντα. Vgl. Sext. Emp. Hyp. Pyrrh. II, 59.

täuschen. Die Dinge der Sinnenwelt wandeln sich beständig.
Sie sind das Wechselnde, das nicht bleibt. Der Wechsel selbst
aber bleibt. Ihn lehrt uns die Vernunft kennen und so den
Wechsel vom Wechselnden unterscheiden, um in dem selbst
nicht wechselnden Wechsel auch das einheitlich Bleibende und
ein Bleiben schlechthin und das wahrhafte Sein zu erkennen,
vom Vergänglichen, vom Schein der αἴσθησις zu unterscheiden.
Die Dinge der Sinnenwelt sind das Wechselnde und ihr Bleiben
ist selbst nur Schein. Die Vernunft durchschaut den Schein
und erkennt hinter den scheinbar beharrlichen, in Wahrheit
aber wechselnden Sinnendingen als einzig wandel- und wechsellos den Wechsel selbst. Der Welt des Sinnenscheins, die uns
ein Bleiben vorspiegelt, in der in Wahrheit aber nichts bleibt,
tritt die Welt des wahren Seins gegenüber, die uns kein Bleiben
vortäuscht, in der wir aber durch die Vernunft im Wechsel
selber das wahre und ewige Sein und Bleiben erkennen. Denn
was da immer war, ist und sein wird, das ist ein ewig lebendiges
Feuer, nach Maßen entglimmend, nach Maßen verlöschend.[1]
Es ist das ewig Lebendige und darum immer Bleibende, das
in alles übergeht, und in das alles übergeht, das sich umsetzt
in die Dinge und die Dinge in sich, wie das Gold in die Waren,
die Waren in Gold.[2] Es bleibt immer ein Eines, sich selbst
gleich (τὸν αὐτόν), das alles ist (ἓν πάντα εἶναι), trotzdem es in
alles übergeht, verwandelt sich nicht bloß wie das Wasser bei
Thales und die Luft bei Anaximenes in andere Stoffe, die eben
dann nicht mehr Wasser oder Luft sind, und der Rückver-
wandlung bedürfen, um Wasser oder Luft zu werden, sondern es
bleibt Feuer, kann darum auch kein bestimmter Stoff sein, da
ein bestimmter Stoff doch nicht auch ein anderer als er selbst
sein, d. h. in der Verwandlung bleiben kann,[3] sondern muß den

---

[1] Clem. Strom. V, 599 b (Diels, a. a. O. I, S. 66, fr. 30) ἦν ἀεὶ καὶ ἔστιν καὶ ἔσται πῦρ ἀείζωον, ἁπτόμενα μέτρα καὶ ἀποσβεννύμενον μέτρα.

[2] Plut. De Ei ap. Delph. VIII, E. (Diels, a. a. O. I, S. 75, fr. 90) πυρός τε ἀνταμοιβὴ τὰ πάντα καὶ πῦρ ἁπάντων, ὅκωσπερ χρυσοῦ χρήματα καὶ χρημάτων χρυσός.

[3] Sext. Emp. Hyp. Pyrrh. III, 116 οὐδὲν ἄρα σῶμα μένει. Es wäre die schlimmste und buchstäblichste Anwendung des Rezeptes, daß man, um etwas Lebendiges zu erkennen und zu beschreiben, erst den Geist heraus-

ewigen Weltprozeß, den Kosmos selbst bedeuten, den kein Gott und kein Mensch je erschaffen haben kann und der immer in sich einheitlich und derselbe bleibt[1], aus dem alles, was im einzelnen wird, eben wird[2] und Dasein und Leben empfängt. Es ist das ewig Fließende selbst und kann ebendarum nicht stofflich körperlich sein. Vielmehr muß es eher seelisch sein, nicht seelisch-dinglich, sondern seelisch-prozessual, Lebensodem aller Dinge[3].

zutreiben habe, wollte man mit einigen Interpreten das Heraklitische Feuer stofflich fassen. In der Tat müßte hier wirklich der Logos, der ja dem «ewiglebendigen Feuer», wie wir sehen werden, immanent sein soll, erst durch die Interpretation «herausgetrieben» werden. Eine derartig grob-stoffliche Auffassung müßte einem schon der Respekt vor dem Genius Heraklits verbieten. Und wie U. v. Wilamowitz (Hermes 34.205) mit Bezug auf eine Deutung des Verhältnisses der Metaphysik des Parmenides zu seiner Physik, so möchte ich auch in bezug auf eine solche Deutung dieses Heraklitischen Problems sagen: «Ich traue das dem Ehrwürdigen nicht zu». Aber ganz abgesehen von der Persönlichkeit Heraklits und seiner übrigen Gedankenentwicklung, in die sich eine solche Deutung absolut nicht fügt, ist sie aus rein sachlichen Gründen ganz für sich selbst genommen unmöglich. Man hat keine einzige Stelle anzuführen vermocht, die wirklich für die Stofflichkeit des Feuers beweiskräftig wäre. Und jede der hier in Betracht kommenden, von uns herangezogenen spricht dagegen: Das Gleichbleiben in der Verwandlung, die Gleichsetzung mit dem Kosmos, die mit der ψυχή und endlich die Bestimmtheit durch den Logos und dessen Immanenz. Es fehlt dann nur, daß man auch den Logos stofflich fasse, wie es ja auch geschehen ist, und man hat, wenn man dessen Immanenz zugibt, buchstäblich einen Stoff in einem anderen Stoffe. Etwas Sinnwidrigeres läßt sich dem Heraklit nicht mehr zutrauen. Das Feuer kann darum, wie auch Zeller, a. a. O., I, S. 591, richtig hervorhebt — ohne freilich mit der «reinen Verwandlung» etwas Rechtes anfangen zu können, weil er dem dialektischen Moment bei Heraklit nicht zur Genüge Rechnung trägt — nicht als Stoff angesehen werden. Es kann einzig und allein Prozeß sein, wie neuerdings am entschiedensten Windelband, a. a. O., S. 30 f., folgendermaßen betont: «Heraklit versteht unter seiner ἀρχή nicht einen alle seine Verwandlungen überdauernden Stoff, sondern eben die reine Verwandlung selbst, das Auf- und Abschweben des Werdens und Vergehens».

[1] Clem. Strom. a. a. O. ebenda (Diels, fr. 30). κόσμον τόνδε τὸν αὐτὸν ἁπάντων οὔτε τις θεῶν οὔτε ἀνθρώπων ἐποίησεν, ἀλλ' ἦν ἀεί usw., Forts. s. vor. S. Anm. 1.

[2] Platon, Kratyl. 412 d. ... δι' οὗ πάντα τὰ γιγνόμενα γίγνεται.

[3] Arist. de an. I, 2,405 a. καὶ Ἡράκλειτος δὲ τὴν ἀρχὴν εἶναί φησι ψυχήν, εἴπερ τὴν ἀναθυμίασιν, ἐξ ἧς τἆλλα συνίστησι · καὶ ἀσώματον δὴ καὶ ῥέον ἀεί.

Wie der Seele das Denken eigen, durch das sie am Logos teil hat[1], so erweist sich nun im Sein des prozessualen Geschehens selbst der Logos wirksam.

Die Vernunftbestimmung erhält so bei Heraklit eine Bedeutung und Tragweite, von der bei Diogenes von Appolonia keine Spur vorhanden ist. Das Wechselnde gehört der Sinnenwelt an. In ihr ist kein Bleiben. Hier ist alles Bleiben in der Tat bloß Schein. Das Bleiben wird darum aber nicht geleugnet. Es ist nur Gegenstand der Vernunfterkenntnis, die das Bleiben des Wechsels erkennt. Denn der Wechsel ist selbst bleibend. Darin liegt in der Tat die dunkle und schwierige Dialektik der Lehre Heraklits, daß in der Sinnenerkenntnis kein wahrhaft Bleibendes erreicht wird, obwohl uns gerade von ihr ein Bleiben vorgetäuscht wird, und daß allein die Vernunfterkenntnis ein Bleiben und ein Bleibendes erreicht, obwohl gerade wieder sie es ist, die erkennt, daß «nichts bleibt, sondern alles wechselt». Aber indem sie den prozessualen Wechsel als bleibend erkennt, löst sie die Antinomie von Bleiben und Wechsel und vollzieht die Synthese zwischen beiden im Begriffe des bleibenden, wechsellosen Wechsels, des «ewig lebendigen Feuers» als kosmischen Prozesses. Darum aber muß die Vernunft selber bleiben, weil sie den Wechsel als bleibend und wechsellos bestimmt. Sie aber ist nicht nur bleibend, wie der Wechsel, sondern auch bleibend als eben den Wechsel bestimmend. Und den Wechsel bestimmt sie, insofern der Wechsel selbst nach der Vernunft sich vollzieht, so daß alles nach dem Logos geschieht.[2] Als Schicksal, Recht und Notwendigkeit[3], die den Samen jeglichen Entstehens bilden, ist der Logos in allem wirksam und verwandelt erst das Feuer selbst in die Dinge,

---

[1] Vgl. S. 28 Anm. 2, 3 u. 5.

[2] Sext. Emp. adv. math. VII, 132 (Diels, I, S. 61, fr. 2) γιγνομένων γὰρ πάντων κατὰ τὸν λόγον; vgl. dazu A. Aall, Der Logos bei Heraklit a. a. O., 218 ff., und desselben Gesch. d. Logosidee, S. 40 ff.

[3] Stob. Ekl. I, 178 und Clem. Strom. V, 599 C., vgl. Lassalle, a. a. O. I. 350 f., und Heinze, a. a. O., S. 20. — Hier wird von Heraklit die vor ihm nur implizite angebahnte Synthese von εἱμαρμένη, ἀνάγκη und δίκη vollzogen; vgl. ausführlicher Windelband, a. a. O., S. 31.

deren erstes das Wasser als Same jeglicher Ordnung bildet.¹ Sofern der Logos als schicksalbestimmende Notwendigkeit, die den Weltprozeß zugleich zum Weltgericht macht, auch Gottheit ist², faßt er alle Gegensätze in sich zusammen, in ihm ist alles eins und alles führt er zu allem³; er ist so zugleich Einheit und Harmonie aller Gegensätze. Wenn alles, was wird, aus etwas wird, das es nicht selbst war, zu ihm also im Gegensatze steht, so daß die δίκη selbst zum πόλεμος und der πόλεμος zum Vater der Dinge wird und zu ihrem Herrscher⁴, so ist doch aller Gegensatz der Dinge im Einzelnen ausgeglichen zur ewigen unsichtbaren Harmonie der göttlichen Einheit, die herrlicher ist als alle sichtbare.⁵ Der Krieg im Einzelnen bildet in der göttlichen Einheit selbst eine Einheit mit dem Frieden, wie der Tag mit der Nacht, der Winter mit dem Sommer, der Überfluß mit der Not.⁶ Wenn der Logos darum Gott heißt, so teilt er diesen Namen mit dem, was man sonst so heißt, nur insoweit, als man damit wahrhaft Göttliches bezeichnete, nicht auch soweit man damit dem Göttlichen Inadäquates verband. «Eines, das allein Weise will nicht und will doch auch wieder mit Zeus Namen benannt sein».⁷ Vor allem kann der Logos dem Kosmos

---

¹ In diesem Verhältnis stehen σπέρμα τῆς γενέσεως bei Stob. Ekl. I, 178 und σπέρμα τῆς διακοσμήσεως bei Clem. Strom. V, 599 C.

² Sext. Emp. adv. math. VII, 127. τὸν δὲ λόγον ... τὸν κοινὸν καὶ θεῖον; vgl. S. 28 Anm. 4.

³ Philo. Leg. alleg. III, 1,88 f. καὶ ἓν τὸ πᾶν, καὶ πάντα ἀμοιβῇ εἰσάγων.

⁴ Hippol. Ref. IX, 9 (Diels, fr. 53) πόλεμος πάντων μὲν πατήρ ἐστι, πάντων δὲ βασιλεύς ... Auch darin liegt das dialektische Moment, daß für Heraklit, wie Windelband das treffend formuliert, «das Andere eo ipso zum Entgegengesetzten wird», a. a. O., S. 41.

⁵ Plut. de an. procr. 27,5. ἁρμονίη γὰρ ἀφανὴς φανερῆς κρείττων καθ' Ἡράκλειτον, ἐν ἧι τὰς διαφορὰς καὶ ἑτερότητας ὁ μιγνύων θεὸς ἔκρυψε καὶ κατέδυσεν.

⁶ Hippol. Ref. IX, 10 (Diels, fr. 67). ὁ θεὸς ἡμέρη εὐφρόνη, χειμὼν θέρος, πόλεμος εἰρήνη, κόρος λιμός. Das Verhältnis, in dem Gott ebenso über dem Kriege der Dinge als Harmonie steht, wie der Krieg über den Dingen, kann es noch einmal auf das Allerevidenteste deutlich machen, daß es sich im «ewiglebendigen Feuer» ganz und gar um das prozessuale Werden, nicht aber um einen Stoff handelt.

⁷ Übers. v. Diels, fr. 32 (Clem. Strom. V, 604). Unter den mannigfachen

nicht als eine äußere Ursache gegenüberstehen, denn er ist ja von Ewigkeit her lebendiges Feuer[1], weder von Gott noch von Menschen erschaffen[2], wie es ausdrücklich heißt. Gerade als Schicksal muß der Logos das Wesen von allem durchdringen, dem All also immanent sein.[3] In dieser Immanenz aber hat Heraklits Denken seine schärfste Zuspitzung und seine höchste Synthese erhalten. Denn jene Immanenz will besagen: Geschieht alles nach dem Logos[4] und durchdringt der Logos alles[5], so ist die sinnliche Welt des Geschehens keineswegs bloß Schein. Schein ist nur das, was der Sinnenerkenntnis als beharrlich erscheint, also das scheinbar Beharrliche, das in Wahrheit ein Wechselndes ist, bestimmt von dem selbst nicht wechselnden, durch den Logos und seine alles in allem lenkende Einsicht geleiteten Wechsel.[6] Insofern dieses in Wahrheit Wechselnde aber in eben seinem Wechseln auf dem von der

---

Erklärungsversuchen, die diese Stelle hervorgerufen, hat wohl den ungezwungensten und besten Zeller, dem ich mich in der Deutung durchaus anschließen kann, geliefert, wenn er a. a. O., S. 608, die Stelle folgendermaßen interpretiert: «Es will damit benannt sein, weil es in Wahrheit das ist, was man unter jenem Namen verehrt; es will aber auch nicht damit benannt sein, weil sich mit diesem Namen Vorstellungen verbinden, die auf jenes Urwesen nicht passen, weil er (wie alle Namen) eine unzureichende Bezeichnung ist».

[1] Vgl. S. 30.
[2] Vgl. S. 31.
[3] Stob. Ekl. I, 178. Ἡράκλειτος οὐσίαν εἱμαρμένης ἀπεφαίνετο λόγον τὸν διὰ τοῦ παντὸς διήκοντα. Richtig erkennt auch Heinze, a. a. O., S. 6 f., die Immanenz des Logos an und bezeichnet ihn zutreffend geradezu als «Gesetz des Weltlaufs», S. 10. Um so weniger ist es ersichtlich, warum auch er noch an der Stofflichkeit des Feuers und gar noch des Logos festhält, S. 24. Denn Stoffe können doch auch nach der Vorstellung des Altertums höchstens mit einander eine Mischung, Verbindung, vielleicht auch schon eine Lösung eingehen, aber nimmermehr einer dem anderen immanent sein. Daß nun nach Clem. Strom. V, 599 λόγος und πῦρ gleichgesetzt werden, kann doch nicht, wie Heinze, S. 24, meint, für die Stofflichkeit des Logos sprechen, da es doch gerade für die Unstofflichkeit des πῦρ spricht.
[4] Sext. Emp. adv. math. VII, 132, s. S. 32, Anm. 2.
[5] Vgl. die vorletzte Anmerkung.
[6] Diog. Laert. IX, 1. εἶναι γὰρ ἓν τὸ σοφὸν ἐπίστασθαι γνώμην ἥτ' οἵη (Diels, fr. 41 ὁτέη) ἐκυβέρνησε πάντα διὰ πάντων.

wahren Einsicht des Logos bestimmten Wechsel beruht, muß es selbst wahres Sein und Wirklichkeit haben. Wird auch die Sinnenerkenntnis als schlechter Zeuge der Wahrheit von der allein die Wahrheit verbürgenden Vernunfterkenntnis unterschieden, so tritt darum doch nicht die empirische Wirklichkeit als eine besondere Wirklichkeit neben das reine Sein der Vernunftwirklichkeit, sondern ist eben deren Darstellungsweise, mit ihr eines und ebendasselbe unter verschiedenen Gesichtspunkten betrachtet. Der Weltprozeß ist nicht ohne den Logos, denn er ist von ihm bestimmt, und der Logos nicht ohne den Weltprozeß, denn der Logos ist, eben indem er den Weltprozeß bestimmt. Der das Geschehen beherrschende Logos ist Bedingung und Grundlage des Wechselnden, das als Wechselndes auch wahrhaft ist, und das nur nicht beharrlich ist, wie der Wechsel und der diesen bestimmende Logos, ob es auch den Sinnen zu beharren scheint. Aber indem es zum Wesen des Logos gehört, daß er das Geschehen bestimmt und zu dem des Geschehens, daß es vom Logos bestimmt wird, wird den einzelnen Geschehnissen selbst Wirklichkeit und Wahrheit verliehen von der wahren Einsicht des Logos, die sie leitet und lenkt.

Blicken wir von hier aus noch einmal auf das Ganze jener Heraklitischen Grundgedanken, die allein für uns in Betracht kommen, zurück und ziehen die Summe, die sich für unser Problem der Substanz als das Beharrliche im Wechsel ergibt, so zeigt sich: In dem ewig lebendigen Feuer als dem Gesamtprozesse des Geschehens mit seinem Wechsel erreicht er selbst das Beharrliche, insofern es «immer war, ist und sein wird». Hier wird deutlich, wie scharf wir die Begriffe des Seins und Geschehens bei Heraklit zu trennen haben, und daß Heraklit so wenig das Sein leugnet, daß er es vielmehr in dem ewigen Wechsel, der ihm ja selber ist, als ewig setzt.[1] Aber darum

---

[1] Noch Zeller sagt a. a. O. I, S. 584: «Während demnach Parmenides das Werden leugnet, um den Begriff des Seins in seiner Reinheit festzuhalten, leugnet Heraklit umgekehrt das Sein, um dem Gesetz des Werdens nichts zu vergeben». Daß damit das Verhältnis zu Parmenides unzutreffend bestimmt ist, wird sich später zeigen. Die übliche Gegenüberstellung von Heraklit und Parmenides hat aber Tannery, Pour l'histoire de la science hellène, S. 74 ff. (vgl.

kann das Geschehen nicht selbst geschehen. Nur Geschehnisse und Vorgänge können geschehen, und doch ist das Geschehen nicht das ganze Sein. Das Geschehen ist das Sein in seinem Wechsel, wie es sich den Sinnen scheinbar als bleibend darstellt. Das reine Sein ist das Sein in seinem Bleiben, wie es die Seele allein als Vernunft erkennt, — «denn der Seele ist das Denken eigen» — das reine Sein des Logos, das erst das Sein in seinem Wechsel bestimmt. Erreicht Heraklit im Wechsel des Feuers selbst das Beharrliche, so ist es ihm doch beharrlich als Wechsel, nicht im Wechsel, beharrlich als beharrlicher Wechsel. Das Beharrliche im Wechsel aber liegt in seiner Bestimmung, daß dieser Wechsel des Feuers sich «nach Maßen» vollzieht. Ist das Feuer der beharrliche Wechsel selber, so sind die «Maße» das Beharrliche im Wechsel, sofern sie diesen be-

---

auch dessen Abhandlung: «La Physique de Parménide», Revue philosophique XVIII, S. 264 ff.) mit guten Gründen angefochten. Zwar deutet er beide stark realistisch, erkennt aber doch wieder die idealistische Tendenz wenigstens im Verfahren an. Mit besonderer Feinheit hat sodann Kühnemann, dessen Ausführungen ich freilich, meiner eigenen späteren Darstellung gemäß, nicht in allem inhaltlich bestimmen kann, die sachlichen Beziehungen zwischen Heraklit und Parmenides abgewogen in seinen «Grundlehren der Philosophie», S. 61. Und neuerdings deutet auch Max Wundt, a. a. O., S. 450, die Verwandtschaft zwischen beiden Denkern, ohne ihren Gegensatz zu verkennen, in recht ansprechender Weise an. Aber von dieser Gegenüberstellung beider hier noch ganz abgesehen, ist die vielfach auch von Zeller aufgestellte Behauptung, Heraklit «leugne das Sein», um so hinfälliger, als er im Logos gerade das «Sein in seiner Reinheit» faßt, genau wie Parmenides auch und, wie M. Wundt, der ihn den «ersten Logiker unter den Griechen» (a. a. O., S. 449) nennt, sehr treffend geradezu sagt: «schließlich bis zur Idee eines Absoluten gelangt» (a. a. O., S. 443). Und mit dieser Grundposition operiert ja auch Zeller in seiner ganzen übrigen Darstellung, die freilich der Heraklitischen Lehre so wenig gerecht wird, daß man sich, wäre sie so, wie sie Zeller darstellt, wundern müßte, sie eben vom Historiker der Philosophie überhaupt behandelt zu finden. Mehr als er es ahnt, kommt übrigens Zeller durch jene Behauptung in die sonst so sorgfältig von ihm gemiedene Nähe Lassalles (s. S. 26 Anm. 2), freilich ohne dessen bei aller Willkürlichkeit offenbare Schärfe des gedanklichen Erfassens der Heraklitischen Eigenart zu erreichen. Denn von jener Behauptung aus ist es doch nur noch ein Schritt bis zur Gleichsetzung von Sein und Nichtsein, die zwar Zeller so peinlich, aber im Sinne Lassalles immer noch heraklitischer wäre als eine Leugnung des Seins.

stimmen. Nun vollzieht sich aber das Geschehen nach dem λόγος. Die «Maß»-gebende Funktion für das Geschehen liegt also im Logos. Insofern also der Wechsel nur als Wechsel beharrlich ist, ist der Logos das Beharrliche im Wechsel, das den Wechsel selbst «Maß»-gebend bestimmt. Diese Bestimmung aber ist weiterhin nicht die des Verhältnisses einer äußeren Ursache zu ihrer Wirkung. Denn da der Weltprozeß von Ewigkeit her ist, also aus keiner äußeren Ursache hervorgegangen sein kann, so kann er auch vom Logos nicht als von einer Ursache außer ihm bestimmt sein. Der Logos muß immanent im Wechsel unmittelbar diesen selber bestimmen. Er ist das «Maß»-gebende Prinzip der Weltordnung, «Weltgesetz», wie Heinze sagt; nicht, wie das Geschehen, das Sein in seinem Wechsel, sondern das Sein in seinem Beharren, das Baharrliche im Wechsel, das diesen in seinem Sein als Wechsel bestimmt und so auch der empirischen Wirklichkeit, insofern sie eine solche des Geschehens, nicht des scheinbaren Bleibens ist, Wahrheit verleiht.

Das ist der tiefe Sinn der in der Tat dialektisch verwickelten Lehre des Heraklit, daß in ihr der Substanzgedanke aus der Sinnenwelt in die Vernunft selbst zurückgenommen und erst von hier aus der empirischen Wirklichkeit auch Wahrheit verbürgt wird; freilich nicht in dem Sinne, daß die Substanz zur Funktion der Vernunft, sondern in dem, daß sie zur Vernunft selber wird. Sie ist der gemeinsame Seinsgrund aller Dinge, in dem «Alles Eines ist» und zugleich der allgemeinsame Grund ihrer Erkenntnis, der über der persönlichen subjektiven Sphäre des Individuums steht.

Zweites Kapitel.
Die eleatische Schule.

1. An die Spitze der Eleaten pflegt Xenophanes gestellt zu werden. Allein in seiner Physik liegt, trotzdem er auf sittlich-religiösem Gebiete die Poesie und Mythologie so energisch abwehrt[1], doch noch zuviel Dichtung und Mythologie, — denn er selbst ist Dichter —, in seiner Philosophie zu viel Theologie, als daß, so interessant an sich diese Faktoren seiner Lehre auch sein mögen, für unseren rein wissenschaftlichen Zusammenhang und speziell für unser Sonderproblem aus ihnen eine starke Förderung hervorgehen könnte.[2] Immerhin sind einige seiner

---

[1] Xenophanes' Kampf gegen den Polytheismus ist zugleich ein Kampf gegen den mythologischen Anthropomorphismus auf dem Gebiete der Religion. Insofern kann es also gar keine Frage sein, daß, so eingeschränkt unser Interesse an ihm für unser Spezialproblem ist, er doch eine allgemeinere historische Bedeutung besitzt. Ich will also, wenn ich ihn hier nur ganz kurz, gleichsam nur einleitenderweise für den Eleatismus überhaupt behandle, dahinter kein allgemeines Werturteil verbergen. Gerade auf den Gebieten der Sittlichkeit und Religion, die ich hier nicht behandeln kann, ist sein Kampf gegen die mythologische Vorstellungsweise zugleich ein Kampf für die Rechte der Vernunft. So hat man seinen glänzenden Spott anzusehen, wenn er fr. 15 (Diels, Fragm. I, S. 49) sagt: «Wenn die Ochsen, Rosse und Löwen Hände hätten oder malen könnten mit ihren Händen und Werke bilden, wie die Menschen, so würden die Rosse roßähnliche, die Ochsen ochsenähnliche Göttergestalten malen und solche Körper bilden, wie jede Art gerade selbst das Aussehen hätte». (Übersetzung von Diels, vgl. auch S. fr. 11.) So mythologisch Xenophanes auf physikalischem Gebiete selbst noch denkt, auf sittlich-religiösem Gebiete ist er einer der radikalsten Überwinder des Mythologisierens und zugleich der erste Denker, der dagegen theologisch mit Gründen ankämpft.

[2] Daraus wird sich für jeden unsere Anordnung im Texte, d. h. die Behandlung des Heraklit ovr den Eleaten verstehen.

theologischen Grundansichten auch für uns nicht ohne Belang, insofern sie für die weitere Problementwickelung bestimmend werden. Den Monismus der ersten Naturphilosophen — er ist besonders von Anaximander entschieden nicht ganz unbeeinflußt geblieben — wendet er theologisch zum Monotheismus oder genauer zu einer pantheistischen Alleinheitslehre[1], nach der Alles Eins sei.[2] Und was von besonderer Bedeutung wird, das ist der Umstand, daß er zunächst aus religiösen Motiven vom Göttlichen die Vorstellungen des Werdens und Vergehens abwehrt[3], die Begriffe der Ungewordenheit und Unvergänglichkeit explizite scharf und klar faßt, sie über die Theologie selbst hinauszuführen und, wenn auch noch unbestimmt, doch wenigstens insoweit auf das Sein überhaupt zu erweitern strebt[4], als eben in seiner Alleinheitslehre die Einheit Gottes zugleich als Einheit der Dinge gefaßt wird.[5] Das ist das Wichtigste,

---

[1] Nur so ist das vielzitierte Fragment (bei Diels, Fragm. I, S. 50, fr. 23) zu verstehen:

εἷς θεός, ἔν τε θεοῖσι καὶ ἀνθρώποισι μέγιστος
οὔτε δέμας θνητοῖσιν ὁμοίιος οὔτε νόημα.

Die Gegenüberstellung des εἷς θεός im Verhältnis zu den θεοῖσι ergibt hier in der Tat allein Sinn, wenn man bedenkt, wie es dem Pantheismus, wie wir schon früher sahen (s. S. 13), möglich ist, davon zu sprechen, daß alles voll von Göttern sei.

[2] Sext. Emp. Hyp. Pyrrh. I, 225.

[3] Arist. Rhet. II, 23,1399 b. οἷον Ξενοφάνης ἔλεγεν ὅτι ὁμοίως ἀσεβοῦσιν οἱ γενέσθαι φάσκοντες τοὺς θεοὺς τοῖς ἀποθανεῖν λέγουσιν.

[4] Plut. b. Eus. praep. ev. 1, 8,4 οὔτε γένεσιν οὔτε φθορὰν ἀπολείπει. An und für sich sind also die Begriffe der Unentstandenheit und Unvergänglichkeit explizite deutlich. Es fehlt für uns nur die explizite Beziehung auf unser Problem.

[5] Theophr. b. Simpl. Phys. 22 (Diels, Dox. 480 ff.) μίαν δὲ τὴν ἀρχὴν ἤτοι ἓν τὸ ὂν καὶ πᾶν καὶ οὔτε πεπερασμένον οὔτε ἄπειρον οὔτε κινούμενον οὔτε ἠρεμοῦν Ξενοφάνην τὸν Κολοφώνιον τὸν Παρμενίδου διδάσκαλον ὑποτίθεσθαί φησιν ὁ Θεόφραστος. Diese Stelle wäre nun auch philosophisch insofern von dem größten Belang, wenn sie, wie F. Kern, Quaestionum Xenophanearum capita duo, S. 50, annimmt, wirklich bestimmt verbürgte, daß Xenophanes das All-Eine über die Sphäre der Begrenztheit wie der Unbegrenztheit, der Bewegtheit wie der Unbewegtheit hinausgerückt habe. Und für Kerns Auffassung spricht in der Tat, daß, wie er sehr fein gesehen hat, der Verbalbegriff nicht negiert ist, sondern die Negation sich auf das Prädikat bezieht. Zellers Ar-

daß hier neben dem Werden des Einzelnen die Begriffe der Ungewordenheit und Unvergänglichkeit überhaupt wieder mit distinkter Schärfe klar werden. Darin liegt zwar nichts prinzipiell Neues der Leistung des Anaximander gegenüber, der diese Begriffe ebenfalls klar und scharf gefaßt hatte.[1] Immerhin be-

gument dagegen. er müsse «bekennen, dies nicht zu verstehen» (a. a. O. I, S. 473), ist doch so wenig ein Grund gegen die Richtigkeit von Kerns Ansicht, wie das «Nichtverstehen» überhaupt je einen Grund abgeben kann. Denn es ist ebenso grammatisch wie logisch ein Unterschied, wo die Negation liegt, ob er also hier das All-Eine als weder unbegrenzt, noch als begrenzt setzt, weder als ruhend noch als bewegt, oder ob er es weder als unbegrenzt setzt noch als begrenzt setzt. Das eine ist eine **wirklich vollzogene logische Setzung** von Etwas, das weder begrenzt noch unbegrenzt ist, das andere ein bloß problematisches Verhalten, wo beide Möglichkeiten offen bleiben, und es ist überhaupt nichts wirklich gesetzt. Kerns wirklich feine Unterscheidung wird also von Zeller gar nicht gesehen und berührt, geschweige denn getroffen. — Allein es ist ein anderer Umstand, der diese «Setzung» inakzeptabel macht. Bei Sext. Emp. Hyp. Pyrrh. I, 225 heißt es: ἓν εἶναι τὸ πᾶν καὶ τὸν θεὸν συμφυῆ τοῖς πᾶσιν· εἶναι δὲ σφαιροειδῆ καὶ ἀπαθῆ καὶ ἀμετάβλητον καὶ λογικόν. Was uns hier in jenem Verhältnis zur Unbegrenztheit bezw. Begrenztheit Schwierigkeiten machen muß, das ist der Umstand, daß wir unter den Prädikaten des Weltganzen bei Sext. Emp., wie übrigens auch bei Hippol. und Simpl. das der Kugelgestaltigkeiten aufgezählt finden. Nun würde sich damit freilich immer noch, was Zeller nicht bemerkt, die Setzung des Einen als weder begrenzt noch als unbegrenzt in einem Falle vereinigen lassen, in dem Falle nämlich, daß wir die Kugelgestalt lediglich als Symbol der Einheit und In-sich-Geschlossenheit des Seins fassen dürften. Aber dann wären wir in der Tat schon bei Parmenides. Bei Xenophanes spricht dafür aber nichts. Darum haben wir bei ihm die Kugel wohl buchstäblich realistisch zu nehmen und dürfen an ein Hinausrücken des Seins über die räumliche Bestimmung der Grenze, sowohl im Sinne der Begrenztheit wie der Grenzenlosigkeit, nicht denken. Hier trifft Zeller das Richtige und behält auch gegen Kern recht, so sehr er dessen feine Unterscheidung verkennt. Freilich darf man dabei auch nicht übersehen, daß dem andere Äußerungen des Xenophanes entgegenstehen, indem er auch von einer «unermeßlichen» Ausdehnung spricht (vgl. fr. 28). Das zeigt nun freilich aufs deutlichste, daß er das Sein noch anschaulich, nicht wie Parmenides rein gedanklich faßt, und daß seine Ansichten, selbst wenn er das Sein als weder begrenzt noch unbegrenzt setzt, damit doch nicht ins rein Gedankliche weisen, und daß sie im Anschaulichen zu unbestimmt bleiben, als daß sie für unser Problem weiter von Bedeutung werden könnten.

[1] Siehe S. 16 ff.

deutet es für die historische Kontinuität der Problementwickelung Parmenides gegenüber einen wertvollen gedanklichen Impuls, freilich nur einen Impuls. Denn Parmenides mußte diese Begriffe vertiefen, vor allem mußte er den Begriff des Seins in unerhörter Weise vertiefen, um mit diesem jene in seiner durchaus originalen Art in Verbindung bringen zu können.

2. Was Xenophanes von seiner Gottheit auszumachen suchte, das erweitert Parmenides nun nicht bloß zu einem bestimmten Prinzip des Seienden, sondern — und darin liegt seine größte Bedeutung — zum Sein schlechthin. Gewöhnlich sieht man in Parmenides nur den schroffen Gegensatz zu Heraklit. Wenn man freilich die Summe der Heraklitischen Lehre darin erblickt, daß er behauptet habe, es gebe kein Sein, sondern nur ein Geschehen, und wenn man Parmenides' Lehre in der Ansicht, es gebe nur ein Sein und kein Geschehen, für im wesentlichen erschöpft hält, so ließe sich freilich nur ein Gegensatz zwischen Heraklit und Parmenides erkennen; und zwar ein Gegensatz, im Vergleich mit dem ein größerer nicht auszudenken wäre. Daß Heraklits Lehre in einer solchen Ansicht nicht erschöpft ist, wird aus unserer früheren Darstellung hervorgegangen sein. Und die folgenden Ausführungen werden deutlich machen, daß auch in der Parmenideischen Paradoxie ein tieferer Sinn enthalten ist, als es auf den ersten Blick scheinen könnte. Denn gerade Parmenides fordert, daß man sich eben beim ersten Blick nicht beruhige.

Ohne seinen Gegensatz zu Heraklit zu verkennen oder zu verwischen, lehrt uns diese Forderung zugleich aber auch, über dem Gegensatz die tiefe und großartige Übereinstimmung in der Grundrichtung des Denkens, die zwischen beiden besteht, nicht zu verkennen und zu verwischen. Mit Recht sieht Diels[1]

---

[1] Diels, «Bericht über die Literatur der Vorsokratiker 1886. Zweite Hälfte». Arch. f. Gesch. d. Philos. I, S. 245. Freilich scheint mir Diels an anderer Stelle (Parmenides' Lehrgedicht, griechisch und deutsch) dem physikalischen Realismus doch wieder eine zu große Bedeutung einzuräumen, als daß mir ein restloses Zusammenstimmen mit der dialektisch-idealistischen Deutung recht ersichtlich wäre. Allein die Ansichten der Historiker über Parmenides sind hier heute überhaupt noch sehr geteilt. Ich komme später noch darauf zurück ...

auch Parmenides in erster Linie als «Dialektiker» an und betrachtet das Realistische in seinen Anschauungen als «bedeutungslose Überbleibsel der noch nicht völlig überwundenen ionischen Physik». Und, wie schon bemerkt, haben Tannery Kühnemann und Max Wundt die Verwandtschaft zwischen Heraklit und Parmenides ausdrücklich hervorgehoben.[1] Es ist vor allem der ausgesprochene rationale Grundzug, in dem sich das Denken beider begegnet. In genauer Übereinstimmung mit Heraklit warnt auch Parmenides davor, dem Auge, dem Ohr, der Zunge, kurz den Sinnen zu vertrauen, sondern fordert die **kritische Prüfung durch vernünftiges Denken** (κρῖναι δὲ λόγωι). Findet er sich im Logos mit Heraklit, so überbietet er ihn womöglich noch durch die schroffe Ablehnung der vielerfahrenen Gewohnheit.[2] Mit dieser Abweisung von Erfahrung und Gewohnheit erhält seine rationale Tendenz nun explizite noch eine geradezu antiempiristische Zuspitzung, die bei Heraklit eigentlich nur implizite vorhanden war, aber wegen seiner Stellung zum Werden nicht voll zur Entfaltung gelangen konnte. Diese volle Entfaltung bei Parmenides zeigt, wie aus der Übereinstimmung in der tiefsten logischen Grundtendenz selbst mit Notwendigkeit auch das trennende Moment zwischen beiden hervorwächst.

Vermöge des vernünftigen Denkens und im vernünftigen Denken, in dessen Forderung er sich mit Heraklit zusammenfindet, erreicht er den Begriff, um den sich seine ganze Philosophie bewegt: den Begriff des Seins. Die Behauptung des Seins, daß ein Sein ist[3], daß das Sein ist, das Nicht-Sein aber

---

[1] Vgl. S. 35, Anm. 1.
[2] Parm. I, V. 33—37 (Diels, Fragm. d. Vors., S. 115, wonach ich kurz im Folgenden stets die Zählung der Fragm. des Parm. angebe):
ἀλλὰ σὺ τῆσδ᾽ ἀφ᾽ ὁδοῦ διζήσιος εἶργε νόημα
μηδέ σ᾽ ἔθος πολύπειρον ὁδὸν κατὰ τήνδε βιάσθω
νωμᾶν ἄσκοπον ὄμμα καὶ ἠχήεσσαν ἀκουήν
καὶ γλῶσσαν, κρῖναι δὲ λόγωι πολύδηριν ἔλεγχον
ἐξ ἐμέθεν ῥηθέντα.
[3] VI, 1. ... ἔστι γὰρ εἶναι.

Die eleatische Schule.

nicht ist und nicht sein kann[1], steht so sehr im Mittelpunkte seines ganzen gedanklichen Interesses, daß sich von hier aus ebensoleicht der scheinbare und der wirkliche Gegensatz zu Heraklit, wie die Übereinstimmung mit diesem deutlich erkennen läßt. Das Sein wird ihm so unmittelbar im Denken gesichert, daß seine Grundthese: es ist ein Sein, eines Beweises weder bedürftig noch fähig erscheint, ja daß es fast scheint, als erfasse er, ganz Descartes vergleichbar, im Sein des Denkens selbst das Sein.[2] Doch ist es nicht dieser etwa schon von Parmenides klar und deutlich ausgesprochene Gedanke, daß das Denken ist, und daß es deshalb ein Sein gebe, als eine andere, keineswegs weniger bemerkenswerte Überlegung, die Parmenides zu seiner bald zu bestimmenden definitiven Beziehung von Sein und Denken verhilft. Auf der einen Seite macht sich bei ihm die tiefe und folgenreiche Einsicht geltend, daß im Denken darum das Sein gesetzt ist, weil alles Denken ein Denken von etwas ist, einen Inhalt hat, den es denkt. «Nicht ohne das Seiende, in dem es sich ausgesprochen findet, kannst du das Denken antreffen.»[3] Daraus ergibt sich aber auf der andern Seite für Parmenides, indem ihm das Nicht-Sein eben deshalb unmöglich ist, weil es undenkbar ist, die nicht minder bemerkenswerte Einsicht, daß, was soll sein können, auch denkbar sein muß, daß also, was undenkbar ist, auch — sit venia verbo — unseibar ist.[4] Denn ebendarum ist ihm das Nicht-Sein undenkbar, weil das Sein schon im Denken angetroffen wird, und weil er sonst zu einem seienden Nicht-Sein oder einem nicht-seienden Sein gelangen müßte, was unmöglich ist und sich nicht in das «unerschütterliche Herz der wohlgerundeten Wahrheit» fügt.[5]

---

[1] IV, 3. ... ὅπως ἔστιν τε καὶ ὡς οὐκ ἔστι μὴ εἶναι und VII, 1. οὐ γὰρ μήποτε τοῦτο δαμῆι εἶναι μὴ ἐόντα.
[2] VI, ebenda. χρὴ τὸ λέγειν τε νοεῖν τ' ἐὸν ἔμμεναι.
[3] Übersetzung von Diels, VIII, 35—36:
  οὐ γὰρ ἄνευ τοῦ ἐόντος, ἐν ὧι πεφατισμένον ἐστίν,
  εὑρήσεις τὸ νοεῖν ...
[4] Ebenda 8—9: ... οὐ γὰρ φατὸν οὐδὲ νοητὸν
  ἔστιν ὅπως οὐκ ἔστι ...
[5] I, 29. ... Ἀληθείης εὐκυκλέος ἀτρεμὲς ἦτορ.

Weil also auf der einen Seite das Denken nicht ohne das Sein angetroffen wird und ebendarum auf der andern Seite ein Nicht-Sein undenkbar ist, ergibt sich für Parmenides, indem ein Denken nicht ohne ein Gedachtes und ein Gedachtes nicht ohne ein Denken sein kann, die engste Beziehung, die zwischen Sein und Denken selbst denkbar ist, nämlich die Beziehung der Identität: «Denken und Sein ist dasselbe».[1] Weil das Sein im Denken angetroffen wird und außer dem Denken kein Sein angetroffen werden kann, ohne daß es zu einem undenkbaren Sein, einem nicht denkenden Denken, einem unseibaren Sein würde, so daß es der Bedingung der Möglichkeit widerstritte[2], so muß für ihn konsequenterweise jeder Unterschied von Sein und Denken aufgehoben, müssen beide als identisch gesetzt werden.

Weil im Denken das Sein also immer schon gesetzt, angetroffen wird, ist das Sein kraft des Denkens notwendig, und es ist unmöglich, daß es je nicht sein könnte. Es kann also nie je nicht gewesen sein und wird nie je nicht sein, muß also ungeworden und unvergänglich sein. Man kann nicht eigentlich sagen, daß es einst war und einst sein wird, weil es in jedem Augenblick ganz ist, Eines, unerschütterlich, ohne Ende und allzeit im Jetzt gegenwärtig.[3] Die zeitliche Allgegenwart hebt es aber eigentlich über alle Zeit, alle zeitliche Grenze, über jedes «Ende» des Einst und Künftig hinaus und gibt ihm im Jetzt

---

[1] V, ... τὸ γὰρ αὐτὸ νοεῖν ἐστίν τε καὶ εἶναι.

[2] Es ist recht beachtenswert, welche Bedeutung hier und für die ganze Parmenideische Seins-Lehre die Korrelation von Möglichkeit und Denkbarkeit auf der einen Seite und von Unmöglichkeit und Undenkbarkeit auf der anderen Seite hat. Fr. IV, VII, VIII sind dafür in ihrem Zusammenhange bezeichnend. Es ist daher ebenfalls ganz charakteristisch, welche Bedeutung Platon Parm. 127 c f., Zenon für die Bestimmung des Widerspruchsgesetzes beimißt. Das dürfte historisch ebenso richtig sein, wie es sachlich auf Parmenides' ontologische Gesichtspunkte zurückweist.

[3] VIII, 3—6:
   ... ὡς ἀγένητον ἐὸν καὶ ἀνώλεθρόν ἐστιν
   οὐλον μουνογενές τε καὶ ἀτρεμές ἠδ' ἀτέλεστον.
   οὐδὲ ποτ' ἦν οὐδ' ἔσται, ἐπεὶ νῦν ἐστιν ὁμοῦ πᾶν,
   ἕν, συνεχές·

«ohne Ende» Ewigkeit, nicht zeitlich ausgedehnt nach der Vergangenheit und Zukunft. Das Sein hat immer das «Jetzt» der Ewigkeit.¹ Gewordenheit und Vergänglichkeit sind darum von ihm ausgeschlossen. Denn wäre es geworden und einst nicht gewesen, so müßte es — da es aus dem Sein, das ja nicht gewesen wäre, und wenn es gewesen wäre, nicht mehr zu werden brauchte, nicht sein kann — aus dem Nichts hervorgegangen sein. Aus dem Nichts aber kann es nicht sein, da ja das Nichts selbst nicht ist. Hier wird also mit aller Klarheit und Schärfe das Axiom, daß aus nichts auch nichts hervorgehe, präzisiert.²

Weil das Sein aber Eines ist, weder neues Sein entstehen noch vom Sein etwas vergehen könnte und das Sein so in sich gleichartig und ohne Teile ist, kann zu ihm auch nicht mehr Sein hinzukommen, das seinen Einheitszusammenhang von Ewigkeit her irgendwie störte, noch von ihm etwas hinweggenommen werden³, das Sein kann nicht mehr oder weniger sein. In der Einheit des Seins liegt sein Zusammenhang und seine Gleichartigkeit in jeglicher Hinsicht, und die Ungewordenheit und Vergänglichkeit seiner Einheit schließt alles Mehr oder Weniger aus. Damit ist eine für das Substanzproblem neue und blei-

---

¹ Strümpell, Geschichte der theor. Philos. der Griechen, S. 44, faßt diese Bestimmung geradezu als Zeitlosigkeit, weil, wenn die Zeitlichkeit vom Sein ausgesagt würde, damit zugleich etwas anderes außer dem Sein ausgesagt würde, das aber als etwas anderes als das Sein, als ein Nicht-Seiendes, gedacht werden müßte und das Nicht-Sein, nach Parmenides, nicht sein kann. Wenn nun in dem «ἐπεὶ νῦν ἔστιν ὁμοῦ πᾶν» auch explizite nicht die Bestimmung der Zeitlosigkeit ausgesprochen ist, so dürfte Strümpell den tieferen Sinn damit doch durchaus richtig getroffen haben.

² VIII, 12—13:
    οὐδέ ποτ' ἐκ μὴ ἐόντος ἐφήσει πίστιος ἰσχὺς
    γίγνεσθαί τι παρ' αὐτό·
vgl. 7—8:   ... οὔτ' ἐκ μὴ ἐόντος ἐάσσω
    φάσθαι σ' οὐδὲ νοεῖν.

³ Ebenda 22—25:
    οὐδὲ διαιρετόν ἐστιν, ἐπεὶ πᾶν ἐστιν ὁμοῖον·
    οὐδέ τι τῆι μᾶλλον, τό κεν εἴργοι μιν συνέχεσθαι,
    οὐδέ τι χειρότερον, πᾶν δ' ἔμπλεόν ἐστιν ἐόντος.
    τῶι ξυνεχὲς πᾶν ἐστιν· ἐὸν γὰρ ἐόντι πελάζει.

bende Bedeutung gewonnen. Man hat darum geradezu von der «qualitativen Konstanz», wie von der «quantitativen Konstanz»[1] und davon, daß nach Parmenides «die Vermehrung oder Verminderung der Substanz unmöglich» sein soll, gesprochen.[2] Allein die quantitative Bestimmung, soweit sie für die Substanz notwendig wird, liegt bei Parmenides noch nicht vor. Aber, und darin liegt seine große Bedeutung für das Substanzproblem, er legt in seinem Seinsbegriff, von dem er das Mehr und das Weniger explizite ausschließt, derart den logischen Grund für den Substanzbegriff, daß auch von ihm dann erst das Mehr oder Weniger ausgeschlossen werden kann. In dem Nicht-Mehr und Nicht-Weniger des Seins aber hat Parmenides erst die logische Grundlage für die weitere Entfaltung des Substanzbegriffes geschaffen, und das bezeichnet die ganze hohe Bedeutung seiner Leistung für unser Problem.[3]

Es ist damit nichts Geringeres gewonnen, als die In-sich-Geschlossenheit des Seins, seine Identität und sein widerspruchsloses An-und-für-sich-Sein (καθ' ἑαυτό) und Beruhen in sich selbst.[4] Weil das Sein ja mit dem Denken zusammenfällt, so

---

[1] Gomperz, Griechische Denker I, S. 140, bezieht die «quantitative Konstanz», wie die «qualitative Konstanz» auf das Sein des Parmenides, indem er dieses freilich als «Raumwesen» faßt. Eine Auffassung, die, wie sich später zeigen wird, ganz unmöglich ist, obschon sie von vielen Historikern vertreten wird.

[2] Kühnemann, a. a. O., S. 69.

[3] Natorp, «Aristoteles und die Eleaten» (Philos. Monatshefte XXVI, S. 13) faßt, wenn ich mich nicht täusche, den Sachverhalt ebenso auf, wenn er betont, daß «die Erhaltung der Substanz in unveränderlicher Quantität allerdings vorschwebt», daß es sich aber dabei «um kein anderes Mehr oder Weniger handelt, als um das Mehr und Weniger des Seins». Denn in dem «Vorschweben» der Substanz ist diese selbst noch nicht gesetzt. Vor allem wehrt Natorp durchaus richtig die Räumlichkeit des Seins ab. Damit ist die Unterscheidung des Seins und des substantiellen Seins gewahrt. Wer diese übersieht, der kommt freilich mit Notwendigkeit dazu, im Sein des Parmenides, wie Gomperz und Zeller, ein ganz unverständliches und, wie sich zeigen wird, mit den Parmenideischen Grundüberzeugungen unverträgliches «Raumwesen» zu sehen.

[4] VIII, 39—30:
ταὐτόν τ' ἐν ταὐτῶι τε μένον καθ' ἑαυτό τε κεῖται
χοὔτως ἔμπεδον αὖθι μένει.

muß die Bestimmung des Denkens zugleich Bestimmung des Seins sein. Die Bestimmung des Denkens geht auf die Einheit der Wahrheit. Das Denken ist das Reich der «wohlgerundeten Wahrheit». «Wohlgerundet» wie die Wahrheit ist darum auch das Sein, denn wahrhaft ist nur die Wahrheit selbst als das Reich des Denkens, und sie ist darum auch das Reich des wahren Seins. Ebendarum ist das Sein selbst wohlgerundet und «der Masse einer wohlgerundeten Kugel» vergleichbar.[1] Daß

---

[1] VIII, 43. ... εὐκύκλου σφαίρης ἐναλίγκιον ὄγκωι; dieses Bild, so wie der Umstand, daß im Zusammenhange mit ihm das Sein «überall hin abgegrenzt», heißt (42—43: τετελεσμένον ἐστὶ παντόθεν), daß die starke Notwendigkeit es überall umgibt, in Banden und Schranken hält, daß darum das Sein nicht ohne Abschluß sein darf (VIII, 30—32: κρατερὴ γὰρ 'Ανάγκη πείρατος ἐν δεσμοῖσιν ἔχει, τό μιν ἀμφὶς ἐέργει. οὕνεκεν οὐκ ἀτέλευτον τὸ ἐὸν θέμις εἶναι.), daß es nach allen Seiten hin gleich weit, darum auch in gleicher Weise auf die Grenzen gerichtet ist (49: οἱ γὰρ παντόθεν ἶσον, ὅμως ἐν πείρασι κύρει) alles das hat einen großen Teil der Historiker veranlaßt, das Sein des Parmenides nun selbst körperlich-massig zu denken. Ohne nun hier auf die Mannigfaltigkeit aller einzelnen Ansichten auch im Einzelnen eingehen zu können, sei nur kurz auf das Wichtigste verwiesen. Zu dem, was oben im Texte bereits unter unmittelbarer Beziehung auf Parmenides' eigene und ausdrückliche Bestimmungen gesagt wurde, sei vor allem verwiesen auf die Tatsache, daß eine körperlich materielle Deutung des Parmenideischen Seins den festesten Grundansichten des Parmenides zuwiderläuft, ja sie geradezu aufheben müßte. Parmenides verweist nicht nur die «Veränderung des Ortes und den Wechsel der leuchtenden Farben» ausdrücklich in das Reich des Scheins (VIII, 41: καὶ τόπον ἀλλάσσειν διά τε χρόα φανὸν ἀμείβειν), so daß man, wie Kinkel unter Bezugnahme auf diese Stelle mit Recht bemerkt (Gesch. d. Philos. I, S. 34, Anm. 16), zu der sinnwidrigen und nicht einmal vorstellbaren Annahme eines «Körpers, der nicht sinnlich wahrnehmbar, nicht gefärbt, nicht beweglich wäre», gelangte. Und was, wenn man eine solche begrenzte Kugel annehme, die als solche räumlich begrenzt sein müßte, ob man nun außer ihr noch Raum annehmen wollte oder nicht, in jedem Falle die Grundpositionen des Parmenides geradezu umstoßen müßte, das ist die Konsequenz, daß es außer dem Sein entweder noch ein Sein geben müßte, wenn es den Raum außer ihm, das ja kugelgestaltig wäre, gebe, nämlich das Sein des Raumes, oder daß es, wenn es den Raum nicht gebe, dann neben dem Sein ein Nichts gebe. Das eine, wie das andere widerspricht Parmenides' Grundüberzeugungen, das eine der Einheit des Seins, das andere dem Nicht-Sein des Nichts. Aus diesem Grunde hat schon treffend Strümpell, a. a. O., S. 44 die Räumlichkeit des Seins abgelehnt und wie M. Wundt von Heraklit (vgl. S. 35, Anm. 1), so er von Parmenides richtig bemerkt, daß

es sich hier in Wahrheit nur um einen Vergleich handelt, folgt
nicht bloß erstens daraus, daß diese Bestimmung selbst aus-

es sich ihm um den «Begriff des absoluten Seins» (S. 54) handle. Eine noch
schlagendere und vollere Widerlegung der Auffassung, daß man in dem Bilde
der Kugel mehr als ein Bild zu sehen hätte, gibt Natorp, a. a. O., S. 11 in dem
geradezu zwingenden Argument: «Ist das Sein kugelförmig, so ist es notwendig begrenzt, und zwar im Raume; begrenzt im Raume aber kann es nicht
sein, denn woran sollte es grenzen? An ein Anderes? Aber es gibt ja kein
Anderes? An das Nichts? Aber es gibt ja kein Nichts. Oder soll man sich
etwas wie eine unbegrenzte Kugel vorstellen?»
    Wie wir heute einen guten Sinn darin finden, daß Fichte und Hegel
die Geschlossenheit des Denkens der «Kreislinie» vergleichen — ich verdanke
diese Erinnerung an das Bild bei Fichte und Hegel einem mündlichen Hin-
weise meines Freundes Otto Baensch — und wie wir ohne weiteres hier das
Bild eben bildlich nehmen, so schwinden auch bei Parmenides alle die Un-
gereimtheiten, die der buchstäblichen Kugelauffassung anhaften, wenn man,
wie es Parmenides' eigenen Worten entspricht, das Bild eben bildlich nimmt.
Dann hat es den guten und wertvollen Sinn der Einheit und begrifflichen Geschlossenheit des Seins, den ja einmal, warauf Natorp richtig hinweist, auch
Aristoteles Met. I, 5,986 b bezeichnet hat. Recht merkwürdig ist in der Tat die
Unterscheidung des Aristoteles hier: Παρμενίδης μὲν γὰρ ἔοικε τοῦ κατὰ τὸν
λόγον ἑνὸς ἅπτεσθαι, Μέλισσος δὲ τοῦ κατὰ τὴν ὕλην. Mag Aristoteles die
Auffassung des Melissos richtig beurteilt haben oder nicht, soviel ist gewiß,
daß er hier die Parmenideische Einheit als logische gerade der materiellen
entgegengestellt. Wenn Diels, obwohl er selbst sonst manchmal der dinglichen
Seinsauffassung hier zuneigt (Parmenides' Lehrgedicht, griech. und deutsch,
S. 55 f.), sagt: «Das Herz dieses wahren Seins, das nie wankende, bedeutet also
den festen Kern seiner Welt und seiner Weltanschauung, beides fällt für ihn
zusammen, wie Sein und Denken. Beides ist für ihn rund und ganz und ohne
Fehl und Widerspruch», so kann ich das dem Geiste des Parmenides nicht so
zuwider oder gar so «böotisch bäuerisch» finden, wie Kinkel es a. a. O. ebenda
in fast leidenschaftlicher Polemik tut. Sollte sich zwischen Diels und Kinkel
hier nicht selbst eine gewisse Übereinstimmung ergeben, wenn man, was doch
wohl Diels' Absicht ist, für das «rund» die entsprechende Ergänzung in dem
«ganz und ohne Fehl und Widerspruch», in dem «Zusammenfallen von Sein
und Denken» sucht? Mir scheint gerade darin die widerspruchslose Geschlossenheit und Einheit des Seins zum Ausdruck kommen zu sollen.
    Zu bemerken ist endlich noch das Eine, daß die materiell-dingliche Auf-
fassung des Parmenideischen Seins ebenso wie zu Widersprüchen innerhalb
der Parmenideischen Lehre, auch zu solchen innerhalb deren Darstellung von
seiten ihrer Interpreten führt. Anstatt vieler seien nur einige wenige genannt.
So kann Zeller, wie schon bemerkt, nicht umhin, trotz seiner realistischen
Deutung (a. a. O. I, S. 517 ff.) zu behaupten, daß Parmenides «den Begriff des

Die eleatische Schule. 49

drücklich als Vergleich auftritt, sondern vor allem zweitens aus der Identität von Denken und Sein[1], und drittens daraus, daß die Wahrheit genau so «wohlgerundet» heißt, wie das Sein.[2] Daß dieses gelegentlich auch das Volle genannt wird, spricht nicht dagegen, sondern dafür, wenn man erstens wieder die Identität von Denken und Sein berücksichtigt, zweitens sich gegenwärtig hält jene Bestimmung: «nicht ohne das Sein, in dem es sich ausgesprochen findet, kannst du das Denken an-

---

Seins in seiner Reinheit» faßt. Wie der «Begriff des Seins in seiner Reinheit» gefaßt sein soll, wenn das Sein eben nicht begrifflich, sondern stofflich gefaßt ist, das bleibt wohl zum mindesten ein Rätsel. Es scheint mir ebenso unverständlich, wie Bäumkers Interpretation, wenn er a. a. O., S. 51 zwar die Materie richtig definiert als das «Substrat des Wechsels in der Körperwelt», und weil es für Parmenides keinen Wechsel gibt, es darum «für Parmenides also überhaupt keine Materie im antiken Sinne mehr gibt» und Bäumker doch im übrigen das Sein des Parmenides als «gleichartige Masse» (S. 56) deutet. Eine interessante Mittelstellung nimmt J. Cohn, a. a. O., S. 20, ein. Nach ihm ist richtig das Sein des Parmenides «unräumlich zu fassen». Nur meint er durch den Begriff der «Begrenztheit» werde das Sein bloß «gewissermaßen räumlich bestimmt», was er selbst als eine «Inkonsequenz» ansieht. Er hätte in der Tat mit dem Vorwurf der «Inkonsequenz» durchaus recht, wenn die Begrenztheit selbst räumlich gefaßt werden müßte. Faßt man sie aber als In-sich-Geschlossenheit, so fällt nicht bloß die «Inkonsequenz» fort, vielmehr kann auch die von Cohn selbst mit Recht vertretene These, das Sein sei «unräumlich zu fassen», erst dann ihren eigenen Sinn behaupten. Mehr als seltsam aber mutet es an, wie Gomperz seine materialistische Parmenides-Auffassung spiritualistisch abzuschwächen sucht, wenn er a. a. O., S. 146 bemerkt, Parmenides sei freilich nicht «folgerichtiger» Materialist gewesen, sein «Allstoff» sei zugleich als «Allgeist» aufzufassen. Wäre Parmenides Materialist gewesen, dann hätte ihn Platon in seiner Materialistenfeindseligkeit nicht den «Großen» nennen können. Daran ist gewiß so viel richtig: Wäre Parmenides' Sein stofflich-körperlich zu denken, «ehrwürdig» und «groß» hätte ein Platon diesen Denker nicht finden können. Aber wäre er der Gedankenschwächling, dessen Sein zugleich «Allgeist» und «Allstoff» sein sollte, jene Kompromißnatur, die sich aus Materialismus und Spiritualismus ein Sein zurechtfrisiert, dann hätte dem göttlichen Platon der «große» und «ehrwürdige» Parmenides weder «groß» noch «ehrwürdig», sondern als jämmerlicher Schwachkopf erscheinen müssen. So wahr Parmenides nach Platons Urteil groß ist, so wahr kann also sein Sein nicht «Allstoff» und «Allgeist» zugleich bedeuten, sondern weder «Allstoff» noch «Allgeist».

[1] V. (zitiert S. 44 Anm. 1).
[2] I, 29 (S. 43 Anm. 5).

treffen»[1], oder kurz, daß das Denken einen Inhalt hat, den es eben denkt, und daß darum drittens das Denken ebenso das Volle heißt, wie das Sein.[2] Es ist nichts anderes, als die widerspruchslose Geschlossenheit der Wahrheit zur Einheit, was uns der Philosoph als Dichter — daß Parmenides auch Dichter ist, wird man dabei vielleicht auch nicht übersehen dürfen — zugleich auch im Bilde (ἐναλίγκιον) anschaulich machen will, weil es an und für sich aller Anschauung entrückt ist: jene Geschlossenheit zur Einheit, die Parmenides, mit Heraklit, als ein «Gemeinsames» bezeichnet, zu dem er, wo er auch beginne, immer wieder zurückkehren müsse.[3]

Ist das Sein Eines, ein Selbiges im Selbigen von Ewigkeit zu Ewigkeit, das weder entstanden ist noch vergehen wird, so kann vom Sein kein Entstehen und Vergehen ausgesagt werden. Und — das ist ganz konsequent, sofern Parmenides sich in der Sphäre des reinen Seins hält, und beweist von neuem, daß er das tut — damit muß er Entstehen und Vergehen schlechtweg leugnen. Das ist kein leichtfertiger Fehlschluß, sondern von der Position des reinen Seins durchaus konsequent und für das reine Sein durchaus gültig, weil er vom Sein noch gar nicht zur Existenz weiterführt. Denn da außer dem Sein nichts ist, so ist auch Entstehen und Vergehen nicht außer dem Sein, und von ihm selbst kann ja ebenfalls Entstehen und Vergehen nicht ausgesagt werden. Also wird, entsteht und vergeht weder das Sein noch etwas außer ihm, da es außer ihm nichts gibt. So ist also nur das reine Sein und kein Entstehen und Vergehen. «So ist Entstehen verlöscht und Vergehen verschollen.»[4]

Parmenides' Bedeutung für das Substanzproblem liegt also darin, daß er in seinem Seinsbegriff dafür die bedeutsamste logische Grundlegung schafft, ohne aber, da er mit dem Ge-

---

[1] VIII, 35—36 (zitiert S. 43 Anm. 3).
[2] Vgl. dazu Windelband, a. a. O., S. 32.
[3] III. ... ξυνὸν δέ μοί ἐστιν
ὁππόθεν ἄρξωμαι· τόθι γὰρ πάλιν ἵξομαι αὖθις.
[4] VIII, 21: τὼς γένεσις μὲν ἀπέσβεσται καὶ ἄπυστος ὄλεθρος. Vgl. Arist. de caelo III, 1,298 b: οὐδὲν γὰρ οὔτε γίγνεσθαί φασιν οὔτε φθείρεσθαι τῶν ὄντων, ἀλλὰ μόνον δοκεῖν ἡμῖν οἷον οἱ περὶ Μέλισσόν τε καὶ Παρμενίδην...

schehen und Vergehen doch allen Wechsel bestreitet, zu einem eigentlichen Substanzbegriff zu gelangen. Das Charakteristische des Verharrens seines Seins liegt im Bleiben, in der Beharrlichkeit, dem μένειν[1] schlechtweg, also gerade darin, daß es nicht im Wechsel, sondern ohne Wechsel beharrt.[2]

Freilich könnte es scheinen, als führe nun Parmenides selbst doch noch zu einem Substanzbegriff. Denn trotzdem seine Metaphysik alle Physik eigentlich unmöglich macht[3], trägt er im zweiten Teile seines Lehrgedichtes selbst eine Physik vor, die zum Unterschiede vom Reiche des wandel- und wechsellosen Seins das Reich des Wechsels und Werdens behandelt. Indes für das Substanzproblem entspringt daraus keine Förderung, weil eben Wechsel des Ortes und der leuchtenden Farbe nicht für wahres Sein anerkannt, sondern dem Schein der sinnlichen Erkenntnis überwiesen wird[4] und von vornherein der physikalische Teil der Lehre als «sterbliche Wahnmeinungen und seiner Verse trügerischer Bau» von Parmenides selbst charakterisiert wird, der ihm selbst nicht mehr als «zuverlässig» gilt.[5] Und doch, mögen das immerhin bloße Meinungen sein, es sind doch Gedanken, die als solche teil am Sein haben. Daß sie Parmenides für gänzlich leer und nichtig angesehen haben sollte, um sie dann doch noch zu berichten, daß er hier also bloß Bericht-

---

[1] VIII, 30 (s. S. 46 Anm. 4).
[2] Man darf zwar Substanz und Materie auch in der antiken Philosophie nicht miteinander verwechseln und identifizieren. Aber es ist derselbe Grund, nämlich das Fehlen des Wechselns, aus dem für das Problem der Materie, wie Bäumker. a. a. O., S. 51 (vgl. S. 47 Anm. 1), zugibt, kein eigentlicher Begriff der Materie sich für Parmenides ergibt, und aus dem für das Substanzproblem sich kein eigentlicher Substanzbegriff ergibt. Gerade das aber gibt doch wieder beides dagegen zu denken, nun mit Bäumker das Sein als «Masse» zu setzen.
[3] Das eigentlich «Aphysikalische» ist im Altertum natürlich längst scharf und klar erkannt und besonders von Platon, öfter noch von Aristoteles bemerkt worden.
[4] S. S. 47 Anm. 1.
[5] VIII, 50—53:
ἐν τῶι σοι παύω πιστὸν λόγον ἠδὲ νόημα
ἀμφὶς ἀληθείης· δόξας δ' ἀπὸ τοῦδε βροτείας
μάνθανε κόσμον ἐμῶν ἐπέων ἀπατηλὸν ἀκούων.

erstatter fremder, von ihm selbst aber als wertlos angesehener Meinungen wäre, ist nicht recht zu glauben. Eine gewisse Notwendigkeit muß er auch diesen «Meinungen» zuerkannt haben, wenn ihr Inhalt auch nur eine Welt des Scheins gegenüber der Welt des Seins bedeuten mag.[1] Allein die Schwierigkeiten, die sich von hier aus ergeben, sind nicht zu überwinden. Mag es sich in der Physik auch nur um eine Welt des Scheins handeln, ist sie dann nicht wenigstens als eine Welt des Scheins? Und da die Physik nun doch wohl, auch eben nach Parmenides, nicht ganz nichtig ist, verlangt nicht gerade sein eigenes bedeutsames Drängen auf Geschlossenheit und Einheitssetzung auch eine Beziehung von Sein und Schein und schließt auf der anderen Seite eine solche Beziehung nicht von vornherein gerade wieder der Gedanke aus, daß die Welt des Scheins eben doch nicht wahrhaft ist? Man hat mannigfache Erklärungen für diesen merkwürdigen Lehrbestand versucht.[2] Am nächsten aber scheint Medicus[3] dem Sachverhalt zu kommen, wenn er die Physik als «Mythos» faßt. Eine Erklärung für das Verhältnis beider Bestandteile zueinander ist freilich auch damit nicht gewonnen. Vielleicht liegt die rechte «Erklärung» darin, daß wir es eben in der Physik mit etwas schlechtweg Unerklärlichem zu tun haben, weil ihr Inhalt eben nicht dem reinen Sein der Vernunft angehört, also ein irrationaler ist. Vielleicht auch bedeutet er den ersten Schritt vom reinen Sein zur Existenz. Das wäre für das Substanzproblem von Belang. Allein ich muß sagen: vielleicht. Und so darf ich von der Physik des Parmenides für den Substanzbegriff keine Schlüsse wagen.

Alles, was Parmenides' Lehre für das Substanzproblem bedeutet, liegt in seiner Seinslehre beschlossen. Das Merkwürdige

---

[1] Vgl. U. von Wilamowitz-Möllendorf (Hermes 34,205f.). Dagegen hält Bäumker die Physik des Parmenides noch für ein bloßes «Referat», a. a. O., S. 63.

[2] Außer den allgemeinen historischen Darstellungen ist besonders die mehrfach erwähnte Abhandlung von Tannery, La Physique de Parménide, a. a. O., S. 264ff. von Bedeutung.

[3] F. Medicus, Zur Physik des Parmenides (Philos. Abhandlungen, Max Heinze zum 70. Geburtstage gewidmet, S. 137 ff.).

daran ist, daß er nicht eigentlich zu einem Substanzbegriffe gelangt und für diesen Begriff doch von größerer Bedeutung ist als die Denker, die wir vor ihm kennen gelernt haben: bedeutender als Thales, Anaximander, Anaximenes, insofern er mit Heraklit explizite im Denken das Sein faßt, von ihm unterschieden aber durch die Stellung zum Werden. Aber er bringt auch Heraklit gegenüber ein neues wertvolles Moment in die Entwickelung des Substanzproblems, insofern er gerade im Denken nicht schon das Beharrliche im Wechsel und damit die Substanz, sondern allein ein beharrliches, in sich geschlossenes, einheitliches, weder vermehrbares noch verminderbares Sein faßt, und damit die logische Grundlegung vorbereitet für das Dasein und damit für die Substanz. Heraklits Größe lag darin, daß er im Logos, in der Vernunft, das Sein selbst ergriff als Wechsel und die Vernunft als die bleibende Bestimmung des Wechsels, die Substanz, erkannte. In diesem unmittelbaren Erfassen des Wechsels wird ihm zwar die Substanz, aber nicht eigentlich das Sein zum Problem. Da setzt nun sein Antipode Parmenides ein. Zwar ergreift auch er das Sein unmittelbar in der Vernunft, zunächst aber sofort als Problem, indem er es als beharrlich, einheitlich, unvermehrbar, unverminderbar auf der Vernunft gründet, indem er erkennt, daß das Denken selbst nicht ohne dieses Sein, in dem es sich ausgesprochen findet, könne gedacht werden. Dadurch also, daß er nicht bloß im Denken unmittelbar überhaupt das Sein ergreift, sondern dies gerade erst dadurch tut, daß er es aus dem Denken selbst ableitet, es als Inhalt des Denkens analysiert, schafft er die logische Grundlage für die Erkenntnis eines beharrlichen Daseienden selbst, jene Grundlage, auf die forthin das Substanzproblem selbst gestellt werden konnte und gestellt werden mußte, um seine weitere Entfaltung gewinnen zu können.

3. Wenn das überhaupt möglich ist, so sucht mit noch größerer Energie als sein Meister Parmenides dessen Freund und Schüler, Zenon von Elea, die Einheit des Seins zu behaupten. So viel Eigenes und Wertvolles aus seiner apologetischen Tendenz gleichsam als ein Nebeneffekt resultiert, so führt er doch gerade unser Problem nicht merklich über den

von Parmenides erreichten Stand hinaus. Bei seiner apologetischen Tendenz steht von vornherein schon zu erwarten, daß er sich gerade im Zentralbegriff der Lehre mit Parmenides decken wird, daß er also, wie Zeller richtig bemerkt, sich «das Seiende nicht anders gedacht haben wird, als jener».[1] Daher haben auch ganz konsequenterweise diejenigen Geschichtsforscher, die das Sein bei Parmenides idealistisch gedeutet haben, dieses auch bei Zenon idealistisch gefaßt[2] und diejenigen, die das Sein bei Parmenides stofflich genommen haben, es auch bei Zenon stofflich betrachtet.[3] Mir scheint freilich die Entscheidung für die eine oder die andere Auffassung bei Zenon fast noch schwieriger zu sein, als bei Parmenides.

Zenons Verfahren ist, wie schon Platon[4] erkannt hat, das einer höchst entwickelten Dialektik. Er sucht die Einheit des Seins zu beweisen, indem er die Vielheit widerlegt: «Wenn es Vieles gibt, so muß es notwendigerweise doch gerade sovieles geben, als es eben wirklich gibt, nicht mehr und nicht weniger. Gibt es aber gerade soviel, als es gibt, so ist es bestimmt begrenzt.»

Diesem, zunächst nur die Konstanz des Seins zum Ausdruck bringenden Satze steht aber der Gegensatz gegenüber: «Gibt es Vieles, so ist es unbegrenzt. Denn zwischen dem einzelnen Seienden liegt stets wieder Seiendes und dazwischen wieder anderes. Also ist das Seiende unbegrenzt.»[5] Ebenso muß es, wenn das Sein eine Vielheit ist, sowohl unendlich groß, wie unendlich klein sein: jenes, weil es zwischen jedem Sein und jedem anderen Sein, damit sie doch voneinander unterschieden werden können, etwas geben muß und zwischen diesem wieder etwas usf. ins Unendliche; unendlich klein, weil die Vielheit doch aus Einheiten bestehen muß, die Einheit aber

---

[1] A. a. O. I, S. 537.
[2] So Strümpell, a. a. O., S. 45, Natorp, a. a. O., ebenda ff., Kinkel, a. a. O. I, S. 145 ff.
[3] So Zeller, a. a. O. I, S. 534 ff., Windelband, a. a. O., S. 37, Gomperz, a. a. O. I, S. 156, Bäumker, a. a. O., S. 58.
[4] Vgl. Phaedr. 261, d.
[5] Simpl. Phys. 140 (Diels, fr. 3, Fragm. I, S. 134).

unteilbar, also unendlich klein sein muß und die Summe aus Unendlich-Kleinem keine Größe ergibt.[1]

Hier scheint nun das Sein auf jeden Fall räumlich gedacht zu sein. Aber es könnte weiter ebensogut scheinen, als suche Zenon mit der Vielheit des räumlichen Seins nun überhaupt das räumliche Sein zu widerlegen, wie daß er von vornherein das Sein räumlich denke, aber nur dessen Vielheit widerlege, um die räumliche Einheit des Seins zu behaupten. Auch wenn er die Bewegung damit zu widerlegen sucht, daß ein Bewegtes sich doch in dem Raume, den es einnimmt, nicht bewegt, weil es ihn dann eben nicht einnehmen würde und in dem Raume, in dem es sich nicht befinde, doch auch nicht bewegen könne[2], so ist auch damit weder gesagt, daß er die

---

[1] Ebenda und 139 (Diels, fr. 1 und 2, Fragm. S. 133 f.). Man bemerkt hier, wie Zenon ein ungemein interessantes Problem erwächst, wenn er auch nicht schon zum Begriff einer stetigen Summation infinitesimaler Momente gelangt und er dann, modern gesprochen, noch das Differential mit Null verwechselt. Er macht in der Sphäre des Begriffs gerade den umgekehrten Fehler wie in der der Anschauung, wo er die Grenzen selbst glaubt real setzen zu müssen und so zwischen die Grenzen wieder Grenzen, die realiter immer wieder die Grenzen begrenzten, in infinitum einschiebt.

[2] Diog. Laert. IX, 72 (Diels, fr. 4, Fragm. I, S. 135) τὸ κινούμενον οὔτ' ἐν ὧι ἐστι τόπωι κινεῖται οὔτ' ἐν ὧι μὴ ἔστι. Für das Substanzproblem von Interesse ist dabei, obwohl es ja von Zenon dadurch auch weiter wieder abgeschnitten wird, daß Zenon einen Wechsel sicher nur bei einer Vielheit des räumlichen Seins für möglich hält. Aber eben mit dieser Vielheit muß ihm von vornherein auch der Wechsel wegfallen. Da ihm der Wechsel der Vielheit des räumlichen Seins eben die Bewegung ist, gibt er die oben bezeichnete Widerlegung der Bewegung. Diese zeitigt dann weiter die bekannten und besonders seit Aristoteles (vgl. besonders Phys. IV, 3,210 und VI, 9,239) viel besprochenen Bewegungsaporien. Sie gipfeln in letzter Linie gleicherweise in dem Gedanken der unendlichen Teilbarkeit der Bewegungsstrecke, deren ins Unendliche fortgesetzte Teilbarkeit für die beliebig kleine Entfernung von Ausgangspunkt und Zielpunkt keinen Fortgang von jenem zu diesem gestatten soll. Auch hier macht sich die heimliche Gleichsetzung von Null und Unendlichkleinem und der Mangel einer Integrationsmöglichkeit bemerkbar. Damit taucht aber, und das ist das bleibend Bedeutsame, ein Gedanke — wenigstens als Problem — auf, der seine Erledigung freilich erst in der höheren Analysis finden sollte, wie von bleibendem Werte der hier zugleich entdeckte Begriff der Relativität der Bewegung ist. Vgl. dazu Wellmann: Zenons Beweise gegen die Bewegung und ihre Widerlegungen (Gymn.-Progr. Frankfurt a. O.).

Räumlichkeit des Seins habe widerlegen, noch, daß er sie damit habe behaupten wollen. Denn unbewegt könnte Zenon sich das Sein ebensogut gedacht haben, wenn er es als im Raume ruhend, wie wenn er es unräumlich gesetzt hätte. Die größte Schwierigkeit aber liegt wohl darin, daß auf der einen Seite das wirklich Unteilbare, die Einheit nach dem zweiten Argument, keine Größe haben soll, da ja nur so auch die Summe der vielen Einheiten nichts ergeben kann, daß aber auf der anderen Seite das, was keine Größe haben soll, eben darum selbst nichts sein soll.[1] Nun ist aber doch gerade das Sein des Parmenides ein Eines und Unteilbares, und diese Einheit und Unteilbarkeit hat ohne Zweifel auch Zenon mit der Verteidigung des Parmenideischen Seins behauptet. Auch er setzt es als ἓν συνεχές.[2] Wenn aber die Einheit keine Größe haben soll, das, was keine Größe haben soll, auch nicht sein soll, müßte dann nicht folgen, daß das Eine Sein auch des Zenon nicht sei?

Alle diese Schwierigkeiten lassen sich, soweit ich sehe, nur dann auflösen, wenn wir in dem Einen wahrhaften Sein das reine begriffliche Sein des Parmenides anerkennen, das keine Größe hat, in dem größenhaften, teilbaren Sein aber das Sein der räumlichen Anschaulichkeit sehen, innerhalb dessen die Größe die der Körperlichkeit[3], das Sein von vornherein das der anschaulichen Vielheit ist, die zum Widerspruch führt, also nicht wahrhaftes Sein ist, sondern der Sphäre der Parmenideischen Physik angehört. Was in der einen Sphäre von der Einheit gilt, gilt von dieser aber nicht in der anderen und umgekehrt. Die Gegensätze in den oben bezeichneten Gegensatzpaaren stünden darum nicht im Verhältnis des Widerspruches, sondern in dem der Antinomie.[4] In der Tat scheint ein Argu-

---

[1] Simpl. Phys. 140 (Diels, fr. 1, Fragm., S. 133): εἰ μὴ ἔχοι μέγεθος τὸ ὄν, οὐδ᾽ ἂν εἴη.

[2] Arist. Phys. VI, 2,233 b.

[3] Arist. Met. II, 4,1001 b: καὶ εἰ μέγεθος, σωματικόν.

[4] Zeller bezeichnet das durchaus zutreffend, wenn er a. a. O. I, S. 541 ausführt: «Zenon redet hier zunächst nicht von dem einen Seienden, sondern von der Voraussetzung der Vielheit ausgehend sagt er, wie jedes von den

ment[1] gegen die Räumlichkeit des Einen Seins entscheidend zu sein: Wenn das Sein räumlich wäre, müßte doch der Raum, sofern er selbst ist, wieder im Raume, dieser wieder im Raume u. s. f. ins Unendliche sein. Damit soll aber doch das räumliche Sein explizite widerlegt sein.[2] So bleibt Zenon in letzter Linie,

vielen Dingen gedacht werden müßte. Sofern er aber zeigt, daß jedes Ding, um eines zu sein, auch unteilbar sein müßte, würde seine Behauptung auch auf das eine Seiende Anwendung finden: auch dieses muß, um eins zu sein, unteilbar, ἓν συνεχές sein». — So richtig das ist, so bleibt nur nicht abzusehen, worin nach Zeller, der das Sein des Parmenides und das des Zenon räumlich faßt, dann der Unterschied liegen soll zwischen dem einen Sein, das wahrhaft sein soll, und jenem einen Sein, das als Bedingung der sicher räumlich gedachten Vielheit nicht soll sein können.

[1] Arist. Phys. IV, 1,209 a: εἰ γὰρ πᾶν τὸ ὂν ἐν τόπωι, δῆλον ὅτι καὶ τοῦ τόπου τόπος ἔσται, καὶ τοῦτο εἰς ἄπειρον πρόεισιν.

[2] Es bliebe freilich noch eine, und zwar die einzig konsequente Möglichkeit, trotzdem das Sein Zenons räumlich zu fassen, wenn man, wie Windelband a. a. O., S. 37 das tut, in jenem Argument Zenons lediglich eine Widerlegung des leeren Raumes, nicht des räumlichen Seins überhaupt erblickt. Man käme dann keineswegs zu der Absurdität einer grenzenlosen Kugel, denn die Zenonische Kugel, wenn man an eine solche dächte, könnte immerhin eine festbegrenzte Weltkugel sein oder irgend sonst ein begrenztes körperliches Sein. Auch würde die Auffassung Windelbands der Einheit des Seins insofern nicht widerstreiten, als man nicht sagen könnte, außer diesem Einen Sein müßte es ja noch ein Sein geben, eben das des Raumes. Denn soweit der Raum wäre, fiele er mit dem Einen Sein zusammen und außer ihm gäbe es ja kein Sein, da der leere Raum nicht sein sollte. Allein eine Schwierigkeit, die mir Windelbands Auffassung, obwohl sie für die körperliche Deutung des Eleatischen Seins die einzig konsequente wäre, unannehmbar macht, besteht darin, daß die körperliche Begrenzung zwar kein Sein außer dem Sein, aber dann doch das Nichts erforderte und damit die Begrenzung wieder aufhöbe, wie das Natorp a. a. O., S. 11 (vgl. S. 47 Anm. 1), mit dem Hinweis darauf gezeigt hat, daß das körperlich begrenzte Sein weder an ein anderes Sein, da es ein solches ja nicht geben sollte, noch an das Nichts, da es ja ein solches ebenfalls nicht geben sollte, grenzen könnte. Wenn nun schließlich auch Zenon gerade zu dem «Nichts» so ausdrücklich, wie Parmenides, eine ablehnende Stellung eingenommen hat, so läßt sein inniger Anschluß an seinen Lehrer, seine apologetische Tendenz hinsichtlich des Seins doch von vornherein vermuten, daß er sich hinsichtlich des Nicht-Seins ebenfalls mit ihm in Übereinstimmung befunden habe. Und implizite liegt der Beweis dafür, daß er in diesem Punkte durchaus den Tenor des Eleatischen Denkens gewahrt habe, ja auch darin, daß er die Vielheit des Seins damit ablehnte, daß er zeigen zu können meinte, sie könne nicht sein.

wie Parmenides, bei der Idee des absoluten Seins stehen. Das räumliche Sein gilt ihm, wie die Bewegung im Raume als relativ, ins Reich der Parmenideischen Physik gehörig. Insofern er aber allen Wechsel selbst als Bewegung fassen muß, zu einem Begriffe der reinen Bewegung und des Wechsels jedoch nicht gelangt, bleibt er bei seinem Begriffe des reinen Seins stehen, bei einem beharrlichen Sein, das, wie bei Parmenides, ohne Wechsel, nicht im Wechsel beharrt, und bringt für das Substanzproblem keinen wesentlich neuen Beitrag. Was trotzdem aber doch unserem Probleme zugute kommt, ist der Umstand, daß hier, wie Windelband sagt[1], «der Gegensatz von Verstand und Anschauung» zu lebendiger Entfaltung gelangt. Das war notwendig, damit gerade auch für das Substanzproblem der Gegensatz in der weiteren Entwickelung wieder zu einem Ausgleich gelangen konnte. Explizite hat das Substanzproblem von Zenon zwar keine Förderung erhalten. Aber seine ganze Dialektik gibt implizite doch dafür Impulse, die für die Weiterbildung nicht zu unterschätzen sind.

4. An Tiefe des Denkens nicht mit Parmenides, an Schärfe des Denkens nicht mit Zenon vergleichbar wird die eleatische Richtung durch Melissos beschlossen. Was von seiner philosophischen Tendenz für unser spezielles Problem von Belang ist, das weist durchaus auf seine Vorgänger zurück. Da, wo er von ihnen differiert, tut er es auf Kosten der gedanklichen Strenge; und was sich ihm dabei auch selbständig und neu gestaltet, das fördert unser Problem darum nicht erheblich, weil ihm die begriffliche Ausgeglichenheit fehlt.[2] Von Bedeutung ist es, daß er mit Parmenides die Einheit des Seins nicht auf der Sinnlichkeit gründet und zeigt, daß in der sinnlichen Vielheit auch nicht einmal das viele Einzelne mit sich selbst zur Einheit und Identität gelange, indem «uns das Warme kalt und das Kalte warm, das Harte weich und das Weiche hart zu werden und das Leben zu sterben und aus dem Nichtlebenden Leben zu entstehen scheint», ... daß uns «also

---

[1] A. a. O. ebenda.
[2] Vgl. dazu besonders die treffenden Ausführungen von Kinkel, a. a. O., I, S. 164 f. und S. 170.

Die eleatische Schule.

der Augenschein auf Grund der einzelnen Wahrnehmung» täuscht und daß «stärker als die wirklich vorhandene Wahrheit nichts ist».[1] Daß er neben der Betonung der Einheit des Seins den Sätzen, daß «aus nichts nichts werden kann»[2] und daß das Seiende «weder vermehrt noch vermindert werden kann»[3], eine besonders präzise Fassung gibt, ist für unseren Zusammenhang nicht unwesentlich. Weniger stringent ist freilich sein Beweis dafür, daß das Sein andererseits auch nicht aufhören könne zu sein, für den er sich auf die Ungewordenheit stützt.[4] Der zeitlichen Unendlichkeit entspricht bei ihm unvermittelt aber sofort die räumliche, und die Gleichheit und Identität des Seins fällt bei ihm gleich zusammen mit der räumlichen Unveränderlichkeit und Unbewegtheit.[5] Zunächst zwar könnte es scheinen, als ob Melissos, wenn er von der zeitlichen Unendlichkeit, wie von der Unendlichkeit der Größe nach[6] spricht, lediglich unter dieser die unendliche Zeitgröße selbst meinte, und so ließe sich schließlich auch noch sein Begriff der Grenze zeitlich deuten, wenn er aus der Unendlichkeit die Unmöglichkeit der Mehrheit des Seins zu beweisen unternimmt.[7] Allein

---

[1] Übersetzung von Diels, fr. 8, Fragm. I, S. 148.
[2] Simpl. a. a. O., S. 162 (fr. 1, Diels I, S. 143): ... οὐδαμὰ ἄν γένοιτο οὐδὲν ἐκ μηδενός; vgl. Arist. Soph. el. 5,167 b.
[3] Simpl. a. a. O., S. 111 (fr. 7, Diels I, S. 145): μήτε προσγίγνεται μηδὲν μήτε ἀπόλλυται.
[4] Vgl. fr. 2.
[5] Diog. Laert. IX, 24: ἐδόκει δὲ αὐτῶι τὸ πᾶν ἄπειρον εἶναι καὶ ἀναλλοίωτον καὶ ἀκίνητον καὶ ἓν ὅμοιον ἑαυτῶι καὶ πλῆρες. κίνησίν τε μὴ εἶναι, δοκεῖν δὲ εἶναι. Daß bei Melissos, trotz seiner Ablehnung des Werdens, Heraklitische Momente wirksam sind, das ist hier ebenso richtig bemerkt, wie ja auch Arist. außer Met. I, 5,986 b noch Phys. I, 3,186 a und III, 5,207 a deutlich auf den Unterschied zwischen Parmenides und Melissos hinweist. Denn gerade hinsichtlich der zeitlichen Unendlichkeit wird das schon deutlich. Nach Parmenides konnte man ja nicht einmal sagen, daß das Sein immer war und sein wird, weil es ewig im Jetzt vorhanden ist, wodurch Parmenides die Ewigkeit des Seins eigentlich schon über die Zeit hinausrückte. Melissos hingegen hat gerade hier die Heraklitische Wendung, «daß es immer war und sein wird», genommen (vgl. fr. 2).
[6] Vgl. fr. 3 (Diels, S. 144).
[7] Vgl. fr. 5 und 6 (Diels, ebenda).

die ausdrückliche Unterscheidung von ewig und unendlich, die Behauptung, daß weder ewig noch unendlich ist, was einen Anfang hat[1], spricht dagegen und erlaubt nur eine räumliche Auffassung des Seins bei Melissos.

Daß weiter von dem Sein die Bewegung ausgeschlossen ist, spricht auch nicht gegen eine räumliche Deutung. Im Gegenteil spricht die enge Beziehung, die Bewegung und leerer Raum hier zueinander haben, gerade für eine räumliche Deutung. Denn die Bewegung ist nur deshalb als unmöglich gedacht, weil es nicht etwa überhaupt keinen, sondern gerade weil es keinen leeren Raum gibt, den es aber geben müßte, wenn sich das Sein bewegen sollte, den es aber nicht gibt, weil das Sein selbst voll ist und das Leere darum nicht ist.[2] Ein Umstand bereitet nur Schwierigkeit. Obwohl das Sein des Melissos unendlich raumerfüllend sein soll, soll es doch auch unkörperlich sein. Denn weil es Eines ist, soll es keine Dichte haben. Denn hätte es diese, so hätte es Teile und wäre nicht mehr Eines. Also darf es, weil ein Körper Dichte hätte, auch keinen Körper haben.[3] Allein die Schwierigkeit läßt sich da-

---

[1] Simpl. a. a. O., 110 (fr. 4, Diels I, S. 144): ἀρχήν τε καὶ τέλος ἔχον οὐδὲ οὔτε ἀίδιον οὔτε ἄπειρόν ἐστιν.

[2] Arist. Phys. IV, 6,213b: Μέλισσος μὲν οὖν καὶ δείκνυσι ὅτι τὸ πᾶν ἀκίνητον ἐκ τούτων· εἰ γὰρ κινήσεται, ἀνάγκη εἶναι (φησί) κενόν, τὸ δὲ κενὸν οὐ τῶν ὄντων; vgl. auch fr. 7, wo es heißt, daß das Sein voll ist, also das Leere nicht ist, und daß das Sein darum nichts hätte, wohin es ausweichen könnte und deshalb also unbeweglich sei.

[3] Simpl. a. a. O., S. 109 (fr. 9, Diels I, S. 149): εἰ μὲν οὖν εἴη, δεῖ αὐτὸ ἓν εἶναι· ἓν δὲ ὂν δεῖ αὐτὸ σῶμα μὴ ἔχειν. εἰ δὲ ἔχοι πάχος, ἔχοι ἂν μόρια, καὶ οὐκέτι ἓν εἴη. Man braucht gar nicht in den ersten Worten εἰ μὲν οὖν für οὖν etwa ἐόν zu lesen, um dennoch überzeugt zu sein, daß es sich um das eine Seiende handelt. Bäumker sucht, da er, wie den ganzen Eleatismus, so auch Melissos materialistisch deutet, diese Stelle abzuschwächen, indem er a. a. O., S. 59 f. zwar scharfsinnig, aber doch nicht zutreffend, gegen sie geltend macht, «daß sich in den Fragmenten des Melissos als Subjekt vierzehnmal τὸ ἐόν mit Artikel, kein einziges Mal ohne denselben findet». Er meint deshalb: «Das Wort würde daher auch an unserer Stelle als Prädikat eines nicht mehr zu ermittelnden Subjektsbegriffs anzusehen sein; vgl. N. Jahrb. f. Phil. 132, S. 545». Allein, worum es sich in dem nicht zu ermitteln sein sollenden Subjektsbegriff allein handeln kann, das scheint doch aus der zweifachen Setzung des ἕν evident zu werden. Selbst wenn das erste ἕν nicht

durch heben, daß wir die unendliche Raumerfüllung von der Körperlichkeit unterscheiden. Unter Körperlickeit hat Melissos wohl nicht die unendliche Raumerfüllung selbst, sondern gerade die Begrenztheit und Figuration der Raumerfüllung verstanden. Darauf deutet der Umstand, daß er das All unendlich, den Kosmos aber begrenzt setzt.[1] Sein Eines wird zur Materie, zur ὕλη im Aristotelischen Sinne.[2] Deren Raumerfüllung ist ihm eine absolute und unendliche, die der Körperlichkeit als Dichte aber eine relative und begrenzte. Darum mußte Melissos von dem, was unendlich und absolut «voll» ist, die Körperlichkeit mit ihrer relativen Dichte, Begrenztheit und Figuration ausschließen, und so widerspricht die Behauptung des einen nicht nur nicht der Leugnung des anderen, sondern die Schwierigkeit fällt vielmehr dadurch weg, daß eines das andere wechsel-

---

entscheidend wäre, das zweite ἕν mit dem δὲ ὄν läßt keinen Zweifel mehr aufkommen. Dennoch hat hier bei Melissos, wenn auch nicht mit der Begründung, so doch mit der materiellen Deutung im allgemeinen Bäumker recht. Nur kann er das Recht nicht mit einer Abschwächung dieser Stelle erhärten. Die Begründung liegt an einer anderen Stelle. Vgl. die nächste Anmerkung.

[1] Stob. Ekl. 1, 440: τὸ μὲν πᾶν ἄπειρον, τὸν δὲ κόσμον πεπερασμένον. Der Kosmos kann hier zum Unterschiede vom All nur im Sinne etwa der Parmenideischen Physik verstanden werden, wobei sich zeigt, daß der ursprüngliche Parmenideische Standpunkt in gewisser Weise gerade umgekehrt wird. Das All ist für Melissos das wahrhaft seiende Unendliche, während für Parmenides das wahrhafte Sein in-sich-geschlossen ist, aber im begrifflichen Sinne. Der Kosmos ist für Melissos gerade das in sich Geschlossene, das nicht wahrhaft ist, sondern wie die Bewegung und das Endliche überhaupt der sinnfälligen Welt der Scheinbarkeit, also, wie Parmenides sagen müßte, der Physik angehört. Freilich ist diese In-sich-Geschlossenheit bei Melissos nicht wie bei Parmenides eine logische, sondern eben eine physikalische. Hier wird noch einmal die Aristotelische Unterscheidung zwischen Parmenides und Melissos, wonach jener das Eine κατὰ τὸν λόγον, dieser κατὰ τὴν ὕλην (Met. I, 5,986 b) auffasse, deutlich (vgl. S. 47 Anm. 1). Es bleibt nur zu bedauern, daß Aristoteles diese richtige Erkenntnis so wenig durchgeführt und sie im übrigen so gut wie ganz wieder fallen gelassen hat. Die Art, wie Bäumker vollends hier die Aristotelische Unterscheidung verwertet, scheint mir an den Begriff des λόγος gar nicht heranzukommen. Wenn nicht gar in der ὕλη, so bleibt sie hier zum mindesten in der Sphäre der αἴσθησις haften.

[2] Arist. a. a. O. ebenda, vgl. vorige Anm.

seitig geradezu fordert. Freilich zeigt sich hier gerade mit besonderer Deutlichkeit das Unausgeglichene in dem Verhältnis von Denken und Anschauung. Immerhin könnte es scheinen, als komme Melissos in dem Begriffe des Räumlich-Vollen dem Substanzprobleme mehr zu Hilfe, als sogar Parmenides, indem er nun von der Sphäre des reinen Seins fortschreitet zur seienden Substanz, die von ihm als materielle Substanz gedacht wäre, und die nun die von Parmenides im Begriffe des reinen Seins geforderten Bedingungen erfüllte, ja mit ihrer Unendlichkeit über sie hinausginge. Allein dieses scheinbare Fortschreiten ist in Wahrheit ein bloßes Hinübergleiten εἰς ἄλλο γένος, ohne eine feste Beziehung zwischen dem einen und dem anderen zu entdecken. Insofern nämlich die begriffliche In-sich-Geschlossenheit des Parmenideischen Seins an und für sich zwar zunächst eine andere Sphäre bezeichnet, als die räumliche Unendlichkeit bei Melissos, und insofern auf der anderen Seite diese auf jene selbst zurückweist, ohne daß eben Melissos sie in eine rechte Beziehung zu dieser zu setzen vermochte, darf hier von einem eigentlichen Weiterführen des Problems doch noch nicht gesprochen werden. Insofern aber gerade das Räumlich-Volle gewisse Bedingungen des Parmenideischen Seins erfüllt, vermag es darum doch noch nicht die Forderungen des substantiellen Seins zu erfüllen. Selbst wenn man das Räumlich-Volle als Materie ansprechen darf, ist diese Materie doch noch nicht materielle Substanz im eigentlichen Sinne, wie es die der ersten Naturphilosophie war, allerdings ohne durch den Begriff des reinen Seins hindurchgegangen zu sein, wie es, freilich nur in gewisser Hinsicht, das Räumlich-Volle des Melissos ist. Nur in dieser Hinsicht streut dieser darum einen Samen für die Weiterentwickelung des Problems aus. Er stellt oder vielmehr er deutet nur, ohne das Substanzproblem im eigentlichen Sinne selbst weiterzuführen, als es durch das Seinsproblem bei Parmenides geführt ist, ja ohne dieses in der bei seinem Meister erlangten Tiefe und Präzision zu erreichen, nur eine Art von Programm an für die Weiterführung unseres Problems. Und nur deshalb fällt sein philosophisches Bemühen überhaupt in die Sphäre unseres Problems und war es hier kurz zu behandeln.

Drittes Kapitel.
Die Anfänge der naturwissenschaftlichen Begriffsbildung innerhalb der Naturphilosophie.

War auf den elementarsten Anfängen des philosophischen Denkens eines Thales der Substanzbegriff noch in der Sphäre der bloßen Anschauung verblieben, um überhaupt seine Beziehung auf die anschaulichen Dinge wahren zu können, was das logisch bedeutsame Motiv dieser ersten von der mythologischen Auffassung sich loslösenden Art der Weltbetrachtung war, so tritt bereits bei Anaximander das Problem aus der bloß anschaulichen in die begriffliche Sphäre des Denkens ein, um bei Anaximenes zu dem zwar mit untauglichen Mitteln, aber immerhin bemerkenswerten Versuche zu führen, wenigstens implizite, das Begriffliche im anschaulich Tatsächlichen zu bewahrheiten. Diese Unzulänglichkeit mußte nun zu einer nicht bloß, wie bei Anaximander impliziten, sondern ausdrücklichen Befestigung des Problems im reinen Denken führen, wie sie, so verschieden auch immer, auf der einen Seite von Heraklit, auf der anderen von den Eleaten angestrebt wurde. So konnten auch die auf jenen ersten Anfängen für das Substanzproblem entscheidenden Bestimmungen selbst erst im Denken fundamentiert werden. Wie entgegengesetzt auch im übrigen Heraklitismus und Eleatismus sein mögen, darin zum mindesten sind sie einstimmig, daß das wahrhafte Sein nicht durch die Sinnlichkeit, sondern allein durch das Denken erfaßt werden kann, und eben darin sind sie auch für unser Problem von der größten Bedeutung. Zwar ist dem einen das Sein der wechsellose Wechsel selbst, dem andern das Wechsellose schlechthin. Aber die

Vernunft bestimmt nach Heraklit erst den Wechsel und ist das Wechsellose im Wechsel, das Beharrliche im Wechsel; bei Parmenides dagegen ist die Vernunft das ohne Wechsel bleibende Sein schlechthin. Darin liegt ihre Verwandtschaft und ihr Gegensatz. Daß beide im Denken das Sein ergreifen, bezeichnet ihre problematische Übereinstimmung. Durch die Art, wie er das Sein im Denken ergreift, vertieft aber Parmenides das Problem: er ergreift das Sein im Denken dadurch, daß er es aus ihm ableitet, insofern er erkennt, daß «ohne das Sein, in dem es sich ausgesprochen findet, das Denken nicht angetroffen werden kann». Dadurch wird ihm das vorher, sei es stofflich, sei es, wie bei Heraklit, prozessual und prozessualbestimmend vorausgesetzte Sein selbst im tiefsten und eigentlichsten Sinne zugleich zum bestimmten Problem und eben dadurch zugleich zur festesten gedanklichen Grundlage. Und was vorher von dem beharrlichen Substrat alles Wechsels nur bezeichnet worden war, wie Ungewordenheit und Unvergänglichkeit, das wird jetzt erst eigentlich im Begriffe des Seins begründet. Und was vorher in diesen Grundbestimmungen nur implizite mit vorausgesetzt worden war, wie Unvermehrbarkeit und Unverminderbarkeit, oder was als Vermehrbarkeit oder Verminderbarkeit sodann bei Heraklit eigentlich erst problematisch geworden war, das wird nun explizite als Unvermehrbarkeit und Unverminderbarkeit erst im Eleatismus logisch erhärtet, indem das bloß Vorausgesetzte auf seine logische Voraussetzung, die In-sich-Geschlossenheit des Parmenideischen Seins, basiert wird.

Indem aber durch Heraklit, wie durch Parmenides das Sein in seiner Reinheit erreicht ist, kann die Entwickelung vom reinen Sein fortschreiten zu dem, was ist, und die Frage nach dem, was ist, gestellt werden, so daß die verschiedenen Versuche der Lösung dieser Frage zugleich die Gegensätze zwischen Heraklit und Parmenides zu überbrücken vermögen.

1. Es ist bezeichnend, daß bereits Empedokles, der an der Spitze dieser mit Recht als «Vermittelungsversuche» charakterisierten[1] Bestrebungen steht, die Erkenntnis nicht in den Sinnen

---

[1] So Windelband, a. a. O., S. 33 und Kinkel, a. a. O., I, S. 171.

Die Anfänge der naturwissenschaftlichen Begriffsbildung.

sucht und diesen kein Vertrauen glaubt schenken zu dürfen.[1] Zwar scheint es zunächst[2], als ob die Warnung vor dem Vertrauen zur Sinnlichkeit nur so gemeint wäre, als sollte man nur dem einzelnen Sinne nicht vertrauen, sondern jeden einzelnen Sinn nur durch den anderen ergänzen und berichtigen.[3] Allein die Forderung, mit der Vernunft zu forschen und nicht die Dinge bloß mit den Augen anzustaunen[4], ist zu bestimmt, und in ihr tritt der Gegensatz von Verstand und Sinnlichkeit zu deutlich zutage, als daß wir den Verstand selbst der Totalität der Sinne gleichsetzen könnten[5], bedürften diese doch,

[1] Emp. fr. IV, 10—13 (Diels, Fragm. I, S. 174, wonach ich im Folgenden wieder die Zählung angebe):

μήτε τι ὄψιν ἔχων πίστει πλέον ἢ κατ' ἀκουήν
ἢ ἀκοὴν ἐρίδουπον ὑπὲρ τρανώματα γλώσσης,
μήτε τι τῶν ἄλλων, ὁπόσηι πόρος ἐστὶ νοῆσαι,
γυίων πίστιν ἔρυκε, νόει δ' ἧι δῆλον ἕκαστον.

[2] Vgl. außer dem eben Zitierten noch v. 9:

ἀλλ' ἄγ' ἄθρει πάσηι παλάμηι, πῆι δῆλον ἕκαστον.

[3] Vgl. Kinkel, a. a. O. I, S. 174.

[4] S. außer dem: νόει δ' ἧι δῆλον ἕκαστον (Anm. 1 oben) noch besonders fr. XVII, 21 ... σὺ νόωι δέρκευ, μηδ' ὄμμασι ἧσο τεθηπώς.

[5] Trotz der Berufung auf Theophr. de sensu 23: «συμβαίνει τ' αὐτὸν εἶναι τὸ φρονεῖν καὶ αἰσθάνεσθαι» (Diels I, S. 171) kann ich Kinkels Ansicht, daß es «eigentlich hier die Sinne selbst sind, welche denken und urteilen» (a. a. O. I. S. 174), um so weniger beistimmen, als ich seine andere, daß sie «alle erst dem Richterspruch des Verstandes unterworfen werden müssen» (S. 173 f.), für richtig halte und ich keinen Weg der Vereinigung beider Ansichten sehe. Die Gleichsetzung des Denkens mit der Sinnlichkeit (selbst im Sinne Kinkels, d. h. nicht in der Bedeutung des einzelnen Sinnes, sondern der Totalität der Sinne) ist, wie Zeller, a. a. O. I, S. 427, durchaus richtig bemerkt, erst eine Folgerung, die Aristoteles Met. IV, 5,1009 b gezogen hat, die aber Empedokles nach Zellers Urteil sicher «abgelehnt hätte», wenn es auch dahingestellt bleiben mag, «ob mit Recht oder Unrecht». Bei der Berufung auf Theophr. wird man ferner aber auch die besondere Betonung der Allgemeinheit des vernünftigen Denkens, gerade de sensu 23: καὶ γὰρ ἅπαντα μεθέξει τοῦ φρονεῖν nicht zu übersehen haben. Man vgl. dazu auch Sext. Emp. adv. math. VIII, 286, wonach ebenfalls alle Dinge am Denken teilhaben sollen. Im übrigen verkenne ich durchaus nicht, daß Kinkel die Schwäche der Position des Empedokles richtig durchschaut. Aber so sehr sie für den Standpunkt der modernen Erkenntnislehre auf der Hand liegt, so ist historisch doch diese Position nicht zu unterschätzen. Sie allein ist der geschichtliche Weg gewesen, zu einer expliziten Beziehung von gedanklichem und anschaulichem Sein zu gelangen.

Bauch, Das Substanzproblem.

um auch nur miteinander verglichen und durcheinander ergänzt und berichtigt zu werden immer dessen, das sie vergliche, das wohl auch für Empedokles dann nur der Verstand sein könnte.

Freilich das System des Empedokles als Ganzes ist nur, wie Diels treffend bemerkt, «ähnlich wie das des Diogenes von Apollonia ein interessanter Eklektizismus».[1] Er scheint hier nur zum Ganzen vereinigt zu haben, was Einzeln längst von Ansichten vorlag, und mythologischen und kosmogonisch-poetischen Einflüssen hat er sicher einen Einfluß verstattet[2], der dem Werte seines Systems im allgemeinen, wie insbesondere seiner Kosmogonie[3] nicht gerade zu statten kam. Allein so gering der Wert seines Systems und seiner Kosmogonie sein mag, so besitzt er doch für unser Einzelproblem keine ganz gewöhnliche Bedeutung, ja sogar systematische Kraft und rechtfertigt gleichsam im Konkreten den Versuch einer monographisch-problemgeschichtlichen Behandlung ohne Rücksicht auf das System als Ganzes. Und gerade Diels' Erinnerung an Diogenes von Apollonia ist insofern recht instruktiv, als, trotzdem Empedokles wie Diogenes als Systembildner gleich wenig ins Gewicht fallen, hinsichtlich unseres Einzelproblems zwischen beiden der große Unterschied besteht, daß dieser für unsere Untersuchung gar nichts bedeutet, während Empedokles für unseren speziellen Begriff geradezu von systematischer Bedeutung ist.

Vom abstrakten Sein der Eleaten tritt er ein in die Bestimmungen des Seienden, das alle Bedingungen des Seins, die Parmenides gewiesen, erfüllen soll, bis, wie es zunächst scheint, auf eine, und zwar die wichtigste gerade, nämlich die Einheit des Seins. Sie gibt Empedokles zunächst auf, um den Wechsel verständlich zu machen und um die Einheit des Seins sodann

---

[1] Diels, «Gorgias und Empedokles» (Sitzungsber. d. Berl. Akad. d. Wiss. 1884, S 343).

[2] Vgl. O. Kern, «Empedokles und die Orphiker» (Arch. f. Gesch. d. Philos. 1888, S. 505).

[3] H. v. Arnim, «Die Weltperioden bei Empedokles» (Festschr. f. Gomperz, S. 16 ff.).

mit einem neuen gedanklichen Mittel, wie wir bald sehen werden, wieder herzustellen. Das gilt es, um Empedokles gerecht zu werden, genau festzuhalten, daß die Preisgabe der Einheit nur eine vorläufige oder, wenn man will, eine scheinbare ist, die ihm durch die Art seiner Vielheit des Seienden hinsichtlich seines Systems das Ansehen des bloßen Eklektikers geben muß, daß er aber in einem neuen bleibend wertvollen Begriffe die Einheit endgültig wiederherstellt, und zwar auf eine Art, die doch wieder systematische Kraft des Denkens offenbart. Zunächst tritt also freilich bei ihm an die Stelle des einen Eleatischen Seins eine vielfache, speziell eine vierfache Wurzel aller Dinge.[1] Diese vier Wurzelstoffe sind ihm Feuer, Wasser, Erde und Luft.[2] Sie sind, wie das Sein des Parmenides, dessen Bestimmung hier bereits entscheidend wird, unentstanden und unvergänglich, weil aus dem, was nicht ist, auch nichts werden, und das was ist, nicht zu nichts werden kann.[3] Und weil sie ungeworden und unzerstörlich sind, so kann etwas zu ihnen weder hinzugefügt noch von ihnen genommen werden.[4] Hier wird die Konstanz des Seins nun wirklich zur Konstanz der Substanz, und zwar durchaus im quantitativen Sinne. Die Substanz ist hier zunächst die Totalität der vermeintlichen Grundstoffe, die als solche sich merkwürdigerweise durch die Jahrhunderte hindurch behaupten sollten und in der poetischen und auch volkstümlichen Vorstellung auch heute noch als solche fortleben; und daß deren Quantum weder vermehrt noch vermindert werden kann, das wird von Empedokles hier im Sinne des eigentlichen Substanzbegriffs mit voller Klarheit ausgesprochen.

Wie man oft bemerkt hat, sind im Einzelnen längst vor Empedokles auch dessen einzelne Elemente aufgestellt worden.[5]

---

[1] VI, 1: τέσσαρα γὰρ πάντων ῥιζώματα . . .
[2] XVII, 18: πῦρ καὶ ὕδωρ καὶ γαῖα καὶ ἠέρος ἄπλετον ὕψος.
[3] XII, 1—2:
ἔκ τε γὰρ οὐδάμ᾽ ἐόντος ἀμήχανόν ἐστι γενέσθαι
καί τ᾽ ἐὸν ἐξαπολέσθαι ἀνήνυστον καὶ ἄπυστον.
[4] XVII, 30: καὶ πρὸς τοῖς οὔτ᾽ ἄρ τέ τι γίγνεται οὔτ᾽ ἀπολήγει.
[5] Vgl. O. Kern, a. a. O., S. 502.

3. Kapitel.

Läge bei Empedokles nichts anderes vor, als ihre nur summarisch aufgeführte Enumeration, so wäre, wie seine Bedeutung für das System der Philosophie, so auch die für unser Problem eine lediglich eklektische. Ja, sein Element des Feuers bezeichnete der Bedeutung des Heraklitischen Urfeuers gegenüber sogar einen plumpen Rückschritt und eine beklagenswerte Vergröberung. Allein gerade für unser Problem sind seine vier Grundstoffe unvergleichlich viel mehr als eine bloß eklektische Summe. Sie bilden eine Einheit, und der Begriff, der die Einheit zwischen ihnen herstellt, ist der Begriff der Kraft. Er leistet nun auch die Synthese von Beharrlichkeit und Wechsel und erhärtet die vier Grundstoffe als das Beharrliche im Wechsel, und zwar in zweifacher Funktion: Als «Liebe» und «Haß» ist die Kraft die Bedingung des beständigen Wechsels, in dem sich die einzelnen Stoffe bald verbinden, bald trennen. Und dieser beständige Wechsel hört niemals auf: Bald vereinigt die Liebe alles zu Einem, bald löst der Haß das Eine zu Vielem auf[1]; bald tritt durch die Liebe Eines aus Mehreren ins Dasein, bald tritt aus Einem wieder die Mehrheit der Elemente: Feuer, Wasser, Erde, Luft einzeln hervor.[2] Die Grundstoffe als solche sind das bleibend Seiende, sie entstehen und vergehen zwar nicht an sich selbst. Aber aus ihrer Verbindung entstehen die Dinge, und aus ihrer Trennung folgt das Vergehen der Dinge im «beständigen Wechsel» (καὶ ταῦτ' ἀλάσσοντα διαμπερὲς οὐδαμὰ λήγει, vgl. Anm. 1 unten), in dessen «Kreislauf sie selber immerdar verbleiben, ohne daß ihnen Wechsel und Bewegung etwas anhaben kann».[3] Weil sie selbst ewig sind und das Wesen aller Einzeldinge ausmachen, so gehen auch

---

[1] XVII, 6—8:
    καὶ ταῦτ' ἀλάσσοντα διαμπερὲς οὐδαμὰ λήγει
    ἄλλοτε μὲν Φιλότητι συνερχόμεν' εἰς ἓν ἅπαντα,
    ἄλλοτε δ' αὖ δίχ' ἕκαστα φορεύμενα Νείκεος ἔχθει.

[2] Ebenda 16—18:
    ... τότε μὲν γὰρ ἓν ηὐξήθη μόνον εἶναι
    ἐκ πλεόνων, τότε δ' αὖ διέφυ πλέον ἐξ ἑνὸς εἶναι,
    πῦρ καὶ ὕδωρ καὶ γαῖα καὶ ἠέρος ἄπλετον ὕψος.

[3] XVII, 13: ταύτηι δ' αἰὲν ἔασιν ἀκίνητοι κατὰ κύκλον.

die Einzeldinge bei ihrer Auflösung nicht schlechtweg oder absolut verloren. Denn die Elemente, die sie bilden, bleiben erhalten, wie sie von Ewigkeit her bestanden. Man kann darum auch hinsichtlich der «sterblichen Dinge» nicht im eigentlichen Sinne von Entstehung und Untergang, sondern nur von Mischung und Trennung sprechen. Und «es gibt bei keinem einzigen von allen sterblichen Dingen Entstehung und Tod» im eigentlichen Sinne. «Nur Mischung gibt es und Austausch des Gemischten», da, was sich in ihnen mischt und in der Entmischung austauscht, selbst unvermehrbar und unverminderbar erhalten bleibt, so daß Entstehung im absoluten Sinne nur ein bei Menschen üblicher Name ist.[1]

Wie unvollkommen auch immer noch im Einzelnen sowohl der Elementbegriff wie der Kraftbegriff sein mögen[2], wie unvollkommen auch weiter die ganze kosmologische Anschauung, bei allen weittragenden Perspektiven, die sie eröffnet, unter denen der Hinblick auf den Entwickelungsbegriff das wert-

---

[1] VIII: . . . φύσις οὐδενός ἐστιν ἁπάντων
θνητῶν, οὐδέ τις οὐλομένου θανάτοιο τελευτῇ,
ἀλλὰ μόνον μῖξίς τε διάλλαξίς τε μιγέντων
ἐστί, φύσις δ᾽ ἐπὶ τοῖς ὀνομάζεται ἀνθρώποισιν.

[2] Wie Arist. Met. I, 4.985a auf die sittlich-religiöse Bestimmung, die den Kräften der Liebe und des Hasses anhaften, richtig aufmerksam macht, so sind auch die Elemente nicht frei von mythologisch-religiösen Vorstellungen. Das geht schon daraus hervor, daß sie auch unter den Namen von Göttern auftreten, ja daß die vierfache Wurzel aller Dinge geradezu auch als Vierheit von Göttern erscheint, vgl. fr. VI:
Τέσσαρα γὰρ πάντων ῥιζώματα πρῶτον ἄκουε ·
Ζεὺς ἀργὴς Ἥρη τε φερέσβιος ἠδ᾽ Ἀιδωνεύς
Νῆστίς θ᾽ ἣ δακρύοις τέγγει κρούνωμα βρότειον.
Wenn das freilich auch so zu verstehen ist, daß die Elemente selbst die Gottheiten und die Gottheiten lediglich die Elemente sind, so mischt sich hier dennoch immerhin der nüchterne Forschersinn mit der mythologisch-theologischen Phantasie und die Einwirkung der «kosmogonischen Dichtung» ist, wie O. Kern, a. a. O., S. 505, treffend bemerkt, unverkennbar. Allein so sehr das seinem System als Ganzem schließlich zum Nachteil gereichen muß, daß Empedokles, wie Arist. a. a. O., ebenda, gleichfalls treffend bemerkt, überhaupt der erste ist, der hier auf jene beiden «Ursachen» hinweist, das ist von der allergrößten Bedeutung. Denn damit bringt er die Ursächlichkeitsbetrachtung mit dem Substanzproblem selbst in Verbindung.

vollste Moment ist, sein mag — im Einzelnen darauf einzugehen, liegt nicht in unserem Thema — trotz alledem liegt hier für das Substanzproblem ein weitreichender Fortschritt vor, in dem wir geradezu die ersten Anfänge der naturwissenschaftlichen Begriffsbildung sehen dürfen. Die Einheit des Seins verbleibt nicht mehr in der Sphäre des reinen Begriffs des Seins, sie liegt auch nicht mehr in einem einzelnen Stoffe, auch nicht bloß in der Vielheit der Stoffe als solcher. Unbeschadet der Vielheit der seienden Stoffe wird die Einheit nach dem Begriffe des Seins, der so erst Macht gewinnt über die rein begriffliche Sphäre hinaus für die empirische Existenz und diese so selbst bestimmt, im Begriffe der Kraft erreicht, durch den das Seiende zugleich Eines und Vieles ist, so daß Liebe und Haß in gleicher Weise ein Verhältnis zwischen den Elementen herstellen.[1] Das also ist das Bedeutsame für das Substanzproblem, daß die Kraft im Stoffe die Einheit herstellt, innerhalb der Vielheit der an sich selbst ein beharrliches kon-

---

[1] Platon, Soph. 242 d./e.: ὡς τὸ ὂν πολλά τε καὶ ἕν ἐστιν, ἔχθραι δὲ καὶ φιλίᾳ συνέχεται. Darauf in der Tat kommt es an, daß das Seiende Vieles und Eines ist, indem sowohl Liebe und Haß eine Beziehung zwischen den Elementen bedeuten. Die kosmogonische Einheit, die die Liebe im σφαῖρος stiftet, ist die eines bloßen Aggregates. Sie ist für unser Problem ohne jedes Interesse. Und es heißt die Bedeutung des Empedokles sehr von der Außenseite betrachten, wenn man im kosmogonischen σφαῖρος, den die Liebe erzeugt, die Einheit des Empedokleischen Seins, oder diese allein in der Liebe sucht. Hier kann uns Platons tiefer Blick, der auch rein historisch manchmal schon weiter gedrungen ist als der manches späteren Historikers, den wahren Sachverhalt erschließen helfen. Liebe und Haß sind es, die die Dinge zusammenhalten; freilich nicht in dem äußerlichen Sinne des Aggregates — denn der Haß aggregiert nicht, das tut in der Tat allein die Liebe im σφαῖρος, und der Haß trennt —, sondern in dem tieferen dynamischen Sinne, daß überhaupt ein Kraftzusammenhang zwischen den Grundstoffen besteht. Einen dynamischen Zusammenhang bezeichnet aber der trennende Haß wie die vereinigende Liebe, genau ebenso wie im modernen Sinne die Repulsion das ebenso tut, wie die Attraktion. Hier kann für Empedokles, wenn man dem Rate des Aristoteles folgt und der «Sache nachspürt und hinter der unbeholfenen Ausdrucksform den gedanklichen Inhalt sucht» (Arist. a. a. O. ebenda), sogar die religiös-mythologische Auffassung klärend wirken, insofern der «Haß» im ethischen Sinne ebenso eine positive Beziehung bedeutet wie die Liebe, wenn auch eine dieser entgegengesetzte.

stantes Quantum der Substanz, das weder vermehrt noch vermindert werden kann, bildenden Stoffe einen dynamischen Zusammenhang stiftet, und daß die Stoffe insofern das Beharrliche im Wechsel sind, als aller Wechsel in der durch die Kraft als Liebe bewirkten Verbindung und in der durch die Kraft als Haß bewirkten Trennung besteht, wodurch der Zusammenhang der Dinge selbst ein allgemeingesetzmäßig (πάντων νόμμον)[1] geregelter wird.

2. Die für den Substanzbegriff bestimmende These, daß das Quantum der Substanz weder vermehrt noch vermindert werden könne, verfestigt sich nun im antiken Denken mehr und mehr. Mit voller Klarheit und Schärfe spricht Anaxagoras den Satz aus, daß die Gesamtheit der Stoffe — denn das ist zunächst auch ihm die Substanz — «sich weder vermehren noch vermindern kann».[2] Das ist unter den bisher betrachteten Formulierungen fraglos die exakteste und bündigste. Mit Empedokles nimmt Anaxagoras eine Vielheit von beharrlichen Grundstoffen an, die die Keime und Samen aller Dinge sind.[3] Diese σπέρματα haben zunächst durchaus die Funktion der ῥιζώματα des Empedokles. Wie diese sind sie — und darauf beruht ja schon ihre Unvermehrbarkeit und Unverminderbarkeit — ungeworden und unvergänglich. Ein absolutes Entstehen und Vergehen gibt es also auch für Anaxagoras nicht. Der Schein für ein solches liegt nur in der Mischung und Entmischung der Keimstoffe selbst.[4] Die Grundstoffe selbst sind beharrlich in alle Ewigkeit, der Wechsel des Entstehens und Vergehens liegt nur in der Mischung und Trennung; außer diesen gibt es kein Entstehen und Vergehen.[5] Man spricht

---

[1] CXXXV.
[2] Simpl. Phys., S. 156 (Diels, fr. 5): ὅτι πάντα οὐδὲν ἐλάσσω ἐστὶν οὐδὲ πλείω.
[3] Simpl. a. a. O., S. 34 (Diels, fr. 4): σπέρματα πάντων χρημάτων.
[4] Simpl. a. a. O., S. 27: ... ἀγένητα μὲν εἶναι καὶ ἄφθαρτα, φαίνεσθαι δὲ γιγνόμενα καὶ ἀπολλύμενα συγκρίσει καὶ διακρίσει μόνον ...
[5] Arist. Met. I, 3,984 a: ... οὕτω γίγνεσθαι καὶ ἀπόλλυσθαί φησι συγκρίσει καὶ διακρίσει μόνον, ἄλλως δ' οὔτε γίγνεσθαι οὔτ' ἀπόλλυσθαι, ἀλλὰ διαμένειν ἀίδια.

darum eigentlich nicht richtig von Entstehen und Vergehen. Streng genommen entstehen die Dinge nicht, sie bilden sich nur aus der Mischung der unentstandenen Grundstoffe; und streng genommen vergehen sie auch nicht, sie lösen sich nur auf wieder in die unvergänglichen Grundstoffe. Und so sollte man richtig statt «entstehen» lieber «sich mischen» und statt «vergehen» lieber «sich trennen» sagen.[1] σύγκρισις und διάκρισις bilden auch hier die Grundlage des Wechsels an der beharrlichen Substanz.

Allein hinsichtlich der einzelnen Stoffe macht sich sogleich ein bedeutsamer Fortschritt über Empedokles hinaus bemerkbar, der zu einer bleibend wertvollen Bestimmung führt. Die beschränkte Zahl der Grundstoffe reicht für Anaxagoras nicht aus, um die Mannigfaltigkeit der Dinge und ihrer Eigenschaften zu erklären. Dafür muß man annehmen, daß in jeder Verbindung selbst eine vielfache Mannigfaltigkeit enthalten ist[2]; und zwar in jeder Verbindung von allen Grundstoffen etwas.[3] Denn sonst wäre es ja nicht möglich, daß eine bestimmte Mischung der Stoffe in eine andere überginge und so ein Ding aus einem anderen würde.[4] Je mehr nun einem Ding von einem bestimmten Stoffe beigemischt ist, um so mehr ist das Wesen des Dinges von diesem Stoffe bestimmt. Daraus erklärt es sich, daß wir meinen, es bestünde eigentlich ausschließlich aus diesem Stoffe; denn wir nehmen die übrigen nur wegen ihrer geringeren Beimischung nicht wahr, während sie in Wirklichkeit darin, aber eben nur in geringerem Quantum doch enthalten sind.[5] Damit ist auf der einen Seite bereits der

---

[1] Simpl. a. a. O., S. 163 (fr. 17): τὸ δὲ γίνεσθαι καὶ ἀπόλλυσθαι οὐκ ὀρθῶς νομίζουσιν οἱ Ἕλληνες· οὐδὲν γὰρ χρῆμα γίνεται οὐδὲ ἀπόλλυται, ἀλλ᾽ ἀπὸ ἐόντων χρημάτων συμμίσγεταί τε καὶ διακρίνεται. καὶ οὕτως ἂν ὀρθῶς καλοῖεν τό τε γίνεσθαι συμμίσγεσθαι καὶ τὸ ἀπόλλυσθαι διακρίνεσθαι.

[2] Simpl. a. a. O., S. 34 f. (fr. 4): ... χρὴ δοκεῖν ἐνεῖναι πολλά τε καὶ παντοῖα ἐν πᾶσι τοῖς συγκρινομένοις ...

[3] Simpl. Phys., S. 164 (fr. 11): ἐν παντὶ παντὸς μοῖρα ἔνεστι ...

[4] Arist. Phys. III, 4,203 a.

[5] Simpl. a. a. O., S. 27 (Forts. von Anm. 4 auf S. 71): πάντων μὲν ἐν πᾶσιν ἐνόντων, ἑκάστου δὲ κατὰ τὸ ἐπικρατοῦν ἐν αὐτῶι χαρακτηριζομένου. χρυσὸς γὰρ φαίνεται ἐκεῖνο, ἐν ὧι πολὺ χρυσίου ἐστί καίτοι πάντων ἐνόντων.

Begriff des unendlich Kleinen gesetzt. Denn die unendliche Kleinheit ist es ja, die uns in der Mischung eben nicht alle in ihr enthaltenen Stoffe bemerken läßt. Auf der anderen Seite schließt Anaxagoras freilich auch gleich auf eine Unendlichkeit der Menge der Stoffe. Und so behauptet er, daß seine Grundstoffe unendlich sowohl der Menge wie der Kleinheit nach seien.[1] Ja, er scheint drittens wie die Teile eines jeden Stoffes für sich unendlich klein, ihre Menge aber unendlich groß, so auch das Gesamtquantum eines jeden Stoffes als unendlich groß angenommen zu haben, so daß wir, genau genommen, drei Ordnungen des Unendlichen bei ihm zu unterscheiden hätten. Wenigstens deutet auf die Unendlichkeit des Quantums jedes einzelnen Stoffes neben dem unendlich Kleinen seiner Teile und der Unendlichkeit der Menge aller Stoffe die Ansicht hin, daß, wie es rücksichtlich der Teile beim Kleinen ja kein Allerkleinstes, sondern stets «ein noch Kleineres gibt», so «auch beim Großen es immer noch ein Größeres gibt»; und «dieses gerade so zahlreich vertreten ist, wie das Kleine»,[2] womit in der Tat die unendliche Menge je für sich unendlicher Quanta ausgesprochen ist. Wenn aber jeder Stoff für sich kontinuierlich teilbar ist, so muß die Verschiedenheit der zu einem Ding gemischten Stoffe nicht bloß eine mathematische, sondern auch eine spezifische sein. Das heißt: Kein Stoff ist den übrigen gleich.[3] Ist hier immerhin auch das mathematische Kontinuum ohne weiteres noch physisch gedacht, oder besser: das physische schon mathematisch gedacht, — eine Vermengung, die man dieser Stufe des Denkens nicht gerade sehr zum Vorwurf

λέγει γ᾽ οὖν Ἀναξαγόρας, ὅτι «ἐν παντὶ παντὸς μοῖρα ἔνεστι» καὶ «ὅτων πλεῖστα ἔνι, ταῦτα ἐνδηλότατα ἐν ἕκαστόν ἐστι καὶ ἦν»; vgl. dazu auch Arist. Met. I. 9,991 a. A. exemplifiziert hier auf den Unterschied des «Weißen», insofern es in der Mischung Ursache ist für die Farbe des «weißen Dinges».

[1] Arist. Met. IX, 6,1056 b: ... Ἀναξαγόρας εἰπὼν ὅτι ὁμοῦ πάντα χρήματα ἦν ἄπειρα καὶ πλήθει καὶ μικρότητι.

[2] Simpl. a. a. O., S. 164 (fr. 3): οὔτε γὰρ τοῦ σμικροῦ ἐστι τό γε ἐλάχιστον, ἀλλ᾽ ἔλασσον ἀεί. ... ἀλλὰ καὶ τοῦ μεγάλου ἀεί ἐστι μεῖζον. καὶ ἴσον ἐστὶ τῶι σμικρῶι πλῆθος.

[3] Simpl. a. a. O., S. 34 (fr. 4): οὐδὲ γὰρ τῶν ἄλλων οὐδὲν ἔοικε τὸ ἕτερον τῶι ἑτέρωι; vgl. auch fr. 12 (Simpl. S. 157).

machen darf, da es sich hier um Dinge handelt, in denen wir heute noch nach Distinktheit zu streben haben — so erreicht Anaxagoras doch hier den Begriff eines bei aller mathematisch kontinuierlichen Teilung in sich gleichartigen Stoffes.[1] Das ist aber geradezu der naturwissenschaftliche Begriff des Elements, wenigstens im Prinzip, für den der Empedokleische Grundstoffbegriff nur eine vage Vorahnung war. Daß man früh genug die ganze Bedeutung des Anaxagoreischen Elementbegriffs richtig erkannt, das beweist der diesem von der späteren Interpretation gegebene, also nicht von Anaxagoras stammende Name des «gleichteiligen Stoffes»[2], der wie kein anderer den Charakter des in allen seinen Teilen gleichartigen Stoffes zum Ausdruck bringt. In dem Begriffe des unendlichen Quantums unendlicher und in sich bis ins Unendliche gleichartiger Stoffe gewinnt Anaxagoras eine neue Präzision des Substanzbegriffs, zunächst nach einer Seite hin, nämlich soweit es sich um die **Möglichkeit**, den Wechsel der unendlich mannigfaltigen Dinge bei der Beharrlichkeit der Grundstoffe selbst begreiflich zu machen, handelt.

Wie aber Empedokles, um die **Wirklichkeit** des Wechsels der Dinge erklären zu können, der die Stoffe bewegenden und sie so in Einheit setzenden Kraft bedurfte, so bedarf auch Anaxagoras der durch Bewegung die Stoffe mischenden und trennenden und so zwischen ihnen Einheit herstellenden Kraft. Diese aber ist prinzipiell von den Grundkräften der Liebe und des Hasses, wie sie Empedokles aufstellte, verschieden. Für Anaxagoras ist es nichts Geringeres als die Vernunft selbst, der

---

[1] Aus der Teilbarkeit ins Unendliche der in sich gleichartigen Stoffe folgt, daß es sich hier bei dem Unendlich-Kleinen nicht um das Atom handelt. Es soll hier nur zum Ausdruck gelangen, daß im Unterschiede zu der διάκρισις der in einem Dinge durch σύγκρισις verbundenen Stoffe, die eben immer wieder verschiedene Stoffe ergibt, die Grundstoffe so gedacht sind, daß ihre Teilung immer zu gleichartigen Teilen führt. Wir haben es also hier nicht mit dem Begriffe des Atoms, sondern des Elements zu tun.

[2] Über die Namen der ὁμοιομερῆ und ὁμοιομέρειαι vgl. Zeller, a. a. O., I, S. 877. Wenn ich soeben von dem Elementbegriff des Anaxagoras sprach, so handelt es sich mir eben um den Begriff und damit die Sache, nicht um den Namen.

νοῦς, der die Bewegung der Stoffe und damit ihre Mischung und Entmischung hervorbringt. Er ist es, der «dieser Bewegung den Anstoß gibt».[1]

Wie in der Erkenntnis die Vernunft allein über die Wahrheit entscheidet[2] und alle sinnliche Erkenntnis von den Sinneswerkzeugen abhängig, also von ihnen modifiziert und relativ ist[3], so daß in sie erst die Vernunft Ordnung bringt, so gewinnt die Vernunft, wie für die Erkenntnis der Dinge, so auch für die Ordnung der Dinge selbst ihre entscheidende Bedeutung bei Anaxagoras. Auch er sucht das wahrhafte Sein im vernünftigen Denken zu erfassen, ohne daß das Sein mit der Vernunft schlechtweg mehr gleichgesetzt, ohne daß auch, wie bei Empedokles trotz der höheren Wertstellung des vernünftigen Denkens, dieses in seinem Ursprunge doch erst aus der materiellen Substanz abgeleitet wird. Vielmehr tritt der νοῦς bei Anaxagoras selbständig neben die materielle Substanz als ein besonderes Prinzip, in dem aller Ursprung selbst erst seine Wurzel hat, indem er eigentlich allein schöpferisch ist und im Materiellen das Geschehen erzeugt.[4] Denn die Ordnung der Dinge verlangt ein vernünftig ordnendes Prinzip, das sie hervorbringt. Es mußte alles erkennen, um alles ordnen zu können. So erkannte der νοῦς alles und ordnete alles, indem er Mischung und Entmischung hervorbrachte, alles, wie es war, wie es jetzt ist und künftig sein soll. Und unendlich (ἄπειρον) wie die zu mischenden Stoffe, genau so unendlich (ἄπειρον) muß auch der die unendliche Mannigfaltigkeit der Dinge durch Bewegung hervorbringende νοῦς sein.[5]

Im übrigen ist aber das Verhältnis des νοῦς zu den Elementstoffen nicht leicht zu bestimmen. Auf der einen Seite erscheint der νοῦς bei Anaxagoras selbst stofflich gedacht, in-

---

[1] Übersetzung von Diels, Simpl. a. a. O., S. 156 f. (aus fr. 12).
[2] Sext. Emp. adv. math. VII, 91: Ἀναξαγόρας κοινῶς τὸν λόγον ἔφη κριτήριον εἶναι.
[3] Vgl. Sext. ebenda, 90 und Theophr. de sensu, 29 ff.
[4] Hippol. Ref. I, 8: οὗτος ἔφη τὴν παντὸς ἀρχὴν νοῦν καὶ ὕλην, τὸν μὲν νοῦν ποιοῦντα, τὴν δὲ ὕλην γινομένην.
[5] Simpl. a. a. O., ebenda (fr. 12), vgl. auch Platon, Phaidon 97 b.

dem er nur als «das dünnste und reinste aller χρήματα» bezeichnet wird.¹ Auf der andern Seite wird er prinzipiell von allen χρήματα geschieden, ihnen scharf gegenübergestellt, als «selbstherrlich, ohne sich mit einem Dinge zu vermischen, ganz allein für sich selbst bestehend».² Diese Schwierigkeit³ läßt sich wohl nur heben, wenn man anerkennt, daß es sich hier bei Anaxagoras zum ersten Male in der Geschichte des Denkens innerhalb unseres Kulturkreises um einen schroffen Dualismus rücksichtlich des Substanzbegriffes selber handelt. Ihm ist weder, wie etwa bei Anaximenes oder Diogenes von Apollonia⁴, das

---

¹ Simpl. Phys. ebenda (fr. 12): ἔστι γὰρ λεπτότατόν τε πάντων χρημάτων καὶ καθαρώτατον.

² Ebenda: νοῦς δέ ἐστιν ἄπειρον καὶ αὐτοκρατές καὶ μέμεικται οὐδενὶ χρήματι, ἀλλὰ μόνος αὐτὸς ἐπ' ἑωυτοῦ ἐστιν; vgl. Platon, a. a. O., ebenda und Arist. Met. I, 3,984a sowie de an. I, 2.405a.

³ Diese Schwierigkeit kommt in der mannigfachen historischen teils geradezu gegensätzlichen Interpretation deutlich genug zum Ausdruck. So faßt Windelband, a. a. O., S. 35, den νοῦς geradezu als «Denkstoff», der «in feiner Verteilung durch die ganze Welt ergossen, aber von allen anderen Stoffen nicht nur graduell als der feinste, leichteste, beweglichste, sondern auch wesentlich darin verschieden, daß er allein von sich aus bewegt ist und vermöge dieser Eigenbewegung auch die anderen Elemente in der zweckmäßigen Weise bewegt, welche sich in der Ordnung der Welt zu erkennen gibt». Bäumker hingegen, obwohl er sonst allenthalben dazu neigt, das antike Denken auch da, wo kaum die Rede davon sein kann, im Sinne des «Problems der Materie» zu deuten, meint a. a. O., S. 78 f.: Wer «den Nus des Anaxagoras als einen Stoff glaubt denken zu müssen, wie die übrigen auch, nur feiner als diese, der verkennt die im Anfang des Fragments deutlich ausgesprochene Absicht des Philosophen, den Geist in Gegensatz zu stellen zu allen Stoffen». Allein Bäumker selbst verkennt, daß darin ja gerade die Schwierigkeit liegt, ob man den Nus als Stoff zu denken habe, aber gerade nicht «wie die übrigen auch» und nicht bloß «feiner als diese», sondern, wie Windelband hervorhebt, «auch wesentlich» verschieden. Wenn ich auch darin Windelband selbst nicht beistimmen kann, daß der νοῦς als «in feiner Verteilung durch die ganze Welt ergossen» sei, weil es bei Anaxagoras heißt, daß von den χρήματα in jedem Ding «ein Teil von jedem enthalten ist», aber gerade «mit Ausnahme des νοῦς», obwohl freilich wieder «in einigen auch νοῦς enthalten» sein soll, so ist jener Dualismus der Substanz, dem auch heute noch alle die anhängen, die auch den «Geist» substantiell fassen, bei Anaxagoras unverkennbar.

⁴ Damit dürfte die Kontroverse über die Priorität des Diogenes v. Apoll. oder des Anaxagoras nun wirklich als müßig fortfallen, weil es sich in der «Vernunft» für beide um etwas toto coelo Verschiedenes handelt.

Die Anfänge der naturwissenschaftlichen Begriffsbildung. 77

Seinsprinzip bloß vernünftig, noch ist ihm, wie, freilich auf verschiedene Weise, Heraklit und den Eleaten, die Vernunft schlechtweg das Seins-Prinzip. Vielmehr prägt er jenen Dualismus aus, der sich in einer späteren Gedankenentwickelung mehr und mehr verfestigen sollte, und der heute noch von allen denen vertreten wird, denen die Substanz nicht eine Funktion des Denkens ist, die umgekehrt das Denken zur Funktion eines «Geistes», der selber als besondere Substanz, freilich als besonders feine, ja die «feinste» aller Substanzen gedacht ist, machen: den Dualismus von geistiger und materieller Substanz. Beide sind für ihn beharrlich in allem Wechsel, der νοῦς als bewegendes, die Totalität der Elemente als bewegtes Prinzip. Aus den Elementstoffen ordnet die Vernunft die Dinge, bringt die Weltordnung hervor.

Logisch bedeutsam bleibt auch hier der schon bei früheren Denkern bemerkte Impuls, im vernünftigen Denken sich der Erkenntnis der Mannigfaltigkeit der Dinge zu bemächtigen. Indes wird hier zum ersten Male die Vernunft gleich zur substantiellen Weltvernunft hypostasiert. Insofern es aber die Vernunft als weltbewegende Kraft ist, die die Einheit und Ordnung in das Mannigfaltige der Elementstoffe bringt, wird auch hier das vernunftmäßige Einheitsprinzip des Seins gewahrt. Zugleich kündigt sich hier die für unser Problem bedeutsame, wenn auch gerade wegen der eigentümlichen substantiellen Bestimmung unzulängliche Tendenz an, die Vernunft gegenüber der materiellen Substanz zu verselbständigen. Das bleibt aber hier nur Tendenz. Ehe sie sich zu begrifflicher Schärfe und Deutlichkeit emporbilden konnte, mußte selbst noch eine größere Vereinfachung des Mannigfaltigen angestrebt werden, und diese wieder ist in expliziter Bestimmung nur möglich durch eine explizite ausgeführte Kritik der Sinnlichkeit, die nicht nur unmittelbar, wie das in den bisherigen Versuchen geschah, die Unzulänglichkeit der Sinne betont und der Vernunft die eigentliche Erkenntnisinstanz überweist, sondern in ausführlicher Kritik das Vertrauen in die Sinnlichkeit erschüttert.

Das leistet die Atomistik. Wenn diese immerhin auch das Denken in seinem Ursprunge selbst wieder auf materielle

Voraussetzungen zurückführt, so erhärtet sie doch gerade seine Wertpriorität gegenüber der Sinnlichkeit. Zunächst zwar wird bei Leukipp lediglich eine Vereinfachung des Mannigfaltigen der stofflich-substantiellen Bestimmung intendiert. Diese aber wird bei Demokrit gerade streng rational und durch eine Kritik der Sinnlichkeit begründet.

3. Die Vielheit der in sich gleichartigen und darum im Verhältnis zueinander ungleichartigen Grundstoffe des Anaxagoras konnte trotz der im νοῦς erreichten Einheit doch der eleatischen Seinsgesetzlichkeit nicht genügen. Um dem logischen Postulate im Realen noch vollkommener Genüge zu tun, mußte das Denken einen Weg zu noch größerer Vereinfachung einschlagen. In dieser Richtung bewegt sich zunächst das Denken Leukipps. Die geschichtliche Überlieferung stellt ihm — so besonders häufig Aristoteles, aber u. a. auch Simplikios — oft Demokrit als «Gefährten» im Sinne eines philosophischen Gesinnungsgefährten zur Seite. Soweit es lediglich auf die Übereinstimmung in der allgemeinen Grundüberzeugung ankommt, durchaus mit Recht. Was freilich die begriffliche Begründung dieser Überzeugung anlangt, so ist Demokrit so unendlich viel tiefer und schärfer als Leukipp, daß er mit diesem kaum verglichen werden darf.[1] Für Leukipp wird Parmenides' gedankliches πλέον zum räumlichen, aber nicht nach Melissos' Art. Das räumliche Volle ist ihm zwar das eigentlich Seiende, aber in der Struktur dieses Raumerfüllenden liegt das eigene Neue und Bedeutsame. Dem räumlich Vollen steht das Leere, d. h. der leere Raum gegenüber, der eigentlich also im Verhältnis zum eigentlich Seienden, dem Vollen, das Nicht-Seiende[2], aber doch als das Leere, in dem das Volle ist und

---

[1] Daß ich aber, um auch nur soviel sagen zu können, Leukipp als historische Persönlichkeit und nicht bloß als eine mythische Figur ansehe, versteht sich danach von selbst. Das zu begründen liegt freilich außerhalb meines Themas. Darüber vergleiche man Diels' Auseinandersetzung mit Rhode in den Verhandlungen der (34. und 35.) Versammlung deutscher Philologen (Trier 1879 und Stettin 1880), sowie Rhode, Jahrb. f. Philol. u. Päd. (1881) und dagegen Diels, Rh. Mus. (1881).

[2] Arist. Met. I, 4,985 b und Diog. Laert. IX, 30.

der Wechsel stattfindet, doch selbst wieder ist.[1] Diesen Wechsel nun erklärt Leukipp ähnlich, wie Empedokles und Anaxagoras, als Mischung und Entmischung des stofflich Vollen, worauf ihm Entstehen und Vergehen beruht.[2] Aber — und darin liegt sein Fortschritt gerade für das Substanzproblem — er geht von deren Auffassung vom Wesen des Stoffes insofern ab, als ihm für die Einheit des Seins nicht mehr eine Vielheit von zwar in sich gleichartigen, aber untereinander verschiedenartigen Stoffen genügen kann. Mit der Raumerfüllung ist ihm das Wesen des Stoffes bestimmt. Darum entspricht bei ihm nur schlechthinige Gleichartigkeit des Stoffes der Einheit des Seins. Was die Grundlage des Wechsels bildet, das kann also nicht eine Mannigfaltigkeit qualitativ verschiedener Stoffe, sondern allein ein gleichartiger Stoff sein, für den es keine andere als Unterschiede der Raumerfüllung, also rein quantitative Unterschiede gibt. In der Tat erkennt er nur die Unterschiede der Größe, der Form, der Anordnung, d. i. der Figur innerhalb des Stofflichen an[3], die also allein quantitativ, nicht aber der Art nach verschiedene stoffliche Dinge ergeben, so daß die rein quantitative Mischung und Verbindung des Stofflichen das qualitative Werden und die quantitative Entmischung das Vergehen bestimmt. Hier erscheint zum ersten Male seit Anaximander, aber im Verhältnis zu diesem in unvergleichlich verschärfter, mehr expliziter und unzweideutiger Art der Versuch wieder, an der Hand des Substanzbegriffes das Qualitative auf Quantitatives zu reduzieren.[4] Freilich so klar und bestimmt

---

[1] Arist. de gen. et corr. I, 8,325 a. Vollkommen deutlich wird uns das, was damit gemeint ist, freilich erst bei Demokrit werden. Immerhin sieht bei Aristoteles die Leukippsche Anschauungsweise etwas zu plump und widerspruchsvoll aus. Ohne Zweifel ist doch soviel klar, daß Leukipp das Nicht-Sein des Raumes, wie auch Demokrit, so faßte, daß er dem Raume nicht substantielles Sein beilegte, wie dem Vollen. Nur insofern ist er nicht. Und dennoch ist er als das Leere, in dem das Volle, seine Bewegung und sein Wechsel ist.

[2] Arist. ebenda I, 1,314 a.

[3] Simpl. Phys. 36.

[4] In diesem quantifizierenden Bestreben darf man wohl Zenonischen Einfluß vermuten, auch wenn man kein eigentliches Schülerverhältnis des

dieser Versuch ist, es bleibt zunächst doch nur ein Versuch. Die eigentliche Begründung hat dieser Tendenz doch erst Demokrit gegeben. Soviel ist indes auch für Leukipp schon deutlich: Die Mischung und Trennung des Stofflichen setzt oberste stoffliche Grundlagen voraus, innerhalb deren es selbst nicht weiter Mischung und Trennung gibt. Sie sind gleichsam die letzten Dinge oder besser die «ersten Körper».[1] Und da sie die Grundlage des Entstehens und Vergehens, der Mischung und Trennung sind, sind sie selbst unentstanden, ungeworden und unvergänglich, untrennbar, unteilbar: ἄτομα.[2] Jetzt gelangen wir in der Tat, wie vorher bei Empedokles und bestimmter bei Anaxagoras zum Elementbegriff, so hier zum eigentlichen Atombegriff. Das in allem Wechsel beharrliche Substrat sind also die Atome, aus ihrer Verbindung bauen sich die empirischen Dinge auf, wie diese sich durch ihre Trennung wieder auflösen. Nur die Atome selber beharren. Wegen der unendlichen Mannigfaltigkeit der Dinge, die sich aus ihnen zusammensetzen, müssen die Atome selbst unendlich an Zahl sein, und weil sie für sich in keinem Dinge wahrgenommen werden können, müssen sie der Größe nach unendlich klein sein.[3] Die Unendlichkeit der Menge nach, wie das unendlich Kleine innerhalb des Stofflichen, teilt Leukipp also mit Anaxagoras, aber die mathematisch mögliche Teilbarkeit ins Unendliche weist er im Physischen ab; hier bedeutet ihm das unendlich Kleine nur das unwahrnehmbare Kleine, das aber eine weitere Teilung nicht zuläßt und ebendarum Atom heißt.

Die Bewegung aber, auf der in letzter Linie ja Mischung und Trennung beruhen, wird hier nicht mehr durch äußere Kräfte an die Atome herangebracht, die Kraft der Bewegung wohnt dem materiellen Substrat der Dinge von Ewigkeit her bei. Die Einheit, die der Kraftbegriff auch bei Empedokles

---

Leukipp zu Zenon annimmt, ob er gleich gelegentlich dessen Schüler, so von Diog. Laert. IX, 20 ff., genannt wird. Vgl. darüber Bäumker, a. a. O., S. 80, woselbst auch weitere Literaturangaben.

[1] Simpl. ebenda: πρῶτα σώματα.
[2] Simpl. ebenda; vgl. Arist. Met. I, 4,985 b und Diog. Laert. IX, 30 ff.
[3] Arist. de gen. et corr. I, 8,325 a.

und Anaxagoras zwischen dem Mannigfaltigen der Stoffe zu vollziehen hatte, wodurch die für das Substanzproblem so bedeutsame Beziehung von Substantialität und Ursächlichkeit gewonnen wurde, wird hier noch verfestigt. Hier sind Stoff und Kraft einander analytisch verbunden und bilden die höchste Einheit.[1] Vor allem aber ist hier der Kraftbegriff ohne alle mythologische sowohl wie ohne alle teleologische Vorstellung, sondern rein mechanisch gefaßt. Wenn es hier heißt, daß «kein Ding entsteht ohne Ursache, sondern alles aus einem bestimmten Grunde und mit Notwendigkeit»[2], so ist mit dem Substanzgesetze das Kausalgesetz in die innigste Beziehung, nämlich eben die eines analytischen Verhältnisses und zugleich auf die streng wissenschaftliche Form der abstrakten Bestimmung gebracht.

4. Die bedeutendste Erscheinung innerhalb der aufkeimenden Tendenz zu naturwissenschaftlicher Begriffsbildung und eine der bedeutendsten Erscheinungen innerhalb der gesamten Philosophie des Altertums ist Demokrit. Zu ihm verhält sich, was Tiefe und Schärfe des Denkens anlangt, Leukipp, wie sich etwa Empedokles zu Anaxagoras verhält. Alle bisherigen Denker aber überragt Demokrit an Kraft der systematischen Gestaltung. Dieser Umstand erklärt uns auch, wie Fr. A. Lange sehr treffend hervorhebt[3], die an sich merkwürdige geschicht-

---

[1] Arist. Met. ebenda rechnet es freilich als Fehler an, daß nicht noch ein besonderer Ursprung der Bewegung angenommen wird.
[2] Aet. I, 25 (Diels, Fragm. S. 350, fr. 2) Λεύκιππος πάντα κατ' ἀνάγκην, τὴν δ' αὐτὴν ὑπάρχειν εἱμαρμένην. λέγει γὰρ ἐν τῶι Περὶ νοῦ ·
οὐδὲν χρῆμα μάτην γίνεται, ἀλλὰ πάντα ἐκ λόγου τε καὶ ὑπ' ἀνάγκης.
F. A. Lange (Gesch. d. Material. I, S. 39 [Reclam]) will diesen Satz freilich erst Demokrit vorbehalten wissen. Aber da die Überlieferung ihn dem Leukipp ausdrücklich zuschreibt und er, nach Langes eigener zutreffender Deutung, nur die rein mechanische Tendenz des Atomismus zum Ausdruck bringt, die ja von Leukipp scharf gefaßt ist, insofern er alles Geschehen in Bewegung auflöst, so ist kein Grund abzusehen, warum wir dem Leukipp den Satz nicht zutrauen sollten. Er ist dem Denken Leukipps jedenfalls ebenso gemäß, wie demjenigen Demokrits. Und der weit über Leukipp hinausreichenden Bedeutung Demokrits geschähe doch kaum Abbruch, wenn man den Satz schon für Leukippisch ansieht.
[3] A. a. O. I, S. 37. Wenn wir den Ausspruch Langes relativ im Sinne

liche Erscheinung, daß wir über Demokrits Lehre .... besser unterrichtet sind als über die Ansichten manches Philosophen, von dem uns mehr erhalten ist. Wir dürfen dies der Klarheit und Folgerichtigkeit seiner Weltanschauung zuschreiben, die uns gestattet, auch das kleinste Bruchstück mit Leichtigkeit dem Ganzen einzufügen.» Dieses Ganze ist, als System gedacht, jener scharf ausgebildete Materialismus, wie er sich in der Naturwissenschaft als wertvolle Erklärungshypothese erwiesen hat, und wie er als Methode, wenn auch nicht, was er bei Demokrit freilich noch war, als Weltanschauung, seine Bedeutung behaupten wird: konsequent durchgeführter und begründeter mechanischer Atomismus.

Einen der bedeutsamsten Faktoren dieses Systems bildet der Satz, der zugleich für die Entwickelung des Substanzproblems von der größten Bedeutung ist, daß aus nichts auch nichts werden, und daß nichts zu nichts werden kann.[1] Der Satz ist freilich nicht mehr absolut neu. Er ist uns implizite wie explizite bereits früher begegnet. Allein seine beiden Seiten sind hier miteinander doch erst in den engsten Zusammenhang und damit der Satz als Ganzes auf einen Ausdruck gebracht, daß er sich fortan als eine Grundlage der exakten Forschung behaupten konnte. Weil aus nichts aber nichts wird und nichts absolut vernichtet werden kann, so muß alles Entstehen und alles Vergehen in der Verbindung und Trennung letzter, nicht weiter teilbarer Teile, d. i. der Atome, bestehen.[2] Noch Lange[3]

---

des Verhältnisses der Menge des Erhaltenen zu seiner Bedeutung verstehen, behält er auch heute noch seine volle Gültigkeit, ja man kann sagen, daß er wenigstens für den für uns allein in Betracht kommenden theoretischen Teil (beim ethischen liegt namentlich nach der Arbeit Natorps heute die Sache doch anders) seiner Lehre durch Diels' Fr.-Sammlung noch besser bestätigt wird als durch die früheren Untersuchungen nach dieser Richtung hin.

[1] Diog. Laert. IX, 44: μηδέν τ᾽ ἐκ τοῦ μὴ ὄντος γίγνεσθαι, μηδ᾽ εἰς τὸ μὴ ὂν φθείρεσθαι.

[2] Simpl. de caelo 294: ἡ μὲν γένεσις σύγκρισις τῶν ἀτόμων ἐστίν, ἡ δὲ φθορὰ διάκρισις; vgl. auch Arist. de gen. et corr. I, 2,315 b, wo im übrigen freilich Demokrit und Leukipp, wie auch sonst bei A., etwas zu wenig geschieden nebeneinander gestellt werden.

[3] A. a. O., ebenda.

sieht in dieser Bestimmung, ohne zu verkennen, daß der Satz von der Beharrlichkeit der Substanz schon auf den ersten Anfängen der Philosophie «zum Vorschein kommt, wenn auch anfangs etwas verhüllt», die eigentlich erste unverhüllte Formulierung des Begriffs der Substanz, wobei er ausdrücklich und geradezu auf Kants «erste Analogie der Erfahrung» hinweist. Wir können, nach unseren früheren Ausführungen, heute nicht mehr erst bei Demokrit die erste genaue explizite Formulierung des Beharrlichkeitsgesetzes der Substanz ansetzen. Durchaus neu aber ist die wissenschaftliche Exaktheit der Formulierung, aber nicht nur sie; neu ist auch der Inhalt, den bei ihm die Form gewinnt, neu vor allem aber ist die Begründung, durch die die exakte Formulierung ihren neuen Inhalt gewinnt. In der Geschichte des Substanzproblems bedeutet darum Demokrit nichtsdestoweniger eine neue Epoche. So sehr es nun auch scheinen mag, als liege in der Ansicht, daß die Atome und der leere Raum das eigentlich und einzige Reale, die ἀρχαί der Dinge[1], außer denen nichts existiere, seien, ja sogar auch in der anderen Bestimmung, daß alles mit Notwendigkeit geschehe[2], zum mindesten Leukipp gegenüber, nichts Neues vor, so sehr wird doch die originale Leistung Demokrits gleich offenbar, wenn man bemerkt, in welcher Weise er diese Sätze begründet und zu welchen Konsequenzen er sie weiterführt.

Die allgemeine atomistisch-materialistische Grundtendenz lag freilich bei Leukipp schon vor. Auch er hatte die qualitativ verschiedenen empirischen Dinge auf die Atome als auf letzte quantitativ bestimmte Dinge zu reduzieren gesucht. Allein diese Reduktion war logisch höchst unvollkommen geblieben. Die empirischen Qualitäten scheinen bei ihm mehr eine Art von stetiger Summation der Quantitäten zu sein. Dabei kann die logische Analyse nicht stehen bleiben. Sie muß die Dingqualitäten logisch zerlegen, als Sinnesqualitäten ansprechen und diese quantitativ reduzieren. Das ist die unendlich fruchtbare Tat Demokrits, daß er das Problem von der logischen Seite

---

[1] Diog. Laert. IX, 44: ἀρχὰς εἶναι τῶν ὅλων ἀτόμους καὶ κενόν ...
[2] Diog. Laert. IX, 45: πάντα τε κατ' ἀνάγκην γίνεσθαι ...

her erfaßt, daß er dem Substanzproblem vom Problem des Erkennens beizukommen sucht, und daß er durch diese seine logische Tendenz zu einem logisch wertvollen, wissenschaftlich verwertbaren Begriff der Materie gelangt. Er macht eigentlich — und das ist das fundamental Bedeutsame — die vermeintlich unmittelbar gegebenen Dinge zum Problem. Und es ist nicht die vermeintlich unmittelbare Gegebenheit in der Wahrnehmung, die der Prüfung standhält, sondern es ist allein das Denken, das Erkenntnis zu stiften vermag. Die Unterscheidung zwischen Sinnlichkeit und Vernunfterkenntnis ist uns freilich ebenso schon früher begegnet, wie die Höherstellung der Vernunfterkenntnis gegenüber der Sinnlichkeit. Allein sowohl die logisch präzise Art der Unterscheidung, wie ihre verhältnismäßig exakte Durchführung, die Präzision der Begründung, wie endlich der scharf bestimmte Vollzug der Konsequenz gibt dem Verfahren Demokrits eine vollkommen eigene Bedeutung. Er unterscheidet also zunächst Wahrnehmen (αἰσθάνεσθαι) und Denken (φρονεῖν).[1] Sie sind zwei Formen der Erkenntnis, von denen eigentliche Erkenntnis nur im Denken liegt, während die andere nur dunkel und schattenhaft ist.[2] Die Sinnlichkeit als Gesicht, Gehör, Geruch, Geschmack, Gefühl gewährt uns nur eine unzulängliche, dunkle Erkenntnis.[3] Die Sinne liefern uns zwar die Empfindungen. Aber die Erkenntnisse durch die Empfindungen (γνώσεις διὰ τῶν αἰσθήσεων) zeigen uns nicht, wie etwas an und für sich (ἐτεῇ) ist, sondern nur, wie es uns in der Empfindung erscheint (τὰ φαινόμενα)[4], also nur, wie es in Beziehung auf unsere subjektiven Sinnesorgane, d. i. nicht der objektiven Wahrheit, sondern nur unserer subjektiven Meinung nach beschaffen ist.[5] In der Empfindung lernen wir also nicht

---

[1] Theophr. de sens. 49 ff., 58 ff.
[2] Sext. Emp. adv. math. VII, 139 (Diels, Fragm. I, S. 389, fr. 11) γνώμης δὲ δύο εἰσὶν ἰδέαι, ἡ μὲν γνησίη, ἡ δὲ σκοτίη.
[3] Sext. ebenda (Forts. v. Anm. 2) καὶ σκοτίης μὲν τάδε σύμπαντα, ὄψις, ἀκοή, ὀδμή, γεῦσις, ψαῦσις.
[4] Sext. a. a. O. VII, 135 (Diels, Fragm. I, S. 388, fr. 9).
[5] Ebenda: λέγει μηδὲν φαίνεσθαι κατ' ἀλήθειαν, ἀλλὰ μόνον κατὰ δόξαν . . .

objektive Eigenschaften der Dinge als solche kennen, sondern bloß Einwirkungen der Dinge auf unsere zugleich rückwirkenden Sinne. Was wir Farben, Töne, Geschmäcke usw. nennen, das sind also keine wirklich-objektiven Eigenschaften der Gegenstände, sondern Zustände[1] unserer eigenen subjektiven Beschaffenheit, oder Arten und Weisen, wie wir auf das, was auf unsere Leibesverfassung einfällt, reagieren und darum, wie dieses unter unserer eigenen sinnlichen Gegenwirkung auf uns einwirkt.[2] So nennen wir etwas farbig, süß, bitter, als ob das, was wir so nennen, auch an sich so wäre. In Wahrheit ist das nur eine konventionelle Ausdrucksweise, mit der wir nichts an den Gegenständen, sondern bloß Bestimmtheiten unserer eigenen subjektiven Sinnlichkeit bezeichnen: also eine Art von Vereinbarung.[3] Wahrhaft wirklich ist darum allein das, was unabhängig von den Bedingungen der αἴσθησις ist und unabhängig von diesen erkannt wird. Wenn wir aber von aller Empfindung absehen, so sind wir in der Erkenntnis allein auf das Denken verwiesen. Was also allein Gegenstand des Denkens (νοητά)[4], und unabhängig von allen Empfindungs-

---

[1] Vgl. Theophr. a. a. O. ebenda.

[2] Sext. Emp. a. a. O. ebenda (Diels, fr. 9): ἡμεῖς δὲ τῶι μὲν ἐόντι οὐδὲν ἀτρεκὲς συνίεμεν, μεταπῖπτον δὲ κατά τε σώματος διαθήκην καὶ τῶν ἐπεισιόντων καὶ τῶν ἀντιστηριζόντων; vgl. auch Arist. de gen. et corr. I, 2,315 b.

[3] Ebenda: νόμωι γάρ, φησί, γλυκὺ καὶ νόμωι πικρόν, νόμωι θερμόν, νόμωι ψυχρόν.

[4] Sext. Emp. a. a. O. VIII, 6—7. Diesen Rationalismus gilt es wohl zu beachten. Doch kann ich ihn nicht mit Natorp (Demokrit in: Forschungen z. Gesch. d. Erkenntnisprobl. i. Altert., S. 167 ff.) und mit Kinkel (a. a. O. I, 210 ff.), der sich hier an Natorp anschließt, schon idealistisch deuten. An der hier erwähnten Stelle hat Sextus freilich Platon und Demokrit nahe zusammengestellt, wenn er sagt: οἱ δὲ περὶ Πλάτωνα καὶ Δημόκριτον μόνα τὰ νοητὰ ἀληθῆ εἶναι. Allein man darf, wenn man sich auf diese Worte (VIII, 6) als Zeugnis für den Demokritischen vermeintlichen Idealismus beruft, doch die unmittelbar darauf folgenden (VIII, 7), von jenen nur durch ein Komma getrennten Worte nicht ganz beiseite lassen oder als unwesentlich erachten, wenn man die ersten für so wesentlich hält; die Worte nämlich: ἀλλ' ὁ μὲν Δημόκριτος διὰ τὸ μηδὲν ὑποκεῖσθαι φύσει αἰσθητόν, τῶν τὰ πάντα συγκρινουσῶν ἀτόμων πάσης αἰσθητῆς ποιότητος ἔρημον ἐχουσῶν φύσιν, ὁ δὲ Πλάτων διὰ τὸ γίγνεσθαι μὲν ἀεὶ τὰ αἰσθητὰ μηδέποτε εἶναι, ὥστε ταὐτὸ μὴ δύο τοὺς

inhalten ist, das allein ist wirklich. Nicht empfunden und allein im Denken erfaßt werden die materiellen Grundlagen der Dinge, die beiden Prinzipien: der leere Raum und das Raumfüllende, d. i. die Materie.

Zunächst wirkt hier befremdlich, daß jener eigentlich als das Nicht-Seiende, das Volle aber allein als das Seiende gefaßt wird[1], wo es doch gerade Prinzip der Dinge, wie das Volle, sein soll. Allein die Schwierigkeit hebt sich dadurch, daß der leere Raum eine besondere Grundlage neben dem materiellen Sein darstellt, und ebendarum keineswegs weniger wahrhaft ist als das Volle.[2] Denn das Leere muß notwendig wahrhaft sein, wenn der Wechsel am Vollen, also das Geschehen möglich sein soll.[3] Es be-

ἐλαχίστους χρόνους ὑπομένειν μηδὲ ἐπιδέχεσθαι, καθάπερ ἔλεγε καὶ ὁ Ἀσκληπιάδης δύο ἐπιδείξεις διὰ τὴν ὀξύτητα τῆς ῥοῆς. VIII, 6 wird also bei Sextus gerade erst durch VIII, 7 dahin ergänzt, daß, wenn er sich auch einer positiven Beziehung zwischen Demokrit und Platon bewußt ist, er doch auch eine grundlegende Differenz nicht verkennt, die im Sinne des Sextus eigentlich an beider Verhältnis zum Relativismus derart zum Ausdruck kommt, daß beide zwar vom Relativismus getrennt bleiben, aber so, daß Demokrit diesseits, Platon aber jenseits vom Relativismus steht. Aber auch schon für sich läßt die positive Beziehung, die hier zum Ausdruck kommt, noch keine idealistische Ausdeutung zu. Sie liegt lediglich im Rationalismus. Wenn Demokrit, wie Platon, Rationalist ist, so braucht er doch noch nicht, wie dieser, Idealist zu sein. Wenn für Demokrit die Wahrheit nicht der Empfindung, sondern allein dem Denken soll zukommen können, so kann freilich für ihn auch nur das Gedankliche, nicht das Empfindliche wahr sein. Wenn für ihn also die Atome Gegenstände des Denkens, nicht der Sinne sind, so sind sie diese Gegenstände doch nicht als «Setzungen» des Denkens (ob selbst für Platon eine solche Deutung zuträfe, kann nicht hier entschieden werden; vielleicht wird sich das später zeigen), sondern als Realitäten «an sich». Der idealistische Atombegriff ist gewiß auch uns der systematisch allein annehmbare. Allein ihn schon Demokrit zu vindizieren, verbietet hier die historische Tatsächlichkeit. So bedeutsam Demokrits Kritik der Sinnenerkenntnis ist, so macht doch gerade ihr im Text dargelegter eigentümlicher historischer Charakter eine solche Annahme unmöglich, insofern ἄτομα καὶ κενόν doch ἐτῆι sein sollen.

[1] Simpl. Phys. 28: Δημόκριτος ὁ Ἀβδηρίτης ἀρχὰς ἔθετο τὸ πλῆρες καὶ τὸ κενόν, ὧν τὸ μὲν ὄν, τὸ δὲ μὴ ὄν ἐκάλει; vgl. übereinstimmend auch Arist. Phys. I, 5,188.

[2] Plut. adv. Colot. IV, 2,1109: μὴ μᾶλλον τὸ δέν ἢ τὸ μηδὲν εἶναι. δὲν μὲν ὀνομάζων τὸ σῶμα μηδὲν δὲ τὸ κενόν, ὡς καὶ τούτου φύσιν τινὰ καὶ ὑπόστασιν ἰδίαν ἔχοντος; vgl. dazu auch Zeller, a. a. O. I, S. 770.

[3] Arist. Phys. IV, 6,213b: οὐ γὰρ ἂν δοκεῖν εἶναι κίνησιν, εἰ μὴ εἴη κενόν; vgl. auch Phys. VIII, 9,265b: διὰ τὸ κενὸν κινεῖσθαί φασιν.

Die Anfänge der naturwissenschaftlichen Begriffsbildung. 87

zeichnet nur ein Sein, das nicht selbst materiell und dinglich gedacht sein kann, weil in ihm die Materie und die materiellen Dinge mit ihrer Bewegung selbst schon sind, es selbst also bereits deren Voraussetzung ist, als welche es doch immerhin dem wahrhaften Sein angehört und wahrhaft (ἐτεῇ)¹ ist. In der Bewegung kommt Mischung und Entmischung zustande, und darin liegt Entstehen und Vergehen der Dinge.² Diese erfordern eine diskrete Struktur der Materie, d. h. ihre Teilbarkeit. Die Teilung aber kann nicht ins Unendliche gehen, da sich sonst nichts Bleibendes ergibt.³ Die letzten Teile der Materie sind zwar unwahrnehmbar klein, ein für die Wahrnehmung unendlich Kleines. Das unendlich Kleine in Demokrits Sinne ist also nicht realiter ins Unendliche teilbar, sondern unteilbar schlechthin.⁴ Und so sind in letzter Linie das wahrhaft an und für sich Seiende mit dem leeren Raume die Atome.⁵ Diese sind das absolut und ganz Volle, in dem kein Leeres mehr ist. Denn, wäre noch Leeres in ihnen, so wären sie ja selbst schon wieder aus Teilen zusammengesetzt, also keine Atome. Darum müssen sie absolut ganz voll sein.⁶ Ihr Wesen liegt in der Raumerfüllung. Insofern sind sie, obwohl notwendig unendlich an Zahl, um die Mannigfaltigkeit der Dinge erklärlich zu machen⁷, dennoch gänzlich einer und derselben Art (τὸ γένος ἕν).⁸ Verschieden sind sie nur der Größe⁹, ferner der Gestalt, Ordnung und Lage nach.¹⁰ In diesen rein quantitativen Bestimmungen sind die Atome die bleibende Grundlage der Dinge in allem Wechsel, nicht nur insofern sich die sinnlichen Einzeldinge aus den Atomen aufbauen und deren Wirkung aufeinander

---

[1] Sext. Emp. adv. math. VII, 135 (Diels, Fragm., S. 388, fr. 9).
[2] Simpl. de caelo. 294 (zitiert S. 82 Anm. 2).
[3] Arist. a. a. O. I, 3,187 a; vgl. Zeller, a. a. O. I, S. 772 f.
[4] Arist. de gen. et corr. I, 8.325 a.
[5] Sext. adv. math. VII, 125 (Forts. von Anm. 3, S. 85): ἐτεῇ δὲ ἄτομα καὶ κενόν.
[6] Arist. a. a. O., ebenda.
[7] Ebenda.
[8] Arist. Phys. I, 2,184 b.
[9] Ebenda III, 4,203 a.
[10] Arist. Met. I, 4,985 b.

nichts ist als Bewegung von Atomkomplexen, sondern auch in dem Sinne, daß die qualitativ bestimmte Wahrnehmung und Sinnlichkeit selbst auf die rein quantitative Grundlage atomistischer Bewegungen erst zurückgeführt wird, so daß neben der rein gedanklichen Erkenntnis der Atome und ihrer rein quantitativen Bestimmungen die Sinnlickeit nur Meinung bleibt.[1]

So naiv nun im Einzelnen auch der Wahrnehmungsprozeß als ein Hinüberwandern besonders kleiner materieller Bilder der Gegenstände in die Sinne gedacht wird, so daß Demokrit, trotz seiner Kritik der Sinnlichkeit, doch über eine naive Abbildtheorie nicht recht hinausgelangt[2], so liegt aber im Prinzip hier doch zum ersten Male der nun wirklich durchgeführte, logisch und überhaupt wissenschaftlich, insbesondere aber naturwissenschaftlich entscheidende Versuch einer ausdrücklichen Reduktion der Sinnesqualitäten auf quantitative Beziehungen vor. Es ist derselbe Grundgedanke, der später wieder in den Anfängen der neueren Philosophie und Wissenschaft durch deren vorzüglichste Begründer, Galilei[3], Descartes, Boyle, seine richtunggebende Bedeutung erhalten und im Prinzip und begrifflich, bei wie auch immer verändertem Bilde der Anschauung, für die exakte Forschung behalten sollte, und der durch Lockes mehr populär gerichtete, wissenschaftlich aber auf Boyle zurückgehende Unterscheidung der «primären und sekundären Qualitäten[4]» sogar eine gewisse Volkstümlichkeit erlangt hat. Die qualitativ bestimmten Sinneswahrnehmungen gehen ursächlich zurück auf rein quantitative Atomverhältnisse, und darum hat die qualitative Mannigfaltigkeit ihre letzte Grundlage in den rein quantitativ bestimmten, qualitativ also nicht unterschiedenen, sondern gleichartigen und einheitlichen Atomen

---

[1] Diog. Laert. IX, ebenda gilt neben dem wahren Sein der Atome und dem Raume als der ἀρχαί der Dinge nur τὰ δ' ἄλλα πάντα δοξάζεσθαι.

[2] Vgl. ausführlicher Windelband, a. a. O., S. 92.

[3] Vgl. Löwenheim, Der Einfluß D.'s auf Galilei (Arch. f. Gesch. d. Philos. 1894, S. 230 ff.); eine im ganzen recht ansprechende Untersuchung, die, freilich trotz mancher Willkürlichkeiten auf der einen Seite, doch auf der anderen zugleich die für derartige historische Perspektiven notwendige Vorsicht bekundet.

[4] Windelband, a. a. O., ebenda.

selbst.¹ Darum aber muß die Wahrnehmung selbst konsequenterweise zu einem rein mechanisch-atomistischen Prozesse werden, und ebenso konsequent muß der Dualismus zwischen Leib und Seele aufgehoben werden. Die Seele wird selbst atomistisch gedacht. Die Seelenatome sind ebensowenig von den übrigen Atomen qualitativ unterschieden, wie es überhaupt zwischen den Atomen noch qualitative Unterschiede gibt. Die Seelenatome sind nur die runden, leichtesten und darum beweglichsten unter den Atomen; es sind dieselben wie die des Feuers.² Trotzdem verfällt Demokrit — und auch darin zeigt sich seine überragende Größe — nicht dem sensualistischen Schein. Die Bedingungen der sinnlichen dunklen Erkenntnis liegen ja für ihn gerade in den Gegenständen der rationalen Erkenntnis, den Atomen. Und wenn die Vernunfterkenntnis in ihrem Ursprunge auch selbst auf die atomistischen Verhältnisse zurückgeht, so sind diese in ihrem Erkenntniswerte doch durch die Vernunft verbürgt. Eben darum werden die Sinnesqualitäten für ihn nicht zum bloßen Schein, sondern zur notwendigen Erscheinung (τὰ φαινόμενα) der an sich bestehenden (ἐτεῇ) atomistischen Grundlagen der Wirklichkeit, wenn sie diese auch nicht zeigen, wie sie an sich selbst eben sind, sondern nur in Beziehung auf unsere Sinnlichkeit und Meinung.³ Ist also zwar allein das Denken imstande, uns die substantielle Grundlage der Dinge selbst aufzuweisen, so sind die Wahrnehmungen doch immerhin die Einwirkungen der an sich

---

[1] Vgl. Arist. außer Phys. l. c. noch de caelo I, 7,275 b und Theophr. de sens. 61 ff., sowie Zeller, a. a. O. I, S. 774 ff.

[2] Arist. de an. I, 2,405 a und Diog. Laert. IX, ebenda. Es ist nicht nötig, auf die Schwäche dieser Wahrnehmungstheorie nochmals aufmerksam zu machen. Bemerkenswert bleibt aber gerade hier, daß trotz der genetischen Abhängigkeit auch des Denkens von den materiellen Grundlagen und damit selbst von den Bedingungen der Sinnlichkeit dennoch hinsichtlich der Wertentscheidung das Denken die Wertpriorität behauptet, so daß hier die genetische und die Wertfragestellung scharf auseinandertreten. Die Wertpriorität des Denkens bleibt dabei also vollauf bestehen; vgl. dazu die Ausführungen Natorps, a. a. O., S. 168 ff., die, wenn sie auch in der idealistischen Deutung mir nicht annehmbar sind, doch hinsichtlich der Demokritischen Kritik der Sinnlichkeit und der Wertstellung des Denkens ganz vortrefflich sind.

[3] Sext. Emp. adv. math. VII, 135 (Diels, Fragm. 1, S. 388, fr. 9).

nur dem Denken erreichbaren substantiellen atomistischen Struktur der Dinge, also zwar subjektiv (κατὰ δόξαν)[1], aber doch nicht bloß subjektiv, sondern wenn auch nicht an sich selbst schon objektiv, so doch objektiv bedingt. Die Wahrnehmungen sind also selbst wirklich, nur ist ihre Wirklichkeit erst aus der der Atome, deren Natur und Verhältnisse abgeleitet, bleibt aber als solche abgeleitete, phänomenale Wirklichkeit bestehen.[2]

Auf keine andere Wirklichkeit zurückführbar, darum in allem Wechsel beständig sind allein die Atome und ihre streng mechanische Gesetzmäßigkeit. Indem durch diese im Atomismus zugleich ein besonderes Zweckprinzip, wie ein solches der νοῦς des Anaxagoras war, eliminiert wird, nimmt die atomistische Erklärung der Sinnendinge und der Sinneswahrnehmung eine durchaus wissenschaftliche Wendung. Insbesondere aber wird der Atomismus Demokrits wissenschaftlich fruchtbar. Er begnügt sich nicht, wie Leukipp, bei einer bloßen Wendung zur Naturwissenschaft. In der Durchführung und Begründung des gemeinsamen Grundgedankens steht Demokrit unendlich hoch über seinem atomistischen Gefährten. Denn in dieser Begründung und Durchführung eliminiert er alle Wahrnehmungsqualität in ausdrücklicher logischer Analyse vom Substanzbegriff, so daß er ihn nun auf wirklich logischem Wege der Dualität entkleidet und auf die Einheit mechanisch bestimmten materiellen Seins beschränkt. Erst seine großartige Durchführung begründet wirklich die von Leukipp intendierte Einheit von Stoff und Kraft im materiellen Substanzbegriff, in dem keine besondere Zweckkraft die Einheit mehr herzustellen braucht.

---

[1] Ebenda; vgl. oben.

[2] Arist. a. a. O. I, 2,404 a und de gen. et corr. l. c.; vgl. dazu auch Windelband, a. a. O., S. 90, der mit Recht den sensualistischen Deutungsversuch Ed. Johnsons (Der Sensualismus des Demokritos und seiner Vorgänger, mit Bezug auf verwandte Erscheinungen der neueren Philosophie, Plauener G.-Pr.) als verfehlt zurückweist. Johnson kommt in der Tat über die Entstehungsfrage nicht hinaus und geht am eigentlichen Problem der Erkenntnis bei Demokrit vorbei.

Viertes Kapitel.
Die Anfänge der mathematischen Begriffsbildung.

Wenn wir schon sehr früh die geschichtliche Bedeutung des Pythagoras dahin charakterisiert finden, daß dieser die mathematischen Theoreme ohne Beziehung auf die stoffliche Anwendung, sondern rein für sich und rein gedanklich erforscht habe[1], so ist damit die ganze Pythagoreische Tendenz auf die kürzeste und glücklichste Präzision gebracht. Sie wird auch der begrifflichen Bedeutung des Substanzproblems zugute kommen. Zunächst zwar könnte es scheinen, als ob die mathematische Begriffsbildung nichts mit dem Substanzbegriffe zu tun habe. Denn dieser ist doch kein mathematischer Begriff. Und gerade für die Philosophie scheint sodann doch nicht die eigentlich mathematische Tendenz der Pythagoreer, sondern gerade bloß ihr Symbolismus in Betracht zu kommen. Allein hält man sich erst einmal fest bewußt, daß die Pythagoreer nicht bloß symbolistisch, sondern außerdem eben noch streng wissenschaftlich mathematisch dachten, so kann man sich auch darüber klar werden, daß gerade ihre mathematische Denkweise für die Geschichte der Philosophie von ganz besonderem Werte ist.[2] Die Geschichte der Mathematik läßt

---

[1] Proklos (ed. Friedlein), S. 65: καὶ ἀύλως καὶ νοερῶς διερευνώμενος.

[2] Das gilt schon, wie aus Jambl. de vita Pyth. erhellt, von Pythagoras selbst; vgl. E. Rohde, Zu Jambl. d. v. P., S. 8. In breiterer Ausführlichkeit scheinen sie mir bisher am besten und eingehendsten von seiten der Geschichte der Philosophie gewürdigt zu sein von Kinkel, a. a. O., S. 101 ff. Ich komme darauf zurück. — Feine Andeutungen finden sich für die Unterscheidung von Symbolismus und Wissenschaft auch schon bei A. Boeckh, Philolaos des Pythagoreers Lehre nebst den Bruchstücken seines Werkes, S. 155 f.

es sich nicht nehmen, sogar ganz bestimmte Einsichten, «welche ganz besonders der Geschichte der Mathematik angehören», der sagenumwobenen Gestalt des «Pythagoras selbst zuzuschreiben».[1] Das gilt z. B. auch von dem sogenannten Pythagoreischen Lehrsatze. Zu jenen Einsichten, sagt M. Cantor, «gehört der Pythagoreische Lehrsatz, den wir unter allen Umständen ihm erhalten wissen wollen.»[2]

Die Deutung des philosophischen Teils der Pythagoreischen Lehren ist größtenteils von derjenigen beherrscht, die diese bei Aristoteles gefunden hat, und dessen Autorität ist für die Auffassung bis in die neueste Zeit bestimmend gewesen.[3] Zwar hat man sich, so Brandis[4], längst die Frage vorgelegt, ob Aristoteles die Pythagoreer auch wirklich verstanden habe, aber im Grunde hat man die Frage doch meist im positiven Sinne entscheiden zu müssen geglaubt.[5] Auch hatte man die Vieldeutigkeit der Aristotelischen Äußerungen bei seiner Berichterstattung auf eine Verschiedenheit der Pythagoreischen Schulmeinungen zurückführen zu müssen geglaubt.[6] Allein so mannigfach die gedanklichen Tendenzen der Pythagoreer sind, so sind es doch immer nur mannigfache Tendenzen innerhalb der einen Schule, nicht Ansichten besonderer Schulen. Gewiß ihre Tendenzen sind mannigfaltig, so mannigfaltig, daß für uns nur ein verhältnismäßig kleiner Ausschnitt aus ihrer Gesamtansicht in Betracht kommen kann. Und doch bleibt auch schon

---

[1] Moritz Cantor, Vorlesungen zur Geschichte der Mathematik I, S. 129.
[2] Cantor, ebenda.
[3] Vgl. zum Beleg dafür z. B. nur Zeller, a. a. O. I, S. 320 ff., 350 ff. u. a. m.
[4] Brandis, Über die Zahlenlehre der Pythagoreer und Platoniker (Rh. Mus. II, S. 211).
[5] Cohen, Platons Ideenl. u. d. Math., S. 16 ff., Natorp, Plat. Ideenl. Eine Einf. in d. Ideal., S. 421 ff. und Kinkel, a. a. O., ebenda, bilden hier eine Ausnahme. Am schlagendsten scheint mir Natorp den Nachweis erbracht zu haben, daß Aristoteles das eigentlich mathematische Verständnis abging. Wie man sich auch sonst zu Natorps Ausführungen stellen mag, gegen dieses sein Verdienst werden sich auf die Dauer auch diejenigen nicht verschließen können, die für Aristoteles mehr Bewunderung aufzubringen vermögen, als Natorp selbst, vorausgesetzt, daß sie eben ein positives Verhältnis zur Mathematik haben.
[6] Brandis, a. a. O., ebenda.

für unsere eng begrenzte Untersuchung zu bedenken, daß Aristoteles, selbst wenn er in der Berichterstattung zuverlässig ist, es doch nicht auch in der Deutung des Berichteten zu sein braucht. Bericht und Deutung des Berichtes sind doch scharf zu unterscheiden. Gerade Brandis, der die Auffassung des Aristoteles, trotz seiner kritischen Vorsicht gegen sie, noch in gewisser Weise aufrecht zu erhalten sucht, hat an einer Stelle die Pythagoreische Grundansicht in einer geradezu glänzenden zutreffenden Weise formuliert, die sich aber mit den Aristotelischen Deutungen selbst durch die größten Gewaltsamkeiten nicht in Übereinstimmungen bringen läßt. Brandis bringt das Wesen der Zahl als Bestimmung des «Bewußtseins vom Sein der Dinge» auf den denkbar glücklichsten Ausdruck und bemerkt, daß die Zahl nicht bloß ein «regulatives» Moment der eigenschaftlichen Erkenntnis der Dinge, sondern ein konstitutives Erkenntnismoment vom Sein der Dinge selber ist.[1] Das aber ist der Punkt, an dem Pythagoreismus und Platonismus sich vereinigen, es ist der idealistische Grundzug dieser beiden Gedankenrichtungen, und gerade weil Aristoteles ihn in der einen verkannt hat, konnte er ihn auch in der anderen nicht recht erkennen. Die Differenz zu Platon fällt in letzter Linie zusammen mit der Differenz zur Pythagoreischen Philosophie der Mathematik, so daß Platons Forderung μηδεὶς ἀγεωμέτρητος εἰσίτω μοῦ τὴν στέγην unter diesem Gesichtspunkte eine einzigartige geschichtliche Bedeutung zu erhalten scheint.[2] Auf jeden

---

[1] Brandis, a. a. O., S. 216. Hier führt Brandis als die Fundamentalerkenntnis der Pythagoreer an die «Entdeckung, daß bei allem Wandel der Dinge und bei allem Streite der Meinungen die Zahlenlehre davon nicht berührt und durch sie die ganze Größenlehre bedingt werde»; und er bemerkt ganz vortrefflich, daß darum die Pythagoreer meinten, in den Zahlen «nicht nur ein Regulativ für die Erkenntnis gewisser beharrlicher Eigenschaften der Dinge, sondern das Bewußtsein vom Sein der Dinge selber und ihrer Prinzipien zu besitzen».

[2] Um hier nicht mißverstanden zu werden, will ich noch einmal besonders hervorheben, daß es sich hier um die Philosophie der Mathematik, den Sinn und die Bedeutung des Mathematischen, nicht um mathematische Einzelkenntnisse handelt. Der Ansicht des Historikers der Mathematik, die

4. Kapitel.

Fall aber liegt in Brandis' Deutung ein viel tieferer Sinn, als ihn die Aristotelische zuläßt, trotzdem er sich aus Aristoteles' Berichten selbst herstellen läßt, und zwar besser, als es dem Stagiriten selbst gelungen ist. Brandis selbst übersieht freilich auch noch nicht die Tragweite seiner Deutung. Darum entschließt er sich, vor die Alternative gestellt, zwischen der Annahme widerspruchsvoller Pythagoreischer Schulmeinungen, oder der des richtigen Verständnisses durch Aristoteles zu wählen, für die letzte Entscheidung. Trotz alledem hat er in den zi-

---

M. Cantor in seinem erwähnten Werke vertritt, daß in dieser Hinsicht Aristoteles selbst um die Geschichte der Mathematik seine Verdienste hat, zu widersprechen, wäre in der Tat ungerecht. Immerhin darf er auch hier Platon kaum ebenbürtig zur Seite gestellt werden. Was nun vollends die Erkenntnis der philosophischen Bedeutung der Mathematik anlangt, so dürfte es nicht ungerecht sein, den Aristoteles geradezu als «ἀγεωμέτρητος» zu bezeichnen. Daß Aristoteles bei aller mathematischen Einzelerkenntnis im Grunde doch ein unmathematischer Kopf war, das hat Natorp meines Erachtens scharf und klar bewiesen (vgl. a. a. O., besonders S. 409—436). Und das wird jeder mathemathisch Denkende Natorp zugeben müssen, selbst wenn er weder dessen Platon-Auffassung noch dessen Aristoteles-Auffassung im ganzen und restlos annimmt. Vorgearbeitet hatte dieser historischen Einsicht Natorps nach Brandis auch schon Hermann Cohen in seiner Schrift über Platons Ideenlehre und die Mathematik.

Im Anschluß an Cohen und Natorp hat neuerdings Kinkel (a. a. O., S. 107 ff.) in breiter Ausführlichkeit die Frage behandelt. Geht er auch in seinem Verwerfungsurteil über Aristoteles zu weit, so hat er doch in besonders verdienstlicher Weise sehr gute Winke für einen Vergleich der Platonischen mit der Aristotelischen Mathematikauffassung gegeben, ein Thema, das für sich einer besonderen Behandlung wert wäre, das ich natürlich hier nicht in meine ohnehin schon spezialisierte Aufgabe miteinbeziehen kann. Wenn Kinkel darauf hinweist, daß Aristoteles den Pythagoreern «so gut wie Platon gegenüber kein verständnisvoller Berichterstatter war» (S. 107), so hat er gerade dadurch, daß er Platon und die Pythagoreer miteinander in Parallele und beide dem Aristoteles entgegensetzt, durchaus das Richtige getroffen. Ich möchte nur schärfer als Kinkel zwischen der immerhin wertvollen bloßen Berichterstattung und der Deutung des Berichtes bei Aristoteles unterscheiden. Wenn ich nun freilich mit Kinkel den Pythagoreismus auch nicht ohne weiteres als logischen Idealismus fassen kann (Zahlen sind ihm Gesetze — doch komme ich auf die Differenz zwischen Kinkels und meiner Ansicht später zu sprechen), so zeigen doch seine Untersuchungen, ebenso wie diejenigen seiner Vorgänger, daß die Aristotelische Mathematikauffassung längst — nicht also erst von mir — in ihrem philosophischen Werte als recht bedenklich erkannt worden ist.

tierten Sätzen einen tieferen Blick bewiesen, als manche andere an Aristoteles sich anlehnenden Ausleger, Zeller nicht ausgenommen.

In philosophischer Hinsicht war es zunächst mehr das arithmetische als das geometrische Gebiet, das die Pythagoreer eben auch philosophisch fruchtbar machten; und wir lernen hier ihre Anschauungen am leichtesten verstehen, wenn wir von einer prinzipiell wichtigen und bleibend bedeutsamen, weil logisch wertvollen Unterscheidung ausgehen. Es ist bemerkenswert, daß sich die Pythagoreer über den Unterschied der Zahlen von den zählbaren Dingen vollkommen klar waren und beides darum auch in der Tat sorgfältig unterschieden.[1] Die Unterscheidung zwischen ἀριθμός und ἀριθμητά ist ohne Zweifel so echt Pythagoreisch, daß mit der Aufhebung dieser Unterscheidung auch aller Sinn des ganzen Pythagoreismus aufgehoben würde. Denn die ganze Zahlenphilosophie der Pythagoreer ist von dieser Unterscheidung beherrscht. In der Tat setzt sie ja auch Aristoteles[2] in dem Gegensatzpaare der abstrakten Einheit und der abstrakten Vielheit (ἓν καὶ πλῆθος) selbst schon wieder voraus, wie sie auch vor ihm schon Platon[3] nur mit viel größerer Klarheit und Schärfe akzeptiert hatte, so daß bei Platon für diesen prinzipiellen Gesichtspunkt ein schwerwiegendes und vollgültiges Zeugnis vorliegt, das die Forschung doch wahrlich nicht geringer veranschlagen darf als dasjenige des Aristoteles.

Wie es nun auch immer mit der ἰδία ὑπόστασις, die freilich jener Unterscheidung gegenüber schon einen neuen Ge-

---

[1] Sext. Emp. Hyp. III, 156: ἕτερόν τί ἐστιν ὁ ἀριθμὸς παρὰ τὰ ἀριθμητά; und ebenda 157: οὐκ ἄρα τὰ ἀριθμητά ἐστιν ὁ ἀριθμός, ἀλλ' ἰδίαν ὑπόστασιν ἔχει παρὰ ταῦτα, καθ' ἣν ἐπιθεωρεῖται τοῖς ἀριθμοῖς ... dem widerspricht freilich Arist. Met. I, 6,987 a/b; und Zeller gibt ihm recht (a. a. O., ebenda). Das heißt aber der Pythagoreischen Lehre den Nerv abschneiden, und sind doch des Aristoteles weitere eigene Berichte nur auf Grund dieser entscheidenden Auffassung selbst sinnvoll zu fassen. Hier bleibt gegen Zeller von den älteren Forschern Brandis und von den neueren Cohen, Natorp und Kinkel (s. S. 93 Anm. 2) im Recht.

[2] Arist. Met. I, 5,986 a; vgl. Boeckh, a. a. O., S. 55.

[3] Plat. z. B. Theaet. 185 A.

danken impliziert, stehen mag, so ist soviel zunächst klar, daß auch sie der in jener Unterscheidung zutage tretenden Grundansicht der Pythagoreer durchaus gemäß ist, indem das ἴδια von vornherein nur den Unterschied zu den ἀριθμητά bezeichnet, das «οὐκ ἀριθμητά» nur erläutert, mit ihm geradezu gleichbedeutend ist und gerade die Negation, den Gegensatz der bloß zählbaren Dinge bezeichnen kann. Der Begriff der ὑπόστασις aber entspricht zunächst selbst durchaus auch der Auffassung des Aristoteles von den Zahlen als ἀρχαί der Dinge, soweit sich Aristoteles hier nur berichtend verhält, ist also der Sache nach mit der objektiven Berichterstattung, wenn auch nicht in allen Stücken mit der Deutung des Aristoteles selbst durchaus vereinbar. Denn auf der einen Seite tritt hier die Unabhängigkeit der Zahlen von den zählbaren Dingen zutage; und das soll gerade besagen, daß die Zahl ein eigenes und eigenartiges Sein den Dingen gegenüber hat. Auf der anderen Seite soll ebenso deutlich werden, daß, wenn auch die Zahlen unabhängig von den Dingen sind, doch nicht umgekehrt auch die Dinge unabhängig von den Zahlen sind, daß die Zahlen selbst zu den bleibenden Grundlagen, den Prinzipien (ἀρχαί) der Dinge werden, wie ja Aristoteles selbst berichtet.[1] In gewisser Weise ist damit bereits der Sinn und Charakter der ganzen Zahlentheorie der Pythagoreer angedeutet, zugleich aber auch die mannigfache Komplikation, zu der sie führt.

Darin scheint zunächst zwar gar keine Schwierigkeit zu liegen, daß die Zahlen den zählbaren Dingen entgegengesetzt werden. Daß die 1, die 2, die 3 usw. etwas anderes ist als ein Ding, zwei Dinge, drei Dinge, die ich zähle, scheint ohne weiteres einzuleuchten. Denn zählen kann ich die verschiedensten Dinge, und doch muß ich alles Verschiedene nach denselben Zahlen zählen, nach denselben Zahlenverhältnissen verbinden. (Z. B. drei Äcker sind etwas ganz anderes als drei Pferde, die Zahl drei aber drückt in gleicher Weise das Verhältnis der Zuordnung von Einheiten zu einer bestimmten Vielheit oder Menge aus in dem einen Falle wie in dem an-

---

[1] Met. I, 5,986 b.

deren. Und selbst wenn einstens die in dem einen Falle gezählten Dinge ebensowenig mehr existieren wie die in dem anderen, so können doch immer wieder andere Dinge, seien es nun andere Äcker oder andere Pferde oder gänzlich anderes, immer wieder gezählt werden, nach denselben Zahlenverhältnissen einander zugeordnet werden. Welche wechselnden Dinge auch gezählt werden mögen, daß sie gezählt werden können, fordert ein gleichbleibendes eigenes Sein der Zahlen selbst.)

Insofern nun das gleichbleibende Sein der Zahlen lediglich negativ bestimmt wird als nicht zusammenfallend mit den zählbaren Dingen, liegt in dem Bericht von der ἰδία ὑπόστασις noch keine Schwierigkeit. Diese beginnt erst mit der Frage nach dem positiven Was dieser Bedeutung und nach dem eigentümlichen Verhältnisse des «eigentümlichen» Seins der Zahlen zu dem Sein der Dinge im positiven Sinne. Das ist eine objektive Schwierigkeit, die in der Geschichte auch zu den erheblichsten subjektiven Schwierigkeiten der Auffassung und darum zu den schwerwiegendsten Mißverständnissen der Deutung geführt hat. Weil nun die Zählbarkeit der Dinge selbst schon das eigentümliche Sein der Zahlen voraussetzt, und weil das Sein der Dinge insofern ein zahlenmäßig Bestimmtes ist, als jedes Ding eben eines, von jedem anderen darum unterschiedenes, mit ihm zusammen also ein Mehreres ist, so läßt sich zunächst verstehen, daß die Pythagoreer im Sein der Zahlen zugleich die Prinzipien des Seins der Dinge, daß sie wegen der grundlegenden Bedeutung der Zahlen für die mathematische Bestimmung überhaupt in den Zahlen selbst ein das Sein und und das Werden der Dinge zahlenähnlich und urbildlich (ὁμοιώματα) bestimmende Bedeutung erblicken konnten. Über den inhaltlichen Charakter dieser Bedeutung und Bestimmung ist damit aber noch nichts ermittelt.

Gerade das «eigene» Sein der Zahlen neben und unabhängig von den zählbaren[1] Dingen kann dazu verführen, ihnen ein den zählbaren Dingen analoges Sein zuzusprechen, wie Aristoteles die Pythagoreische Lehre wenigstens teilweise gedeutet hat. Aber

---

[1] Sext. Emp. a. a. O., 156/157: παρὰ τὰ ἀριθμητά.

wie immer man auch im weiteren jenes eigene Sein verstehen mag, so gilt es doch, um sich überhaupt eine verständliche Vorstellung davon zu bilden, von vornherein mit aller Energie festzuhalten, daß das Sein der Zahlen von dem der zählbaren Dinge unterschieden bleibt. Ein physisches, naturhaftes Sein, wie das der zählbaren Dinge, kann also das mathematische Sein der Zahlen von vornherein nicht bedeuten; das um so weniger, als es sich bald als Grundlage des physischen Seins erweisen soll.[1]

Gerade nach des Aristoteles Bericht sind die Zahlen für die Pythagoreer ἀρχαί eben als ἀρχαί[2] der Natur, insofern sie das Sein und Werden der Dinge in der Natur bestimmen, so daß die Pythagoreer die Natur selbst aus den Zahlen «konstituieren».[3] Insofern sind die Zahlen schlechtweg konstitutive Prinzipien der zählbaren Naturdinge selbst, Grundlage des Kosmos überhaupt.[4] Aber gerade darum, weil die Zahlen bereits Grundlagen der φύσις oder des κόσμος sind, kann ihr Sein

---

[1] Hält man das fest, so ergibt sich mit Notwendigkeit die Unterscheidung zwischen der Berichterstattung als solcher und der Deutung des Aristoteles. Es wäre ungerecht, dem Aristoteles nichts als Absurditäten in der Berichterstattung zuzumuten. Unrichtig aber wäre es auch, seine Deutungen ohne weiteres zu akzeptieren. Dazu war er zu wenig mathematisch gesonnen. Wenn er berichtet, die Zahlen seien die bleibenden Grundlagen, die Prinzipien (ἀρχαί — vgl. folgende Anm.) der Dinge, so dürfen wir ihm das glauben, auch wenn wir ihm in der Deutung der Prinzipien als wieder einer Art von Dingen nicht folgen dürfen. Und gerade hinsichtlich des Begriffs der ἀρχαί wird alles darauf ankommen, aus der bloßen Deutung die eigentliche und richtige Bedeutung klar herauszustellen, wobei sich zeigen wird, daß, soweit Aristoteles sich bloß berichtend verhält, seine sachliche Berichterstattung besser, als es nach Aristoteles scheint, sich auch mit anderen Berichten in Übereinstimmung bringen läßt.

[2] Arist. Met. I, 5,986 a: ἐν δὲ τούτοις καὶ πρὸ τούτων οἱ καλούμενοι Πυθαγόρειοι τῶν μαθημάτων ἁψάμενοι πρῶτοι ταῦτα προήγαγον, καὶ ἐντραφέντες ἐν αὐτοῖς τὰς τούτων ἀρχὰς τῶν ὄντων ἀρχὰς ᾠήθησαν εἶναι πάντων. ἐπεὶ δὲ τούτων οἱ ἀριθμοὶ φύσει πρῶτοι ἐν δὲ τοῖς ἀριθμοῖς ἐδόκουν θεωρεῖν ὁμοιώματα πολλὰ τοῖς οὖσι καὶ γιγνομένοις . . .

[3] Arist. de caelo III, 1,300 a: ἔνιοι γὰρ τὴν φύσιν ἐξ ἀριθμῶν συνιστᾶσι ὥσπερ τῶν Πυθαγορείων τινές. (Man vgl. die äußerst bezeichnende lat. Übersetzung: ex numeris naturam constituunt.)

[4] Sext. Emp. Hyp. Pyrrh. III, 152: στοιχεῖα τοῦ κόσμου τοὺς ἀριθμοὺς εἶναι.

selbst nicht physisch oder kosmisch sein. Wenn sie für Archytas[1] wirklich als «Urgestalten des Seienden» gelten, so ist von diesen Gestalten also, da sie ja nicht selbst physisch sind, jedenfalls alle Verkörperlichung fernzuhalten und mit ihr auch alle Vorstellung einer Gestaltung nach Art jenes physischen Seienden, für das sie eben bereits «Urgestalten» sind. Sie sind für jene Gestaltung selbst schon als Urvoraussetzungen gefordert, also als Prinzipien der Gestaltung, und in diesem Sinne allein können sie «Urgestalten» sein. Nur so hat der Begriff der «Urgestalt» einen Sinn. Diese ist also als solche so wenig selbst körperlich gestaltet, daß vielmehr aus ihr erst die Körperlichkeit entspringt, so daß in der Tat nach Philolaos es erst die Zahl sein soll, die «die Körperlichkeit verleiht» und dadurch sodann erst die zählbaren seienden Dinge «zu sich und zu anderen in Verhältnis bringt».[2] Ebendarum können die die «Körperlichkeit verleihenden» «Urgestalten» doch nicht selbst körperlich gedacht werden; denn Körperlichkeit und das, was Körperlichkeit verleiht, sind doch nicht dasselbe. Daraus aber geht hervor (um hier nun die mannigfachen Überlieferungen klar und deutlich aufeinander zu beziehen), daß, wenn die Überlieferung auch von einer ὑπόστασις spricht, wir diesen Begriff nicht in dem landläufigen Sinne etwa unseres Fremdwortes der «Hypostasierung» verstehen dürfen, obwohl Aristoteles dazu anleiten könnte. Wir müssen vielmehr den Begriff philologisch in seiner ursprünglichen Bedeutung der «Grundlage» nehmen[3], die Zahlen selbst nicht wieder als zählbare Dinge,

---

[1] «Urgestalten des Seienden» ist Diels' charakteristische Übersetzung von τοῦ ὄντος πρώτιστα ... εἴδεα in fr. 1, Fragm. I, S. 258.

[2] Diels, a. a. O. I, S. 243, fr. 11 v. Philolaos.

[3] Der Begriff des ὑπόστασις entspricht ziemlich genau dem des «substratum». Wie wenig man aber dabei an ein materielles, körperlich-dinghaftes Substrat zu denken hat, das zeigt eine Erinnerung an den rein naturwissenschaftlichen Gedankenkreis. Für Demokrit (vgl. S. 86 Anm. 2) wurde dem leeren Raume in wörtlicher Übereinstimmung ebenfalls eine ἰδία ὑπόστασις zugewiesen. Dem Vollen oder Körperlichen gegenüber aber bedeutete das Leere gerade das Nicht-Seiende. Daß aber trotzdem das Leere oder Nicht-Seiende nicht weniger wahrhaft wäre als das Volle oder eigentlich Seiende, und mit diesem zusammen die zweifache Grundlage der Dinge sein konnte.

sondern als deren Grundlage fassen. Dann erhält auch die Aristotelische Auffassung der Begriffe der ἀρχαί und ὁμοιώματα selbst erst einen vollen Sinn — trotz Aristoteles. Und was wir bei Proklos über die Pythagoreische Methode bemerkt finden (καὶ ἀύλως καὶ νοερῶς διερεονώμερος, vgl. o. S. 91), tritt alledem sinnvoll ergänzend zur Seite. Die Zahlen sind immaterielle, unkörperliche Prinzipien, weil sie eben erst das Materielle, Körperliche konstituieren. Und allein durch das Denken werden sie erfaßt. Darum werden sie aber nicht selbst zu denkenden Wesen. Ihre gedankliche Natur liegt allein in der Erfaßbarkeit durch das Denken. (Denn das Denken und die Gedanken wären selbst schon als ein ein Mannigfaltiges bildendes und es damit zur Einheit Verbindendes der Zahl unterstellt.)[1]

das war eben nur dadurch möglich, daß dem leeren Raume eine eigene Grundlegung für die Dinge zugewiesen wurde und er als Voraussetzung für die materiellen Dinge und ihre Verhältnisse von diesen unabhängig gedacht wurde. Genau so unabhängig wird hier die Zahl von den körperlichen Dingen gedacht, weil sie als deren Voraussetzung bestimmt wird, die erst Körperlichkeit verleiht und die Dinge in Verhältnis miteinander bringt. Daß das seinem Ursprunge nach wohl überhaupt spätere Wort ὑπόστασις, wenn auch wohl nie in unserem Sinne «Hypostasierung», so doch aber sicher «Hypostase» bedeutet, soll hier natürlich nicht im mindesten bestritten werden, denn «Hypostase» würde ja selbst Seinsgrundlage bedeuten. Hier handelt es sich eben um die «eigene Seinsweise». Eine Bedeutung, in der es gerade mit Rücksicht auf die Mathematik — neben anderen Bedeutungen — auch Proklos gebraucht, insofern er von der μαθηματικὴ οὐσία (bei Friedlein, S. 65 u. a.) spricht, die ihm eben selbst eine ἰδία ὑπόστασις bedeutet. Über den Begriff der ὑπόστασις bei Proklos vgl. auch Nicolai Hartmann, Des Proklos Diad. philos. Anfangsgr. d. Mathem., S. 7.

[1] Bemerkenswert ist es übrigens auch, daß nach Philolaos die «Zahl und ihr Wesen» (οὐσία) auch «für die Seele das Zusammenstimmen (ἁρμόζων) der Empfindungen mit den Dingen hervorbringen und so alles erkennbar (γνωστά) machen soll» (Diels, Fragm., ebenda). Der gedankliche Charakter der Zahl wird dadurch zugleich als Denkweise oder richtiger als Erkenntnisweise deutlich. Soweit freilich die ersten Anfänge des Bundes der Pythagoreer durch ihre religiöse Geheimlehre bestimmt wurden, waren in ihrer Zahlenlehre noch andere, besonders symbolistische Momente wirksam (vgl. darüber besonders Zeller, a. a. O. I, S. 418 ff. und Pythagoras und die Pythagorassage in den Vortr. und Abhandl., S. 30 ff., ferner Windelband, a. a. O., S. 50 ff.; auch Newbold, Philolaos, Arch. f. Gesch. d. Philos. XII, S. 176 ff.

Die Anfänge der mathematischen Begriffsbildung. 101

Wenn wir zunächst auch noch davon absehen, wie nun dieses Verleihen der Körperlichkeit und die Konstituierung der materiellen Dinge durch die immateriellen Zahlen zu bestimmen versucht wird — eine Frage, mit der wir die Untersuchung abschließen müssen, weil wir sie nur entscheiden können, wenn mit genauerer Bestimmtheit entschieden ist, wie das eigentümliche Sein der Zahlen im Verhältnis zu dem der zählbaren Dinge überhaupt gedacht wird, — so läßt sich doch schon erkennen, wie Brandis' idealistische Deutung[1] hier eine Rechtfertigung erhält, die dieser Forscher ihr deshalb nicht selbst zu geben vermochte, weil er die Schwierigkeit, die die Aristotelische Deutung in der Tat macht, nicht streng genug von der eigentlichen Bedeutung der Pythagoreischen Lehre unterschied, sondern sie in dieser selbst sehen zu müssen glaubte.[2] In Wahrheit haftet diese Schwierigkeit nicht der Pythagoreischen Lehre, sondern der Aristotelischen Deutung an. Die Schwierigkeit[3], die sich aus der Aristotelischen Deutung ergibt, ob die Zahlen nun in den Dingen liegen[4] oder über den Dingen stehen, indem die Dinge sie nur nachahmen oder, wie bei Platon, an ihnen teilhaben, fällt weg und damit auch der von Aristoteles selbst ja nur als nominell angesehene Gegensatz zwischen μέθεξις und μίμησις.[5] Die Zahlen sind nicht in den zählbaren Dingen wieder als zählbare Dinge, aber sie liegen insofern in ihnen, als das Wesen und Sein der zählbaren Dinge

---

und Unger, Z. Gesch. d. Pythag. in d. Sitzungsber. d. philos.-philol. u. hist. Kl. d. K. b. Ak. d. Wissensch. z. München 1883, S. 140 ff.). Für unseren Zusammenhang kommt es indes nur auf die wissenschaftlichen Anschauungen an.

[1] Siehe S. 93.
[2] Brandis, a. a. O., S. 215 ff. In dem τινές und ἔνιοι liegen also nicht bloß besondere Schulmeinungen. Es läßt sich vielmehr durchaus eine einheitliche Auffassung erkennen.
[3] Brandis, ebenda.
[4] Arist. Met. I, 5,986 und 987 und XIII, 3,1090 b; vgl. auch S. 95 Anm 2.
[5] Arist. Met. I, 6,987b: οἱ μὲν Πυθαγόρειοι μιμήσει τὰ ὄντα φασὶν εἶναι τῶν ἀριθμῶν, Πλάτων δὲ μεθέξει, τοὔνομα μεταβαλών. Daß der Gegensatz von μέθεξις und μίμησις auch für Aristoteles nur ein nomineller war, zeigen am besten wohl seine eigenen unmittelbar vorangehenden Worte in bezug auf Platon: τὴν δὲ μέθεξιν τοὔνομα μόνον μετέβαλεν.

selbst nach den Zahlen bestimmt ist. Und weil sie deren Bestimmungsprinzipien sind, so stehen sie zugleich über ihnen. Das «in den Dingen liegen» und das «über den Dingen stehen» schließt sich also nicht nur nicht aus, sondern fordert sich wechselseitig: Die Zahlen liegen insofern in den Dingen, als die Dinge nach der «Urgestalt» der Zahl urbildlich gestaltet sind (πρώτιστα εἴδεα — ὁμοιώματα) und die Dinge sind zahlenmäßig gestaltet, insofern die Zahlen über ihnen als Prinzipien stehen (ἰδία ὑπόστασις — ἀρχαί). Die Zahlen sind so die bleibenden Seinsweisen, die eigentliche Substanz der Dinge, nicht im Sinne substantieller Dinge, sondern im Sinne diese erst «konstituierender», ihnen «Körperlichkeit verleihender» Seinsweisen (συνιστᾶσι — ἀπεργάζεται σωμάτων). Insofern das Sein der zählbaren Dinge selbst nur möglich ist durch das Sein der Zahl, stehen sich beide nicht als zwei fremde Welten gegenüber, so daß man sagen könnte: hie Zahl, hie zählbare Dinge. Sind die Zahlen zwar unabhängig von diesen, so sind diese es doch nicht umgekehrt auch von jenen. Aber auch jene erste Unabhängigkeit kann nicht eine absolute Fremdheit gegenüber der Welt der Dinge bedeuten, eben da diese durch die Zahl konstituiert wird. Die Bestimmung der Welt der zählbaren Dinge durch die Zahl liegt in der «Körperlichkeit verleihenden» οὐσία der Zahl selbst. Die Zahl ist also immanente Seinsweise der Dinge und in diesem Sinne ihre Substanz. Weil die zählbaren Dinge nur zählbar und darum auch nur Dinge sind durch die über ihrem Wechsel stehende beharrliche Zahl, so steht die Zahl über den Dingen als das eigentliche Wesen der Dinge, und da sie als solches bleibendes Seinsprinzip der Dinge ist, liegt sie zugleich in ihnen. In diesem Sinne ist das Wesen der Welt selbst Zahl, die nicht ist eine Welt neben der Welt, sondern eben das Wesen der Welt selbst.[1]

---

[1] Es ist bemerkenswert, daß, freilich etwas zurückhaltend, da er sonst hier der Autorität des Aristoteles folgt, auch Bäumker meint, daß Simplicius «die innere Tendenz der Pythagoreischen Lehre dürfte richtig bezeichnet haben, wenn er den Pythagoreern die Lehre zuschreibt, die Zahlen und überhaupt das Mathematische könnten zwar für sich gedacht werden, subsistierten aber nicht für sich, sondern nur im Sinnfälligen»; s. Bäumker, a. a. O., S. 37. Diese

Die Art, wie nun die Zahlen als das bleibende Wesen der Dinge auch deren Wechsel bestimmen und die Art, wie sie so Körperlichkeit verleihen, wird durch eine in sich freilich wenig ausgeglichene Verbindung rein arithmetischer mit geometrischen Bestimmungen verdeutlicht. Aus der geometrischen Begrenzung des für sich unbegrenzten Raumes entspringt die Körperlichkeit. Aber jene geometrische Begrenzung geht selbst zurück auf die ursprünglich rein arithmetisch gedachten Prinzipien des Endlichen und des Unendlichen. Denn wie die Zahlen Prinzipien der Dinge sind, so haben sie ihre eigenen inneren Prinzipien, vermöge deren sie erst Prinzipien der Dinge sein können. Solcher Prinzipien aber sind u. a.[1]: das Endliche und

Auffassung entspricht aber durchaus nicht in allen Stücken der Aristotelischen. Allerdings hat Aristoteles von der Pythagoreern (Phys. III, 4, 203a) bemerkt: οὐ γὰρ χωριστὸν ποιοῦσι τὸν ἀριθμόν. Allein er hat auch — und insofern ist er mit sich selbst nicht ganz im Einklang — die Subsistenz für sich des Mathematischen hinsichtlich der Geometrie bei den Pythagoreern bekämpft, muß also doch die Meinung gehabt haben, daß diese dem Mathematischen Subsistenz für sich beigelegt hätten. Unzweideutig klar zeigt besonders eine Stelle, daß Aristoteles die Synthese der beiden, im Text behandelten Bestimmungen nicht vollziehen kann, indem er sie einfach in kontradiktorischen Gegensatz bringt. Eines der beiden Glieder der Synthese stellt er dem andern als dieses ausschließend gegenüber. Weil er sich also für das eine entschließt, weist er das andere ab und verkennt, wie die von ihm selbst akzeptierte eine Position der Pythagoreer gerade die von ihm abgelehnte zweite Position in logischer Korrelation fordert, s. Met. XIII, 3,1090 b: ... καὶ δῆλον ὅτι οὐ κεχώρισται τὰ μαθηματικά. οὐ γὰρ ἂν κεχωρισμένων τὰ πάθη ὑπῆρχεν ἐν τοῖς σώμασιν. οἱ μὲν οὖν Πυθαγόρειοι κατὰ μὲν τὸ τοιοῦτον οὐδενὶ ἔνοχοί εἰσιν. κατὰ μέντοι τὸ ποιεῖν ἐξ ἀριθμῶν τὰ φυσικὰ σώματα, ἐκ μὴ ἐχόντων βάρος μηδὲ κουφότητα ἔχοντα κουφότητα καὶ βάρος, ἐοίκασι περὶ ἄλλου οὐρανοῦ λέγειν καὶ σωμάτων ἀλλ' οὐ τῶν αἰσθητῶν. οἱ δὲ χωριστὸν ποιοῦντες, ὅτι ἐπὶ τῶν αἰσθητῶν οὐκ ἔσται τὰ ἀξιώματα, ἀληθῆ δὲ τὰ λεγόμενα καὶ σαίνει τὴν ψυχήν, εἶναί τε ὑπολαμβάνουσι καὶ χωριστὰ εἶναι. ὁμοίως δὲ καὶ τὰ μεγέθη τὰ μαθηματικά, δῆλον οὖν ὅτι καὶ ὁ ἐναντιούμενος λόγος τἀναντία ἐρεῖ. Der logische Widerspruch, von dem Aristoteles hier spricht, dürfte also nicht in den mathematischen Lehrmeinungen oder in verschiedenen Schulrichtungen, sondern allein in der Auffassung der mathematischen Ansichten durch Aristoteles liegen.

[1] Arist. Met. I, 5,986 a gibt als solche die bekannten zehn Gegensatzpaare an. Für unsere spezielle Untersuchung kommen nur die oben genannten in Betracht. Über Einheit und Vielheit vgl. A. Boeckh, a. a. O., ebenda, wo sie als Identität und Verschiedenheit gefaßt werden.

das Unendliche, das Gerade und das Ungerade, die Einheit und die Vielheit. Von diesen Prinzipien sind aber die des Endlichen und Unendlichen für die Bestimmung der Dinge von der höchsten Bedeutung. Denn aus Unendlichem oder Unbegrenztem auf der einen Seite und Endlichem oder Begrenzendem auf der anderen Seite ist der gesamte Kosmos und alle Dinge in ihm zusammengefügt[1], so daß die unbegrenzte und darum unbestimmte Grundlage der Dinge durch die Grenze ihre Bestimmtheit erhält. Dem Unbegrenzten auf arithmetischem Gebiete, der Unendlichkeit der Zahlenreihe, die von den Pythagoreern klar und scharf erkannt wird, entspricht auf geometrischem Gebiete der unendliche Raum, der so zur unbestimmten Grundlage der Dinge wird. Dem arithmetisch Begrenzenden in den distinkten Zahlen der kontinuierlichen Zahlenreihe entsprechen auf geometrischem Gebiete Punkte, Linien und Flächen, die zu Prinzipien der Begrenzung und damit der Körperlichkeit und Dinglichkeit werden. Und so werden die Zahlen zunächst nach des «Gnomons Natur» (κατὰ γνώμονος φύσιν)[2] zu Prinzipien geometrischer Gestaltung und vermittels dieser zu solchen der Körperlichkeit. Damit treten rein mathematisch bei den Pythagoreern Arithmetik und Geometrie ebenso in systematischen Zusammenhang, wie sich historisch arithmetische und geometrische Erkenntnisse bei ihnen an- und miteinander zusammenhangsvoll entwickeln, indem sich die arithmetischen Einsichten ihnen auch geometrisch darstellen. So bedeutsam nun dieser systematische Zusammenhang auch ist, so darf man ihn doch keineswegs schon etwa im Sinne der späteren analytischen Geometrie verstehen, sondern umgekehrt im Sinne einer, wie M. Cantor[3] das treffend formuliert, «geometrischen Versinnlichung von Zahlengrößen». Die Bestimmung der Dinge durch die Zahlen nach des Gnomons Art wird in der Tat am Gnomon eben nur veranschaulicht, nicht logisch verständlich gemacht. Gerade die Spekulationen am Gnomon zeigen das deut-

---

[1] Philolaos bei Diels, ebenda: ἁ φύσις δ' ἐν τῶι κόσμωι ἁρμόχθη ἐξ ἀπείρων τε καὶ περαινόντων καὶ ὅλος ὁ κόσμος καὶ ἐν αὐτῶι πάντα.

[2] Philolaos, fr. 11 (Diels, Fragm. S. 243).

[3] M. Cantor, a. a. O., S. 138.

lich.¹ Die Tendenz als solche aber, die geometrischen Gebilde als Begrenzungen des für sich unbegrenzten unendlichen (also mathematischen) Raumes durch Punkte, Linien und Flächen² zu verstehen und mit arithmetischen Verhältnissen in Verbindung zu bringen, bleibt bedeutsam und wertvoll. Hier bekämpft freilich Aristoteles³ gerade die Subsistenz für sich hinsichtlich der Grenzen. Daraus geht doch hervor, daß er gemeint haben muß, die Pythagoreer schrieben ihnen Subsistenz für sich zu, daß er also die Bedeutung der οὐσία, die er hier bekämpft, anders verstanden haben muß, als etwa Philolaos, wenn er von der οὐσία der Zahl spricht.⁴ Die Grenzen sind aber auch schon für die Anfänge der mathematischen Begriffsbildung nichts anderes als Bestimmungen nach dem Prinzip des Begrenzenden, das in letzter Linie zahlenmäßig gedacht wird. Insofern aber das Mathematische zugleich das Prinzip der physisch substantiellen Dinge, die οὐσία der φύσις ist, erwächst dem Substanzbegriff hier eigentlich eine doppelt bedeutsame Förderung. Zunächst kann schon die Anwendung der mathematischen Begriffsbildung auf das physische Sein von der größten Tragweite erscheinen, insofern in ihr das Postulat einer wirklich wissenschaftlichen Physik impliziert ist. Allein es handelt sich hier nicht bloß um eine Anwendung eines von zwei etwa an und für sich getrennten Seins-Gebieten auf das andere im Denken. Das physische Sein ist ja — und darin liegt die inhalt- und folgenreichste Bedeutung dieser Lehre — geradezu in seinem Sein schon als durch das mathematische Sein bedingt

---

¹ Die geometrische Veranschaulichung der Zahlenverhältnisse gerade am Gnomon wird in sehr instruktiver Weise dargestellt bei M. Cantor, a. a. O., S. 137.

² Arist. XIII, 3,1090a: εἰσὶ δέ τινες οἳ ἐκ τοῦ πέρατα εἶναι καὶ ἔσχατα τὴν στιγμὴν μὲν γραμμῆς, ταύτην ἐπιπέδου, τοῦτο δὲ τοῦ στερεοῦ, οἴονται εἶναι ἀνάγκην τοιαύτας φύσεις εἶναι. Schon hier ist zu bemerken, wie der richtige Bericht in die falsche Deutung übergeht, was in der Fortsetzung der Aristotelischen Darstellung gleich vollkommen deutlich wird. Vgl. die folgende Anm., die im Aristotelischen Texte kurz auf das hier gegebene Zitat folgt.

³ Arist. Met. ebenda: οὔτε γὰρ οὐσίαι εἰσὶ τὰ ἔσχατα ἀλλὰ μᾶλλον ταῦτα πέρατα.

⁴ Fr. 11 (Diels, Fragm. S. 243).

oder «konstituiert» gedacht. Da dieses aber eine immaterielle Bedeutung hat, weil es Grundlage alles Materiellen ist, und da weiter seine Erkenntnis gerade dem Denken überwiesen wird, steht die Substanz dem Denken weder als ein absolut Fremdes gegenüber, noch wird sie mit dem Denken schlechtweg gleichgesetzt. Damit wird zwar nicht die Substanz selbst, aber doch die Erkenntnis der Substanz — und das ist das positive philosophische Ergebnis, das aus den mathematischen Spekulationen, die wir hier verfolgt haben, resultiert — abhängig gedacht von der rein gedanklichen Bestimmung. Darum ist weiter die Substanz weder das Denken selbst, noch ein dem Denken gegenüber absolut Fremdes, sondern in ihrem Sein für die Erkenntnis ein einer Bestimmungsweise des Denkens überwiesenes Sein.[1] Soweit wir hier auch noch von der erkenntnis-

---

[1] Siehe S. 99 f. Hier darf ich vielleicht auch meine Differenz zu der Auffassung Kinkels bezeichnen. So wertvoll mir seine idealistische Deutung auch im Grunde erscheint, so kann ich doch den prinzipiellen Unterschied nicht verkennen. Kinkel meint, daß den Pythagoreern die Zahlen «nichts anderes waren als das formende erzeugende Gesetz, dessen gedankliche Natur sie freilich noch nicht, wie Platon, erkannten» (a. a. O., S. 108). Ganz davon noch abgesehen, ob damit auch schon Platons Auffassung richtig bezeichnet ist oder nicht, möchte ich hier nur sagen, daß, hätten die Pythagoreer wirklich die Zahlen schon als «Gesetz» erkannt, sie dann auch wohl hätten «dessen gedankliche Natur» gerade an den Zahlen erkennen müssen. Denn wäre überhaupt die Reflexion hier schon zu dem erkenntnistheoretischen Begriffe des Gesetzes vorgedrungen, so hätte sich gerade an diesem Punkte zuallererst der Charakter des Gesetzes mit analytischer Notwendigkeit selbst als «gedanklich» enthüllen müssen. Da aber nicht umgekehrt das Gedankliche sich auch ohne weiteres als gesetzlich enthüllt, möchte ich auch eher umgekehrt sagen: die Pythagoreer haben sich der Erkenntnis der gedanklichen Natur der Zahlen wenigstens genähert, ohne sie aber geradezu als Gesetze zu erkennen. Freilich faßten sie jene gedankliche Natur nicht so, daß sie die Zahlen in das reine Denken selbst schon auflösten, sondern so, daß sie die Erkenntnis der Zahl dem Denken zuwiesen, so daß sie, wie Brandis dies treffend ausdrückt (a. a. O., S. 216, vgl. S. 93), in den Zahlen «nicht nur ein Regulativ für die Erkenntnis gewisser beharrlicher Eigenschaften der Dinge, sondern das Bewußtsein vom Sein der Dinge und ihrer Prinzipien zu besitzen» meinten. Gerade darin aber liegt historisch der idealistische Grundzug ihres Denkens. So wichtig unter logischem Gesichtspunkte auch die Unterscheidung von Ding und Gesetz ist, so genügt sie doch nicht, um die Fülle geschichtlicher Tatsächlichkeit disjunktiv zu

theoretischen Ausgeglichenheit dieses Gedankens entfernt sein mögen, so bedeutsam ist doch seine innere erkenntnistheoretische Tendenz.

gliedern. So wichtig darum auch die logische Tendenz der Pythagoreer ist, so läßt sie sich doch nicht schon im Sinne eines rein logischen Idealismus fassen. Wenn die Zahlen auch nicht zählbare Dinge sind, so sind sie ebendarum doch noch nicht Gesetze, und wenn sie selbst erzeugende Prinzipien der Dinge sind, so sind sie das doch noch nicht bloß als Gesetze, sondern als Seinsweisen der Dinge. Und der Pythagoreische Idealismus ist, wenn man ihn spezifisch differenzieren will, noch nicht ein rein logischer, sondern ein ontologischer Idealismus.

Fünftes Kapitel.
Die Negation der wissenschaftlichen Erkenntnis.

So verschieden im Einzelnen die Tendenzen des philosophischen Gedankens, soweit wir sie bisher kennen gelernt haben, auf den ersten oberflächlichen Blick auch erscheinen mögen, so sehr zeigen sie sich doch einer tiefergehenden Überlegung alle von dem einen einheitlichen gedanklichen Grundmotiv beherrscht, die Fülle und Mannigfaltigkeit des sinnfälligen Einzelnen in seinem Sein zunächst nur implizite, sodann aber auch explizite, auf rationale Grundlagen zurückzuführen, mag der Versuch zunächst in rein spekulativer, dann in dialektischer Tendenz, mag er endlich im Anschluß an die ersten naturwissenschaftlichen und mathematischen Begriffsbildungen erfolgen. Hatten sich auch die ersten Naturphilosophen mit besonderer Energie der sinnlichen Wirklichkeit zugewandt, und lag darin gerade ihre Bedeutung gegenüber der mythologischen Theorie, so war das doch geschehen, um gerade zu einer einheitlichen Grundlage der sinnlichen Wirklichkeit zu gelangen, die an sich also selbst schon mehr als das Sinnlich-Einzelne sein mußte. In den Gegensätzen eines Heraklit und Parmenides aber war das bei allem Unterschiede ihnen Gemeinsame, daß sie in der Sinnlichkeit keine Erkenntnis und kein Sein erschließbar fanden, sondern das allein im vernünftigen Denken verbürgt glaubten. Allein eine Kritik im eigentlichen Sinne übten sie nicht an der Sinnlichkeit. Was sie leisteten, war eine mehr unmittelbare Höherstellung der Vernunfterkenntnis über die Sinnenerkenntnis, eine Werterhöhung der ersten und eine Wertentziehung der zweiten gegenüber. Zu einem eigentlichen Eingehen in kritischer Absicht auf die Sinnlichkeit gelangten sie noch nicht. Ein solches lag, wenigstens nicht ausgesprochenermaßen, auch nicht einmal in der Absicht der späteren mathematischen Untersuchungen, obwohl hier freilich auf der anderen Seite bereits mehr geleistet wurde, als ein ausgesprochenes kritisches Eingehen auf die Sinnlichkeit, nämlich die Einsicht in die Voraussetzung des Mathematischen für das Sinnliche. Die eigentliche Kritik der Sinnlichkeit aber mußte historisch in den naturwissenschaftlichen Tendenzen ihre Ansätze finden. Sie liegt deshalb im eigentlichen Sinne vor bei Demokrit. So bedeutsam darum auch immer die mannigfachen Versuche der Erkenntnisbegründung im positiven Sinne sein mögen, für eine ausdrückliche Erschütterung des naiven Vertrauens auf die Erkenntnismöglichkeit ist die Kritik der Sinnlichkeit durch Demokrit von der entscheidendsten Bedeutung; und das gerade darum, weil sie zu einer ausgesprochenen Substanzkritik führt. In der nächsten Fortführung unserer Problemuntersuchung finden wir freilich auch mancherlei Anknüpfungspunkte zu den übrigen früheren gedanklichen Strömungen, insbesondere zu den Heraklitischen. Für den engeren Zusammenhang müssen wir aber auf Demokrit zurückweisen. Es zeugt darum durchaus vom richtigen historischen Blick, wenn der Historiker des griechischen Skeptizismus[1] in Demokrit und seiner Schule Vorläufer der eigentlichen Skepsis in Griechenland sieht. Denn es war in erster Linie die Demokritische Kritik der Sinnlichkeit, in der die geschichtliche Weiterentwickelung zur Skepsis der Sophistik[2] ihren sach-

---

[1] A. Goedeckemeyer, Die Geschichte des griechischen Skeptizismus, S. 2 ff. Unter dem Gesichtspunkte der Abhängigkeit von Demokrit behandelt Goedeckemeyer hier besonders die Skepsis des Metrodor aus Chios und des Anaxarch aus Abdera, die freilich für unser spezielles Thema nicht in Betracht kommen. Über sie vgl. man die hier mit der überhaupt das ganze Werk auszeichnenden Sorgfalt zusammengestellten Belege. Etwas befremdet hat es mich nur, daß Goedeckemeyer gerade die Epoche der Sophistik nicht in seine Untersuchung genauer einbezieht.

[2] Über den Namen und die allgemeine Charakteristik der Sophistik vgl. man die philosophie-geschichtlichen Werke von Hegel, Zeller, Windelband, Kinkel, Vorländer. Da wir hier lediglich ein spezielles Problem historisch

lichen Anknüpfungspunkt hat. Die entscheidende Bedeutung, die dabei auch Heraklits Lehre für die Sophistik gewinnt, dürfen wir freilich nicht übersehen. Allein diese liegt im Grunde genommen nach derselben Richtung wie diejenige Demokrits und bleibt wie diese eine einseitige. Das heißt: sie betrifft nur die physikalische Seite, nicht aber das logisch-rationale und metaphysische Moment, insbesondere nicht das letzte und höchste Prinzip Heraklits, den Logos. Dieser bildet die Grenzscheide, die Heraklitismus und Sophistik in letzter Linie doch für immer trennt. Das konnte Platon nicht beachten, da er Heraklit und Protagoras so nahe zusammenstellte, wie er es getan hat.[1] Und wenn Zeller von Protagoras' Verhältnis zur Heraklitischen Lehre bemerkt: «Ein wirklicher Anhänger jener Philosophie in ihrem ganzen Umfange und ihrer ursprünglichen Bedeutung ist er zwar durchaus nicht»[2], so trifft das vollkommen zu; allein

behandeln, ist, wenigstens in extensivem Sinne, unser Interesse an der Sophistik als Ganzem beschränkter, als an den früheren Problemkonfigurationen. Die sogenannte jüngere Sophistik schaltet für uns gänzlich aus; die ältere kommt nur, soweit sie selbst theoretisch interessiert ist, in Betracht; in diesem Sinne aber, hauptsächlich in der Erscheinung des Protagoras, recht intensiv.

[1] Es ist hier wohl bereits der Ort, dieses eigentümliche Verhältnis Platons zur Sprache zu bringen; nicht als ob dem Platonischen Theätet sein Wert auch als Dokument für die geschichtliche Erforschung der Sophistik irgendwie streitig gemacht werden sollte. Es ist dafür das sachlich wertvollste. Nur soll er nicht als eine absolute historische Urkunde für unsere Frage angesehen werden. Für die historische Berichtigung seiner Darstellung ist in unserem Zusammenhange zu bemerken, daß, wie schon im Text angedeutet, einerseits Platon die Rolle des λόγος bei Heraklit nicht genügend würdigen kann (worüber später mehr), um Heraklit und Protagoras so nahezustellen, wie er es tut. Auf der anderen Seite muß er den Relativismus des Protagoras nach seinen letzten Konsequenzen in einer über Protagoras selbst hinausführenden, originalen Weise zu Ende denken, um ihn eben durch diese seine eigenen letzten Konsequenzen zu widerlegen. Trotzdem läßt sich, wie wir bald sehen werden, der springende Punkt, der das eigentlich Historische in der Platonischen Darstellung charakterisiert, leicht aufdecken; vgl. über Platons Darstellung des Relativismus außer Ritter, Geschichte der Philosophie I, S. 632; Zeller, a. a. O., S. 983; auch Bäumker, a. a. O., S. 97 (woselbst auch weitere Literaturangaben) vor allem Natorp, Forschungen zur Gesch. d. Erkenntnisprobl. i. Alt., S. 22, s. ebenda S. 76 ff. und 103 ff. auch die Kritik anderweitigen Verkennens des Heraklitischen Systemgehaltes.

[2] Zeller, a. a. O., 978.

das, worin Zeller das Unterscheidende sieht, ist noch nicht das für die Unterscheidung schlechthin und prinzipiell Entscheidende. Zwar auch das ist richtig: «Was Heraklit über das Urfeuer, über die Wandlungsstufen desselben, überhaupt über die objektive Beschaffenheit der Dinge gelehrt hatte, konnte ein Skeptiker, wie er, sich nicht aneignen».[1] Indes so richtig auch dies ist, entscheidend im höchsten Sinne ist es nicht. Das allein ist der Logos, der in Wahrheit Heraklit ebenso sehr in die Nähe Platons rückt, wie er ihn in die Ferne von Protagoras stellt. Denn dessen eigentliche Position bildet nicht der λόγος, sondern gerade die αἴσθησις.

1. Zwar nimmt er an, daß jede Wahrnehmung sich auch immer schon auf einen Gegenstand, der eben in ihr wahrgenommen wird, beziehe. Das will wohl zunächst die Unterscheidung zwischen αἰσθήσεις und αἰσθητά innerhalb des αἰσθάνεσθαι besagen[2], wenn auch diese Beziehung selbst eine immer weiter gehende Reduktion durch den Fortgang der Analyse erfährt. Diese stetig umbildende Reduktion, die der Protagoreischen Gedankenführung etwas Unbestimmtes und Vieldeutiges gibt, erschwert das geschichtliche Verständnis nicht unerheblich. Ist sie aber erst klar geworden, so enthüllt sich doch auch ein stetig gedanklicher Fortschritt in dem Ringen mit dem Problem, selbst wenn eine feste Position nicht gewonnen wird. Wahrnehmbare Gegenstände, die nicht die Wahrnehmung selbst sind, mag ihr Sein und ihr Verhältnis zur Wahrnehmung auch noch so unbestimmt bleiben und sich erst allmählich, wenn auch nur annäherungsweise bestimmen lassen, werden also angenommen. Wenn darum Platon immerhin zeigt, daß man von der bloßen Wahrnehmung aus nicht zum Sein überhaupt, wie nicht zum Sein der Gegenstände, wie nicht einmal zu dem der Wahrnehmung selber gelange, so denkt er hier nur den positivistischen Wahrnehmungsstandpunkt konsequent zu Ende, um ihn zu widerlegen.[3] Protagoras selbst aber behält nach Platons eigener Darstellung immer noch wahr-

---

[1] Ebenda.
[2] Platon Theät. 184 d.
[3] Ebenda.

nehmbare Gegenstände übrig und kann sie nur eigentlich erst auf Grund der Platonischen Kritik **logischerweise** nicht übrig behalten sollen.

Innerhalb des Ganzen der verschiedenen Etappen der Protagoreischen Gedankenentwickelung bezeichnet die erste charakteristische Stufe also die Behauptung, daß zwar **Gegenstände der Wahrnehmung sind, daß sie aber nicht in allgemeingültiger Weise erkennbar sind**. Nicht das Sein der Wahrnehmungsgegenstände, sondern die allgemeingültige Erkennbarkeit der Wahrnehmungsgegenstände durch die Wahrnehmung soll geleugnet werden, und damit, weil er über den Gesichtspunkt der Wahrnehmung nicht hinausgelangt, jede allgemeingültige Erkenntnis überhaupt. Unsere Wahrnehmungen, Gesichtswahrnehmungen (ὄψεις), Gehörswahrnehmungen (ἀκοαί)[1] usw. sind freilich nicht, ohne daß auch etwas wahrgenommen, gesehen, gehört wird usw., das also auch sein muß, um wahrgenommen werden zu können; aber wie wir wahrnehmen, sehen, hören usw. (wie Farben, Töne usw.), ist das, was wir wahrnehmen, auch nicht, ohne daß wir es eben wahrnehmen.

Wenn damit also auch noch nicht das Sein des Wahrnehmbaren selbst bedroht ist, so ist doch alles «Wie»- bezw. «So»-Sein in seiner objektiven Bedeutung für eine allgemeingültige Erkenntnis aufgehoben. Wie die Dinge sind, diese Bestimmung ist ganz in die bloße αἴσθησις aufgelöst, und darum ist die Beschaffenheit der Dinge (τοιαῦτα) eben von Moment zu Moment eine andere, nämlich so, wie (οἷα)[2] sie eben in der subjektiven Empfindung gerade gegeben ist. Wenn also auch jede Wahrnehmung eine Beziehung auf ein Wahrnehmbares ist, so erfaßt sie dieses doch nicht, wie es für sich (καθ' αὐτό)[3] ist, sondern immer nur, wie es eben für die Wahrnehmung erscheint. Und alles «Wie»-Sein und alle Beschaffenheit ist ein bloßes Erscheinen in der Wahrnehmung, ein bloßes Wahrgenommen-Sein. Darum können wir etwas Allgemeingültiges über die Dinge nicht aussagen. An unsere subjektive Emp-

---

[1] A. a. O., 156 a b.
[2] A. a. O., 152 a.
[3] A. a. O., 182 b.

findung gebunden sind unserer Erkenntnis die Dinge also nur in der Erscheinungsweise durch das Medium eben unserer Empfindung gegeben. Wie diese aber von Mensch zu Mensch und für jeden einzelnen Menschen von Augenblick zu Augenblick wechseln[1] und also verschieden sind, so müssen darum auch die Dinge alle für jeden anders sein als für jeden andern, «so» sein, «wie» sie ihm eben in jedem Momente seines subjektiven Empfindungszustandes gerade «erscheinen».[2] Jede bloße Vorstellung und Meinung ist darum ebenso wahr, wie jede andere, da die Wahrheit eben nur in der subjektiven Beziehung der Empfindung auf das in ihr Erscheinende liegt.[3] Darum ist der Mensch das Maß aller Dinge, der seienden, wie sie sind, der nicht seienden, wie sie nicht sind. Ein Ausspruch, den wir im Sinne des extremsten Subjektivismus verstehen müssen: Der Mensch nicht einmal als Gattung, sondern in seiner individuellen Verschiedenheit vom «Ich» zum «Du», um die Ausdrucksweise der mannigfachen und durchweg übereinstimmenden Berichte zu gebrauchen[4], ist als Maßstab gesetzt und muß konsequenterweise als solcher gesetzt sein, konsequenterweise vom Ausgangspunkte der αἴσθησις her; denn sonst wäre ja dieser Ausgangspunkt fallen gelassen.[5]

«Seiende Dinge» (χρήματα ὄντα) bleiben hier also zunächst immerhin noch übrig und werden ausdrücklich von den nicht-

---

[1] A. a. O., 182 d.
[2] A. a. O., 152 a.: οὐκοῦν οὕτω πως λέγει, ὡς οἷα μὲν ἕκαστα ἐμοὶ φαίνεται, τοιαῦτα μὲν ἔστιν ἐμοί, οἷα δὲ σοί, τοιαῦτα δὲ αὖ σοί; vgl. Kratyl. 386 a.
[3] Sext. Emp. adv. math. VII, 60: φησὶ πάσας τὰς φαντασίας καὶ δόξας ἀληθεῖς ὑπάρχειν καὶ τῶν πρός τι εἶναι τὴν ἀλήθειαν διὰ τὸ πᾶν τὸ φανὲν ἢ δόξαν τινὶ εὐθέες πρὸς ἐκεῖνον ὑπάρχειν.
[4] Platon, Theät. ebenda: φησὶ γάρ που πάντων χρημάτων μέτρον ἄνθρωπον εἶναι, τῶν μὲν ὄντων, ὡς ἔστι, τῶν δὲ μὴ ὄντων, ὡς οὐκ ἔστιν. Vgl. außer der vielfachen Wiederholung dieses Gedankens bei Platon im Gorg. Euthyd. Kratyl. und Arist. Met. III, IV, X, XI, noch: Sext. Emp. Pyrrh. Hypoth. 216, wo bei wörtlicher Übereinstimmung der Begriff des Maßes als «Kriterium» erläutert wird, und Diog. Laert. IX, 51, wo es statt τῶν δὲ μὴ ὄντων heißt: τῶν δὲ οὐκ ὄντων.
[5] Über die Zuverlässigkeit dieser Deutung bei Platon vgl. auch die ausführliche und mit durchschlagender Beweiskraft geführte Untersuchung von Natorp, a. a. O., S. 22 ff.

seienden (τῶν δὲ μὴ ὄντων bzw. τῶν δὲ οὐκ ὄντων) unterschieden, wenn auch ihr «Wie»-Sein lediglich im Wahrgenommen-Sein vorliegen soll. Die Kritik Demokrits, an die also das Wahrnehmungsproblem bei Protagoras offenbar anknüpft, erscheint hier weitergeführt. Allein es ist eigentlich keine Kritik der Sinnlichkeit mehr. Oder richtiger es ist eine bloße Kritik der Sinnlichkeit, insofern diese als unzulänglich erwiesen wird, über ein bloßes Erscheinen hinauszugelangen, ohne daß, gerade weil der sinnliche Mensch als Kriterium der Dinge[1] gefaßt wird, erkannt wird, daß diese Kritik der Sinnlichkeit schon Kriterien über der Sinnlichkeit voraussetzt, und darum zugleich ein Beruhigen bei der kritisierten in der Kritik selbst aber nicht durchschauten Sinnlichkeit. Während Demokrit in den Atomen nun die χρήματα selbst bestimmte, sollen diese für Protagoras für sich gänzlich unbestimmt bleiben und nur in der Wahrnehmung eine phänomenale Bestimmtheit erlangen.

Von der systematischen Frage nun, ob solche gänzlich unbestimmte Dinge nicht ein Widerspruch in sich selber seien, hier noch ganz abgesehen, ist es doch historisch jedenfalls von Belang, daß das eigentliche Wesen der Dinge objektiv gänzlich unerkennbar und nur in der Erscheinungsweise durch die Wahrnehmung subjektiv gegeben sein soll. Immerhin scheint in den χρήματα ein bleibendes Substrat der wechselnden Phänomene behauptet zu sein. Nur scheint diese eigentliche Substanz ganz unerkennbar zu sein. Wir hätten also, so scheint es wenigstens zunächst, den gänzlich agnostischen Substanzbegriff eines vollkommenen Phänomenalismus vor uns. Wenn wir nun weiter auf die frühere Feststellung rekurrieren, daß Wahrnehmungen nicht sind, ohne daß etwas wahrgenommen wird, das also sein muß, um eben wahrgenommen zu werden, daß wir aber, was wir wahrnehmen, im Einzelnen z. B. was wir etwas Rotes, Blaues, Süßes usw. nennen[2], nur so wahrnehmen, wie wir es eben wahrnehmen, so muß sich von den letzten Feststellungen aus jetzt im αἰσθητόν selbst ein Unterschied ergeben. Man könnte also, um beim anschaulichen Beispiele

---

[1] Sext. Emp. ebenda, s. S. 113, Anm. 2.
[2] Platon, a. a. O., 156 a/b, siehe S. 112.

Platons zu bleiben. Farben, Töne usw. selbst zwar Wahrnehmungsgegenstände nennen, allein Gegenstände wären sie für die Wahrnehmung nicht in dem Sinne, daß sie dieser unabhängig von ihr gegenüberstünden, sondern eigentlich allein als Arten des in der Wahrnehmung Erscheinens der Dinge. Die Dinge selbst wären also die eigentlichen Gegenstände, die aber nie zu Gegenständen gerade der Wahrnehmung würden, eben weil die Wahrnehmung nicht an sie selbst heranreicht, sondern immer nur an ihr Erscheinen in der Wahrnehmung, in der wir also die Dinge immer nur unter dem Maße des Menschen, nicht aber an sich selbst, besäßen. Von den Farben, Tönen usw. wären also die farbigen, tönenden usw. Dinge selbst zu unterscheiden, nur daß wir von solchen farbigen und tönenden Dingen gar nicht einmal reden dürften, weil Farbigkeit, Tönen etc. ja nicht objektive Bestimmungen der Dinge sein können, sondern allein Arten und Weisen des Erscheinens in der Wahrnehmung, in der sie uns gegeben sind. Die Gegenstände der Wahrnehmung im eigentlichen Sinne — also das eigentliche αἰσθητόν — wären also nicht die eigentlichen Gegenstände, und die eigentlichen Gegenstände selbst wären umgekehrt nie Gegenstände der Wahrnehmung im eigentlichen Sinne.[1] In dieser Weise läßt sich die Zweideutigkeit des αἰσθητόν in ihrer eigentlichen Bedeutung verstehen und durch genauere Scheidung beider in ihm liegender Momente eine sachlich wertvolle Klarstellung gewinnen.[2]

Immerhin wäre mit alledem doch ein bleibendes beharrliches Sein der Dinge selbst gesetzt, zu dem man von der Empfindung aus nur nicht gelangen könnte. So wertvoll diese Position auch wäre, als Position wäre sie doch unzulänglich. Und wenn diese Unzulänglichkeit auch erst Platon zu vollem Bewußtsein gebracht hat, so hat offenbar doch Protagoras selbst

---

[1] Platon, a. a. O., 182a dürfte so mit dem Verhältnis von αἰσθητά und αἰσθανόμενα deutlich werden.

[2] Zeller, a. a. O., S. 980, hat merkwürdigerweise die in dem Begriffe liegende Schwierigkeit ziemlich umgangen. Man sehe, wie bei ihm (S. 981) die Bestimmungen etwa gerade des farbigen Gegenstandes und der Farbigkeit ungeschieden durcheinander gehen.

in Konsequenz zu seinem Wahrnehmungsstandpunkte das in der Beziehung von Wahrnehmung und Wahrnehmbarem liegende Sein des Beharrlichen folgerichtig in relativistischem Sinne modifiziert: Der Substanzcharakter mußte, wenn nicht überwunden, so doch abgeschwächt werden, wenn anders das Ausgehen von der Wahrnehmung festgehalten und durchgeführt werden sollte. Dabei mußten die Dinge selbst eine weitere Reduktion erfahren.

2. Das nun bezeichnet die zweite logische Etappe des Protagoreischen Denkens und zugleich den Punkt, an dem Protagoras unzweifelhaft an Heraklit anknüpft, zwar nicht an den tiefsten Kern seiner Lehre, der im Logosbegriff dem Empfindungspositivismus schnurstracks entgegen ist, sondern an dessen Physik, mit deren Hilfe er die von Demokrit empfangenen Impulse in derselben Richtung weiterführt. Solange es auch nur scheinen kann, als hätten die Dinge ein ihrem Erscheinen zugrundeliegendes Wesen, das nur unerkennbar wäre, solange wären sie immer noch — in wie unbestimmter Weise auch immer — irgendwie aber doch beharrlich gesetzt. Damit wäre aber gerade dem Wechsel und Wandel der Empfindung nicht Rechnung getragen. Nun mag an und für sich logisch dieses Rechnungtragen jetzt selbst dem eigentlichen Positivismus ebenso widersprechen, wie vorhin das Sein der Dinge, so ist das doch zum mindesten wieder konsequent, daß nun die Dinge ausdrücklich allem Beharren entrissen und in den ewigen Fluß des Sich-Wandelns gestoßen werden sollen. Die Dinge werden darum zwar nicht aufgehoben, aber doch aufgelöst in stetigen Wechsel, Fluß und Bewegung. Sie können nicht beharrlich, nicht also substantiell im eigentlichen Sinne, sondern bloß transitorisch gedacht werden. In der Tat muß konsequenterweise, wenn die Empfindung der einzige Maßstab der Erkenntnis eines Gegenstandes sein soll, der Gegenstand ebenso beständig wechseln wie die Empfindung. Darum ist es weiter konsequent, wenn Protagoras behauptet, daß die Dinge eigentlich nie sind, sondern immer nur werden.[1] Freilich je konsequenter

---

[1] Theät. 157 b. s. flgd. S.

der Relativismus wird, um so mehr gerät er ins Schwanken, bis er durch seine letzte Konsequenz überhaupt zu Falle kommt. Diese letzte Konsequenz hat zwar Protagoras nicht gezogen. Gerade darum aber verbleibt seine Lehre im Schwanken, und klar und deutlich hat er gerade seine letzten Fundamente, wenn man bei ihr überhaupt von solchen reden darf, selbst nicht bestimmt, eben weil er sie überhaupt in gewisser Weise zu bestimmen suchte, wo es doch in Gemäßheit seiner Lehre weder Fundamente noch eine Bestimmtheit solcher eigentlich geben kann.

Wenn nun die Dinge nicht mehr sind, sondern bloß noch werden, so ist ihnen zwar der Charakter eines eigentlich substantiellen Seins genommen; das Sein überhaupt ist hier aber tatsächlich ebensowenig beseitigt, wie es durch die Heraklitische Physik beseitigt sein sollte. Denn das Werden soll ja selber sein. Darum werden auch die Dinge nicht etwa absolut aufgehoben, sondern auf das Werden reduziert, und im Werden, nicht in den Dingen läge nun das eigentlich substantielle Sein selbst.

Das Werden aber wird zunächst gefaßt als Bewegung. Darin liegen nun die größten Schwierigkeiten, nicht nur in dem rein logischen Sinne, daß das Werden nun doch nicht in der gänzlichen Unbestimmtheit verbleibt, in der es konsequenterweise vom Protagoreischen Ausgangspunkte her verbleiben müßte, und diesem zum Trotz als Bewegung bestimmt gedacht wird, sondern auch hinsichtlich der historischen Auffassung und Deutung. Denn wenn behauptet wird, ὅτι πάντα κινεῖται[1], so scheint, wofür sich Zeller[2] u. a.[3] in der Tat entscheiden, in dem «πάντα» selbst wieder etwas, das bewegt wird, zum Unterschiede von der bloßen Bewegung gesetzt und bewegte Dinge angenommen zu sein, so daß die Dinge der Bewegung gegenüber doch wieder ihre Selbständigkeit erlangten. Und diese Deutung scheint noch

---

[1] Theät. 181d, vgl. auch 156c: βούλεται γὰρ λέγειν ὡς ταῦτα πάντα μὲν ὥσπερ λέγομεν κινεῖται ...

[2] Zeller, a. a. O. I, S. 978 f.

[3] Bäumker, a. a. O., S. 104; H. Schmidt, Jahrbücher f. klass. Philol. 111, S. 481 ff.; Sattig, Zeitschr. f. Philos. und philos. Krit. 86, S. 283 f.

dadurch eine besondere Rechtfertigung zu erhalten, daß Platon, wenn auch in der polemischen Absicht seines Theätet, doch immerhin von κινούμενα überhaupt spricht.[1] Dann aber wären wir gezwungen, dem Protagoras in der Tat die Annahme einer bewegten Materie zum Unterschiede von der bloßen Bewegung zuzuschreiben, wie es Sext. Emp. wirklich tut.[2] Dann aber wäre ja der Protagoreische Relativismus nichts anderes als ein versteckter Materialismus, die Materie wäre die Substanz der Dinge, und der Substanzbegriff wäre ein materialistischer, wie bei Demokrit. Das «πάντα» würde wieder χρήματα und zwar materielle χρήματα bezeichnen, die Dinge wären nicht auf Bewegung, sondern auf Materie zurückgeführt. Nur bliebe die Materie unbestimmter als im Materialismus Demokrits, der in der Atomistik ihre Struktur als diskontinuierlich bestimmt hatte. Aber sie wäre selbst ein letztes, wenn auch noch so unbestimmtes χρῆμα. Die χρήματα wären zwar nicht letzte χρήματα, aber doch Formen der Materie als des letzten χρῆμα. Nun weisen aber Zeller[3], wie Bäumker[4] übereinstimmend selbst auf die «stoische Terminologie» des Sext. Emp. hin, in der dieser «wenig historisch» dem Protagoras jene «fließende Materie» zuschreibt. Überdies wäre in einer «fließenden Materie» doch auch der Sache nach gerade kein in der Bewegung Bewegtes gewonnen. Wenn es von Punkt zu Punkt der Bewegung ein anderes wäre, so ließe sich gar nicht sagen, daß es eben «etwas» Bewegtes in der Bewegung wäre, das neben der Bewegung noch ein selbständiges Sein als Bewegtes hätte.[5] Weiter aber hat Peipers[6] — und darin stimmt ihm Bäumker[7] selbst

---

[1] Theät. 181 e.
[2] Sext. Emp. Pyrrh. Hypoth. I, 217; φησίν οὖν ὁ ἀνήρ τὴν ὕλην ῥευστὴν εἶναι.
[3] A. a. O. I, 979.
[4] A. a. O., S. 107.
[5] Sext. Emp. ebenda: ὡς δύνασθαι τὴν ὕλην, ὅσον ἐφ᾿ ἑαυτῆι πάντα εἶναι ὅσα πᾶσι φαίνεται deutet doch wohl selbst darauf hin.
[6] Untersuchungen über das System Platos I, Die Erkenntnistheorie Platos, S. 282.
[7] A. a. O., S. 105. Bäumker deutet übrigens Protagoras nicht materialistisch, obwohl er eine «substratlose Bewegung» bestreitet. Wie er beides

zu, während Zeller trotz seiner sorgfältigen Angaben der Platonischen Stellen[1] dem philologisch und logisch gleich bedeutsamen Argument von Peipers nicht die genügende Beachtung schenkt — sehr richtig bemerkt, daß einfach, «falls nicht in impersonal gesetzten Verben wie ἐκινεῖτο, κινεῖται, γίγνεται geredet werden sollte, ... Subjektsbezeichnungen wie ταῦτα, πάντα nicht zu umgehen waren», daß also das Subjekt in dem «alles» oder «dieses alles wird bewegt» eben sprachlich grammatisch ist und noch nicht ein metaphysisches Substrat der Bewegung zu bedeuten braucht. In der Tat bringt es auch die Wendung Platons «ὥσπερ λέγομεν»[2] selbst zum Ausdruck, daß es sich hier eben um eine sprachliche Notwendigkeit handelt. Sachlich aber braucht darum jenes «alles ist bewegt» nichts anderes zu bedeuten, als: «alles ist in Bewegung». Und daß darauf in der Tat die Ansicht des Protagoras geht, dafür sprechen Platons[3] eigene Worte ὡς τὸ πᾶν κίνησις ἦν[4] καὶ ἄλλο παρὰ τοῦτο οὐδέν. Wenn nun Zeller diese Worte durchaus richtig so auffaßt, daß «alles seinem Wesen nach Bewegung sei», so ist nicht abzusehen, wie er noch außer der Bewegung ein Bewegtes anzunehmen vermag, zumal doch außer dem «alles», das Bewegung ist, gerade «daneben nichts» sein soll. Gerade die an sich tautologische Verstärkung, daß es neben dem alles, das Bewegung ist, nichts gibt, deutet auf eine «reine Bewegung» ohne Bewegtes hin. Dann aber hätten wir in der Tat die von Zeller, Bäumker u. a. in Abrede gestellte Bewegung ohne Substrat. Die Substanz wäre von den Dingen in die Bewegung zurückgenommen, die Bewegung wäre die eigentliche Substanz. Wir hätten eine reine Bewegung, wie sie in der

---

vereinigen kann, wird aus seiner Darstellung freilich nicht ersichtlich. Wir dürfen doch innerhalb des antiken Denkens nicht etwa einen energetischen Substanzbegriff annehmen. Das ganze philosophische und naturwissenschaftliche Denken kann sich Bewegtes eben immer nur stofflich-materiell denken.

[1] A. a. O., S. 979 ff.
[2] Theät. 156 c, zitiert S. 117, Anm. 1.
[3] A. a. O., 156 a.
[4] Über das Imperfektum und die daran angeknüpfte Kontroverse vgl. u. a. Zeller, a. a. O., S. 979.

Tat von einigen anderen Forschern wie von Frei[1] u. a.[2] angenommen worden ist, und damit einen rein **kinetischen Substanzbegriff**.

Soviel nun auch schon in Konsequenz zum Protagoreischen Ausgangspunkte für den kinetischen Substanzbegriff spricht, so liegen darin doch noch so erhebliche Schwierigkeiten der Deutung, daß die Geschichte sie bisher hat nicht auflösen können und sie vielleicht auch niemals, wenigstens nicht restlos, wird auflösen können. Nicht als ob sich nun doch noch ein materialistischer Substanzbegriff durchsetzen sollte; im Gegenteil außer der Schwierigkeit in dem Verhältnis von reiner Bewegung und Dingen erhebt sich eher noch die Frage, ob Protagoras schon von seinem Ausgangspunkte her nicht etwa bereits bei einem materialistischen, sondern auch nur bei einem kinetischen Substanzbegriffe habe stehen bleiben können.

Was nun zunächst das Verhältnis der allgemeinen Bewegung zu den einzelnen Dingen angeht, so ist zwar soviel klar, daß, wenn alles seinem Wesen nach Bewegung ist, die einzelnen Dinge selbst nur Bewegungsweisen sein können. Die Durchführung dieses Gedankens ist aber ziemlich ins Dunkel gehüllt und keineswegs so klar und durchsichtig, wie sie es manchmal den allgemeinen historischen Darstellungen nach zu sein scheint. Soviel ist indes gewiß, daß Protagoras zwei Grundformen der Bewegung unterschieden habe, von denen jede zwar quantitativ unendlich und insofern der anderen gleich, spezifisch aber jede von der anderen, die eine als aktiv, die andere als passiv verschieden sei[3], und daß auf beide das Entstehen der Dinge zurückgehe.[4]

---

[1] Frei, Quaestiones Protagoreae, S. 79: Quibus verbis [gemeint sind die soeben erwähnten Worte Platons, Theät. 156a] plane apparet, non materiam qualemcumque sese moventem a Protagora statui ex qua omnia oriantur, sed meram motionem. (Die Sperrung ist von mir.)

[2] Siehe besonders Siebeck, Geschichte der Psychologie I, S. 157; vgl. dazu auch Peipers, a. a. O., S. 282.

[3] Platon, ebenda: τῆς δὲ κινήσεως δύο εἴδη, πλήθει μὲν ἄπειρον ἑκάτερον, δύναμιν δὲ τὸ μὲν ποιεῖν ἔχον, τὸ δὲ πάσχειν.

[4] Vgl. ebenda; auch 181 d.

Dabei wären nun, wenn wir den kinetischen Substanzbegriff auf das Wahrnehmungsproblem zurückbeziehen, um das Protagoreische Denken, soweit sich das bisher und überhaupt tun läßt, in seiner Ganzheit zu fassen, zwei Möglichkeiten zu unterscheiden, wenn auch Protagoras sich für keine von beiden mit Bestimmtheit je ausgesprochen zu haben scheint, und sich darum auch nur sagen läßt, welche von beiden dem Tenor seines Denkens überhaupt gemäßer ist. Erstens könnten aus beiden Formen der Bewegung zunächst die Gegenstände selbst resultieren. Diese wären zwar nicht absolute, weil immer schon durch die Bewegung bedingte Gegenstände, nur Funktionsweisen der Bewegung. Aber der Wahrnehmung stünden sie immerhin als selbständige Objekte gegenüber, wie das wahrnehmende Subjekt selbst ein solcher Gegenstand wäre. Nur bedeutete Gegenstand-Sein niemals mehr: eine Existenz haben außer der Bewegung und unabhängig von dieser. Das wahrnehmbare Objekt wie das wahrnehmende Subjekt und dessen Wahrnehmungsorgane wären selbst nichts anderes als Bewegungen, «Sinne», wie «Gegenstände» wären Bewegungsweisen. Ihr Zusammentreffen ergäbe eine Resultierende, die wir Wahrnehmung nennen. Deren Komponenten wären also die leidende Sinnenbewegung und die tätige Gegenstandsbewegung, die aber, sofern der «Sinn» wie der «Gegenstand» selbst Dinge sein sollen, selbst schon Resultierende aus aktiver und passiver Bewegung sein müßten. Sofern nun diese Bewegungen die Wahrnehmung als weitere Resultierende zeigten, stellt diese sich, wie Siebeck das treffend bezeichnet, im Sinne als Empfindung im Gegenstande als Eigenschaft dar.[1] Das αἰσθητόν spaltete sich also begrifflich auch hier[2] in den eigentlichen Gegenstand, der, wenn auch

---

[1] Vgl. Siebeck, a. a. O., ebenda.

[2] Analog wäre es übrigens auch bei der Annahme eines Bewegten in der Bewegung, das neben der Bewegung eine selbständige materielle Existenz hätte. Zu den beiden Möglichkeiten innerhalb des kinetischen Substanzbegriffes wäre also eine dritte Möglichkeit vom materialistischen Substanzbegriffe her zu unterscheiden. Der Unterschied von der hier in Rede stehenden liegt darin, daß dort die Gegenstände nicht bloß der Wahrnehmung, sondern auch der Bewegung überhaupt gegenüber eine Selbständigkeit hätten. Sie blieben also zum Unterschiede von den eigentlichen, aber durch die Bewegung bereits be-

kein absoluter, weil erst durch die Bewegung bedingter Gegenstand wäre, doch immerhin ein eigentlicher Gegenstand bliebe, ohne zu einem Wahrnehmungsgegenstande zu werden und den eigentlichen Wahrnehmungsgegenstand, der als solcher aber nicht an den eigentlichen Gegenstand selbst heranreichte. Dieser verhielte sich zum Wahrnehmungsgegenstande als die eine Komponente zur Resultierenden, deren andere Komponente die Sinnesbewegung darstellt. Und wenn die Resultierende nun sich auch im Sinne als Empfindung, im Gegenstande als Eigenschaft darstellt, so läßt sich darum doch weder jene etwa als adäquater Ausdruck von dieser fassen, noch läßt sich jede für sich objektivieren, weil ja in jeder selbst beide Komponenten wirksam sind, so daß sie nur als die verschiedenen Seiten einer und derselben Resultierenden erscheinen.

3. Immer aber wären in diesem Falle tätige und leidende Bewegung im Wahrnehmen noch besondere Spezifikationen und Komplexionen von tätiger und leidender Bewegung überhaupt. Nun könnten aber — und das wäre die zweite disjunktive Möglichkeit innerhalb des rein kinetischen Standpunktes, die zugleich sowohl vom Protagoreischen Ausgangspunkte her rein logisch die konsequenteste wäre, als auch tatsächlich historisch von Platon[1] bezeichnet wird — tätige und leidende Bewegung überhaupt schlechtweg gleichgesetzt werden der tätigen und leidenden Bewegung in der Wahrnehmung.[2] Das Zusammen-

dingten Gegenständen selbst absolut der Bewegung gegenüber, nur als Wahrnehmungsgegenstände resultierten sie wie diese aus der Bewegung. So fassen Zeller, a. a. O., S. 980 und Windelband, a. a. O., S. 74 den Sachverhalt auf und muß ihn konsequenterweise auffassen, wer die Gegenstände als Bewegtes der Bewegung gegenüber selbständig denkt.

[1] Platon, Theät. 156 a/b.: ἐκ δὲ τῆς τούτων ὁμιλίας τε καὶ τρίψεως πρὸς ἄλληλα γίγνεται ἔκγονα πλήθει μὲν ἄπειρα, δίδυμα δέ, τὸ μὲν αἰσθητόν, τὸ δὲ αἴσθησις, ἀεὶ συνεκπίπτουσα καὶ γεγνωμένη τοῦ αἰσθητοῦ.

[2] Vgl. Schanz, Beiträge zur vorsokratischen Philosophie aus Plato, I. Heft: Die Sophisten, S. 72, der in bezug auf jene Worte Platons (s. vor. Anm.) annimmt, daß Protagoras das Zusammenwirken «der zwei Bewegungen nur im Subjekt und Objekt, im Menschen und in dem außer dem Menschen Liegenden sucht». Zellers Argument gegen Schanz, daß Protagoras doch auch «eine gegenseitige Einwirkung der Dinge aufeinander, nicht bloß eine Einwirkung derselben auf uns annehmen» müßte, würde nur zutreffen, wenn das,

wirken der Bewegungen wäre nun überhaupt nur ein solches von Subjekts- und Objekts-Bewegungen. Weil nach der ersten Möglichkeit wahrnehmbares Ding ebenso in Bewegung aufgelöst ist wie wahrnehmendes Subjekt und Wahrnehmungsorgan oder Sinn, so müßte nun nicht bloß die Erkenntnis[1], sondern auch das erkennende Subjekt, wie das zu erkennende Objekt, da ihre Bewegung auch «an sich» jetzt nach der zweiten Disjunktionsmöglichkeit innerhalb des kinetischen Standpunktes nichts anderes sein könnte als Wahrnehmungsbewegung, sich selbst in das Wahrnehmen auflösen, in ihrer Ganzheit im Wahrnehmen aufgehen. Was zunächst das Subjekt anlangt, so wäre es nicht eigentlich mehr ein Wahrnehmendes neben und außer den Wahrnehmungen, was es im ersten kinetischen Falle ja noch immer geblieben war, weil, obwohl selbst aus den beiden Grundformen resultiert, doch die Wahrnehmungen wieder erst aus der Subjekts- und Objektsbewegung selbst resultieren könnten. Nun aber würden die Wahrnehmungen nicht mehr aus ihm selbst als der einen Komponente resultieren, es wäre jetzt nichts anderes mehr als die aus beiden Grundformen der Bewegung resultierende Summe der Wahrnehmungen selbst. Anstatt daß es zunächst erst selbst aus den beiden Formen tätiger und leidender Bewegung als Ding resultierte, und aus ihm als der einen Komponente in Verbindung mit der Gegenstandsbewegung die Wahrnehmung erst als spezifische komplexe Bewegung resultierte, müßte es selbst aus leidender und tätiger Wahrnehmungsbewegung, die keine komplexe, sondern nunmehr elementare Bewegung wäre, resultieren und wäre nichts anderes als die Summe von Resultierenden der von vornherein

---

was zunächst doch mindestens sehr fraglich ist, wirklich so gesichert wäre, wie Zeller meint, nämlich, daß Protagoras «den Dingen ein objektives von unserer Vorstellung unabhängiges Dasein zuschrieb» (a. a. O. I, S. 980), wenn also die Begriffe des «Daseins», von «Dingen», von «uns» nicht so problematisch geworden wären, wie sie es in der Tat schon geworden sind, und wenn Protagoras nicht bloß objektive Dinge, sondern auch objektive Verhältnisse zwischen den Dingen statuiert hätte, was, wie Schanz sehr richtig bemerkt, eine Preisgabe des für Protagoras festesten Satzes wäre, «daß der Mensch das Maß der Dinge» sei.

[1] Platon, Theät. 151 e: οὐκ ἄλλο τί ἐστιν ἐπιστήμη ἢ αἴσθησις.

als solche gedachten tätigen und leidenden Wahrnehmungsbewegungen. Was man «Subjekt» oder «Seele» nennt, wäre nichts neben den Wahrnehmungen. In der Tat hat Protagoras diese Konsequenz wohl gezogen.[1] Darum könnte aber auch das Objekt nichts mehr außer seinem Wahrgenommen-Sein sein. Denn ohne ein Subjekt der αἴσθησις neben der αἴσθησις, das wahrnimmt, auch kein Objekt der αἴσθησις neben der αἴσθησις, das von einem Subjekte wahrgenommen wird. Das Objekt müßte genau so wie das Subjekt erst aus der aktiven und passiven Wahrnehmungsbewegung resultieren, nicht umgekehrt, sofern von vornherein aktive und passive Bewegung als Wahrnehmungsbewegung gedacht sind. Von seiner Dinglichkeit müßte, mit entgegengesetzten Vorzeichen, alles das gelten, was soeben von der des Subjekts ermittelt wurde. Es wäre nur die andere Seite derselben Resultierenden. Die von Anfang an gesetzte Beziehung der Wahrnehmung auf ein Wahrnehmbares bliebe trotzdem bestehen; aber das Wahrnehmbare wäre in keinem Sinne mehr, weder im materialistischen, noch in dem ersten kinetischen Sinne, ein eigentlicher Gegenstand, sondern bloßer Wahrnehmungsgegenstand im eigentlichen Sinne, in der Bedeutung des eigentlichen αἰσθητόν: Inhalt der Wahrnehmung. Wenn man von diesem Gegenstande sagt, daß er erscheine, so kann das nicht mehr bedeuten, daß er auch für sich noch etwas sei, ohne daß er wahrgenommen werde und daß sein Wahrgenommen-Sein nur eine Art zu erscheinen wäre, sondern sein Erscheinen schlechthin liegt in der Wahrnehmung. Hatte Protagoras die Konsequenz nach der Seite des Subjekts hin gezogen, so mußte er sie auch nach der des Objekts hin vollziehen. Daß er sie nach beiden hin vollzogen, dafür spricht der Umstand, daß zwei verschiedene Berichte sich derart ergänzen, daß der eine gerade die eine Konsequenz vermerkt, so Diog. Laert., während Platon die andere verzeichnet.[2]

Damit aber wäre Protagoras am logischen Ende seines Philosophierens wieder zu seinem logischen Ausgangspunkte

---

[1] Diog. Laert. XI, 51: ἔλεγέ τε μηδὲν εἶναι παρὰ τὰς αἰσθήσεις.
[2] Diog. Laert. IX, 51, s. vor. Anm. Platon Theät. 152 b.: τὸ δέ γε φαίνεται αἰσθάνεσθαί ἐστιν; — ἔστιν γάρ.

zurückgekehrt. Konsequenterweise hätte er freilich noch einen weiteren Schritt tun müssen. Denn der Begriff der reinen Bewegung kann selbst nie Wahrnehmungsinhalt werden. Daß er aber den Begriff der κίνησις endlich in den einer bloßen ἀλλοίωσις weiter aufgelöst und rein im Sinne eines ebenso substratlosen μεταβάλλειν und ῥέειν gefaßt[1] hätte, was die letzte Konsequenz gewesen wäre, die freilich zum Verhängnis geführt hätte, wie das Platon beweist, dafür liegen zu wenig Indizien vor. Im Gegenteil widerspricht dem die Tatsache, daß die ἀλλοίωσις selbst nur als eine Art der κίνησις gedacht und innerhalb dieser gerade der φορά entgegengesetzt wird.[2]

Die letzten Ansichten des Protagoras müssen notwendig schwankend bleiben, aber dieses Schwanken ist selbst nicht ohne Bedeutung. Es ist der äußere Ausdruck einer innerproblematischen Reduktion des Substanzbegriffs. Hat er diesen auch nicht eigentlich positiv festzulegen gesucht, so hat er doch die dogmatische Auffassung vom Wesen der Substanz erschüttern helfen, und das ist eine Leistung, deren Wert nicht verkannt werden darf, und die also gerade unser spezielles Problem zu illustrieren vermag. So schwierig wegen dieses Schwankens auch die historische Deutung sein mag, so kann, wenn wir darin selbst eine fortschreitende Reduktion des Substanzbegriffes sehen, nun auch den mannigfachen, einander scheinbar widersprechenden Deutungsversuchen der Geschichtsforschung Rechtens geschehen. In ihrer Verschiedenheit treffen sie zu für die verschiedenen Etappen des Protagoreischen Denkens. Diese Etappen sind freilich nicht selbst historische Etappen. Die geschichtliche Entwickelung des Protagoras ist zu unbestimmt, als daß wir sie in sichere Abschnitte gliedern könnten. Jene Etappen sind logische Etappen, Stufen der Reduktion. Als solche sind sie trotz ihrer negativen Tendenz doch bedeutsam: χρήματα als Gegenstände werden angenommen. Insofern ist es zunächst berechtigt, auch ein Etwas außerhalb der Wahrnehmung anzunehmen, auch wenn es in dieser nicht «an sich» erreicht wird. Und wenn sodann die χρήματα auch

---

[1] Platon, a. a. O., 182 d.
[2] A. a. O., 181 d.

in Bewegung aufgelöst werden, so bleiben sie doch als Bewegungen immerhin seiend, auch jetzt den Unterschied τῶν δὲ μὴ ὄντων wahrend. Endlich muß ihr Sein auf das Sein eines Wahrnehmungsinhaltes reduziert werden, da die Bewegung, konsequenterweise vom Ausgangspunkte der Wahrnehmung her, sich selbst reduziert auf bloße Wahrnehmungsbewegung.

4. Die wissenschaftliche Erkenntnis ist mit alledem freilich aufgehoben, da Wissenschaft eben allgemeingültige Erkenntnis, nicht bloße Wahrnehmung ist. Wenn möglich noch schärfer als bei Protagoras kommt das bei Gorgias zum Ausdruck. Speziell unser Problem, das Substanzproblem, scheint bei ihm noch mehr explizite und ausdrücklich abgetan zu werden. Allein, wenn auch gerade die neueste Forschung seine persönlichkeitsgeschichtliche Entwickelung in den Untersuchungen von Diels in manchem aufgehellt hat, so reicht er doch rein sachlich, weder im allgemeinen, noch im besonderen für unser spezielles Problem, an die Bedeutung des Protagoras heran. Er setzt ein mit gewissen eleatischen und naturphilosophisch-empedokleischen Bestimmungen des Seins[1] und sucht aus vermeintlichen Widersprüchen auf dialektischem Wege die Möglichkeit des Seins ausdrücklich zu widerlegen, während Protagoras an das Sein, wie Platon zeigt[2], nicht heranreicht, was freilich auch von einer vermeintlichen Widerlegung des Seins implizite ebenfalls gilt. In den Argumenten des Gorgias hat man insbesondere mit Recht einerseits Zenons[3], andererseits des Melissos[4] antithetische Gedankenführung bemerkt. Unrecht freilich wäre es, einem dieser beiden Denker nun die eigentlich sophistischen Argumentationen selbst zu vindizieren. Gorgias verwendet zwar deren Gedanken, aber er tut es ganz für seine eigenen Absichten, steht ihnen also in gewisser Weise wieder frei, oder wenn man will, original gegenüber. Seine Sophismen lassen sich gerade vom Standpunkte jener Denker

---

[1] Diels, Gorgias und Empedokles. Sitzungsber. d. Berl. Akad. d. Wissensch. 1884, I, S. 343 ff.
[2] Platon, Theät. 186 c.
[3] Bäumker, a. a. O., S. 108.
[4] Kinkel. a. a. O., S. 269.

so leicht durchschauen, daß wir hier seine Argumentationen ohne alle Weiterungen in ihrer bloßen Tatsächlichkeit nur kurz zu verzeichnen brauchen: Wohl auf Grund der alten Forderung der Unerschöpflichkeit des Seins postuliert Gorgias die Unendlichkeit des Seins, falls es ein Sein geben sollte. Nun sucht er zu beweisen, daß es nicht unendlich sein könne, weil es dann unräumlich sein müßte, da, was räumlich sein soll, auch im Raume begrenzt, also endlich sein müßte. Also kann es weder unendlich noch endlich sein, weil es, wenn es sein sollte, doch räumlich nicht sein dürfte, um unendlich sein zu können, und auf der anderen Seite, um überhaupt sein zu können, doch räumlich, damit aber auch eben im Raume begrenzt, also endlich sein müßte. Also kann es, wenn es sowohl endlich, wie unendlich, damit also, negativ ausgedrückt, weder endlich noch unendlich sein müßte, überhaupt nicht sein.[1] Auch könnte es weder eines noch vieles sein[2]: eines nicht, weil es dann unendlich sein müßte, was es nicht sein kann; vieles nicht, weil die Vielheit eine Vielheit des Einen sein müßte, das ja nicht sein kann, und weil die Mehrheit von Nichts auch Nichts ergibt. Das besagt der erste seiner berühmten Grundsätze: Es gibt kein Sein. Mit vorwiegend Protagoreischen Gedankenmitteln fügt er diesem die anderen beiden Sätze bei. Zweitens: Wenn es ein Sein gäbe, wäre es nicht erkennbar, weil die Vorstellung des Seins nicht das Sein selber erreichte. Drittens: Wenn es erkennbar wäre, so wäre seine Erkenntnis nicht mitteilbar, weil die Vorstellungen subjektiv blieben. Diese Sätze[3] stehen beherrschend an der Spitze seines Denkens. Seine Grundansicht, die in ihnen gipfelt, erscheint so als die Verneinung der Wissenschaft in vollendeter Form.[4]

---

[1] Sext. Emp. adv. math. VII, 68 ff.
[2] Arist. (Ps.) de Xenophane, Zenone et Gorgia VI, 979 b, vgl. Sext. Emp., a. a. O., VII, 73.
[3] Arist., a. a. O., V, 979 a: οὐκ εἶναί φησιν οὐδέν· εἰ δ' ἔστιν, ἄγνωστον εἶναι· εἰ δὲ καὶ ἔστι καὶ γνωστόν, ἀλλ' οὐ δηλωτὸν ἄλλοις; vgl. Sext. Emp., a. a. O., VII, 65.
[4] Vgl. Windelband, a. a. O., S. 73.

5. Die Sophisten stehen am Wendepunkte einer neuen philosophischen Epoche. Wie immer man über den Relativismus der älteren großen Sophisten denken mag, man wird nicht verkennen dürfen, daß sie selbst eine gewisse epochale Bedeutung haben; nicht als ob sie den Anfang einer neuen, sondern weil sie das Ende einer alten Epoche bezeichnen. Siebeck[1] hat darum durchaus recht, wenn er sagt: «es kann trotz der Tatsache, daß das Prinzip der Subjektivität bei den Sophisten zuerst durchgreifende Geltung bekam, die neue Epoche der Spekulation, welche mit dem Abschlusse der älteren Naturphilosophie allmählich eintrat, nicht mit der Sophistik begonnen werden. Letztere bezeichnet uns vielmehr die Auflösung und das Ende des althergebrachten Philosophierens und würde, wenn sie nicht einen Sokrates sich gegenüber gehabt hätte, das Ende des Philosophierens überhaupt bezeichnen.» Allein, sie bezeichnen dieses Ende dadurch, daß sie ihren Relativismus mit ehrlicher Konsequenz vertreten, mag die Konsequenz freilich erst von Platon zu Ende gedacht sein. Damit aber haben sie selbst dazu beigetragen, jeden Versuch, im Relativismus eine wissenschaftliche Position befestigen zu wollen, ad absurdum zu führen. Die ehrliche Konsequenz, daß der Positivismus überhaupt keine wissenschaftliche Position, daß wissenschaftlicher Positivismus eine contradictio in adjecto ist, erhebt die ältere Sophistik unendlich hoch über alle Schattierungen des relativistischen Positivismus, die die Geschichte nach dem Relativismus der Sophisten je wieder gezeitigt hat, die allermodernste Form, den Pragmatismus, nicht ausgenommen. Dadurch daß sie ein Ende bezeichnet, gab die Sophistik, und darin liegt der für eine gerechte historische Beurteilung nicht zu unterschätzende Wert, wenigstens den Impuls zu einem neuen Anfang, wenn auch nicht einen neuen Anfang selbst. Die positive Bedeutung der mannigfachen Richtungen vor der Sophistik lag in bezug auf die Erkenntnis darin, daß sie die objektive Bestimmung der Vernunft erkannten. Aber sie vermochten dieser Erkenntnis noch nicht die notwendige Erhär-

---

[1] Siebeck, Untersuchungen zur Philosophie der Griechen, S. 14.

tung und Bewährung zu geben; so nahe selbst freilich Demokrit einer solchen kam, so fand doch auch er in diesem Bestreben an dem ἐτεῆι der Atome seine Grenze.

Mag nun im Gegensatz dazu die Tendenz der Sophisten darin liegen, daß sie jede objektive Bestimmung aufzuheben suchen, und mag darin auch die ganze Schranke ihrer Bedeutung zum Ausdruck gelangen, so liegt darin eben doch eine Bedeutung: negativ der Nachweis der Unzulänglichkeit der Sinnenerkenntnis zur Wissenschaft, weil die Sinnenerkenntnis nie über das Prinzip der Subjektivität hinausgelangt, die Wissenschaft aber allgemeingültige Erkenntnis ist; positiv der Umstand, daß mit der Leugnung allgemeingültiger Erkenntnis implizite diese selbst zum Problem gemacht wird. Man bleibt freilich bei dem impliziten Problem stehen. Die explizite Problemstellung wird erst erreicht innerhalb jener einzigartigen gedanklichen Richtung, die den Höhepunkt des antiken Denkens überhaupt bezeichnet, der wir uns nunmehr zuwenden. Hier liegt in der Tat ein neuer Anfang des Philosophierens vor. Aber wenn auch die Sophistik selbst keinen solchen bezeichnet, daß sie doch, wie wir sagten, dazu einen Impuls gegeben hat, das gibt ihr in der Geschichte, ob sie dieser schon ein Ende bedeuten muß, doch eine bleibende Stellung.

Sechstes Kapitel.
Der Substanzbegriff innerhalb des Systems des Idealismus.

So hoch man immer auch das Verdienst von Sokrates' Kampf gegen die Sophistik und ihren Relativismus veranschlagen und seine Bedeutung für die allgemeine Geschichte des Denkens einschätzen mag, so dürfte er doch für unseren speziellen Zusammenhang nicht sonderlich in Betracht zu kommen scheinen. Sucht man doch des Sokrates Bedeutung ausschließlich auf dem Gebiete der praktischen Philosophie, während wir es hier mit einem rein theoretischen Problem zu tun haben. Allein man bedenke: Ist auch der Inhalt des philosophischen Interesses rein ethischer Natur, so erzeugt sich aus ihm doch die theoretische Grundform des echt wissenschaftlichen Bewußtseins.[1] Und gerade diese Gewinnung der theoretischen Grundform ist es, in der er seinen bleibenden Wert und seine übergeschichtliche Bedeutung besitzt, durch die er aber auch seine geschichtliche Wirksamkeit für Platon erlangt hat, wohingegen gerade der ethische Inhalt, in dem man auch heute noch vielfach seine Bedeutung erblicken zu sollen meint, den vergänglichen Teil seiner Lehre bildet.

Hält man zunächst auch nur das fest, so dürfte es ohne weiteres auch für jede geschichtlich-theoretische Untersuchung geboten sein, nicht vorschnell an der Erscheinung des Sokrates vorüberzugehen. Sieht man sich aber seinen Kampf gegen die

---

[1] Vgl. dazu Schleiermacher: «Über den Wert des Sokrates als Philosophen», III, S. 287 ff.; ferner Windelband: «Sokrates» in «Präludien», S. 54 ff., und Gesch. d. Philos., S. 76 ff.

Sophistik noch näher an, so entdeckt sich eine Tendenz, die jedem theoretischen Problem implizite zugute kommen muß, auch wenn dieses nicht explizite zur Erörterung bei ihm gelangt. Die theoretische Resignation des Sokrates hat ihre Bedeutung nicht zum wenigsten darin, daß er den Sophisten die Relativität der Meinung des Einzelnen zunächst wohl unumwunden zugesteht, ja ihr Nicht-Wissen wo möglich noch überbietet. Aber zugleich weiß er um sein Nicht-Wissen. Und dieses Wissen seines Nicht-Wissens führt ihn derart über die sophistische Negation hinaus, daß er sowohl ihrem Nicht-Wissen sein Wissen, wie ihrem Wissen sein Nicht-Wissen entgegenzusetzen vermag. Denn das Wissen von der Relativität ist doch von der Relativität selbst zu unterscheiden und ist doch selbst ein Wissen. Der zugestandenen Relativität der Ansicht des Einzelnen, wie sie seine zufällige Lage ergibt, stellt er so eine über alle zufällige Bedingtheit erhabene Notwendigkeit des Wissens gegenüber. Diese ist nicht in den Dingen und Gegenständen des Wissens, die als solche eben nichts als relative Bestimmungen ermöglichen, sondern in der Selbsterkenntnis der Vernunft verbürgt. Und erst von ihr aus erlangen die Gegenstände des Wissens selbst ihre Bestimmtheit. Daß er so dem Relativismus gegenüber die Vernunft in ihre Rechte eingesetzt, darin hat man von je die wahre Bedeutung des Sokrates gesehen. Allein an die Vernunft hatten auch Denker vor Sokrates appelliert, fast alle Denker vor den Sophisten. Das Entscheidende der einzigartigen Tat des Sokrates liegt darin, wie er das Recht der Vernunft fordert, nicht also darin, daß er es fordert: Aus der Vernunft soll entschieden werden, was jedes ist.[1] In seinem Sein kann also jedes nur bestimmt werden durch die Vernunft. Von der Idee der Vernunft schreitet er also fort zur Bestimmungsweise durch die Vernunft. Freilich könnte es scheinen, als ob ihm hierin bereits die Pythagoreer vorangegangen seien, die vom Denken selbst zu Bestimmungsweisen des Denkens (als welche sie die Zahlen erkannten) fortschritten. Allein will man mit einem Worte des Sokrates eigenen Fortschritt über diese Position

---

[1] Siehe z. B. Platon, Protag. 313 c, Phaedr. 262 b.

bezeichnen, so liegt er darin, daß er diese Bestimmungsweise des Denkens selbst bestimmt, und zwar bestimmt als Begriff. Er entdeckt den Begriff selbst und fordert begriffliches Wissen, als die Grundform aller Wissenschaft, als Instrument auch des Wissens vom Wissen selbst. Das ist seine ewige Bedeutung, daß er die zeitliche Meinung, die als solche lediglich relativ ist, an die ewige Gesetzmäßigkeit des begrifflichen Denkens verweist, um in sich selbst Ewiges wenigstens zum Ausdruck zu bringen. Hatten auch die Denker vor Sokrates das anschauliche Sein auf das begriffliche bezogen, so hatten sie das doch immer nur im impliziten Verfahren gehandhabt. Sie hatten nicht den «Begriff des Begriffes»[1] und damit nie den Begriff als solchen gewonnen. Ihn hat Sokrates entdeckt, in seiner tiefsten Bedeutung erkannt, d. h. im «Begriff des Begriffes» selbst erfaßt. Er ist das Allgemeine der Vernunftbestimmung, und zwar dies im doppelten Sinne, nicht nur insofern, als die Menschen gemeinsam daran teilhaben und nach Abzug der relativen und subjektiven Meinungen dazu psychologisch gelangen, sondern auch insofern, als er auch die Gegenstände der Erkenntnis als solche gemeinsam bestimmt; bestimmt also, nicht bloß, was wir gemeinsam denken, sondern was jedes ist, so daß wir es gemeinsam zu denken haben. Die Begriffe sind Vernunftgrundlagen der Erkenntnis, sind λόγοι innerhalb des λόγος selbst.

Das ist die epochemachende Position des Sokrates. Sie muß man bestimmt gefaßt haben, um die Leistung Platons historisch zu verstehen. Von ihr aus allein können wir uns aber auch der Gestaltung nähern, die Platon unserem Problem gegeben hat. Und diese Position des Sokrates ist es, die Platon, wie keiner sonst im Altertum, erfaßt, die er in das von ihm selbst entworfene Bild auch der Persönlichkeit seines Lehrers getreulichst einzeichnet und zu seinem eigenen Ausgangspunkte

---

[1] Diese Gewinnung des «Begriffs des Begriffes» ist mit seltener Einmütigkeit als die Tat des Sokrates in der wissenschaftlichen Geschichte der Philosophie, seit es überhaupt eine solche gibt, von Hegel und Schleiermacher bis auf unsere Zeit, bis auf Windelband, Zeller, Natorp, Kinkel usw. anerkannt worden.

macht. Wenn Sokrates «nicht zu wissen glaubt, was er in Wahrheit nicht weiß»[1], so weiß Platon dieses scheinbar bloß persönliche Bekenntnis in seiner ganzen sachlichen Bedeutung richtig einzuschätzen: als Besinnung auf das Wissen selber, als den ersten großen Schritt zum Selbstbewußtsein des Wissens von seinem Nichtwissen.[2] Zugleich weiß er, daß damit Sokrates die ewige Frage nach dem «Werte» der menschlichen Weisheit überhaupt aufrollt. Mag diese dem Lehrer auch «sehr wenig wert oder gar nichts» gelten[3], so weiß sein großer Schüler dieses Werturteil doch in seinem tiefsten Sinne zu deuten und richtig zu beziehen. Die Weisheit steht hier in Rede nur in dem Sinne des Wissens von den «Dingen am Himmel und unter der Erde»[4] oder der Erforschung «der Unterwelt».[5] Dafür tut sich hier jene innere Weisheit auf, die aus der «Selbstprüfung» erwächst; und daß Sokrates gerade dieser «Weisheit und Selbstprüfung sein Leben widmet»[6], das bestimmt dem Bilde, wie es sich im Bewußtsein Platons malt, ausschließlich den Charakter. Nicht die Kenntnis der äußeren sinnfälligen Dinge, sondern die innere notwendige Bestimmung des Selbstbewußtseins wird ihm zur Grundlage der Entscheidung über den Wert der Weisheit und damit zur Weisheit selbst. Die Forderung der «Selbstbesinnung und Wahrheit für die Seele, auf daß diese sich aufs beste befinde»[7], gilt es zu erfüllen. In diesem Sinne gilt Sokrates dem Platon als «der unermüdliche Erwecker und überzeugende Anreger für einen jeden Einzelnen»[8] im Leben. Denn ihm handelt es sich nicht bloß um das Leben, sondern um das Gutleben.[9] Das Leben als solches gilt nichts,

---

[1] Apol. 21 d: ἃ μὴ οἶδα οὐδὲ οἴομαι εἰδέναι.
[2] Ebenda 22 d: ἐμαυτῶι γὰρ ξυνήιδειν οὐδὲ ἐπισταμένωι.
[3] Ebenda 23 a: ὅτι ἡ ἀνθρωπίνη σωφία ὀλίγου τινὸς ἀξία ἐστὶν καὶ οὐδενός.
[4] Ebenda 23 e: τὰ μετέωρα καὶ τὰ ὑπὸ γῆς.
[5] Ebenda 29 b: τῶν ἐν ᾍδου.
[6] Ebenda 28 e: φιλοσοφοῦντά μὲ δεῖ ζῆν καὶ ἐξετάζοντα ἐμαυτόν.
[7] Ebenda 29 e: φρονήσεως δὲ καὶ ἀληθείας καὶ τῆς ψυχῆς ὅπως ὡς βελτίστη ἔσται.
[8] Ebenda 30 e: ἐγείρων καὶ πείθων καὶ ὀνειδίζων ἕνα ἕκαστον οὐδὲ παύομαι.
[9] Kriton. 48 b: οὐ τὸ ζῆν ... ἀλλὰ τὸ εὖ ζῆν.

es hat nur Wert, wenn es ein richtiges Leben ist. Die Fürsorge (um das Leben) ist nur dann viel wert, wenn sie irgendwie einem Kriterium des Richtigen gemäß sein könnte; könnte sie das aber nicht, dann wäre sie je größer, desto nichtiger.[1] Denn ich will «nichts anderem von mir gehorchen, als jenem Ausspruch der Vernunft (λόγωι), der sich meinem vernünftigen Nachdenken als der beste enthüllt».[2] Darum gilt es, daß man nicht alle Meinungen der Menschen respektiert, sondern nur die einen; die anderen aber nicht[3]: nämlich nur die wertvollen.[4] Wertvoll aber sind nur diejenigen der Vernünftigen, der Selbstbesonnenen.[5] Das aber ist nicht die Menge, sondern einzig derjenige, der sich auf Recht und Unrecht versteht, und die Wahrheit selbst.[6] Nur so gelangt man vom bloßen Leben zum Gutleben. Das ist «ein Vernunftsatz, der bleibt».[7] Zu ihm führt «gemeinsame Überlegung».[8]

2. Diese kritische «Prüfung» des «Wertes» der Weisheit, die daraus hervorgehende Unterscheidung des äußeren Wissens und der Erkenntnis des Selbstbewußtseins, sowie diejenige der δόξα und des λόγος, die Bestimmungen der φρόνησις und der ἀλήθεια werden für Platons eigenes Verfahren im allgemeinen ebenso bedeutsam, wie für unser spezielles Problem, das sich nur aus dem Geiste des ganzen Platonismus in seiner tiefsten Bedeutung verstehen läßt.

[1] Kriton. 46 b: ἡ προθυμία σου πολλοῦ ἀξία, εἰ μετά τινος ὀρθότητος εἴη · εἰ δὲ μή, ὅσωι μείζων, τοσούτωι χαλεπωτέρα.
[2] Ebenda: τῶν ἐμῶν μηδενὶ ἄλλωι πείθεσθαι ἢ τῶι λόγωι, ὅς ἄν μοι λογιζομένωι βέλτιστος φαίνεται.
[3] A. a. O., 47 a: ὅτι οὐ πάσας χρὴ τὰς δόξας τῶν ἀνθρώπων τιμᾶν, ἀλλὰ τὰς μέν, τὰς δοὐ.
[4] Ebenda: τὰς χρηστάς.
[5] Ebenda: τῶν φρονίμων. Hier liegen auch schon die ersten Ansätze für die später (Menon 85 c—86 a und Sympos. 202 a) scharf hervortretende Bestimmung, daß der λόγος es ist, der auch die richtige Meinung, die immerhin doch bloß Meinung ist, von der wahren Erkenntnis und Selbstbesonnenheit unterscheidet.
[6] A. a. O., 48 a: οἱ πολλοὶ ... ἀλλ' ... ὁ ἐπαΐων περὶ τῶν δικαίων καὶ ἀδίκων, ὁ εἷς καὶ ἡ ἀλήθεια.
[7] A. a. O., 48 b: οὗτος τε ὁ λόγος ... μένει.
[8] A. a. O., 48 d: σκοπῶμεν κοινῆι.

Wie Sokrates, so geht freilich auch Platon zunächst von rein ethischen Fragestellungen aus: Tugend, Tapferkeit, Besonnenheit, Frömmigkeit, das scheinen die Themata zu sein, die in erster Linie behandelt werden sollen. Allein der ethische Inhalt der Untersuchung ist zunächst wenigstens so sehr von der logischen Form beherrscht, daß das «Wie», genau wie das auch bei Sokrates der Fall war, für unseren Betracht das «Was» an Wert unendlich überwiegt; und das wiederum so sehr, daß das, was sich in der Darstellung als Inhalt gibt, das Ethische nämlich, der Sache nach selbst als Form und Einkleidung für einen Sachgehalt, das Logische nämlich, erscheinen, das seinerseits in darstellerischer Hinsicht lediglich selbst als Form ansprechen könnte. Für den, der nicht unter die Oberfläche zu blicken vermöchte, könnte daher wohl die Frage nahe liegen, was denn das Substanzproblem mit der Erörterung darüber, ob die Tugend lehrbar sei oder nicht, eigentlich zu schaffen habe, wenn wir hier diese Erörterung des Platonischen «Protagoras» kurz berühren. Allein dem Tieferblickenden wird es nicht entgehen, daß Platon gerade hier aus der Unterscheidung von «Tugendhaft-Werden» und «Tugendhaft-Sein» zunächst zwar in ganz elementarer Weise und doch mit voller Schärfe überhaupt die Unterscheidung von Werden und Sein gewinnt.[1] Wir scheinen also von Anfang an mit den Grundbestimmungen des Substanzbegriffes verflochten zu werden. Zugleich aber werden schon von hier aus jene ersten richtungweisenden Impulse gegeben, die in der Entwickelung des Platonischen Denkens eine für die Gewinnung des begrifflichen Gehaltes gerade des Substanzproblems entscheidende Entfaltung erlangen sollten. Wenn Platon hier betont, daß die «Tugend nicht lehrbar sei»[2], und daß sie dennoch ein Wissen, eine Erkenntnis (ἐπιστήμη) sei[3], so hat er, wie schon Schleiermacher richtig gesehen[4], mit voller Kraft den Unterschied zwischen dem praktischen Wissen und dem technischen statuiert. «In allem, was lehrbar und lernbar

---

[1] Protag. 340c: ἔστιν δὲ οὐ ταὐτόν ... τὸ εἶναι καὶ τὸ γενέσθαι.
[2] A. a. O., 320a: οὐχ ἡγοῦμαι διδακτὸν εἶναι ἀρετήν.
[3] Ebenda 352b.
[4] Vgl. Schleiermachers Einleitung zum Charmides, S. 6.

ist»[1], wird der «Fachmann» (δημιοῦργος) befragt; so hält man es in allen Dingen der Technik.[2] In allen Dingen der ἀρετή aber darf ein jeder raten, «ohne bei irgendeinem Lehrmeister in die Schule gegangen zu sein».[3] Mit diesem Gegensatz von lehrbarem und unlehrbarem Wissen, von bloßer Fertigkeit (τέχνη) und Tugend (ἀρετή) ist zum mindesten eine gewaltige Einsicht gewonnen, eben die Einsicht, daß es ein Wissen gibt, das kein Mensch lehren und kein Mensch erlernen kann, das wir von keinem anderen also bloß zu empfangen und zu nehmen brauchten, wie man ein Geschenk oder eine Gabe annimmt und empfängt.

Damit ist zunächst freilich nur eine Negation erreicht. Aber die Position liegt schon nahe: Gibt es ein Wissen, das du von keinem anderen erhalten kannst, so siehe zu, ob es dir nicht kund wird, «indem du in dich selber schaust». Und diese Position ist bald gewonnen.[4] Dieses In-sich-selbst-Schauen ist ein Sich-selbst-Erkennen, ein Auf-sich-selbst-Besinnen, ist Selbstbesonnenheit, σωφροσύνη. Sie ist das «sich-selbst-Kennen».[5] Darum ist «das ‚Erkenne dich selbst' und das ‚Sei besonnen' dasselbe».[6] In der σωφροσύνη ist, wie ebenfalls schon Schleier-

---

[1] Protag. 319 c/e: μαθητά τε καὶ διδακτά . . .

[2] Ebenda: περὶ μὲν οὖν ὧν οἴονται ἐν τέχνηι εἶναι, οὕτω διαπράττονται.

[3] A. a. O., 319 d/e: οὐδαμόθεν μαθών, οὐδὲ ὄντος διδασκάλου οὐδενὸς αὐτῶι. Merkwürdigerweise hat man die These: Tugend sei Wissen und doch nicht lehrbar, selbst nachdem Schleiermacher sie bereits in der im Texte bezeichneten Weise richtig gedeutet, als einen Fall Sokratischer Ironie und Paradoxie aufgefaßt. Neuerdings hat Natorp in seinem Werke: Platons Ideenlehre. Eine Einführung in den Idealismus S. 13 sehr zutreffend gegen diese Auffassung bemerkt: «Den Konflikt dadurch wegbringen, daß man die These der Nichtlehrbarkeit als Ironie deutet, heißt dem Dialog das Rückgrat ausbrechen». In der Tat würde man dem Dialog mit dieser Auffassung allen Sinn nehmen. Und die ganze Auffassung wird selbst um so unverständlicher, je verständlicher die scharfe Unterscheidung zwischen τέχνη und ἀρετή den eigentlichen Sinn ergibt. — Später erhält der Begriff der τέχνη freilich selbst eine höhere Bedeutung. Er wird zur dialektischen Wissenskunst im Unterschiede vom bloßen Erfahrungswissen, der ἐμπειρία.

[4] Charmides, 160 d: εἰς σεαυτὸν ἀποβλέψας.

[5] Ebenda 164 d: αὐτὸ τοῦτο . . . εἶναι σωφροσύνην τὸ γιγνώσκειν ἑαυτόν.

[6] Ebenda 164 e: τὸ γὰρ Γνῶθι σαυτὸν καὶ τὸ Σωφρόνει ἔστι μὲν ταὐτόν.

macher bemerkt, die «ethische Begriffseinheit»[1] erreicht. Denn ist Tugend das Wissen des In-sich-selbst-Schauens, so hat sie in dem In-sich-selbst-Schauen ihre Einheit. Allein weit mehr als durch diese ethische Bestimmung ist hier durch ein rein theoretisches Problem erreicht: Zunächst freilich durch ein Problem, noch nicht durch eine Lösung dieses Problems; immerhin aber auch wenigstens durch eine wesentliche Vorarbeit für die Lösung. Da die Tugend ein Wissen ist, das in der Selbstbesonnenheit ermittelt und erkannt wird, so ist diese selbst eine «Erkenntnis der Erkenntnis».[2] Damit ist das Fundamentalproblem Platons formuliert. Allein zunächst noch erscheint es in seiner ganzen Schwierigkeit und Komplikation: Jede Erkenntnis ist eine «Erkenntnis von etwas»[3] eines Gegenstandes, der erkennbar ist. Welches ist nun der Gegenstand der Erkenntnis der Erkenntnis? Dem technischen Wissen, das zugleich technische Erzeugnisse hervorbringen soll, wie die Baukunst und Webekunst, ist jene nicht verwandt. Eher ist sie der Mathematik vergleichbar. Diese aber hat doch selbst immer bestimmte Gegenstände, wie das Gerade, das Ungerade, Größen, Mengen usw.[4] Aber hat die Erkenntnis der Erkenntnis nicht bloß sich selbst zum Gegenstande, und kann sie das haben, ist das überhaupt möglich? Es gibt doch kein Hören des Hörens, kein Sehen des Sehens, kurz keine «Empfindung der Empfindung».[5] Und weiter: «Wenn diese Erkenntnis sich nicht auf einen erkennbaren Gegenstand»[6] bezieht, dann muß sie

---

[1] Vgl. Schleiermacher, a. a. O., S. 3.

[2] Charmides, 166 c: ἀλλ' αἱ μὲν ἄλλαι πᾶσαι ἄλλου εἰσὶν ἐπιστῆμαι ἑαυτῶν δ'οὔ. Ἡ δὲ μόνη τῶν τε ἄλλων ἐπιστημῶν ἐπιστήμη ἐστὶ καὶ αὐτὴ ἑαυτῆς.

[3] Ebenda 166 a: τίνος ἐστιν ἐπιστήμη ἑκάστη τούτων τῶν ἐπιστημῶν, ὃ τυγχάνει ὂν ἄλλο αὐτῆς τῆς ἐπιστήμης.

[4] Ebenda.

[5] Ebenda 167 c/d. Außer der einzelnen Entgegensetzung der ἐπιστήμη τῶν ἄλλων ἐπιστημῶν καὶ ἑαυτῆς zu der unmöglichen ἑαυτῆς δὲ καὶ τῶν ἄλλων ὄψεων ὄψις und der αὐτῆς δὲ καὶ τῶν ἄλλων ἀκοῶν ἀκοή wird hier der prinzipielle Gegensatz besonders scharf erreicht gegenüber der allgemeinen αἰσθήσεων μὲν αἴσθησις καὶ αὑτῆς. Hier setzt also die prinzipielle Unterscheidung von Empfinden und Denken ein.

[6] Ebenda 168 a: ἥτις μαθήματος μὲν οὐδενός ἐστιν ἐπιστήμη. — καὶ ἔχει τινὰ τοιαύτην δύναμιν ὥστε τινὸς εἶναι ...

doch immer auf sich selbst bezogen bleiben, und Gegenstand der Erkenntnis und Erkenntnis selbst, die doch unterschieden werden sollen, wären in einer bloßen Selbstbeziehung eben nicht mehr unterschieden. Eine solche Selbstbeziehung ist aber doch nicht möglich. Denn jede Beziehung setzt ja nicht bloß etwas voraus, das bezogen wird, sondern auch etwas, auf das jenes bezogen wird und umgekehrt; wie das Größere auf ein Kleineres bezogen wird und umgekehrt.[1] Hat die σωφροσύνη aber keine bestimmten Gegenstände, wie die Medizin das Gesunde, die Baukunst das zum Bauen Gehörige[2], so ist sie doch bloß ein Wissen, «daß man weiß, aber nicht ein solches von dem, was man weiß».[3] Ein solches Wissen ist endlich doch nicht bloß im Verhältnis zu allem Einzelwissen, dem es selbst hilf- und ratlos gegenübersteht[4], wertlos, sondern auch an sich sinnlos, da man ja überhaupt nicht wissen kann, ohne etwas zu wissen.

Alle diese Schwierigkeiten, ja Aporien, haften dem Begriffe der Erkenntnis der Erkenntnis an. Dennoch bleibt er als Problem bestehen.[5] Und darin liegt sein schlechthin unvergäng-

---

[1] Ebenda b.
[2] Ebenda 170 c.
[3] Ebenda 170 d: οὐκ ἄρα σωφρονεῖν τοῦτ' ἄν εἴη, οὐδὲ σωφροσύνη, εἰδέναι ἅτε οἶδε καὶ ἃ μὴ οἶδεν, ἀλλ', ὡς ἔοικεν, ὅτι οἶδε καὶ ὅτι οὐκ οἶδε μόνον.
[4] Ebenda 171 a/b.
[5] Zum Unterschiede von Natorp (a. a. O., S. 25) möchte ich sagen, daß das Problem als Problem selbst in der Form bestehen bleibt, die Nikias ihm im Dialog gegeben. Was dieser sich unter der «Erkenntnis der Erkenntnis» denkt, d. h. der Inhalt des Problems ist damit freilich nicht bestimmt. Diesen Inhalt inauguriert in der Tat erst Sokrates. Aber zu voller Entfaltung, im positiven Sinne bringt auch er ihn in diesem Dialoge nicht. Ich kann darum die Ansicht Natorps nicht teilen: der «vom Mitunterredner aufgestellte Begriff der Selbsterkenntnis, wonach sie, im Unterschiede von aller Erkenntnis eines bestimmten Objektes und abseits von dieser, nur die Erkenntnis bedeuten soll, ob man erkennt, oder nicht, dieser wird nicht etwa bloß zweifelhaft gemacht, sondern gänzlich vernichtet». In Wahrheit kann es sich doch im Begriffe des Erkennens des Erkennens, der ja auch nach Natorps Auffassung nicht «preisgegeben» (S. 24) wird, noch nicht um ein «bestimmtes Objekt» handeln. Wenn das nun auch nach Natorps Darstellung manchmal so scheint, indem er (auch auf S. 27) das «bestimmte Objekt» besonders betont wissen will, so scheint mir gerade die Ausschaltung des bestimmten Gegenstandes von der größten Bedeutung, weil, wie ich im Texte ausführe, dadurch Raum gewonnen

licher Wert. Die σωφροσύνη als Erkenntnis der Erkenntnis hat keinen bestimmten Gegenstand. Das unterscheidet sie von allem Wissen der αἴσθησις, an die jene bestimmten Wissenschaften, wie Baukunde, Medizin, Politik usw., verwiesen sind. Und doch wäre sie nichts ohne einen Gegenstand überhaupt. Mit dem Namen des Guten wird dieser zum Schluß des Charmides bereits angedeutet.[1] Wird so die σωφροσύνη auch von aller Einzelinhaltlichkeit der Empfindung entkleidet, so bleibt die Forderung nach einem Gegenstande überhaupt doch bestehen. Denn nicht bloß um zu wissen, was man weiß (im

wird für einen Gegenstand überhaupt. Daß Platon den Gegenstand überhaupt vom bestimmten Gegenstande bleibend unterschieden und in der Tat das Problem als Problem im kontinuierlichen Fortgang seines Denkens bewahrt hat, dafür spricht Politeia, 483c ausdrücklich: ἐπιστήμη μὲν αὐτή μαθήματος αὐτοῦ ἐπιστήμη ἐστὶν ἢ ὅτου δεῖ θεῖναι τὴν ἐπιστήμην, ἐπιστήμη δέ τις καὶ ποιά τις ποιοῦ τινος καὶ τίνος, wo deutlich wird, daß die Erkenntnis überhaupt die Erkenntnis eines Erkenntnisgegenstandes überhaupt oder dessen, worauf sie sich bezieht, ist, und daß eine bestimmte Erkenntnis aber die Erkenntnis eines bestimmten Gegenstandes ist. Verstehe ich Natorp an einer andern Stelle recht, so dürfte meine Auffassung vielleicht aber dennoch mit einer andern von ihm gegebenen Deutung zusammenstimmen, die er (auf S. 26) folgendermaßen formuliert: «Die Selbsterkenntnis müsse zwar nicht mit der Erkenntnis eines sonstigen besonderen Objektes, wohl aber mit der eines letzten Objektes, des Guten, zusammenfallen». Dieses «letzte Objekt» ist offenbar also doch kein bestimmtes, sondern ein allgemeines, das man eher als bestimmend bezeichnen könnte, oder, wie ich es mit Rücksicht auf Platons eigene obige Worte nenne, «Gegenstand überhaupt». Wenn ich so vielleicht zu einer Übereinstimmung mit Natorp glaube auf der einen Seite gelangen zu können, so ist mir nur auf der anderen Seite nicht recht klar, ob und welchen Unterschied er zwischen dem «besonderen» und «bestimmten» Objekt macht. Unterschieden müßten diese beiden doch wohl werden, wenn anders er nicht das, was er das «letzte Objekt» nennt, von dem «bestimmten» wieder unterscheidet. Immerhin scheint es mir notwendig, hier nicht von einem bestimmten Objekt, sondern vom Objekt überhaupt, oder von der Bestimmtheit überhaupt, die wir zunächst bald unter dem Namen der ποιότης kennen lernen werden, zu sprechen. — Daß auf diese Unterscheidung aber, wie ich sie hier gemacht habe, zwischen Gegenstand überhaupt und bestimmtem Gegenstand zu dringen ist, das wird man vielleicht besonders begreiflich finden, wenn man bedenkt, daß etwa in der neueren Zeit die Entscheidung der viel gepflogenen Kontroverse nach Fichtes veränderter Lehre gerade an dieser Unterscheidung hängt.

[1] Charm. 174d. Vergl. den in der vorigen Anmerkung zuletzt zitierten Satz Natorps.

Einzelwissen), sondern auch schon um zu wissen, daß man weiß, dazu muß man auch wissen, was es heißt, daß man weiß, damit man eben die Erkenntnis auch von dem, was nicht Erkenntnis ist, unterscheiden könne.[1] Es ist also eine begriffliche Bestimmung vom Erkennen selbst schon vorausgesetzt. Und wenn sich von hier aus auch nur die Frage nach der Möglichkeit[2] zu ergeben scheint, so ist diese Frage für den Anfang selbst schon Ergebnis genug. Indem die σωφροσύνη zu ihr führt, steht sie, als Problem wenigstens, in der Tat allen übrigen Erkenntnissen vor, geht ihnen logisch begrifflich voran.[3] Es ist zunächst genug, daß die Frage nach der Möglichkeit dieser Erkenntnis überhaupt gestellt wird, mag sie auch noch nicht beantwortet werden. Denn daß sie auch nur gestellt wird, das muß als Ziel den Begriff der Erkenntnis involvieren. Und wenn auch dieses Ziel nicht etwa gleich erreicht wird, so gibt es doch der Bewegung des Denkens auf das Ziel schon eine bestimmte Richtung. Denn es führt durch den Begriff selbst hindurch.

Darin liegt die rein logische Bedeutung aller der zunächst ethischen Fragestellungen, die oft für die Darstellung den Mittelpunkt bilden: Da wird gefragt nach dem, «was sie wohl ist und was für ein Wiebeschaffenes eben die σωφροσύνη»[4] oder, «was sie wohl selbst sei, die Tugend»[5] und «was sie denn sei»[6]; oder was die Tapferkeit[7], «welches Wiebeschaffene das Fromme»[8], sogar «was denn eigentlich ein Sophist[9] ist». Alles das gilt es «abzugrenzen»[10], wie der terminus technicus lautet,

[1] Ebenda 170a: διαιρεῖν ... ὅτι τούτων τόδε μὲν ἐπιστήμη, τὸ δ'οὐκ ἐπιστήμη.
[2] Ebenda 167b: εἰ δυνατόν ἐστι τοῦτο εἶναι ἢ οὔ, τά, ἃ οἶδε, καὶ ἃ μὴ οἶδεν, εἰδέναι ὅτι οἶδε καὶ ὅτι οὐκ οἶδεν. — Und ausdrücklich als offene Frage: 169a/b: εἰ δυνατόν ἐστι τοῦτο γενέσθαι, ἐπιστήμης ἐπιστήμων εἶναι.
[3] Ebenda 174e: σωφροσύνη ... ἐπιστατεῖ δὲ καὶ ταῖς ἄλλαις ἐπιστήμαις.
[4] Ebenda 159a: ὅτι ἐστὶ καὶ ὁποῖόν τι ἡ σωφροσύνη.
[5] Protag. 360b: τί ποτ' ἐστὶν αὐτό, ἡ ἀρετή.
[6] Laches, 190b: ὅ τί ποτ' ἐστιν ἀρετή.
[7] Ebenda: ἀνδρεία τί ποτ' ἐστί.
[8] Euthyphron, 5c/d: ποῖόν τι τὸ εὐσεβὲς εἶναι.
[9] Protag. 312c: ὅ τι ποτε ὁ σοφιστής ἐστιν.
[10] Laches, 194c: ὁρίζεσθαι τὴν ἀνδρείαν.

d. h. begrifflich zu bestimmen. Was nun auch immer im Einzelnen die Begriffsbestimmung ergeben mag, das kommt für unseren Zusammenhang, so interessant es an sich oft auch ist, nicht in Betracht. Was sich daraus aber für den Begriff überhaupt ergibt, das ist für uns von entscheidender Bedeutung. Denn durch ihn wird der noch unbestimmt gelassene Gegenstand der Erkenntnis bestimmt. Weil er aber für den Gegenstand eine bestimmende Bedeutung hat, so ist er selbst kein bestimmter Gegenstand, insbesondere ja nicht etwa ein einzelnes Ding.

Dem Einzelnen und Besonderen gegenüber ist er ein Allgemeines und Gemeinsames, etwas, das für die Erkenntnis das Einzelne zu dem macht, was es in der Erkenntnis ist. Und so mannigfaltig und verschieden bloß für sich betrachtet alles Einzelne unter sich sein mag, so verschieden z. B. die eine tapfere Handlung von der anderen sein mag, so verschieden auch die eine fromme Handlung von der anderen sein mag, das, was jene einzelnen tapferen Handlungen eben als tapfer, diese einzelnen frommen Handlungen als fromm zu bestimmen ermöglicht, so daß wir sagen können: dieses und jenes ist tapfer, dieses aber und jenes nicht; oder: dieses und jenes ist fromm, dieses aber und jenes nicht, das ist der Begriff der Tapferkeit und der Begriff der Frömmigkeit. Er bestimmt also, was seiend in allem Einzelnen dasselbe ist.[1] Es ist dasselbe z. B. in jeder tapferen und in jeder frommen Handlung. Was in allem Einzelnen aber dasselbe ist, das ist auch mit sich selbst dasselbe, in sich eines, identisch. Wenn das Fromme in jeder einzelnen Handlung mit sich selbst dasselbe und das Ruchlose zwar das Gegenteil von allem Frommen, sich selbst aber gleich ist, so daß alles Ruchlose im Einzelnen doch in bezug auf die Ruchlosigkeit eine gewisse Gestalt (τινὰ ἰδέαν) hat[2], so wird die Mit-sich-Selbheit, die Identität des Begriffes mit sich selbst besonders durch seinen Gegensatz deutlich. Zugleich aber wird

---

[1] Laches, 191 e: τί ὂν ἐν πᾶσι τούτοις τ'αὐτόν ἐστιν.
[2] Euthyphron, 5 c/d: ταὐτόν ἐστιν ἐν πάσηι πράξει τὸ ὅσιον αὐτὸ αὑτῶι. — καὶ τὸ ἀνόσιον αὖ τοῦ μὲν ὁσίου ἐναντίον, αὐτὸ δὲ αὑτῶι ὅμοιον καὶ ἔχον μίαν τινὰ ἰδέαν κατὰ τὴν ἀνοσιότητα πᾶν, ὅτι περ ἂν μέλληι ἀνόσιον εἶναι.

er hier zur «Idee» vertieft, als der bestimmenden in sich selbst gleichen Gestalt, in bezug auf die gleich sein muß, was untereinander gleich sein soll, und in bezug auf die und zugleich ihren logischen Gegensatz verschieden sein muß, was untereinander verschieden und entgegengesetzt ist.

Diese ἰδέα, das εἶδος, wie sie noch heißt, ist aber nicht Gestalt, wie es dieses oder jenes Ding ist. Sie würde dann ja wieder nur zu einem solchen Einzelnen, das durch sie selbst erst bestimmbar wird. In der Idee der Frömmigkeit z. B. handelt es sich nicht selbst wieder um eine bestimmte fromme Handlung, nicht um die frommen Handlungen, die man etwa nacheinander herzählen könnte[1], nicht also um «ein Einzelnes oder Zwei von dem vielen Frommen, sondern um jene Gestalt, durch die alles Fromme fromm ist».[2] Sie ist nicht ein Frommes unter anderem Frommen, sondern das εἶδος des Frommen selbst, das Fromme überhaupt. Ein einzelnes Fromme steht jedem anderen Frommen selbst als etwas anderes gegenüber. Das Fromme selbst ist in allem Einzelnen dasselbe, es ist nicht eines neben anderem, sondern Eines in allem. Es ist eine einzige Gestalt, durch die alles Fromme fromm, und wieder eine, durch die alles Unfromme unfromm ist.[3] Sie ist darum das Muster, auf das wir hinschauen, und dessen wir uns als Urbild bedienen[4], um zu bestimmen, was etwas ist, wenn wir dessen Wesen, das sie ausdrückt, enthüllen wollen.[5] In ihr selbst liegt die οὐσία der Dinge. Insofern sie so zur Bestimmung des Allgemeinen und Wesentlichen der Einzeldinge wird, kann sie selbst kein wesenhaftes Einzelding sein. Sie bleibt ein Allgemeines dem Einzelnen gegenüber. Und wenn der deutsche Dichter den Terminus ἰδέα oder εἶδος mit «reine Form» übersetzt, so dürfte er den Sinn dieses Idealismus ganz

---

[1] Ebenda 8 d: πράξεώς τινος περι — τῶν πραχθέντων.

[2] Ebenda 6 d: ἕν τι ἢ δύο ... τῶν πολλῶν ὁσίων, ἀλλ' ἐκεῖνο αὐτὸ τὸ εἶδος, ᾧι πάντα τὰ ὅσια ὅσιά ἐστιν, vgl. Meno, 72 a/c.

[3] Ebenda: γάρ που μίαι ἰδέαι τά τε ἀνόσια ἀνόσια εἶναι καὶ τὰ ὅσια ὅσια.

[4] Ebenda: τὴν ἰδέαν ... εἰς ἐκείνην ἀποβλέπων καὶ χρώμενος αὐτῆι παραδείγματι ... Vgl. Menon 72 c: ταυτὸν πανταχῆ εἶδός ἐστιν ...

[5] Ebenda 11 a: τὴν μὲν οὐσίαν ... δηλῶσαι.

zutreffend bezeichnet haben. Denn darin liegt zugleich, daß das Allgemeine und Gemeinsame, wenn es auch mit kontradiktorischer Notwendigkeit kein Einzelnes ist, eine Auffassung, die, wie wir sahen, Platon von Anfang an mit aller Energie abgewehrt hat, so doch auch nicht etwa ein bloß psychologisches subjektives Allgemeines, das nur in der gemeinsamen Überlegung (dem κοινῆι σκοπεῖν[1]) bestünde, sondern ein sachliches Allgemeines ist. War doch das auch schon des Sokrates feste Position gewesen, von der aus allein er dem bloßen relativen Meinungswissen mit seinem Erfolge entgegentreten konnte, daß er im Begriffe nicht das suchte, was wir tatsächlich gemeinsam denken, sondern das, worin wir bloß deshalb übereinstimmen können, weil es besagt, was etwas selbst ist, weil ihm der Begriff immer schon die Form eines selbst seienden (αὐτό) war. Und diese Position beherrscht mit voller Festigkeit auch Platon schon in den Schriften seiner ersten Epoche, die man wegen ihrer engsten und innigsten Beziehung zu Sokrates mit vollem Rechte gerade als «sokratisch» benannt hat.[2] So ist ihm die gemeinsame Untersuchung, das σκοπεῖν κοινῆι, keineswegs schon das Gemeinsame, das κοινόν selbst, sie dient ihm, wie Sokrates, vielmehr lediglich zu dessen Ermittelung. Nicht kommt es ihm auf bloße Aussagen an, sondern auf das, was die «Grundlagen (ὑποθέσεις)»[3] dieser Aussagen ausmacht. Welchen Wert diese haben, davon hängt es ab, was die Aussagen selbst für einen Wert haben. Darum «macht es in der Untersuchung ganz und gar nichts aus, wer etwas sagt, sondern es kommt lediglich darauf an, ob es richtig gesagt ist oder nicht»[4]; also nicht auf die gemeinsame Untersuchung, sondern auf das, zu dem sie führt, und das ihr selbst erst Gültigkeit gibt. Die Allgemeinheit ist danach eine doppelte

---

[1] Kriton 48 d. s. S. 134.

[2] Vgl. Windelband, Platon, S. 49 f.

[3] Euthyphron, 11 c, das Moment der ὑπόθεσις, auf das wir selbst auch noch zurückkommen, hat unter allen Forschern am nachdrücklichsten P. Natorp betont. Vergl. a. a. O. besonders S. 28 f., 187 ff., 199 ff., 236.

[4] Charmides, 161 c: πάντως γάρ οὐ τοῦτο σκεπτέον, ὅστις αὐτὸ εἰπεῖν ἀλλὰ πότερον ἀληθὲς λέγεται, ἢ οὔ.

bezw. dreifache freilich. Sie liegt im Denken als Tun und im Gedachten auf der einen Seite, aber nicht insofern dieses ein bloß Gedachtes ist, sondern insofern es ein richtig, ein wahr Gedachtes, also andererseits in der Bedeutung des Gedachten. Von hier aus fällt auf die Bedeutung der σωφροσύνη volles Licht. Sie ist nicht etwa nur eine bloß tatsächliche Innenschau, eine Versenkung bloß in die Zustände der Seele, sondern eine Besinnung auf das, was etwas an und für sich ist, was es nach einem Kriterium der Richtigkeit selbst bedeutet. So ist z. B. das Fromme nicht deshalb fromm, weil es geliebt wird. Diese Liebe wäre nur ein seelischer Zustand, aber nicht das Fromme. Vielmehr erhält umgekehrt erst dieser seelische Zustand vom Frommen an und für sich eine Bedeutung. Und «das Fromme wird geliebt, weil es fromm ist, nicht aber ist es fromm, weil es geliebt wird».[1] Seine Bedeutung liegt nicht in dem bloßen subjektiven Zustande der Liebe, sondern allein in sich selbst und kann allererst jenem Zustande selbst eine Bedeutung geben kraft seines eigenen Wesens, kraft seiner οὐσία, falls überhaupt jener Liebe eine Bedeutung zukommt. Daher ist die Frage die, «was denn an sich seiend das Fromme hernach .... geliebt wird, oder was ihm sonst zukommt».[2]

Damit aber wird die begriffliche Erkenntnis allem Wechsel und Wandel entrückt in stetig einheitlicher Identität. Von ihr gilt, «das, wovon es auch immer eine Erkenntnis geben mag, davon es nicht eine besondere gibt für das, was geschehen ist, zu wissen, wie es geschah; noch wieder eine besondere für das, was geschieht, wie es geschieht; noch eine andere für das, was noch nicht geschehen ist, wie es wohl am besten geschehen könnte, sondern eine und ebendieselbe».[3] Innerhalb des Geschehens mag sich alles wandeln, wir mögen heute andere

---

[1] Euthyphron 10 d: Διότι ἄρα ὅσιόν ἐστιν, φιλεῖται, ἀλλ᾽ οὐχ ὅτι φιλεῖται, διὰ τοῦτο ὅσιόν ἐστιν.

[2] Ebenda 11 b (wörtliche Übersetzung Schleiermachers von): τί ποτε ὂν τὸ ὅσιον εἴτε φιλεῖται ... εἴτε ὅτι δὴ πάσχει.

[3] Laches, 198 d: περὶ ὅσων ἐστὶν ἐπιστήμη, οὐκ ἄλλη μὲν εἶναι περὶ γεγονότος, εἰδέναι ὅπῃ γέγονεν, ἄλλη δὲ περὶ γιγνομένων, ὅπῃ γίγνεται, ἄλλη δὲ ὅπῃ ἂν κάλλιστα γένοιτο τὸ μήπω γεγονός, ἀλλ᾽ ἡ αὐτή.

Tugenden pflegen, als unsere Ahnen sie gepflegt haben und spätere Geschlechter sie pflegen werden, wir mögen auch eine andere Vorstellung von der Tugend haben, als jene sie gehabt haben und diese sie dereinst haben werden. Daß wir auch nur von verschiedenen Vorstellungen der Tugend und verschiedenen Tugenden sprechen können, das setzt eine Erkenntniseinheit voraus, den Begriff der Tugend selbst, durch den allein sich auch die verschiedenen Vorstellungen von der Tugend eben doch als Vorstellungen von der Tugend, die verschiedenen Tugendhandlungen eben als Tugendhandlungen charakterisieren lassen; und in bezug auf den das einzelne Verschiedene doch auch ein selbiges ist, so daß umgekehrt, «in bezug auf dieselbigen Dinge auch dieselbige Erkenntnis sowohl das, was sein wird, wie auch das Werdende und Gewordene versteht».[1] Denn das «Werdende selbst wird nicht deshalb, weil es ein Werdendes ist, sondern weil es wird, ist es ein Werdendes».[2] Wie also alles, was **überhaupt wird, im Begriffe des Werdens schlechthin verankert liegt, so muß alles, was dem Werden in einer bestimmten Weise angehört, auch in einem in sich einheitlichen Begriffe gedacht werden, um in seiner eigenen Bestimmtheit begriffen werden zu können.** Ganz und gar den Bahnen des Sokrates folgend, eröffnet Platon hier doch schon ein ganz neues Ziel. Er wandelt den Weg des Sokrates, aber dessen Wegziel ist nicht auch schon das seine. Ihm erschließen sich neue Fernen. Der sokratische Teil seines Weges aber hat uns selbst allmählich gerade durch diejenigen Gedankengänge hindurchgeführt, die unser spezielles Problem bezeichnen. Wir stehen in seinem Zentrum. Die Fortsetzung des Weges wird uns nun auch der Lösung zuführen, die es bei Platon gefunden.

3. Das aber ist zunächst das für unsere Aufgabe bedeutsame erste Resultat des Platonischen Denkens, daß sie aus dem Begriffe der Erkenntnis der Erkenntnis nicht nur ganz allgemein das Erkenntnisproblem im Sinne der Erkenntnislehre

---

[1] Ebenda 199 a: περὶ τῶν αὐτῶν τὴν αὐτὴν ἐπιστήμην καὶ ἐσομένων καὶ γιγνομένων καὶ γεγονότων ἐπαΐειν.

[2] Eutyphron. 10 c: οὐχ ὅτι γιγνόμενόν ἐστι, γίγνεται, ἀλλ' ὅτι γίγνεται, γιγνόμενόν ἐστιν.

entrollt, sondern auch die Forderung eines Bleibenden im Begriffe trotz allen Wechsels der Auffassung ergibt, und daß damit, anfangs freilich nur implizite, das Problem des Beharrlichen im Wechsel im allgemeinen Erkenntnisproblem selbst verankert wird. Das ist der erste logische Ertrag des ursprünglich ethisch gefaßten Problems der Selbstbesonnenheit. Ihre ethische Bestimmung bleibt, aber sie übernimmt zugleich eine logische Funktion. Und diese führt in den einzelnen ethischen Fragestellungen zum Begriffe, der die allgemeine Grundlage des Wertes, der Bedeutung und Geltung des Einzelnen darstellt und als solche aller zeitlichen Genesis entrückt wird. Damit kündigt sich aber das für den ganzen Platonismus überhaupt wie für unser spezielles Problem insbesondere so bedeutsame und eigenartige Verhältnis des Ethischen und des Logischen schon an, um eine kontinuierlich fortschreitende Vertiefung zu entfalten. Zwar durften wir den Hauptertrag bisher als einen rein logischen aussprechen, und behaupten: der ethische Inhalt, demgegenüber der logische fast nur als Form der Darstellung erschien, läßt sich umgekehrt viel eher als Einkleidungsform des eigentlich logischen Gehaltes ansehen, sofern man nicht auf die Darstellungsform, sondern auf den in ihr dargestellten Gehalt achtet. Diese Behauptung brauchen wir keineswegs aufzugeben. Aber je mehr sich auch schon in der ersten Epoche Platons das Bewußtsein durchringt, daß die Begriffe nicht bloß etwa allgemeine Meinungen, sondern allgemeingültige Wert- und Bedeutungsgrundlagen für alle faktische Meinungen sind, wenn sie nicht bloß faktisch, sondern richtig sein sollen, desto deutlicher wird es auch, daß der logische Gehalt wieder in einen ethischen Gehalt einbezogen wird; zwar nicht in einen ethischen Gehalt unter anderen ethischen Gehalten, sondern unter einen höchsten ethischen Gehalt, der zunächst freilich unter dem Namen des Guten bloß angedeutet war. Er wird sich mehr und mehr als die eigentliche Substanz nicht bloß des Platonischen Denkens, sondern auch in dem umfassenden logischen Sinne, den ihm dieses Denken zu geben weiß, entfalten. Darin liegt die Kontinuität der systematischen Kraft eben dieses Denkens, daß es unter scheinbar mannigfacher Form ein einheitliches Thema variiert, und daß jede Variation zugleich einen Fortschritt in der Lösung der Aufgabe bezeichnet, deren Programm sie mit dem Namen des Guten bezeichnet. Was an ethischem Gehalte für den Anfang sich lediglich als Form dem logischen Gehalte gegenüber betrachten ließ, das waren bloß einzelne Tugendbegriffe. Das Gute überhaupt, das dabei im Hintergrunde blieb, bezeichnet darum doch schon den letzten und tiefsten Gehalt. Aber es bezeichnet ihn nur für den sokratischen Platon, so daß für den ersten Blick das Logisch-Theoretische ganz im Dienste des Ethisch-Praktischen steht, genauerer Prüfung aber auf dieser Stufe des Denkens sich gerade ein rein logisch-theoretischer Ertrag ergibt. Aber was für diese Entwickelungsstufe Platons zunächst nur als Bezeichnung erscheint, das ist doch für die folgenden programmatisch, und jetzt wird der Begriff zum Wegweiser der Durchführung des Programms.

Praktisch-ethisch bleibt die Grundtendenz des Platonischen Philosophierens, auch wenn das Logische streckenweise ganz zu dominieren scheint. Weil Tugend das Wissen der Selbstbesonnenheit ist, ist sie aber immer zugleich logisch gestimmt. Wie die Erkenntnis an den allgemeingültigen Begriff verwiesen und durch ihn in ihrem Werte und ihrer Bedeutung gegenüber der bloß psychologischen Auffassung gegründet war, so wird die Erkenntnis der Tugend, des Guten, zum Unterschiede von dem bloß Angenehmen (ἕτερον .... τὸ ἡδὺ τοῦ ἀγαθοῦ)[1] an allgemeingültige Ordnungen verwiesen.[2] Diese Ordnungen aber sind nicht etwa bloß seelische Zustände. Es sind Wertordnungen und Vorschriften für die Seele, auf Grund deren Befolgung sie selbst erst gut und recht werden kann. Gerechtigkeit und Besonnenheit kommt erst in die Seele hinein[3], wenn sie nach jenen höheren Ordnungen strebt und lebt. Was in der Seele

---

[1] Gorgias 497 a, vgl. auch 501 b und Phaidros 238 a.
[2] Ebenda 504 d: ταῖς δὲ τῆς ψυχῆς τάξεσί τε καὶ κοσμήσεσι νόμιμόν τε καὶ νόμος, ὅθεν καὶ νόμιμοι γίγνονται καὶ κόσμιοι· ταῦτα δ᾽ ἐστι δικαιοσύνη τε καὶ σωφροσύνη.
[3] A. a. O., 504 e: δικαιοσύνη μὲν ἐν ταῖς ψυχαῖς γίγνηται ... καὶ σωφροσύνη μὲν ἐγγίγνηται.

auch immer Gutes entstehen mag, daß dieses gut ist und einen Wert besitzt, das ist gegründet in jenen höheren Ordnungen, durch die erst «die Tugend eines jeden gerüstet und gefestigt» wird[1]; und die darum über das bloße Entstehen in der Seele hinausliegen.

Sehr bedeutsam aber ist es, daß der Begriff der «Ordnung» nicht nur zur ethischen Wertgrundlage gemacht wird, sondern auch als das Konstituens der Welt, des Kosmos erkannt wird. Zwar geschieht das zunächst bloß vergleichsweise, aber dieser Vergleich ist um so bedeutsamer, als er im Hinblick auf die Mathematik, insbesondere auf die geometrische Gleichheit vollzogen wird. Wie die Seele, so führt Platon aus, der Ordnung bedarf, so kann auch das All, der Kosmos (καὶ τὸ ὅλον τοῦτο .... κόσμον), nur durch Ordnung bestehen. Es ist besonders die geometrische Gleichheit, die hier soviel bei Göttern und Menschen vermag (ὅτι ἡ ἰσότης γεωμετρικὴ καὶ ἐν θεοῖς καὶ ἐν ἀνθρώποις μέγα δύναται).[2]

Hier ist der Begriff des Begriffs zu dem der Ordnung vertieft und hat recht eigentlich erst die Bedeutung der Idee erlangt. Die Ideen sind Ordnungen. Und in dem Begriff der Ordnung ist das Bleibende in allem Wechsel schon erheblich näher bestimmt, als ursprünglich in der mehr formalen Betrachtung des Begriffs als solchen. Allein wenn die Ideen als bleibende Ordnungen auch Substanz sind, so kann das nicht heißen, daß sie substantielle Dinge sind. Denn die Ordnungen der Dinge können nicht wieder Dinge sein. Und weiter: wenn sich so auch sagen läßt, daß die Ideen Substanz sind, so ist doch die Idee der Substanz innerhalb der Ideen überhaupt eben selbst eine Idee. Diese als solche ist aber noch nicht gewonnen. Bis zu ihrer Ermittelung führt ein weiter Weg. Er aber geht direkt durch das Erkenntnisproblem hindurch, ja er nimmt von ihm her seinen Ausgang. Von vornherein — das war der für unser Problem so bedeutsame logische Ertrag der Untersuchung schon der ersten Anfänge des Plato-

---

[1] A. a. O., 506 e: τάξει ἄρα τεταγμένον καὶ κεκοσμημένον ἐστὶν ἡ ἀρετὴ ἑκάστου.

[2] A. a. O., 508 a.

nischen Denkens — wurde die begriffliche Erkenntnis auf ein Bleibendes eben im Begriffe gestellt und so allem Wechsel des Geschehens entrückt, indem es keine besondere Erkenntnis für vergangenes, gegenwärtiges und künftiges Geschehen und Werden der Dinge geben sollte, sondern eine und ebendieselbe, durch die sich, was wird, was werden wird und geworden ist, in gleicher Weise verstehen lassen muß, weil etwas ja selbst nur dadurch ein Werdendes ist, weil es wird.[1] Die Möglichkeit der Erkenntnis war somit auf ein Bleibendes im Begriff verwiesen. Für die ethische Form der Erkenntnis als der Selbstbesonnenheit hat sich das Bleibende im Begriff zu bleibenden Ordnungen vertieft; weil die Selbstbesonnenheit aber die Grundform der Erkenntnis ist, die also immer ethisch tendiert bleibt, muß der Begriff der bleibenden Ordnung zur letzten Grundlage der Erkenntnis überhaupt werden. Damit aber kann das Verhältnis des Bleibens und Wechsels nur aus dem Problem der Erkenntnis selbst ermittelt werden. Das von vornherein involvierte Problem der Erkenntnis der Erkenntnis, d. h. der Erkenntnislehre, muß sich nun in die ausdrückliche Frage, was denn eigentlich Erkenntnis selbst ist[2], zuspitzen. Allein die Frage nach dem Begriff der Erkenntnis kann nicht entschieden werden, ehe nicht die Paradoxie alles erkennenwollenden Fragens und Suchens aufgelöst ist. Diese Paradoxie aber liegt darin, daß man eigentlich gar nicht suchen könne, nämlich weder, was man weiß, noch, was man nicht weiß; was man weiß deshalb nicht, weil man es weiß und darum des Suchens nicht bedarf; was man nicht weiß deshalb nicht, weil man ja nicht weiß, was man suchen soll.[3] Die mathematische Analysis zeigt den Weg zur Auflösung der Schwierigkeit. Sie lehrt, wie man etwas suchen kann, gerade ohne daß man es weiß, indem man sich zuerst überzeugt, daß man etwas nicht weiß, was man zu

---

[1] Siehe oben S. 144 f. und die dort zitierten Stellen aus Laches 198 d, 199 a und Euthyphron 10 c.

[2] Theaitetos 145 e: ἐπιστήμη, ὅτι ποτὲ τυγχάνει ὄν. Vgl. auch hier 146 c.

[3] Menon 80 e: ὡς οὐκ ἄρα ἐστὶ ζητεῖν ἀνθρώπωι οὔτε ὃ οἶδεν, οὔτε ὃ μὴ οἶδεν. οὔτε γάρ γε ὃ οἶδε ζητοῖ · (οἶδε γάρ · καὶ οὐδὲν δεῖ τῶιγε τοιούτωι ζητήσεως) οὔτε ὃ μὴ οἶδεν. οὐδὲ γὰρ οἶδεν ὅ, τι ζητήσει.

6. Kapitel.

wissen glaubte und zu suchen strebte, was man zu wissen glaubte, ohne es zu wissen, ehe man sich überzeugte, daß man es nicht wisse und darum in Verlegenheit geriet, und sich danach sehnte, es zu wissen.[1] Allein aus dem Problem also wird hier die Erkenntnis ermittelt, indem einer, ohne daß ein anderer ihn belehrt, sondern allein dadurch, daß er ihn ausfragt, wissen wird und er wird die Erkenntnis aus sich selbst hervorgeholt haben.[2] In dem Nicht-Wissenden müssen darum richtige Ansichten von dem sein, was er nicht wußte[3], und deren er sich nur zu erinnern, die er nur aus sich selbst herauszuholen brauchte, um sie sich zum Bewußtsein zu bringen, so daß dieses Aus-sich-selbst-Hervorholen und alles Lernen und Suchen nichts anderes als ein Sich-Erinnern ist.[4] Das Lernen im äußerlichen Sinne ist damit nun hinsichtlich der Möglichkeit der Erkenntnis überhaupt gänzlich überwunden. Das «In-sich-selbst-Blicken», von dem früher die Rede war, wird jetzt als ein «Aus-sich-Hervorholen» genau bestimmt. Die Möglichkeit dieser Selbsterinnerung und dieses «Aus-sich-selbst-Hervorholens» aber vermag Platon nicht anders zu erklären als durch eine präexistenziale Erkenntnis der Seele und damit durch deren Unsterblichkeit.[5] Wenn er den Sokrates im Dialog auch ja nicht eine nähere Bestimmung dieser präexistenzialen Kenntnisnahme verfechten lassen will, so läßt er ihn doch für den Kern der Lehre von der Unsterblichkeit mit Wort und Tat (καὶ λόγωι καὶ ἔργωι) einstehen.[6] Mit dem Unsterblichkeitsgedanken setzt aber eine doppelte Betrachtungsweise ein, die für das ganze Platonische Denken bestimmend wird und bleibt, und die für unser spezielles Problem selbst eine doppelte Tendenz involviert. Einmal hat der Seelenbegriff eine rein methodologische Bedeu-

---

[1] A. a. O., 84 c.
[2] Ebenda 85 d: οὐκοῦν οὐδενὸς διδάξαντος, ἀλλ' ἐρωτήσαντος, ἐπιστήσεται, ἀναλαβὼν αὐτὸς ἐξ αὑτοῦ τὴν ἐπιστήμην.
[3] Ebenda e: Τῶι οὐκ εἰδότι ἄρα περὶ ὧν ἃ μὴ εἰδῆι ἔνεισιν ἀληθεῖς δόξαι περὶ τούτων ὧν οὐκ οἶδεν.
[4] Ebenda d: τὸ δὲ ἀναλαμβάνειν αὐτὸν ἐν αὑτῶι ἐπιστήμην, οὐκ ἀναμιμνήσκειν ἐστίν; — πάνυ γε. Vgl. auch 81 d.
[5] Ebenda 86 a b: ἀθάνατος ἂν ἡ ψυχὴ εἴη; s. bes. Phaidon 92 d/e.
[6] Ebenda c.

tung und will nichts anderes besagen, als die Einheit der Erkenntnis im Bewußtsein, so daß es für diese Erkenntnis keines besonderen Organes, wie für die Empfindungen bedarf (οὐδ' εἶναι τοιοῦτον οὐδέν, τούτοις ὄργανον ἴδιον ὥσπερ ἐκείνοις)[1], auf der anderen Seite ist sie ein unsterbliches Wesen, das vor dem Eintritt in den Leib (das Wann und Wie bleibt dahingestellt) die Ideen geschaut. Das ἀναλαμβάνειν, das Aus-sich-Hervorholen, hat darum selbst das eine Mal eine rein methodologische, das andere Mal eine, weil auf die metaphysische Präexistenz zurückweisende, selbst metaphysische Bedeutung. Dem entspricht genau eine doppelte Bedeutung auch der Ideen. Das eine Mal sind sie Ordnungen im methodologischen Sinne, das andere Mal wirkliche Ordnungen im metaphysischen Sinne. Das ist der von Platon bereits im Menon erreichte und im Prinzip nie wieder verlassene, später nur vertiefte und erweiterte Standpunkt, den er auch da innehat, wo er die methodologische Bedeutung schärfer hervorzukehren Gelegenheit hat. Und als der tiefste und eigentlichste Sinn des Platonischen Denkens enthüllt sich mehr und mehr die Überzeugung, daß die methodologische Bedeutung der Ideen selbst nur möglich ist auf Grund ihrer metaphysischen, in der sie, den ewig bleibenden und, um ein modernes Wort von Otto Liebmann auf sie anzuwenden, «weltbeherrschenden, weltumfassenden ordo ordinans»[2] darstellen: die absolute Weltsubstanz. Insofern aber, wie schon angedeutet, die Substanz, die οὐσία, selbst eine Idee ist, muß sich mit ihr zugleich der Begriff der Idee selbst, das bleibende Sein selbst enthüllen.

Nur auf Grund eines bleibenden Seins ist die Erkenntnis selbst möglich. Nicht nur das Aus-sich-selbst-Hervorholen-Können der Erkenntnis setzt dieses bleibende Sein metaphysisch voraus, sondern dieses ist auch die logische Voraussetzung der Erkenntnis überhaupt. Nur auf den Wechsel verwiesen wäre

---

[1] Theaitetos 185 e; vgl. Natorp, a. a. O., S. 109f., wo freilich das methodologische Moment ausschließlich betont wird.

[2] Otto Liebmann, Gedanken und Tatsachen, I, S. 172; vgl. auch den Abschnitt «Platonismus und Darwinismus» in der «Analysis der Wirklichkeit», S. 317 ff.

alle Erkenntnis unmöglich. Das Verhältnis des Beharrens zum Wechsel verschlingt sich geradezu zum Problem der Erkenntnis. Der Wechsel und das Geschehen soll nicht geleugnet werden, aber wären wir auf ihn allein gestellt, so gäbe es nicht etwas in sich Eines und an und für sich Bestehendes, sondern immer nur Etwas für Etwas, wodurch aber alles Sein ausgestoßen wäre.[1] Wir wären auf die Empfindung verwiesen. Erkenntnis müßte Empfindung sein, ja alles Sein müßte sich in Empfindung auflösen. Weil aber die Empfindung als solche ohne ein bleibendes Sein nie selbst zum Sein gelangte, wäre die Empfindung weder überhaupt, noch auch wäre sie Erkenntnis.

Platon stellt hier Heraklit und Protagoras in eine sehr bedenkliche Nähe. Er übersieht, daß Heraklit im λόγος, nicht in der αἴσθησις die Erkenntnis verbürgt hielt, wie nahe er also seinem eigenen Denken steht. Immerhin aber greift er das Heraklitische Problem auf, aber freilich in einer Form, die Protagoras diesem nach Platons Darstellung erst gegeben, also in der Form des Relativismus. Für Heraklit hatte das Geschehen selbst aber ein vom λόγος bestimmtes Sein. Erst Protagoras, das ist dessen eigene, nicht Heraklits philosophische Art, «reißt das Sein heraus» aus dem Geschehen, und damit stößt er seinen eigenen Standpunkt um. Das ist es, was Platon erhärten muß, daß man ohne ein Sein auch von keinem Geschehen sprechen könne, daß es ohne ein Beharrliches auch keinen Wechsel geben könne, der sich irgendwie in der Erkenntnis fassen ließe.

Denn wenn nichts beharrt, dann könnten wir zunächst gar nicht von diesem oder jenem sprechen, sondern nur immer von einer Wirkung auf uns, wie wir es empfinden. Ein mit sich selbst Identisches, an und für sich Eines gäbe es nicht, sondern immer nur ein Etwas-für-Etwas-Werden. Man könnte nicht sagen, daß etwas sich so verhalte (οὕτω ἔχειν), sondern immer nur, daß es so werde (οὕτω γίγνεσθαι).[2] Aber dieses So-Werden wäre selbst kein Werden an sich, sondern nur ein Erscheinen

---

[1] Theait. 157 a/b: οὐδὲν εἶναι ἓν αὐτό, καθ' αὑτό, ἀλλά τινι ἀεὶ γίγνεσθαι, τὸ δ' εἶναι πανταχόθεν ἐξαιρετέον.

[2] A. a. O., 153 a.

vermittels der Empfindung. Dieses «Erscheint» wäre ein bloßes «Empfundenwerden».[1] Alles Werden ohne ein Sein wäre in ein Empfundenwerden aufgelöst. Dann aber wäre in der Tat der Mensch das Maß aller Dinge.[2] Immer aber hätte dann der Relativismus, je radikaler er wäre, desto mehr noch zu viel Bleibendes behauptet, da einer, der in seiner Rede überhaupt etwas Beharrliches setzt, leicht überführt werden kann, wie wenn man etwa sowohl vom Teil, als auch von dem aus vielem Zusammengesetzten reden muß, durch welches Zusammenfassen man etwas Mensch oder Stein oder jegliches einzelne Lebewesen und seine Gattung nennt.[3] Also wäre hier selbst schon etwas Bleibendes durch ein Zusammenfassen gewonnen und vorausgesetzt. So sehr es sich hier auch explizite nur um eine Widerlegung des Relativismus handelt, so ist es doch von der allergrößten Bedeutung, daß wenigstens implizite hier schon in diesem «Zusammenfassen» die τάξις im Gorgias jetzt an eine Ordnung des Zusammenfassens antizipierend anklingt. Und wenn das auch zunächst nur eine Antizipation ist, so liegen in dem Gedanken doch auch schon sowohl die formalen, wie die materialen Widersprüche und Unmöglichkeiten, an denen aller Relativismus krankt, angedeutet. Und indem Platon sie nun ausdrücklich aufdeckt, widerlegt er im Prinzip allen und jeden Relativismus, wie verschieden er sich auch im Einzelnen gerieren mag.

Formal macht Platon gegen den Relativismus geltend, was seitdem in jeder Auseinandersetzung mit dem Relativismus ausgeführt worden ist, und was mit bleibendem Rechte immerdar gegen diesen auszuführen ist: «Wenn die Wahrheit des Protagoras (gemeint ist zunächst des Protagoras Schrift) selbst wahr ist»[4], so bemerkt Platon, dann haben alle Meinungen

---

[1] Ebenda 152 c: Τὸ δέ γε φαίνεται αἰσθάνεσθαί ἐστιν.
[2] Ebenda 152 a.
[3] Ebenda 157 b: ὡς ἐάν τις στήσηι τῶι λόγωι, εὐέλεγκτος, ὁ τοιοῦτο ποιῶν. δεῖ δὲ καὶ κατὰ τὸ μέρος οὕτω λέγειν καὶ περὶ πολλῶν ἀθροισθέντων, ὧι δὴ ἀθροίσματι ἄνθρωπόν τε τίθενται καὶ λίθον καὶ ἕκαστον ζῶόν τε καὶ εἶδος.
[4] Theait. 161 e.

gleich recht und sind gleich wert. Darum aber «muß er auch zugeben, daß die Meinung derjenigen, die seiner eigenen entgegengesetzt ist und diese seine eigene für falsch hält, selbst richtig ist». Darin aber liegt zugleich das Zugeständnis, daß die relativistische Ansicht selbst falsch ist (οὐκοῦν τὴν αὑτοῦ ἂν ψευδῆ συγχωροῖ).[1] In der Tat, wenn wir auf die Empfindung verwiesen bleiben, wie der Relativismus will, so sind alle auf der Empfindung basierten Meinungen gleich wert. Jede ist so richtig wie ihr kontradiktorischer Gegensatz, und darum ist sowohl jede wahr und ihr Gegensatz falsch, aber weil dieser doch auch eine Meinung und als solche wahr ist, so ist sein erster Gegensatz auch falsch. Und so ist jede Meinung sowohl wahr wie falsch. Darum aber stößt der Relativismus nicht nur alle ihm entgegengesetzten Meinungen um, sondern, weil er diese doch auch wieder als gültig anerkennen muß, «er selbst auch sich selbst» (ἀνατρέπων καὶ αὐτὸς αὐτόν).[2] Damit hat er sich selbst aufgehoben.

So bedeutsam diese formale Widerlegung ist, noch bedeutsamer sowohl unter allgemein systematischem Gesichtspunkte, wie für unseren speziellen Zusammenhang ist die inhaltliche Widerlegung.

In seiner ganzen Strenge genommen erkennt der Relativismus, wie schon bemerkt, «nicht ein Einheitliches an und für sich Sein» (ἓν μηδὲν καθ' αὑτὸ εἶναι) an und kann keines anerkennen, da ja in der Empfindung nichts bleibt (μένει), sondern alles fließt und wechselt (ῥέει — μεταβάλλει).[3] Darum aber darf er streng genommen nun auch gar nicht mehr sagen, nicht bloß, daß etwas sich so verhalte, sondern jetzt auch nicht einmal, daß es so werde. Denn gibt es kein einheitliches Sein, so gibt es auch keine einheitliche Bestimmtheit (ποιότης)[4] in sich. Man kann also auch die Empfindung nicht einmal bestimmen, denn das hieße ja sagen, was sie ist. «Man darf also nicht mit größerem Rechte etwas ein Sehen nennen als ein

---

[1] Ebenda 171 a/b.
[2] Euthydem 286 c.
[3] Theait. 182 b.
[4] Ebenda 181 a.

Nicht-Sehen, und ebenso mit jeder Empfindung sonst, da ja alles auf alle Weise sich bewegt.»[1] Wenn darum alle Erkenntnis in der Empfindung beschlossen wäre, so wäre auch die Erkenntnis etwas, das nicht mehr und nicht eigentlicher Erkenntnis wäre als Nicht-Erkenntnis.[2] Übel wäre es daher um unsere Erkenntnis bestellt, wenn die Mannigfaltigkeit der Empfindungen in uns, wie in hölzernen Pferden, nur nebeneinander läge und sich nicht in eine einheitliche Idee zusammenfügte, mag man es nun Seele oder sonstwie nennen, womit wir auch unsere Organe selbst erst wahrnehmen können und das Wahrnehmbare überhaupt.[3]

Wie sehr sich also auch immer der Relativismus auf das Empfinden und Werden, das ja selbst im Empfundenwerden beschlossen sein müßte, zu beschränken suchen mag, wenn er auch nur von Empfundenwerden redet, so setzt er eine bleibende Bestimmtheit voraus, ohne die er ja nicht einmal das Empfundenwerden als Empfundenwerden bestimmen könnte. Mag er also auch immerhin sagen, es sei alles so, wie es mir oder dir erscheint[4], so liegt in diesem «so» eine Bestimmtheit, eine ποιότης ausgedrückt, ohne die die Empfindung nicht einmal zum Sein der Empfindung, zum Empfindung-Sein gelangt. Für sich allein genommen ist sie, darin hat der Relativismus durchaus recht, unfähig, zum Sein zu gelangen, wie sie ja nicht fähig ist, zur Wahrheit zu gelangen, eben weil sie nicht einmal zum Sein gelangt.[5] Indem sie aber auch nur als Empfindung angesehen wird, verweist uns die Empfindung selbst an eine höhere Instanz, von der aus wir sie aber als Empfindung beurteilen (κρίνειν) können. Je konsequenter der Relativismus

---

[1] Ebenda 182 e: οὔτε ἄρα ὁρᾶν προσρητέον τι μᾶλλον ἢ μὴ ὁρᾶν, οὔτε τιν' ἄλλην αἴσθησιν ἢ μή, πάντων γε πάντως κινουμένων.

[2] Ebenda: οὐδὲν ἄρα ἐπιστήμην μᾶλλον ἢ μὴ ἐπιστήμην.

[3] Ebenda 184 d: Δεινὸν γάρ που (ὦ παῖ), εἰ πολλαί τινες ἐν ἡμῖν ὥσπερ ἐν δυρείοις ἵπποις. αἰσθήσεις ἐγκάθηνται, ἀλλὰ μὴ εἰς μίαν ἰδέαν, εἴτε ψυχὴν εἴτε ὅτι δεῖ καλεῖν, πάντα ταῦτα ξυντείνει, ἧι διὰ τούτων οἷον ὀργάνων αἰσθανόμεθα ὅσα αἰσθητά.

[4] Theait. 152 a und in fast wörtlicher Übereinstimmung Kratylos 386 a.

[5] Theait. 186 c: οὐκ.... οἷόν τε οὖν ἀληθείας τυχεῖν, ὧι μηδὲ οὐσίας.

verfährt, um so schärfer läßt er das selbst hervortreten und um so konsequenter muß er sich selbst aufheben. Gerade bei seiner Leugnung des identischen in sich einheitlichen und bleibenden Seins muß er auch die Verschiedenheit der Sinnesempfindungen behaupten, z. B. «daß es unmöglich ist, das, was man durch ein Sinnesvermögen wahrnimmt, auch durch ein anderes wahrzunehmen, also das, was man durch das Gehör, nicht durch das Gesicht, und was durch das Gesicht, nicht durch das Gehör».[1] Damit urteilen wir aber schon über die Sinnesorgane selbst, wir denken über sie und etwas von ihnen; können dieses also weder durch das eine noch durch das andere empfunden haben[2]; wie wenn wir denken eben, daß beide sind[3], oder daß jedes von beiden vom anderen verschieden, aber gerade darum auch mit sich selbst dasselbe, also identisch mit sich ist[4]; oder daß sie beide eben zwei sind, jedes von ihnen aber eines[5]; oder ob sie einander ähnlich oder unähnlich sind.[6] Kurz, wenn man auch nur rücksichtlich der Empfindungen von Sein und Nicht-Sein, von Ähnlichkeit und Unähnlichkeit, von Identität und Verschiedenheit, von Einheit oder einer anderen Zahlenmäßigkeit spricht[7], so sind das Bestimmungen, die nicht etwa selbst empfunden, sondern gedacht werden, die also über die Sphäre der bloßen Empfindung hinausliegen, und für die es nicht, wie für die Empfindungen selbst wieder, ein besonderes Organ gibt[8], sondern die die Seele durch

---

[1] A. a. O., 185 a: ἃ δι' ἑτέρας δυνάμεως αἰσθάνει, ἀδύνατον εἶναι δι' ἄλλης ταῦτ' αἰσθέσθαι, οἷον ἃ δι' ἀκοῆς, δι' ὄψεως, ἢ ἃ δι' ὄψεως, δι' ἀκοῆς. — Die spezifische Energie der Sinnesorgane ist hier deutlich ausgesprochen.

[2] Ebenda: εἴ τι περὶ ἀμφοτέρων διανοεῖ, οὐκ ἄν γε τοῦ ἑτέρου ὀργάνου, οὐδ' αὖ διὰ τοῦ ἑτέρου περὶ ἀμφοτέρων αἰσθάνοι ἄν.

[3] Ebenda: ὅτι ἀμφοτέρω ἐστόν.

[4] Ebenda: ὅτι ἑκάτερον ἑκατέρου μὲν ἕτερον ἑαυτῶι δὲ ταὐτόν.

[5] Ebenda: ὅτι ἀμφοτέρω δύο, ἑκάτερον δὲ ἕν.

[6] Ebenda: εἴτε ἀνομοίω εἴτε ὁμοίω ἀλλήλοις.

[7] A. a. O., 185 c/d: οὐσίαν λέγεις καὶ τὸ μὴ εἶναι, καὶ ὁμοιότητα καὶ ἀνομοιότητα, καὶ ταὐτόν τε καὶ τὸ ἕτερον, ἔτι δὲ ἕν τε καὶ τὸν ἄλλον ἀριθμὸν περὶ αὐτῶν.

[8] Ebenda e: οὐδ' εἶναι τοιοῦτον οὐδὲν τούτοις ὄργανον ἴδιον ὥσπερ ἐκείνοις, vgl. dazu oben S. 151.

sich erkennt.[1] Die Härte des Harten und die Weichheit des Weichen empfindet man freilich nur durch das Getast. Allein das Sein von beiden, und was sie sind, und ihre Gegensetzung gegeneinander, sowie das Sein dieser Entgegensetzung, versucht die Seele selbst durch Betrachtung und Vergleichung zu beurteilen.[2] Und eben dadurch gelangen die Empfindungen selbst erst zur Bestimmtheit, zur ποιότης und zum Sein.

Der ewige Wechsel und Wandel der Empfindung ist dem Relativismus also ohne weiteres einzuräumen. Aber je konsequenter er ihn festhält und zum Ausdruck bringt, um so schärfer führt er sofort über sich selbst hinaus. Die Empfindung kann auch nicht einmal als Empfindung gefaßt werden, ohne daß von ihr eine ποιότης gedacht wird. Sie kann nicht auch nur als Empfindung gedacht werden, ohne im Denken beurteilt zu werden. Ihre Bestimmtheit als Empfindung wird also erreicht allein durch das Denken, und zwar kraft gewisser Grundlagen des Denkens, wie Sein, Identität, Verschiedenheit, Zahlenmäßigkeit, die also die allgemeinsten Grundlagen der Wiebeschaffenheit auch schon der Empfindung sind, insofern doch das Empfindung-Sein selbst schon eine Wiebeschaffenheit ist.

Der Relativismus bewegt sich also nicht bloß in formaler Hinsicht, sondern auch in materialer im Zirkel, und gerade er macht es, je strenger er genommen wird, klar, daß die Dinge an und für sich ein eigenes Wesen ihrer selbst haben und nicht nur in Beziehung auf uns sind und nach unserer subjektiven Vorstellung hin und her gezogen werden, sondern daß sie für sich sind zufolge des Wesens ihrer selbst.[3] Keine Er-

---

[1] Ebenda: αὐτὴ δι' αὐτῆς ἡ ψυχὴ ἐπισκοπεῖν; vgl. dazu auch 186 a, wo Sein, Identität und Verschiedenheit etc. als die von der Seele allein durch sich selbst aufgesuchten Bestimmungen noch einmal ausdrücklich bezeichnet werden.

[2] A. a. O., 186 b: τοῦ μὲν σκληροῦ τὴν σκληρότητα διὰ τῆς ἐπαφῆς αἰσθήσεται, καὶ τοῦ μαλακοῦ τὴν μαλακότητα ὡσαύτως ... τὴν δέ γε οὐσίαν καὶ ὅτι ἐστὸν καὶ τὴν ἐναντιότητα πρὸς ἀλλήλω καὶ τὴν οὐσίαν αὖ τῆς ἀντιότητος αὐτὴ ἡ ψυχὴ ἐπανιοῦσα καὶ συμβάλλουσα πρὸς ἄλληλα κρίνειν πειρᾶται ἡμῖν.

[3] Kratylos, 386 e: δῆλον δὴ ὅτι αὐτὰ αὑτῶν οὐσίαν ἔχοντά τινα βέβαιόν ἐστι τὰ πράγματα, οὐ πρὸς ἡμᾶς οὐδὲ ὑφ' ἡμῶν, ἑλκόμενα ἄνω καὶ

kenntnis, auch die armselige des Relativismus nicht, kann erkennen was sie erkennt, wenn es sich nicht objektiv irgendwie verhält[1], wenn die Dinge nicht zufolge eines objektiven Seins, d. i. «eines Wesens ihrer selbst» bestimmt werden, das also die Grundlage ihres Wiebeschaffenseins, ihrer ποιότης ausmacht. Dadurch allein wird nun auch ein bestimmter Gegenstand der Erkenntnis erst möglich, und von solchen Grundlagen der Bestimmtheit überhaupt kann auch die Empfindung selbst erst vergegenständlicht werden. «Wenn es bloß einen Wechsel und kein Beharrliches in allem Wechsel gäbe, ließe sich auch nicht sagen, daß es überhaupt eine Erkenntnis gäbe. Denn wenn auch nur dieses selbst, die Erkenntnis von dem Erkenntnis-Sein nicht abweicht, so bliebe sie doch immer Erkenntnis, und es gäbe eine Erkenntnis. Wenn aber auch einmal die Idee der Erkenntnis wechselte, so verwandelte sie sich in eine andere Idee als die der Erkenntnis, und es gäbe keine Erkenntnis. Verwandelte sie sich aber immer, so gäbe es auch immer keine Erkenntnis und folglich auch kein erkennendes Subjekt und keinen zu erkennenden Gegenstand der Erkenntnis» (οὔτε τὸ γνωσόμενον οὔτε τὸ γνωσθησόμενον).[2]

So führt die materiale Widerlegung des Relativismus positiv und unmittelbar vom Problem der Erkenntnis selbst her zu der grundlegenden und unaufgebbar bleibenden Einsicht, daß, wie immer man sich wende, in der Idee der Erkenntnis selbst sich ein bleibendes Sein, eine οὐσία über allem Wechsel erschließt. Denn zunächst setzt jede Erkenntnis, auch die des Relativismus eine bleibende Wiebeschaffenheit, eine Bestimmtheit überhaupt, ποιότης, voraus, die allein auf der stets wechselnden Empfindung nicht gegründet werden kann, weil sie vielmehr selbst schon Grundlage auch der wechselnden Empfindungsbestimmtheit ist, und weil wir auch die Empfindung erst nach ihr prüfen und beurteilen (κρίνειν) können, so daß die

κάτω τῶι ἡμετέρωι φαντάσματι, ἀλλὰ καθ' αὑτὰ πρὸς τὴν αὑτῶν οὐσίαν ἔχοντα ἥπερ πέφυκεν.
[1] A. a. O., 44a: γνῶσις δὲ δήπου οὐδεμία γιγνώσκει ὃ γιγνώσκει μηδαμῶς ἔχον.
[2] Ebenda a/b.

«mannigfaltige Vielheit der Empfindungen» erst durch Beziehung zur «Einheit der Idee»[1] zur Erkenntnis werden können. Jene bleibende Bestimmtheit kann darum allein durch das prüfende Denken ermittelt werden, und sie bedarf selbst bleibender Grundlagen, von denen aus eben alle Erkenntnis ein Wiebeschaffenes, etwas, «das sich irgendwie verhält», zu erkennen vermag, die aber selbst kein bestimmter Gegenstand der Erkenntnis sein können, eben weil sie die Bestimmtheit überhaupt und damit erst den bestimmten Gegenstand ermöglichen, wie das die Idee des Seins überhaupt, der Identität, der Verschiedenheit, der Gleichheit, der Einheit, der Zahl usw. tun. Wir haben also genau zu unterscheiden zwischen dem bestimmten Gegenstand, der Bestimmtheit überhaupt und den Grundlagen dieser Bestimmtheit; diese Grundlagen sind es in letzter Linie, die die οὐσία der Dinge bleibend bestimmen und in allem Wechsel beharren. Besonders verdichtet sich nun in den Ideen des Seins, der Identität und der Verschiedenheit, selbst das Problem des in allem Wechsel Beharrlichen.

4. Dem, was wir «jetzt nur so wirklich nennen», tritt ein wahres Sein, ein ὄντως ὄν, gegenüber, die οὐσία schlechthin. Es ist das über aller Empfindungsinhaltlichkeit und deren Wechsel hinausliegende also «farblose, gestaltlose, untastbare Wesen der Dinge, das an und für sich wahrhaft ist, und das nur der Seele Führer, die Vernunft, zum Beschauer hat».[2] Ihr Wissen ist «nicht die Wissenschaft, der eine Entstehung zufällt und die eine andere ist für jedes andere der von uns so genannten Wirklichkeit, sondern an sich wahrhaft seiende Wissenschaft von dem, was wahrhaft ist»[3]; in der die Seele eben das wahrhaft Seiende erblickt (θεασαμένη τὰ ὄντα ὄντως).[4]

οὐσία und τὸ ὄντως ὄν sind dasselbe. Damit ist zunächst der

---

[1] Theaitetos, 184 d, vgl. oben S. 154.
[2] Phaidros, 247 e: ἡ γὰρ ἀχρώματός τε καὶ ἀσχήματος καὶ ἀναφὴς οὐσία ὄντως οὖσα ψυχῆς κυβερνήτηι μόνωι θεατὴ νῶι.
[3] Ebenda e: ἐπιστήμην, οὐχ ἧι γένεσις πρόσεστιν, οὐδ' ἥ ἐστί που ἑτέρα ἐν ἑτέρωι οὖσα ὧν ἡμεῖς νῦν ὄντων καλοῦμεν, ἀλλὰ τὴν ἐν τῶι ὅ ἐστι ὄν ὄντως ἐπιστήμην οὖσαν.
[4] Ebenda.

Begriff des allem Wechsel und allem Entstehen gegenüber ewigen und wahren Seins erreicht. Allein schon der konsequent zu Ende gedachte Relativismus hat gezeigt, daß das reine Sein, die reine οὐσία in der Identität, Verschiedenheit, Einheit, Vielheit Spezifikationen habe. Sie alle bezeichnen ein εἶδος des reinen Seins. Sie gehören also der Sphäre des reinen Seins als besondere farblose, stofflose, gestaltlose, wahrhaft seiende Formen des reinen Seins an. Die οὐσία bezeichnet das reine Sein schlechthin und überhaupt. Sie ist καθαρὰ οὐσία.[1] Und dieses reine Sein spezifiziert sich in die schlechthin seienden Formen des reinen Seins schlechthin. Und nur auf Grund des εἶδος ist die Erkenntnis möglich, gelangt auch erst die für sich selbst nicht zum Sein gelangende Wahrnehmung zum Sein. Das Sein liegt nicht in der Empfindung und ist von der Empfindung aus nicht zu erreichen, und dennoch, das ist das dialektische Moment der Platonischen Gedankenentwickelung, setzt es die Empfindung schon voraus, um selbst auch nur Empfindung sein zu können. Und gerade weil die Empfindung schon das Sein voraussetzt, ebendarum kann das Sein nicht in der Empfindung und im bloßen Empfunden-Sein beschlossen liegen, weil das, was etwas voraussetzt, und das, was von diesem vorausgesetzt wird, nicht zusammenfallen können. Ebendarum kann die Erkenntnis nicht in der Empfindung beschlossen bleiben. Erst die «Zusammenfassung der Empfindungen durch den Verstand nach einem εἶδος» macht die Erkenntnis aus: «Man muß nach der Idee Ausgedrücktes begreifen, die als Eines hervorgeht aus der Zusammenfassung der Empfindungen durch den Verstand. Und das ist die Erinnerung von jenem, was einst unsere Seele geschaut, Gott nachwandelnd und das überblickend, was wir nun für seiend halten und aufblickend zu dem wahrhaft Seienden.»[2] In diesen Sätzen liegen drei schwerwiegende Be-

---

[1] Politeia 585 b, vgl. auch Phaidon, 79 d.
[2] A. a. O., 249 b/c: ξυνιέναι κατ' εἶδος λεγόμενον, ἐκ πολλῶν ἰὸν αἰσθήσεων εἰς ἕν λογισμῶι ξυναιρούμενον. τοῦτο δ'ἐστίν ἀνάμνησις ἐκείνων, ἅ ποτ' εἶδεν ἡμῶν ἡ ψυχὴ συμπορευθεῖσα θεῶι καὶ ὑπεριδοῦσα ἃ νῦν εἶναί φαμεν, καὶ ἀνακύψασθαι εἰς τὸ ὄντως ὄν.

deutungen, die wir genau voneinander zu unterscheiden haben.[1] Zunächst bemerkt man, daß die spätere Aristotelische Unterscheidung zwischen dem πρότερον πρὸς ἡμᾶς und dem πρότερον τῆι φύσει hier ihren historischen Ursprung hat. Eine Unterscheidung, der auch in der weiteren gedanklichen Entwickelung von Platon noch so sehr vorgearbeitet wird, daß alle ihre logischen Keime bei Platon zu suchen sind. Was aber das ganz besonders Bedeutsame ist, das ist der Umstand, daß bereits hier die verschiedenen Impulse, die innerhalb der allgemeinen Unterscheidung ausschlaggebend werden, mit voller Deutlichkeit zutage treten, so daß sich eben drei Unterscheidungsmomente ergeben. Zunächst wird der Unterschied des bloß psychologisch-faktischen und des logischen Momentes vollkommen deutlich. Einerseits soll die Idee nur aus der Zusammenfassung des Empfindungsmaterials hervorgehen. Sie wäre dann also bloß abstrahiert. Das aber ist die bloß gedachte Idee. Denn das Zusammenfassen der Empfindung soll ja selbst schon nach einem εἶδος (ξυνιέναι κατ᾽ εἶδος λεγόμενον) Ausgedrücktes begreifen. Danach muß also das Zusammenfassen selbst schon die Grundlage des aus der Mannigfaltigkeit der Empfindungen durch Zusammenfassung hervorgehenden Einen (ἐκ πολλῶν ἰὸν αἰσθήσεων εἰς ἓν λογισμῶι ξυναιρουμένων) sein. Das ist das εἶδος als ὄντως ὄν. Dies ist also auf der anderen Seite bereits für die Zusammenfassung notwendige Voraussetzung. Diese Voraussetzung wiederum ist auf der einen Seite rein logisch, insofern die Zusammenfassung ihr selbst schon gemäß sein muß. Auf der anderen Seite endlich, das ist das dritte Moment, ist sie metaphysisch, insofern die logische Grundlage nur durch ἀνάμνησις selbst wieder ins psychologische Bewußtsein treten kann. Weil die Seele das wahrhaft Seiende geschaut, eben darum kann sie zu ihm aufblickend die Mannigfaltigkeit der Empfindungen überblicken und nach dem εἶδος vermittels dieses Aufblickes im Überblick sie gestalten. Dieses Schauen läßt sich freilich selbst nur «etwas dichterisch in Worten» (τοῖς

---

[1] Zugleich wird hier der Fortschritt über die früher erreichte Position deutlich, soweit diese bereits ein «Zusammenfassen» kannte.

ὀνόμασι .... ποιητικοῖς τισιν)¹ darstellen, wie auch die Darstellung
des ἔρως, der die Seele ergreift und in der sinnlichen Existenz
selbst wieder zur Hinwendung an die Idee führt, nur dichterisch ausführbar ist.¹ Diese Darstellungsform ist der Mythos.
Aber der Mythos hat doch einen Wahrheitsgehalt, und der ist
und bleibt das reine Sein; und das Wissen vom reinen Sein
besitzt allein die Seele aus sich selbst zum Unterschiede von
aller Sinnenkenntnis, die bloß die Erfahrung gibt.² Das reine
Sein ist zugleich das göttliche Sein (πρὸς οἷσπερ θεὸς ὤν).³
Was mit dem «θεός» gemeint ist, kann freilich erst aus der
Weiterentwickelung der Lehre klar werden. Daß Gott für
Platon kein besonderer Geist, d. h. kein persönliches Ding oder
Wesen ist, daran kann von vornherein kein Zweifel sein.
Zunächst schimmert hier nur der ursprüngliche ethische Impuls
seines Philosophierens durch seine Erkenntnislehre abermals
hindurch, um die Kontinuität seines Denkens gleich wieder
ins rechte Licht zu setzen. Diese Stetigkeit und kontinuierlich
logische Entwickelung zeigt ein einfacher Rückblick, der uns
zugleich mit einem einzigen Schlaglichte den jetzigen Stand
unseres Problems erhellen kann: Das Bleibende wurde zuerst nach dem Vorgang des Sokrates im Begriffe erreicht, der sich für das sittliche Gebiet zur Idee als blei-

---

[1] A. a. O., 257 a und Symp. 202 e.

[2] Das ἀναλαμβάνειν, das sich metaphysisch zum ἀναμιμνήσκειν präzisierte, wird nun der bloßen Erfahrung (ἐμπειρία) ausdrücklich entgegengesetzt; und zwar geschieht das im Begriff der τέχνη (Phaidr. 270 b). Damit mußte aber der Begriff der τέχνη, der ursprünglich gerade im Sinne des bloß Technischen der vernünftigen Selbstbesonnenheit der Seele entgegengesetzt worden, zu dieser selbst und zum Begriffe der τέχνη des λόγους διδόναι vertieft werden, vermittels deren die Seele nun selbst die οὐσία muß aufzeigen können (ebenda e: δῆλον ὡς, ἂν τῶι τις τέχνηι λόγους διδῶι, τὴν οὐσίαν δείξει ἀκριβῶς τῆς φύσεως τούτου, πρὸς ὃ τοὺς λόγους προσοίσει· ἔσται δέ που ψυχὴ τοῦτο). Das ist freilich eine besondere Art der τέχνη, die mit dem bloß Technischen nichts mehr zu tun hat. Vielmehr wird in ihr der für Platon höchste Sinn der Kunst und alles Könnens erreicht, nämlich die Methode des Philosophierens selbst, die Dialektik, die διαλεκτικὴ τέχνη (ebenda 276 e). Über die ersten Ansätze der Unterscheidung von ἐμπειρία und λόγος sehe man auch schon Gorgias 462—465; vgl. dazu auch Natorp, a. a. O., S. 45.

[3] Phaidr. 249 c.

bender Ordnung (τάξις) vertiefte. Dabei war zunächst nur im Bilde angedeutet worden, daß die Ordnung auch den Kosmos bestimme. Was sich anfänglich aber nur als Bild ankündigte, das begann sich, freilich nicht in plump durchsichtiger Weise, sondern in der ganzen Feinheit, Großartigkeit und Tiefe des Platonischen Denkens, bald zu sicherer Erkenntnis zu verfestigen durch das Problem der Erkenntnis selbst. Denn wenn aus diesem Probleme ermittelt wird, daß nicht in der Empfindung, sondern allein vermöge gewisser bleibender Bedingungen der Wiebeschaffenheit (ποιότης) und durch eine ihnen gemäße Beurteilung (κρίνειν) die Empfindung selbst eben als Empfindung erst bestimmt und ein Subjekt und ein Objekt der Erkenntnis (γνωσόμενον — γνωσθησόμενον) möglich werde, indem sich erst so ein bleibendes Wesen der Dinge selbst (αὐτὰ αὑτῶν οὐσίαν ἔχοντά τινα βέβαιόν ἐστι τὰ πράγματα) ergibt, so wird die οὐσία selbst zur höchsten bleibenden Grundlage der Dinge, weil zur Möglichkeit der Dinge selbst, indem eben die οὐσία, das ὄντως ὄν, selbst das εἶδος des Zusammenfassens, also Prinzip der Einheitsordnung der Empfindungen selber ist. Nicht dem Worte, aber doch der Sache nach, bleibt der Begriff der Ordnung in Kraft.[1] Und insofern der οὐσία, dem ὄντως ὄν, alles Dasein auf diese Weise überantwortet wird, ist es in der Tat Einheitsordnung auch des Kosmischen. Und in dieser überkosmischen, überempirischen Bedeutung darf es selbst als göttliches Sein wohl angesprochen werden. Ein Anspruch, der freilich noch des genaueren erhärtet werden muß durch die bisher noch nicht klar entwickelte Weise seiner grundlegenden Bedeutung für die Dinge, deren Ordnung es ist.

---

[1] Er wird aber auch nicht einmal dem Namen nach aufgegeben; vgl. bes. Politeia 587, Politikos 273 a, Phileb. 26 b, Tim. 39 a, wo er überall sogar in vertieftem Sinne wiederkehrt. Im Einzelnen werden dies die folgenden Untersuchungen zeigen.

5. Durch den Begriff der Erkenntnis werden wir zunächst zu einem schroffen Dualismus von «Wesen und Werden», wie Windelband die Antithese treffend bezeichnet[1], geführt. Es gilt, diesen Dualismus nicht zu verwischen und zu vertuschen, um zu verstehen, inwieweit Platon einerseits selbst über ihn hinauszuführen und zu einer Einheit der antithetischen Glieder zu gelangen vermag, inwieweit er aber andererseits hinter dem Ziele der Einheit beider Glieder zurückbleibt. Will man Platon wirklich historisch gerecht werden, so darf man weder, wie Aristoteles, seine Tendenz zur Einheit, wie deren Realisierung verkennen, noch diese beide überschätzen und einen an sich freilich sehr wünschenswerten, von Platon aber nicht restlos geleisteten Ausgleich gewaltsam konstruieren.

Zwei Gattungen des Seins (δύο εἴδη[2] — διττὰ εἴδη[3]) enthüllen sich im Problem der Erkenntnis: das Sein der Sichtbarkeit und sinnlichen Gestaltung auf der einen Seite, und das Sein der gestaltlosen Denkbarkeit, das reine Sein, die καθαρὰ οὐσία[4] auf der anderen. Das Eine ergreifen wir durch die Sinnlichkeit[5], das andere durch reines Denken allein, nicht durch die Sinne.[6] Diese freilich liefern uns immer die äußere Veranlassung, uns auf das reine Sein zu besinnen. An den gleichen Dingen, aus deren Sehen und Tasten besinnen wir uns auf das Gleiche selbst.[7] Dieses Gleiche selbst aber müssen wir vor aller Wahrnehmung bereits erfaßt haben, um uns eben darauf besinnen und das verschiedene Gleiche in der Wahrnehmung selbst darauf beziehen, untereinander vergleichen und eben als gleich bestimmen zu können.[8] Diese erkenntnistheoretisch

---

[1] Windelband, Platon, S. 87.
[2] Phaidon. 79a: δύο εἴδη τῶν ὄντων, τὸ μὲν ὁρατόν, τὸ δὲ ἀειδές.
[3] Politeia. 509d: διττὰ εἴδη, ὁρατόν, νοητόν.
[4] Ebenda 585b, siehe S. 160, Anm. 1.
[5] Vgl. oben S. 156ff.
[6] Vgl. die früheren Ausführungen und ferner besonders Phaidon. 79a: τῶι τῆς διανοίας λογισμῶι, s. auch 99e.
[7] Phaidon, 75a: ἀλλὰ μὴν καὶ τόδε ὁμολογοῦμεν, μὴ ἄλλοθεν αὐτὸ ἐννοηκέναι μηδὲ δυνατὸν εἶναι ἐννοῆσαι, ἀλλ' ἢ ἐκ τοῦ ἰδεῖν ἢ ἅψασθαι, ἢ ἔκ τινος ἄλλης τῶν αἰσθήσεων; vgl. auch ebenda 74a und Politeia 526d.
[8] Ebenda 75b: πρὸ τοῦ ἄρα ἄρξασθαι ἡμᾶς ὁρᾶν καὶ ἀκούειν καὶ τἆλλα

So ungemein fruchtbare Einsicht erhält nun bei Platon den metaphysischen Unterbau in der Unsterblichkeitslehre: Um vom reinen Sein Kunde zu haben, muß die Seele sein, noch ehe sie in die sinnliche Welt des Leibes eingeht, ebenso wie jenes Sein, das den Beinamen dessen hat, was ist.[1] Darum also ist das Kennenlernen selbst ein Wiedererinnern.[2] Die Anamnesis-Lehre Platons im Sinne der Spontaneität zu deuten, dazu mag der unendliche Reichtum Platons reizen. Allein die Unsterblichkeit war ihm nicht bloß ein logisches, sondern ein sittlich-religiöses Postulat. Es ist Platon damit, nicht allein im Phaidon, zu sehr ernst, als daß ich mich entschließen könnte, den Unsterblichkeitsbeweis nur als Mythos zu fassen. Er ist Mythos, aber nicht bloß Mythos, wenigstens nicht für Platon, der in ihm fraglos die objektive Wahrheit, die Wahrheit in der Form des Begriffs, nicht bloß in der Form der Vorstellung zu besitzen meinte. Dafür spricht vor allem ein Umstand, der für das Substanzproblem bei Platon nicht ganz außer Acht zu lassen ist, ob er gleich freilich ebensowenig, wie die ganze Unsterblichkeitslehre als solche für unseren eigentlich wissenschaftlichen Zweck von besonderer Bedeutung ist: Im Phaidon[3], wie in der Politeia[4] wird ausführlich eine quantitative, d. i. hier zahlenmäßige Konstanz der Menge der Seelen gelehrt, die weder geringer noch größer (οὔτε ἐλάττους . . . . οὔτε πλείους) werden könne, da sie, wie leicht aus Platons sowohl die Präexistenz wie die Postexistenz einschließendem Begriff der Unsterblichkeit folgt, eben sonst nicht unsterblich wären. Wir hätten hier also eine Konstanz der Seelensubstanzen, die freilich, wie aus der ferneren Entwickelung zu ersehen sein wird, nicht zu grob substantiell gefaßt werden darf. Immerhin die Annahme der Unsterblichkeit wird auch dadurch über das

---

αἰσθάνεσθαι τυχεῖν ἔδει που εἰληφότας ἐπιστήμην αὐτοῦ τοῦ ἴσου, ὅ τι ἐστίν, εἰ μέλλομεν τὰ ἐκ τῶν αἰσθήσεων ἴσα ἐκεῖσε ἀνοίσειν.
[1] Ebenda 92 d e: εἶναι ἡ ψυχὴ καὶ πρὶν εἰς σῶμα ἀφικέσθαι, ὥσπερ αὐτή ἐστιν ἡ οὐσία ἔχουσα τὴν ἐπωνυμίαν τὴν τοῦ ὅ ἐστιν.
[2] Ebenda 76 a u. a. m. vgl. oben S. 150.
[3] Phaidon, 71 a/72 b.
[4] Politeia, 611 a/b.

Mythische hinausgerückt. Endlich spricht gegen die Deutung der Wiedererinnerung und des Aus-sich-Hervorholens im Sinne der Spontaneität ein Umstand, auf den Windelband[1] aufmerksam macht, wenn er von Platon bemerkt, er zeige «die eigentümliche Gebundenheit des gesamten antiken Denkens, welche die Vorstellung von einer schöpferischen Energie des Bewußtseins nicht aufkommen ließ, sondern alles Erkennen immer nur als ein Abbilden des Empfangenen und Vorgefundenen auffassen wollte». In der Tat müssen wir bei aller Größe des Platonischen Denkens doch auch wieder bedenken, daß es über diese unbefangene Auffassung des ganzen antiken Denkens in der Anamnesislehre gerade nicht hinausgelangt ist. Hier ist nicht wie bei Descartes schon von einem «quasi reminisci» die Rede, sondern von einem reminisci im strengsten Sinne.[2] In der Erkenntnislehre Platons kann darum wirklich nicht von einer «schöpferischen Energie des Bewußtseins» gesprochen werden. Diese fehlt freilich nicht ganz, aber sie ist nicht, wie die Spontaneität, erkenntnistheoretisch, sondern metaphysisch. An die Stelle der erkenntnistheoretischen Spontaneität tritt aber zunächst der sittlich-religiöse Glaube der ἀνάμνησις. Daß durch ihn aber Platon zu einer Verdinglichung des reinen Seins genötigt würde, wird man nicht glauben, wenn man an die theoretische Zurückhaltung denkt, die er damit übte, daß er nur überhaupt auf der Unsterblichkeit und Wiedererinnerung bestehen will, ohne sich der Täuschung einer vermeintlichen näheren Bestimmung dieser präexistenzialen Kenntnisnahme hinzugeben.[3] So kreuzen sich

[1] A. a. O., S. 74.
[2] Trotz dieses Unterschiedes könnte aber vielleicht gerade ein Vergleich mit Descartes in anderer Hinsicht auch eine tiefere Verwandtschaft aufdecken, nämlich zwischen Platons Unsterblichkeitslehre und Descartes' Gotteslehre. Für Platon ist die Unsterblichkeit freilich ebenso Grundlage der Erkenntnis, wie für Descartes Gott dies ist. Aber beide sind doch für beide nicht bloß Grundlage der Erkenntnis: für Platon ist die Unsterblichkeit ebensowenig bloß ein rein logisches Fundament, wie für Descartes Gott bloß ein rein logisches Fundament ist. Beide Begriffe haben eine metaphysische Bedeutung, und das gilt von der Unsterblichkeit bei Platon sogar in einem um so strengeren Sinne, wie von der Gottesidee bei Descartes, als bei Platon das religiöse und das theologische Denken viel wirksamer war, wie bei Descartes.
[3] Siehe oben S. 150.

in der Anamnesislehre die mannigfaltigsten Motive. Sie ist freilich Mythos, aber doch nicht bloß Mythos, sie ist logisch, aber doch nicht reine Methode, denn sie ist auch metaphysisch und zugleich ist sie religiös: Dogma. Und indem Platon gerade sich einer näheren Bestimmung des präexistenzialen Erkennens enthält, bewahrt er sich vor einer Verdinglichung des reinen Seins, der καθαρά ουσία.

6. Ehe ich das selbst weiter verfolge, sei mir noch ein kurzer literarischer Ausblick gestattet: Hermann Lotze gebührt das Verdienst, die Meinung[1], «Platon habe den Ideen, zu deren Bewußtsein er sich erhoben, ein Dasein abgesondert von den Dingen, und doch, nach der Meinung derer, die ihn so verstanden, ähnlich dem Sein der Dinge zugeschrieben», in ihrer ganzen Nichtigkeit bloßgestellt zu haben. Sehr richtig bemerkt er: «Es ist seltsam, wie friedlich die hergebrachte Bewunderung des Platonischen Tiefsinns sich damit verträgt, ihm eine so widersinnige Meinung zuzutrauen; man würde von jener zurückkommen müssen, wenn Platon wirklich diese gelehrt und nicht nur einen begreiflichen und verzeihlichen Anlaß zu einem so großen Mißverständnis gegeben hätte.»[2] In der Tat, wenn man, wie es auch, trotz Lotze, heute immer noch geschieht, und wie es selbst in der neuesten Auflage des Grundrisses von Überweg zu lesen steht, Platon die widersinnige Tendenz einer «Hypostasierung der Idee» zu «selbständiger Einzelexistenz» zumutet[3], dann bleibt nur die eine Konsequenz übrig, die F. A. Lange gezogen hat. Lange ist also wenigstens insofern konsequent, als er anstatt der üblichen Bewunderung dem Platonismus zunächst eine schroffe Ablehnung entgegenbringt, kurzweg von dem «Irrweg des Platonischen Idealismus»[4], von Platons «mystischem Allgemeinen»[5] redet. Es ist nur zu bedauern, daß diese Konsequenz über ein knappes Dutzend

[1] Logik, S. 513.
[2] A. a. O., ebenda.
[3] Friedrich Überwegs Grundriß der Geschichte der Philosophie des Altertums, S. 161.
[4] Geschichte des Materialismus I. S. 42.
[5] A. a. O., S. 43.

Seiten nicht hinausreicht, da Lange die Ansicht, die «Platon
für einen Mystiker und poesievollen Schwärmer» hält, selbst
zurückzuweisen sucht¹, ein Versuch, der dem natürlich nicht
recht gelingen kann, der kurz vorher den Platonischen Idealismus als «Irrweg» einfach abfertigen wollte. Eine halbe Konsequenz ist aber selbst eine Inkonsequenz. Wer darum konsequent sein will, der sei es ganz. Entweder man sehe in Platons Allgemeinem ein mystisches Ding, man behaupte die
Dinghaftigkeit, Geisterhaftigkeit und Gespensthaftigkeit seines
«reinen Seins», dann aber höre man endlich mit der Bewunderung von Platons Tiefsinn und Geistesfülle auf. Oder aber
man lasse sich wirklich von diesem Geiste berühren; das aber
kann man nur, wenn man sein «reines Sein» zu verstehen
sucht. Die historische Forschung unserer Zeit, soweit sie den
entscheidenden Impulsen Lotzes gefolgt ist, bietet dafür glück-
licherweise auch schon die beste Hilfe. Dem «An-sich-Sein» wird
ja längst, besonders scharf und klar von Windelband, das Ding-
sein gerade entgegengesetzt, wie es in der Tat Platon gelehrt.²
Windelband hat Platons Ideenlehre in erster Linie als «logische
Theorie» und als «allgemeines Prinzip der erklärenden Wissenschaft»³ erkannt und diese «Wissenschaftslehre» oder «Erkenntnislehre» richtig als «Grundlage aller Philosophie» angesprochen».⁴ Wie Lotze, so hat auch Cohen[5] auf die Unver-
einbarkeit der üblichen Bewunderung der Ideenlehre mit der
Auffassung der Ideen als «aparter Wesenheiten» aufmerksam
gemacht. Wie Lotze die Wirklichkeit der Idee in der «Wirklichkeit der Geltung»[6] erkennt, so sieht auch er das «wahrhafte Sein» als das «Sein der Geltung» an.[7] Und das ganze
schon mehrfach herangezogene Platon-Werk Natorps ist darauf
gerichtet, die Platonische Ideenlehre als Erkenntnislehre ein-
dringlich darzustellen und die Idee, worin Lotze ja ebenfalls

---

[1] A. a. O., S. 54.
[2] Windelband, a. a. O., besonders S. 84.
[3] A. a. O., S. 64.
[4] A. a. O., S. 65.
[5] Cohen, Platons Ideenlehre und die Mathematik. S. 12.
[6] Lotze, a. a. O., S. 514.
[7] Cohen, a. a. O., S. 16.

vorangegangen war, als «Gesetz» zu erweisen.¹ Und teilweise im Anschluß an ihn, wenn auch in durchaus selbständiger wissenschaftlicher Absicht gelangten Vorländer², Kinkel³ und Hartmann⁴ zu derselben Auffassung. In der Tat, so wahr die Ideenlehre Erkenntnislehre ist und die Ideen Grundlagen der Erkenntnis sind, so wahr wird man ihnen den Gesetzescharakter im logischen Sinne — Grundlagen der Erkenntnis sind doch wohl auch logische Gesetze — nicht streitig machen dürfen, wie ihn Lotze selbst schon vom Geltungscharakter her gefordert, auch wenn man das «nichts als Gesetze» für die Ideen nicht ohne weiteres annimmt, wie ja die Wirklichkeit oder das Sein der Geltung nicht bloß das Erkennen, sondern auch das Sein der Dinge zu bestimmen hat. Aber gerade weil es auch Grundlage des Seins der Dinge ist, kann sein Sein nicht selbst ein Sein der Dinge sein.

Ich habe diesen rein literarischen Exkurs hier eingeschoben⁵, nicht etwa um bloß meine eigene Darstellung einer bestimmten

---

¹ Natorp, Platons Ideenlehre. Eine Einführung in den Idealismus; vgl. bes. S. 36 ff. und S. 351 ff. Ich weiß gar wohl, daß auch schon Schleiermacher die Ideen als Gesetze, richtigerweise als «Weltgesetze» angesprochen hat; und werde noch Gelegenheit haben, darauf hinzuweisen. Weil das aber bei Schleiermacher selbst nur gelegentlich und nicht in der seit Lotze geforderten prinzipiellen Bestimmtheit geschieht, ist es für die Platon-Auffassung nicht historisch wirksam geworden.

² K. Vorländer, a. a. O. I. S. 96.

³ W. Kinkel, a. a. O. II, S. 74 ff.

⁴ N. Hartmann, Platons Logik des Seins. Siehe besonders S. 227.

⁵ Für den, den es befremden sollte, daß ich Zeller im Texte an dieser Stelle nicht auch erwähnt habe, sei nun hier bemerkt, daß das seinen Grund in der unentschiedenen und wenig klaren Stellung Zellers hat. Zunächst nennt Zeller, a. a. O. II, S. 662 die Ideen «Substanzen». Er will aber das Wort nur in dem «ursprünglich aristotelischen Sinne» gebrauchen, der aber freilich schon deswegen nicht «ursprünglich aristotelisch» sein könnte, weil er ja gerade nach Zeller hier ursprünglich platonisch sein müßte. Verstehen aber will Zeller vortrefflicherweise, das sei besonders anerkannt, unter «Substanzen» nichts anderes, als «überhaupt etwas Fürsichbestehendes, keinem anderen als Teil oder Eigenschaft Inhärierendes», nicht aber «ein Ding, welchem mehrere veränderliche Eigenschaften zukommen, während es selbst im Wechsel dieser Eigenschaften beharrt». Damit wäre ja in der Tat ebenfalls die dingliche Auffassung von den Ideen oder «Wesenheiten», wie Zeller sie nennt,

einheitlichen Richtung der Platon-Auffassung — von ganz einheitlichen Auffassungen kann auch nicht einmal zwischen zwei der genannten Forscher die Rede sein — einzuordnen und zugleich meine Differenz anzudeuten, sondern um überhaupt die beiden möglichen Grundrichtungen zu illustrieren, die in sich selbst keineswegs ohne spezifische Differenzen und vollkommen einheitlich sind, die nur prinzipiell klar und scharf sich gegeneinander abgrenzen: die den Platonischen Idealismus realistisch auffassende Deutung, die in den Ideen nicht eben Ideen, sondern Dinge (res) sieht, auf wie verschiedene Weise das immer auch geschehen mag; und die wahrhaft idealistische Deutung, die, wie abermals verschieden auch immer, den idealen Charakter der Idee zu wahren sucht. Damit kann ich es rein literarisch für diesen Exkurs bewenden lassen. Ich kehre nun zu Platon selbst zurück und verfolge an seiner Hand die weitere Entwickelung unseres Problems.

7. Sein und Werden sind geschieden wie zwei Welten, und nur wenn wir uns der Unterscheidung in aller Strenge bewußt bleiben, vermögen wir auch nur zu fragen, ob sie überhaupt auseinanderklaffen oder ob und welche Beziehung zwischen ihnen besteht. Das Erkenntnisproblem Platons hat zunächst den ganzen Unterschied zwischen beiden aufgetan und nur von ihm aus werden wir auch die Frage nach der Be-

---

ferngehalten. Fatal ist nur dreierlei, erstens nämlich, daß Zeller nie und nirgends seine «Wesenheiten» wirklich klar und scharf bestimmt und den Unterschied zwischen Ding und Wesen noch etwas präziser behandelt, als es in der zitierten Stelle geschieht, und zweitens, daß er a. a. O., II, S. 671 ff. so grimmig gegen Lotze polemisiert, der doch gerade der dinglichen Auffassung den Garaus gemacht hat. Vor allem wendet sich Zeller gegen den ja ebenfalls von Lotze in die Diskussion hier eingeführten Begriff des Gesetzes. Auch auf Cohen, als Lotze nahestehend, verweist Zeller hier, in dessen Augen natürlich Cohen nicht mehr Gnade finden kann als Lotze selbst. Drittens aber ist Zeller, freilich erst in seiner Aristoteles-Darstellung (a. a. O., II, 2, S. 302) der Meinung, Aristoteles habe die Platonische Ideenlehre «für immer widerlegt». Diese «Widerlegung» faßt aber, auch nach Zeller, die Platonischen Ideen dinglich substantiell. So unklar und schwankend also auch Zellers Äußerungen über Platon sein mögen, so läßt diese Unklarheit doch soviel gerade klar erkennen, daß Zeller von der dinglichen Auffassung nie ganz losgekommen ist.

ziehung entscheiden können. Vernunfterkenntnis einerseits und bloße auf Sinnlichkeit beruhende Meinung und bloße Vorstellung andererseits enthüllen sich in ihrer Gegensätzlichkeit durch das Erkenntnisproblem. Auf das Werden bezieht sich die bloße Vorstellung und Meinung, auf das Sein die Vernunfterkenntnis; und wie sich das Sein zum Werden, so verhält sich die Vernunfterkenntnis zur bloßen Ansicht.[1] Und wie das Gebiet der reinen Denkbarkeit (νοητὸς τόπος) zum reinen Denken (νοῦς) und beide zu den Gegenständen dieses Denkens (νοούμενα), so verhält sich das Gebiet der Sichtbarkeit (ὁρατόν) zum Gesicht (ὄψις) und beide zu den gesehenen Gegenständen (ὁρώμενα).[2] Wahrhaft aber ist nur das seientlich Seiende.[3] Und so wahr Sein (οὐσία) und Werden (γένεσις) voneinander getrennt (χωρίς) sind[4], so wahr kann das Sein nicht durch das Werden, durch Entstehen und Vergehen ins Schwanken gebracht werden.[5]

Was die Vernunft erfaßt, das sind ewig gleich bleibende Ordnungen[6], rein im Denken zu erlangende unsinnliche, unkörperliche Gestalten[7], in denen es kein Entstehen und Vergehen, wie in der sinnlichen Körperwelt des Werdens gibt, in denen allein Bleibendes und Festes (μόνιμον καὶ βέβαιον)[8] liegt. Und auch da noch, wo die letzte Synthese zwischen dem ewig An-sich-Seienden und -Bleibenden einerseits und dem Wechselnden und Werdenden andererseits vollzogen wird, gerade da bleiben die antithetischen Glieder in voller Kraft, und gerade da müssen sie in voller Kraft bleiben: Was durch das Denken (νοήσει) vermöge der Vernunft erfaßbar ist (μετὰ λόγου περιληπτόν), das ist das ewig an sich selbst dasselbe Seiende (ἀεὶ κατὰ ταὐτὰ ὄν);

[1] Politeia. 534 a: καὶ δόξαν μὲν περὶ γένεσιν, νόησιν δὲ περὶ οὐσίαν, καὶ ὅ τι οὐσίαν πρὸς γένεσιν, νόησιν πρὸς δόξαν.
[2] Ebenda 508 c.
[3] Soph. 240 c: τὸ ἀληθινὸν ὄντως ὄν.
[4] Ebenda.
[5] Politeia. 485 b: ἐκείνης τῆς οὐσίας τῆς ἀεὶ οὔσης καὶ μὴ πλανωμένης ὑπὸ γενέσεως καὶ φθορᾶς.
[6] Politeia. 500 b: τεταγμένα ἄττα καὶ κατὰ ταὐτὰ ἀεὶ ἔχοντα; vgl. 500 c: θείωι δὴ καὶ κόσμωι ὅ γε φιλόσοφος ὁμιλῶν ...
[7] Soph. 246 b: νοητὰ ἄττα καὶ ἀσώματα εἴδη.
[8] Tim. 29 b.

was durch die bloße Meinung (δόξηι), vermittels der außerlogischen Empfindung (μετ' αἰσθήσεως ἀλόγου) gefaßt wird, das ist das immer bloß Werdende und Vergehende, das nie wahrhaft Seiende (γιγνόμενον καὶ ἀπολλύμενον, ὄντως δὲ οὐδέποτε ὄν)[1], und die Unterscheidung zwischen dem ewig Seienden, das kein Werden hat, und dem ewig bloß Werdenden, das kein Sein hat[2], bewahrt ihre volle Strenge.

Und dennoch, das hat sich ja längst gezeigt gerade an dem Problem der Erkenntnis: Das «Schöne an sich», das «Gute an sich», das «Gleiche an sich»[3], mit einem Worte: das εἶδος αὐτὸ καθ' αὑτό[4], oder kurz αὐτὸ τὸ εἶδος[5], die Idee, die immer in sich Eine und Dieselbe[6] kommt uns psychologisch ebenso nur durch die Wahrnehmung der sinnfälligen Dinge zum Bewußtsein, wie sie logisch bereits die Voraussetzung dafür ist, daß wir die Dinge überhaupt als gleich u. s. f. bestimmen können. So wenig die Idee also selbst ein Ding ist, weil sie die Voraussetzung der Erkenntnis der Dinge ist, so wenig kann die Idee, damit diese Erkenntnis selbst gültig sein kann, bloß in uns liegen. Denn dann könnte sie ja eben nicht «an sich sein».[7] Wir bestimmen also die vielen schönen (πολλὰ καλά) und die vielen guten Dinge (πολλὰ ἀγαθά) und jegliches sonst, dem wir eine Beschaffenheit beilegen, wirklich immer erst durch den Begriff (διορίζομεν τῶι λόγωι). Das Schöne an sich aber (αὐτὸ δὴ καλόν) und das Gute an sich (αὐτὸ ἀγαθόν) aber und was wir sonst auch immer als Vieles setzten, das setzen wir nach einer einheitlichen Idee (κατ' ἰδέαν μίαν) selbst als ein

[1] Ebenda 27 d/28 a.
[2] Ebenda: τί τὸ ὂν ἀεί, γένεσιν δὲ οὐκ ἔχον, καὶ τί τὸ γιγνόμενον μὲν ἀεί, ὂν δὲ οὐδέποτε.
[3] Vgl. oben S. 164.
[4] Parm. 130 b, vgl. auch die ebenso präzise Formulierung Symp. 211 a/b: αὐτὸ καθ' αὑτὸ μεθ' αὑτοῦ μονοειδὲς ἀεὶ ὄν und Phaid. 78 c: μονοειδές ὂν αὐτὸ καθ' αὑτό.
[5] Parm. 130 c.
[6] Vgl. außer dem Vorhergehenden abermals Parm. bes. 151 d/152 a.
[7] Vgl. wiederum außer den früheren Bestimmungen besonders Parm. 133 c: οἴμαι ἂν καὶ σὲ καὶ ἄλλον, ὅστις αὐτήν τινα καθ' αὑτὴν ἑκάστου οὐσίαν τίθεται εἶναι ὁμολογῆσαι ἂν πρῶτον μὲν μηδεμίαν αὐτῶν εἶναι ἐν ἡμῖν. Πῶς γὰρ ἂν αὐτὴ καθ' αὑτὴν ἔτι εἴη;

einheitliches Sein (ὡς μιᾶς οὔσης). Von den vielen Dingen aber sagen wir, sie werden gesehen, aber nicht gedacht, von den Ideen hingegen, sie werden gedacht, aber nicht gesehen.[1] «Eine Idee pflegen wir also für jegliches Viele zu setzen, das wir mit demselben Namen belegen.»[2] Das in sich Eine Schöne und das in sich Eine Gute[3] ist also nicht bloß die Einheit der Erkenntnis der schönen und guten Dinge, sondern auch Einheit der schönen und guten Dinge selbst (ἑνάδες — μονάδες).[4] Aber gerade von hier aus verschärft sich das Problem: Da die in sich einheitliche Idee doch nicht bloß in uns liegt, und da nur das Bewußtsein der Idee, nicht die Idee selbst aus der Wahrnehmung der Dinge stammt, kann die Idee nimmermehr bloß etwa eine aus den Dingen abstrahierte Vorstellung sein. Denn in diesem Falle wäre sie ja gar nichts «an sich Seiendes», ja sie wäre noch weniger als das Werden, das ja gar nicht einmal wirklich ist, wenn sie bloß ein abstrahierter Schatten der werdenden und nicht einmal wahrhaft wirklichen Dinge wäre. Anstatt wahrhaft wirklich zu sein, wäre sie das Bild von etwas, das selbst nicht wahrhaft wirklich ist. Wenn sie aber wahrhaft wirklich ist, ein ὄντως ὄν, dann scheint sich erst recht ein Rätsel und Wunder aufzutun. Wie ist es denn möglich, daß die Ideen überhaupt als Einheit für eine Vielheit der Dinge gesetzt werden? Wie kann denn das ewig unsichtbare Sein mit den sichtbaren Dingen des Werdens über-

---

[1] Politeia, 507 a.
[2] Ebenda 596 a.
[3] Phileb. 15 a: τὸ καλὸν ἓν καὶ ἀγαθὸν ἕν ... Aus der strengen Einheit der Idee ganz allein würde schon folgen, daß der Einwand des τρίτος ἄνθρωπος, wie auch Zeller a. a. O., S. 745 bereits richtig bemerkt hat, Platon gar nicht trifft, selbst wenn, wie Natorp, a. a. O., S. 213 mit Recht hervorhebt, der Einwand von Platon selbst nicht schon Politeia 597 b/c mit dem Bemerken abgetan wäre, daß es von Einer Idee eines Vielen nicht selbst wieder ein Vieles geben kann, da ja sonst über dem Vielen der Idee immer wieder eine Idee u. s. f. in infinitum stehen müßte. Hier noch näher auf dieses Mißverständnis einzugehen, verlohnt um so weniger, als es von den genannten Forschern längst mit gehörigem Nachdruck zurückgewiesen worden ist und ein weiteres Eingehen außerhalb unseres Problems liegt.
[4] Ebenda und 15 b.

haupt so zusammenstimmen, daß diese nach jenem benannt werden dürfen? Allein dieses scheinbare Wunder besteht nur, solange man «Wesen» und «Werden» als eine Art von zwei nebeneinander absolut bestehenden, etwa parallel gehenden Welten faßt, von denen die eine ein Bild der andern und jede in gleicher Weise «an sich» wäre. «An sich» aber ist nur das Sein der Idee, die καθαρὰ οὐσία, nicht die γένεσις. Das sinnliche Werden aber könnte nur dann mit dem ewigen vernünftigen Sein in dieser Weise zusammenstimmen, wenn dieses nicht nur den Begriff, d. i. den Erkenntnisgrund (λόγος[1]) für die Erkenntnis der Dinge des Werdens darböte, sondern das Werden der Dinge selbst bestimmte, wenn die Vernunftordnung[2] zugleich Werdens- und Weltordnung wäre. Dazu aber müßte das Werden selbst eine Stelle in der Vernunftordnung erhalten. Es ist abermals das Problem der Erkenntnis, von dem aus Platon hier eine Entscheidung trifft und von dem aus allein er eine Entscheidung treffen kann.

8. Daß die Empfindung von sich aus nicht zum Sein gelange, hatte sich gezeigt. Sie bleibt von sich aus allein auf das Werden verwiesen. Aber um auch nur Empfindung zu sein, hatte sie selbst das Sein gefordert und vorausgesetzt, das freilich nicht ihr erreichbar ist, sondern allein der Erkenntnis des reinen Denkens (τῶι τῆς διανοίας λογισμῶι).[3] So kündigt sich von vornherein von seiten der Empfindung nach der Richtung des Seins eine erkenntnisproblematische Verknüpfung beider Sphären an. Genau ebenso aber, nur nach entgegengesetzter Tendenz, springt von seiten der reinen Erkenntnis nach der Richtung des Werdens eine Verbindung hervor, die freilich nicht mehr bloß erkenntnisproblematisch bleibt, sondern zuletzt in dem dialektischen Vollzug der Synthese gipfelt. Zwar

---

[1] Vgl. S. 172.
[2] Vgl. unsere früheren Ausführungen über den Begriff der τάξις, sowie den engen Zusammenhang, in dem Politeia, 587 a, die Begriffe λόγος, νόμος, τάξις stehen, worauf ausführlich Natorp, a. a. O., S. 211 hinweist.
[3] Phaidon, 79 a; dazu sind natürlich auch die früheren Ergebnisse zu vergleichen.

hat sich auf der einen Seite gezeigt[1], und dieser Satz kann nicht aufgegeben werden, daß wir durch die leibliche Empfindung lediglich an dem Werden teilhaben[2], jener Sinnenwelt, der eben nie wahres Sein eignet, sondern gerade anstatt des Seins nichts als Wechsel und Bewegung zukommt[3], während wir allein durch das vernünftige Denken zum Sein Beziehung haben[4]; und daß der bloße Wechsel und die Bewegung ohne ein beharrliches Sein weder selbst sein noch erkannt werden könnte, daß also die Erkenntnis selbst nicht möglich wäre ohne ein beharrliches Sein, mithin ein solches fordert. Auf der anderen Seite aber zeigt sich, und dieser Satz ist nicht weniger bündig, daß das «Erkennen selbst ein Tun» ist (ποιεῖν τι). «Ist aber das Erkennen ein Tun, so ist das Erkannt-Werden notwendig ein Leiden, so daß also das Sein, das erkannt wird, logischerweise (κατὰ τὸν λόγον) bewegt wird vermöge des Leidens, das dem Beharrlichen doch nicht begegnen kann.»[5] Soll also das Sein erkannt werden, dann kann es gerade nicht beharrlich sein, es muß vielmehr selbst Bewegung, Leben, Seele und Vernunft (κίνησιν καὶ ζωὴν καὶ ψυχὴν καὶ φρόνησιν)[6] haben. Gerade um erkannt werden zu können, muß es bewegt sein. Hier liegt eine vollendete Antinomie vor: Das Erkennen fordert seinem Begriffe nach ein beharrliches Sein und schließt die Bewegung aus. So lautet die Thesis. Und: das Erkennen fordert seinem Begriffe nach die Bewegung und schließt, da diese dem Beharrlichen doch nicht begegnen kann, das beharrliche Sein aus. So lautet die Antithesis. Aber mit der höchsten Klarheit, gleich als sollte das «ewige Musterbild» der Auflösung der Antinomie schlechtweg selbst in die Zeit eingehen und für alle Zeit faßlich bleiben, werden Thesis und Antithesis in der Synthesis eines höheren Standortes aufgehoben und vereinigt, indem die

---

[1] Siehe Theait. l. c. und Kratyl. l. c.
[2] Soph. 248a: σώματι μὲν ἡμᾶς γενέσει δι' αἰσθήσεως κοινωνεῖν ...
[3] Ebenda 246B: γένεσιν ἀντ' οὐσίας φερομένην.
[4] Ebenda 248a (Forts. von Anm. 2) διὰ λογισμοῦ δὲ. ψυχῆι, πρὸς τὴν ὄντως οὐσίαν.
[5] Ebenda 248e.
[6] Ebenda.

Vereinigung von Satz und Gegensatz in ihrer Möglichkeit dahin erklärt wird, daß wir etwas (hier also die Bewegung, ebenso wie die Beharrlichkeit) «nicht auf die gleiche Weise bezeichnen, wenn wir sagen, es sei dasselbe und sei nicht dasselbe».[1] Hier handelt es sich also nicht bloß um das formale Widerspruchsgesetz, sondern um ein Inhaltsgesetz dialektischer Entwickelung, die sich ja selbst bald als ein Fortgang (διαλεκτικὴ πορεία)[2], als dialektische Bewegung des Denkens (διανοητικὴ κίνησις)[3] enthüllen wird.

Wenn also im Erkennen auch das beharrliche Sein gesetzt ist, «da das Erkennen seinem Wesen nach selbst sein muß, um zu erkennen, daß das Sein ist»[4], so ist doch auch Werden und Bewegung in ihm gesetzt, insofern das Erkennen selbst «ein Tun» ist. Wenn aber auch damit im Erkennen sowohl Bewegung wie Beharrlichkeit logisch gesetzt sind, so ist das eine, die Bewegung nämlich, doch als seiend, nicht aber selbst als bewegt gesetzt; die Bewegung ist, aber sie bewegt sich doch nicht, und ebenso ist die Ruhe als seiend, nicht aber selbst als ruhend gesetzt; auch sie ist, aber sie ruht doch nicht selbst.[5] Und sofern nun Wechsel oder Bewegung auf der einen Seite, Beharrlichkeit oder Ruhe auf der anderen selbst sind, so kann doch das Sein selbst und als solches doch weder bloß Beharrlichkeit noch bloß Bewegung sein, wie die Beharrlichkeit alssolche doch nicht Bewegung und die Bewegung als solche doch nicht Beharrlichkeit ist.[6] Obwohl seiend, ist die Beharrlichkeit doch nicht selbst bloß beharrlich, und auch nicht gar etwa das Sein schlechthin, und obwohl seiend, ist die Bewegung doch nicht selbst bloß bewegt und auch nicht das Sein schlechthin, wie alles sonst, was nicht das Sein selbst ist und doch ist.[7]

---

[1] Ebenda 256a: οὐ γὰρ ὅταν εἴπωμεν αὐτὴν ταὐτὸν καὶ μὴ ταὐτὸν, ὁμοίως εἰρήκαμεν.

[2] Politeia, 532 b. Über das πορεύεσθαι der διαλεκτικὴ μέθοδος vgl. auch 533 c/d. Wir kommen auf diese Dinge bald ausführlicher zu sprechen.

[3] Tim. 89a.

[4] Politeia, 477 c. vgl. auch 478a.

[5] Soph. 250 a/b.

[6] Ebenda 255 a b.

[7] Ebenda 256 c.

So wird Bewegung und Werden selbst im Ewigen verankert, indem, und darin liegt letzten Endes die Auflösung der Antinomie, reine Bewegung und empirische Bewegung unterschieden werden und diese zuletzt auf jene gegründet wird. Die reine Bewegung ist nichts anderes als Bewegung des reinen Denkens selbst, insofern Denken selbst Bewegung ist: Bewegung κατὰ τὸν λόγον.[1] Das ist nicht die Bewegung, in der der Wechsel besteht[2], sondern die, auf der in letzter Linie aller Wechsel erst beruht, die also selbst «nicht in der Zeit liegt», sondern zwischen der zeitlichen Bewegung und Ruhe sich selbst schon befindet, so daß darin erst «Bewegung in Ruhe und Ruhe in Bewegung übergeht». Darin liegt die seltsame Natur des «Plötzlichen».[3]

[1] Vgl. S. 175.
[2] Parm. 162 c ....; μεταβολὴ δὲ κίνησις.
[3] Ebenda 156 d/e: ἡ ἐξαίφνης αὕτη ἡ φύσις ἄτοπός τις ἐγκάθηται μεταξὺ τῆς κινήσεώς τε καὶ στάσεως, ἐν χρόνωι οὐδενὶ οὖσα, καὶ εἰς ταύτην δὴ καὶ ἐκ ταύτης τό τε κινούμενον μεταβάλλει ἐπὶ τὸ ἑστάναι καὶ τὸ ἑστὸς ἐπὶ τὸ κινεῖσθαι. — Es ist das unschätzbare Verdienst Natorps, den Sinn dieser Stelle wirklich erschlossen zu haben, wenn er sie a. a. O., S. 255 im Sinne des Kontinuitätsgesetzes deutet und darin die «vorschwebende Unterscheidung des Diskreten und Stetigen» erblickt, worin ihm jetzt mit Recht auch Hartmann, a. a. O., S. 355 gefolgt ist. Leider ist darüber in der Platon-Literatur zumeist hinweggelesen worden; oder, wenn auch das nicht gerade geschah, so hat es doch sehr oft an dem rechten Verständnis gefehlt, gleichsam zur Bestätigung der Gültigkeit der Platonischen Forderung; «Μηδεὶς ἀγεωμέτρητος εἰσίτω!» Natorp hingegen ermittelt scharf und bestimmt die Kontinuitätsbedeutung und macht sie auch S. 361 ff. für die Unterscheidung von zweierlei Bewegungen: der primären und der sekundären geltend und sieht in jener das Prinzip von dieser. Allein, und darin kann ich ihm nicht folgen, er verlegt jene in die Seele als das «erste dem Werden und der Bewegung nach», nicht als «Prinzip im Sinne eines schlechthin Unwandelbaren, wie die Idee», während ich das, was ich die «reine Bewegung» nennen möchte, geradezu in die «Idee der Idee», wie Natorp die Idee des Guten nennt, in letzter Linie verlege, wie es sich oben bereits ankündigt und später noch genauer zeigen wird, wofür ich aber hier schon kurz die Gründe angeben möchte. Im Tim. 34 a wird dem Weltall die Bewegung stehender Rotation mitgeteilt als der Vernunft und Einsicht am nächsten kommend (κίνησιν . . . τὴν περὶ νοῦν καὶ φρόνησιν μάλιστα οὖσαν). Nun heißt es weiter 36 e freilich, daß die Seele, die selbst natürlich dem Unsichtbaren beigezählt wird (αὐτὴ δὲ ἀόρατος), sich in sich selbst herumbewegt (αὐτή τε ἐν αὑτῆι στρεφομένη). Daß wir es hier mit zweierlei Be-

Damit ist nun der Begriff des reinen Werdens selbst im Sein begründet, ohne daß er aber das Sein selbst ist, und damit ist auch das Werdende, wenn es auch nicht das Sein selbst ist. Was aber das Sein selbst nicht ist, also nicht Sein ist, das ist doch offenbar Nicht-Sein. Also müßte das Nicht-Sein selber sein, und wir wären vor die Setzung eines seienden Nicht-Seins gestellt. In der Tat muß logischerweise auch das Nicht-Sein sein eben als Nicht-Sein, insofern wir ja sonst von ihm überhaupt nichts sagen könnten, nicht einmal, daß es nicht sei. Also, um auch nur sagen zu können, daß das Nicht-Sein nicht sei, muß es sein, so daß Sein und Nicht-Sein stetig aneinander Anteil haben, das Nicht-Sein am Sein, insofern das Nicht-Sein eben als Nicht-Sein ist, das Sein am Nicht-Sein, insofern eben

wegungen zu tun haben, das unterliegt danach schon keinem Zweifel: die gedankliche Bewegung mit der in sich Geschlossenheit des Denkens fordert die in sich geschlossene Rotationsbewegung des Alls. Allein wie Natorp eben selbst bemerkt, und wie es aus Tim. ebenda und besonders Phileb. 30 ff. hervorgeht, wird die Seele selbst dem Werdenden beigezählt. Ihre Bewegung ist nicht Bewegung im Sinne des selbst nicht werdenden Werdens. Die Welt ist erst durch Gottes Vorsehung (διὰ τὴν τοῦ θεοῦ πρόνοιαν) ein beseeltes und vernünftiges Wesen (ζῶον ἔμψυχον καὶ ἔννουν), vgl. Tim. 30 b. In der Vernunft allein aber liegen die obersten Ursachen (τὰς τῆς ἔμφρονος φύσεως αἰτίας πρώτας, Tim. 46 d/e), und so wird (Tim. 47 b: τὰς ἐν οὐρανῶι τοῦ νοῦ περιόδους) von den Umläufen der Vernunft selbst gesprochen. Darum möchte ich als reine Bewegung oder als Prinzip der Bewegung schlechthin nur die κίνησις διανοητική ansehen. Wenn Tim. 89 a ihr und der Allbewegung als am meisten verwandt die organische Eigenbewegung des Körpers bezeichnet wird, so kommt darin wohl ebenfalls zum Ausdruck, daß die «seelische Bewegung» nicht letztes Prinzip, sondern, wie auch nach Nomoi 896 c nur Selbstdarstellung der Vernunftbewegung, nicht aber diese selbst ist. Wenn sich, wie bemerkt, im allgemeinen hier auch Hartmann an Natorp anschließt, so scheint mir doch an einer anderen Stelle bei Hartmann, der ebenfalls Denken als Bewegung faßt, eine nicht uninteressante Abweichung vorzuliegen, indem er nämlich, a. a. O., S. 377 f. bemerkt, daß das Werden «als die κίνησις der Begriffe rational geworden» sei. Freilich faßt Hartmann das ganz im Sinne der sogenannten «reinen Logik». Immerhin glaube ich doch darin eine Übereinstimmung mit der von mir hier vertretenen Auffassung erblicken zu dürfen, daß das Prinzip der Bewegung im Denken und in der Vernunft schlechthin, nicht schon in der Seele, die mir der Vernunft gegenüber selbst erst ein Abgeleitetes zu sein scheint, liege. Nicht ohne Interesse ist auch die Deutung, die Plotin in der VI. Enneade diesem Gedanken Platons gibt, Lib. I—III

auch ein Sein ein Nicht-Sein ist, eben das Sein des Nicht-Seins.[1] Insofern nun aber das Nicht-Sein ist, ist das Sein selbst nicht, nämlich nicht das Nicht-Sein, weil es von ihm verschieden ist. Denn von allem gilt, daß die Natur des Verschiedenen (ἡ θατέρου φύσις), welche es verschieden macht von dem Seienden ein jegliches zu einem Nicht-Seienden macht, und alles insgesamt können wir gleichermaßen auf diese Weise mit Recht nicht-seiend nennen und auch wiederum seiend, indem wir sagen, daß es Anteil hat am Seiendem (ἐπείπερ τοῦ ὄντος μετέχει).[2] So ist also das Seiende insofern selbst nicht, als es das übrige nicht ist; denn indem es dieses nicht ist, ist es eben selbst Eines, das das zahllose Andere (ἀπέραντα δὲ τὸν ἀριθμὸν τἆλλα) nicht ist.[3] So ist denn auch durch das Sein des Nicht-Seins das Nicht-Sein nicht etwa als ein absolutes Nichts, also auch nicht als das Gegenteil vom Sein (τοὐναντίον τοῦ ὄντος), sondern lediglich als das «Anders-Sein»[4] erwiesen, indem ja die Natur das «Anders» sich selbst als seiend enthüllt.[5] Der Gegensatz von Sein und Nicht-Sein wird aufgehoben und in den der dialektischen Entwickelung des «An-sich-Seins» (αὐτὸ καθ' αὑτό) und «Anders-Seins» (θατέρου φύσις) fortgebildet.[6] In dem Eines

---

[1] Parm. 160 b ff.
[2] Soph. 256 d.
[3] Ebenda 257 a.
[4] Ebenda 258 e.
[5] Ebenda 258 a: ἐπείπερ ἡ θατέρου φύσις ἐφάνη τῶν ὄντων οὖσα.
[6] Die Anwendung der Hegelschen Terminologie wird man um so zulässiger finden, als sie in der Tat nur eine wörtliche Übersetzung ist und die Worte auch eine sachliche Übereinstimmung ausdrücken. Ihr Gebrauch ist ja auch hinsichtlich Platons längst üblich. Siebeck, a. a. O., S. 79; Bäumker, a. a. O., S. 190; Natorp, a. a. O., S. 292 u. a. m. haben sich dieser Terminologie mit Recht bereits bedient. Hartmann, a. a. O., S. 161 ff. weist auch ausdrücklich auf Hegel mit einer kurzen aber zutreffenden Andeutung von positivem Verhältnis und Unterscheidung hin. Mehr als Andeutungen kann er begreiflicherweise in seinem Zusammenhange nicht geben, und es wäre ein lohnendes Unternehmen, einmal das ganze Verhältnis einer eingehenderen Darstellung zu würdigen. Das wäre eine schöne Aufgabe für unsere jungen Hegelianer, wenn diese erst einmal soweit gekommen sein sollten, nicht bloß Hegelisch zu sprechen und anstatt die Hegelsche Lehre «ganz und unzerkaut zu verschlucken» und also auch nicht zu verdauen, das, was wirklich be-

ist das Anders selbst enthalten. Denn indem Eines ist, tritt zu dem Eines selbst das Sein, das von dem Eines selbst doch zu unterscheiden ist, so daß Einheit und Mehrheit und Sein selbst im Eines ergriffen werden.[1] In bestimmter Beziehung — so spricht sich die dialektische Tendenz vielleicht am reinsten aus — wird Eines als Verschiedenes und in bestimmter Beziehung Verschiedenes als Eines gesetzt, so daß im Sein selbst Identität, wie Verschiedenheit (bezw. Einheit und Mannigfaltigkeit) mitgesetzt sind. Insofern im Erkennen aber sowohl Bleiben wie Wechsel und Bewegung schon gesetzt sind, enthüllen sich Sein, Beharrlichkeit, Bewegung, Identität, Verschiedenheit als die fünf μέγιστα τῶν γενῶν, als die höchsten «Gattungen».[2] Damit aber ist die Vorbereitung einer wahrhaft logischen Grundlegung des Substanzproblems so gut wie geschaffen, eine Arbeit, die aber aus dem bloß vorbereitenden Stadium mehr und mehr sich zu genauerer Bestimmtheit vollendet.

9. Denn wenn im ὄντως ὄν, in der καθαρὰ οὐσία der Idee auch das bleibende und beharrliche Sein ergriffen ist, und wenn, wie Schleiermacher bemerkt[3], auch erkannt wird, «daß nur die ewigen Formen das Beharrliche sind zu dem Wechselnden und die wahren Einheiten zu dem Mannigfaltigen, und daß nur auf sie und die Beziehungen der Dinge zu ihnen Erkenntnis und Wissenschaft von irgend etwas kann gebaut werden», so ist eben damit doch nicht der Wechsel des erfahrbaren Werdens, wie es nach der Autorität des Aristoteles und mancher älteren und neueren Platon-Ausleger sonst scheinen könnte, einfach beiseite geschoben. Gerade indem «die ewigen Formen das Beharrliche sind zu dem Wechselnden und die wahren Einheiten zu dem Mannigfaltigen», sind Beharrlichkeit und

---

deutsam und bleibend daran ist, zu verstehen und das Wertlose auszustoßen, womit sie freilich aufhören würden, bloße — ianer zu sein.

Von diesem Moment Platonischer Dialektik fällt nun auch ein helles Licht auf Platons Verhältnis zu Parmenides und Heraklit, sowohl rücksichtlich des Übereinstimmenden, wie des Trennenden.

[1] Soph. 244 b ff.
[2] Ebenda 255 a/256 d; 257 d und 259 c/d.
[3] Einl. z. Übers. des Phaidon, S. 12.

Wechsel bereits aufeinander bezogen. Aber, wie das Beharrliche, so wird auch der Wechsel nicht einfach in dogmatischem Sinne statuiert; er muß im Problem der Erkenntnis selbst seine Fundamentierung erhalten. Darum muß er selbst zum Problem gemacht werden, und in der Tat wird das Problem περὶ γενέσεως καὶ φθορᾶς[1], dem Aristoteles selbst eine besondere Abhandlung widmen sollte, nicht bloß implizite, sondern auch explizite von Platon gestellt und exakt formuliert. Weil das aber exakt nicht geschehen kann, ohne daß der Wechsel auf das Sein bezogen wird, muß das Problem des Wechsels mit dem des Seins selbst verbunden werden in der ausdrücklich gestellten Frage über «Werden und Wesen», γενέσεώς τε καὶ οὐσίας πέρι.[2] Wenn so der Wechsel zum Problem gemacht wird, dann wird die Erfahrung selbst erst auf Vernunft gegründet, und von dieser Problemtendenz aus kann in der Tat die Ansicht, daß man erst vermittels der Vernunfteinsicht allein Erfahrung erlange[3], selbst ihre tiefste logische Begründung erhalten, indem eben durch Vernunftgründe selbst die kritische Entscheidung zu treffen ist.[4]

Im Sein des Nicht-Seins aber ist der Grund für das Werden vom Problem der Wissenschaftslehre selbst her gelegt, indem das Erkennen sich selbst als ein Tun und das Nicht-Sein sich selbst als ein Sein erwies. Dies stellte sich heraus nicht als das Gegenteil vom Sein, also nicht als absolut Nichts, sondern als das Anders-Sein. Wie das Eine selbst ein Anderes ist (ἕν — ἕτερον)[5] einem anderen Einen gegenüber, das für sich selbst (καθ᾽ αὐτό) ein Eines ist, so ist nunmehr der Begriff des Anders-Seins schlechthin erreicht zum Unterschiede vom Einen selbst, dem An-sich-Sein (αὐτὸ καθ᾽ αὑτό) selbst. Damit aber ist dem Problem des Werdens und Wechsels wie seiner Lösung der Boden bereitet. Es fragt sich jetzt, wie denn Eines Vieles

---

[1] Phaidon. 96 a.
[2] Soph. 232 c.
[3] Politeia. 582 c: καὶ μὴν μετά γε φρονήσεως μόνος ἔμπειρος γεγονὼς ...
[4] Ebenda: διὰ λόγων που ἔφαμεν δεῖν κρίνεσθαι.
[5] Ebenda 524 c.

6. Kapitel.

und Vieles Eines sei[1], wie denn die Einheiten (μονάδες), da jede von ihnen eine und ebendieselbe ist von Ewigkeit und selbst weder Entstehen noch Vergehen aufnimmt und einheitliche Beharrlichkeit hat, dennoch in den unendlichen Gestaltungen des Werdens zerstreut und selbst als vielerlei geworden angenommen werden können und **sie selbst ganz außerhalb ihrer selbst**.[2] Dies Problem ist gleichsam nur eine neue Formulierung jener im Erkenntnisbegriff aufgedeckten antinomischen Setzung von Beharrlichkeit und Wechsel im Erkennen selbst. Und auch seine Lösung bewegt sich im stetigen Fortgang jener Bahnen, deren Richtung die Dialektik mit den Begriffen des «An-Sich» und «Anders» abgesteckt hat: Das «Anders» ist eben immer anders als das «An-sich». Das «An-sich» aber ist das «Eine», in sich Bestimmte, Einheitliche, das das unendlich Viele Andere nicht ist.[3] Das Anders-Sein liegt also in dem Sein des nicht-bestimmten Einheitlichen. Damit ist den Begriffen des Bestimmten und Unbestimmten ihr logischer Ort gewiesen, insofern eben das Anders-Sein selbst schon ein Sein bezeichnet, das anders ist als ein bestimmtes Sein und so das erst zu bestimmende Sein bedeutet, das zum bestimmten Sein erst gelangen soll. Wie aber das Sein als Nicht-Sein nicht schlechthin nicht ist, sondern als Nicht-Sein ist, so ist es auch als Unbestimmt-Sein nicht schlechthin unbestimmt, sondern es ist selbst als unbestimmt bestimmt; und das Unbestimmte liegt, insofern es eben zunächst bestimmt ist als ein Unbestimmtes, das erst bestimmt werden soll, selbst im Bereiche der Idee, es gibt die Idee des Unbestimmten: τὴν δὲ τοῦ ἀπείρου ἰδέαν.[4] Sie ist die beharrliche Grundlage nicht der Bestimmung, sondern der Bestimmbarkeit. Denn wie aus der gegenseitigen Ver-

---

[1] Phileb. 14 c: ἓν γάρ δὴ πολλὰ εἶναι καὶ τὸ ἓν πολλά ...
[2] Ebenda 15 b: πῶς αὖ ταύτας, μίαν ἑκάστην οὖσαν ἀεὶ τὴν αὐτὴν καὶ μήτε γένεσιν μήτε ὄλεθρον προσδεχομένην, ὅμως εἶναι βεβαιότατα μίαν ταύτην· μετὰ δὲ τοῦτ' ἐν τοῖς γιγνομένοις αὖ καὶ ἀπείροις εἴτε διεσπασμένην καὶ πολλὰ γεγονυῖαν θετέον, εἴθ' ὅλην αὐτὴν αὑτῆς χωρίς ...
[3] Vgl. S. 179.
[4] Phileb. 16 d. Auch nach Arist. Phys. III, 4, 203a tritt Platons ἄπειρον «unter den Ideen» als καθ' αὑτό und als οὐσία auf.

knüpfung der Ideen erst die logische Rede entsteht[1], so besteht alle Bestimmung in der gegenseitigen Verbindung der Gattungen.[2] Die Bestimmung aber fordert selbst ein zu Bestimmendes und also selbst noch nicht Bestimmtes. Daraus folgt, daß aus Einem und Vielem (ἐξ ἑνὸς μὲν καὶ ἐκ πολλῶν) alles sei, von dem überhaupt gesagt wird, daß es sei und daß es Bestimmung oder Begrenzung auf der einen und Unbestimmtes oder Unbegrenztes auf der anderen Seite (πέρας δὲ καὶ ἀπειρίαν) in sich vereinige.[3] Da dieses nun so geordnet ist (τούτων οὕτω διακεκοσμημένων), müssen wir jedesmal von Allem Eine Idee (μίαν ἰδέαν παντός) annehmen und suchen, und wir werden diese schon darin finden. Wenn wir sie nun gefaßt haben, müssen wir weiter sehen, «ob außer diesem Einen etwa zwei darin sind, und wenn nicht das, ob drei oder sonst eine Anzahl und mit einem jeden von diesen ebenso, bis man von dem ursprünglichen Einen erkennt, nicht bloß, daß es Eines und Vieles, sondern auch Wievieles es ist. Die Idee des Unendlichen aber (τὴν δὲ τοῦ ἀπείρου ἰδέαν) ist auf die Menge (τὸ πλῆθος) nicht eher zuzulassen, als bis man deren Zahl übersehen hat, die zwischen dem Unendlichen und Einen liegt (τὸν ἀριθμὸν ... τὸν μεταξὺ τοῦ ἀπείρου τε καὶ τοῦ ἑνός); erst dann ist eines jeglichen Einheit in das Unendliche (τὸ ἓν ἕκαστον τῶν πάντων εἰς τὸ ἄπειρον) einzulassen und freizugeben.»[4] Das zu bestimmende Einzelne bedarf also nicht bloß des Einen, wonach es bestimmt wird, sondern auch eines Substrates der Bestimmung, das als solches schlechtweg unbestimmt, die Idee des Unbestimmten schlechthin ist. Die Bestimmungen des Unbestimmten nach den

---

[1] Soph. 259 e: διὰ γὰρ τὴν ἀλλήλων τῶν εἰδῶν συμπλοκὴν ὁ λόγος γέγονεν ἡμῖν.

[2] Ebenda: ἕτερον ἑτέρωι μίγνυσθαι, vgl. 259 a: ὅτι συμμίγνυται ἀλλήλοις τὰ γένη. Besonders charakteristisch ist die Wechselbeziehung durch das «ἕτερον ἑτέρωι» zum Ausdruck gebracht, da hier die griechische Sprache ein Mittel besitzt, das im deutschen nicht in der Kürze ausdrückbare Verhältnis des Einen zum Anderen sofort dahin zu präzisieren, daß jedes Eine zum Anderen selbst ein Anderes, jedes Andere anders als ein Anderes ist.

[3] Vgl. dazu auch Windelband, a. a. O., S. 106 ff., Natorp, a. a. O., S. 305 ff., Hartmann, a. a. O., S. 391 ff.

[4] Phileb. 16 c/e.

Einheiten der Ideen ergeben nun erst die Bestimmtheiten des Vielen und damit der Gegenständlichkeit, in der die Gattungen sich vermischen. Als Grundlage der Bestimmbarkeit nun spitzt sich aber gerade das ἄπειρον mehr und mehr auf das Problem der Substanz zu, um sich noch genauer zu diesem zu entfalten. Wir haben nicht mehr bloß in den Ideen in ihrer Allgemeinheit das Beharrliche schlechthin; wir nähern uns vielmehr in der besonderen Idee des Unendlichen einem im Wechsel Beharrlichen, an dem sich nämlich der Wechsel der Bestimmungen (πέρας) vollzieht.

Um dies zu verstehen, müssen wir scharf und bestimmt die Unterscheidungen festhalten, die Platon hier getroffen hat: Er unterscheidet als zwei Gattungen zunächst das Unendliche oder Unbestimmte einerseits und das Begrenzte oder Bestimmte andererseits[1] und als drittes εἶδος das aus jenen beiden Gemischte.[2] Als τέταρτον γένος aber fordert Platon die Ursache der Vermischung dieser beiden miteinander.[3] Durch sie kommt mit der Begrenzung Gesetz und Ordnung in das zu Bestimmende, da ja Gesetz und Ordnung selbst Bestimmtheit bedeuten (νόμον καὶ τάξιν πέρας ἐχόντων).[4] In dieser Bestimmtheit nun, in der sich das Erzeugnis aus πέρας und ἄπειρον vollzieht nach den durch das πέρας herausgearbeiteten Maßen, liegt das Werden zum Sein.[5] Das Werden, das selbst nicht wird, ist ja selbst, aber es ist andererseits doch noch nicht das Sein selbst, wie wir bereits gesehen haben[6], es ist, wie Windelband sagt, «Sein und doch Nicht-Sein».[7] Es ist γένεσις εἰς οὐσίαν. Was wird, ist doch; aber es ist nicht, was es wird oder zu dem es wird, d. h. es ist, insofern es wird, als werdend, aber insofern es als werdend ist, ist es nicht das bestimmte

---

[1] Ebenda 23 e: τὸ μὲν ἄπειρον ... τὸ δὲ πέρας.
[2] Ebenda: τὸ δὲ τρίτον ἐξ ἀμφοῖν τούτοιν ἕν τι ξυμμισγόμενον.
[3] 23 d: τῆς ξυμμίξεως τούτων πρὸς ἄλληλα τὴν αἰτίαν.
[4] Ebenda 26 b, sieh: Politikos 283 ff., vgl. auch Natorp, a. a. O., S. 309.
[5] Phil. b. 26 d: ἐν τοῦτο τιθέντα τὸ τούτων ἔκγονον ἅπαν, γένεσιν εἰς οὐσίαν ἐκ τῶν μετὰ τοῦ πέρατος ἀπειργασμένων μέτρων.
[6] Vgl. S. 176 ff.
[7] Platon, S. 89.

Sein, zu dem es erst gelangen soll, insofern es wird. Es ist ein Fortgehen vom Unbestimmten zur Bestimmung. Entstehen, wie Vergehen sind selbst im Werden immer auf das Sein bezogen, das eine als ein Ergreifen, das andere als ein Verlieren des Seins.¹ Das Werdende wird ein Anderes, als es war und war ein Anderes, als es wird. Darum bewegt sich alles Werden in der Gegensätzlichkeit², die wir als Anders-Sein kennen.³ Das, was es wird, wird es erst durch die Bestimmung, die Ordnung und Gesetz in das Unbestimmte bringt. Das aber, was alles ordnet und lenkt, ist nichts anderes als Vernunft und wunderbare Einsicht.⁴ So wird die Vernunft, die der «König des Himmels und der Erde» ist⁵, auch zur Grundlage des Werdens zum Sein. An diesem Punkte ist, wie leicht ersichtlich, Platon der Überwindung des ursprünglichen Dualismus fast am nächsten gekommen: Das Unendliche, Unbestimmte ist selbst als «Idee» bestimmt⁶, die Bestimmung selbst wird vollzogen nach der Mischung d. i. der Verbindung der bestimmten Ideen⁷, und zwar durch die Vernunft selbst. Hier bezeichnet das ἄπειρον ebenso wie früher das Nicht-Sein, nicht mehr, wenigstens nicht ganz, ein der Vernunftbestimmung absolut fremd Gegenüberstehendes⁸, sondern wie dieses Nicht-Sein⁹ eine Form der Vernunftbestimmung selbst, was hinsichtlich des ἄπειρον um so deutlicher wird, als es selbst als «Idee» auftritt.

---

[1] Parm. 163 d: τὸ δὲ γίγνεσθαι καὶ ἀπόλλυσθαι μή τι ἄλλο ἦι, ἢ τὸ μὲν οὐσίας μεταλαμβάνειν, τὸ δ' ἀπολλύναι οὐσίαν.

[2] Phaedon. 71 a: ὅτι πάντα οὕτω γίγνεται, ἐξ ἐναντίων πάντα τὰ ἐναντία πράγματα.

[3] Vgl. S. 173 ff.

[4] Phileb. 28 d: νοῦν καὶ φρόνησίν τινα θαυμαστὴν συντάττουσαν διακυβερνᾶν.

[5] Ebenda 28 c: ὡς νοῦς ἐστὶ βασιλεὺς ἡμῖν οὐρανοῦ τε καὶ γῆς.

[6] Siehe S 183.

[7] Vgl. ebenda, siehe auch Siebeck, a. a. O., S. 93.

[8] Daß trotzdem abermals unter religiösem Betracht der Dualismus dennoch bestehen bleibt und dessen Überwindung also keine restlose, sondern nur eine annähernde ist, werden wir später zu bemerken Gelegenheit haben. Freilich werden wir selbst dann die bedeutsamen Impulse, die über den Dualismus hinausführen, nicht verkennen dürfen.

[9] Darüber vgl. in bezug auf das Nicht-Sein abermals Siebeck, a. a. O., S. 78.

Es bedeutet kein eigenes selbständiges Ding oder Wesen, in das sich das Denken nur zu versenken brauchte, sondern für dieses selbst, wie J. Cohn sagt, «die unbegrenzte Möglichkeit des Fortschreitens».[1]

Diese bewegt sich gleichsam nach unten wie nach oben ins Grenzenlose; das Unbestimmte ist das, was das Mehr und das Weniger (μᾶλλον τε καὶ ἧττον)[2] aufnimmt, das, wie Hermodor sagt[3], «in dem ‚noch mehr Größer' und ‚noch mehr Kleiner', ins Unendliche fortschreiten» kann. Es kann kaum schärfer und präziser, als es mit diesen Worten geschieht, ausgedrückt werden, daß es sich hier abermals um das Prinzip handelt, das wir heute als das Prinzip der Kontinuität zu bezeichnen pflegen:[4] «In das Genos des Unendlichen, als Eines (εἰς τὸ τοῦ ἀπείρου γένος ὡς εἰς ἕν) ist alles das zu setzen, was offenbar mehr und weniger, stärker und schwächer wird und alles dergleichen aufnimmt.»[5] «Was dagegen alles das nicht aufnimmt, sondern gerade das Gegenteil davon, so zunächst das Gleiche und die Gleichheit und dann das Doppelte und was sonst eine Zahl zur anderen, ein Maß zum anderen wäre, das müssen wir zum Begrenzten (εἰς τὸ πέρας) rechnen, wollen wir das richtig tun.»[6] Das Wärmere und das Kältere, das Stärkere und das Schwächere, das Leichtere und das Schwerere, alles das hat einen Fortgang und keinen Stillstand (προχωρεῖ καὶ οὐ μένει). Erst die bestimmte Größe, die da besagt, wie

---

[1] J. Cohn, a. a. O., S. 33.

[2] Phileb. 25 a.

[3] Zitiert in der Übers. nach Bäumker, a. a. O., S. 203.

[4] Auch hier hat das wohl zum ersten Male mit völliger Bestimmtheit Natorp, a. a. O., S. 308 ausgesprochen. Dem Sinne nach liegt das freilich bereits auch in der erwähnten, recht scharfen und kurzen Formulierung von J. Cohn, wenn er die Unendlichkeit bei Platon richtig als «unbegrenzte Möglichkeit des Fortschreitens» erkennt. Es fehlt nur der explizite Hinweis auf das Kontinuitätsproblem. — Ich selbst halte mich oben im Texte lediglich an die Darstellung Platons selbst und will nur zum Schluß den Sachverhalt kurz, nicht an der Platon-Literatur, sondern an einem Beispiele aus der exakten Wissenschaft noch etwas verdeutlichen. Ich hoffe, so am besten den Platonischen Gedanken in aller Kürze zu voller Darstellung bringen zu können.

[5] Phileb. 25 a.

[6] Ebenda 25 a b.

warm, wie kalt, wie schwer usw. kurz, wie groß es ist, die also das Unbestimmte irgendwie bestimmt, bleibt bestehen (τὸ δὲ ποσὸν ἔστη). Ohne sie aber ist keine Bestimmung möglich, weil das Unbestimmte kein Ende haben kann (μὴ τέλος ἔχειν).[1] Wir haben früher gesehen[2], daß die sinnlichen Faktoren von sich aus nicht zum Sein gelangen können; hier zeigt sich, daß die Zahl es ist, die ihnen erst zum Sein, d. h. zur Bestimmtheit verhilft.[3] Sie nimmt das Mehr und das Weniger insofern nicht auf, als sie eben dann nicht mehr dieselbe Zahl, sondern eine andere Zahl wäre, während das, was das Mehr und das Weniger aufnehmen kann, dennoch trotz dieses Aufnehmens Dasselbe-Bleiben bedeutet, nämlich das Unbestimmte. Darum aber ist die Zahl und eine andere Zahl, das Maß und ein anderes Maß bestimmt, weil hier das Mehr und das Weniger gleich eine andere Zahl, ein anderes Maß hervorbringen müßte, weil hier die Anderheit eben gleich eine andere, wenn auch für sich selbst wieder gleiche Zahl, ein anderes, wenn auch für sich selbst wieder gleiches Maß setzte. So ist die Zahl das Prinzip der Bestimmung des Unbestimmten, fortschreitend nach der Seite des Mehr oder der des Weniger und beiden, die für sich unbestimmt sind, eine bestimmte Grenze setzend, in diesem Sinne πέρας. Für sich selbst gehen das Mehr und das Weniger ins Unbestimmte fort und haben kein Bleiben (προχωρεῖ καὶ οὐ μένει), erst das πέρας bringt sie in dem ποσόν d. i. der distinkten Größe zum Stillstand.[4]

---

[1] Ebenda 24 b.
[2] Siehe oben bes. S. 152 ff. und 156 ff.
[3] Daß hier pythagoreische Einflüsse vorliegen, bedarf kaum der Erwähnung. Vgl. dazu Susemihl, Die genet. Entw. d. Plat. Philos. II, S. 413.
[4] Zur Verdeutlichung des Platonischen Gedankens diene zum Schluß noch eine kurze exakte Anwendung: Man denke sich ein Gewicht G und das für unsere Muskel- und Gelenkempfindung als eben merklich schwerer wahrnehmbare Gewicht G', so daß $G' > G$ sich darstellt. Zwischen beiden sind aber mathematisch unendlich viele Zwischenstufen denkbar, von denen jedoch keine als von G und G' verschieden empfunden wird, so daß z. B. das zwischen G und G' liegende $G'' = G'$ und $= G$ empfunden wird. Die Gleichungen
$$G'' = G \text{ und}$$
$$G'' = G'$$

Insofern es aber die Vernunft ist, die diese Ordnung und das Maß hervorbringt, und insofern das Unbestimmte selbst Idee ist, wird in letzter Linie das ideale Sein der ewigen Vernunftbestimmung zur Grundlage auch des empirischen Werdens. Aus ihrer dialektischen Gegensätzlichkeit und Spannung sind Sein und Werden, Beharrlichkeit und Wechsel ja befreit durch die selbst dialektische Entwickelung des Gegensatzes von Sein und Nicht-Sein zu der Relation von An-sich-Sein und Anders-Sein. Insofern nun weiter die Bestimmung des Unbestimmten selbst das Werden zum Sein ermöglicht, werden die werdenden Dinge selbst erkannt als Bestimmtheiten der Idee des Unbestimmten nach Prinzipien der Bestimmung. Repräsentiert sind sie zunächst im πέρας als der im Unendlichen fortschreitenden und dieses selbst bestimmenden Vernunftordnung. Dieses Fortschreiten ist aber selbst ein solches von Genos zu Genos, durch das die γένη sich vermischen. So werden die γένη selbst d. i. die Ideen zu Prinzipien der Dinge, sie sind nur außer ihnen (χωρίς), sofern sie nicht selbst die Dinge sind, sie sind aber in ihnen und gleichsam «außer sich selbst»[1], sofern die Dinge nicht ohne sie sein können. Wie sie das sind, muß sich alsbald enthüllen.

---

würden für die Empfindung gelten, trotzdem $G' > G$. Sie wären der Ausdruck des sogenannten physischen Kontinuums, das aber den mathematischen Grundsätzen von der Gleichheit jeder Größe mit sich selbst und der zweier Größen, die einer dritten gleich sind, widerspräche. Alle unendlichen Zwischenstufen zwischen G und G' wären also das ἄπειρον, das das Mehr oder Weniger ins Grenzenlose aufnimmt und dessen jeder Stufe ihre eigene Bestimmtheit fehlte, die sie nur durch die diskrete Zahl, die definite Größe (ποσόν) erhalten kann, so daß jede erst durch die Zahl eine Bestimmtheit erlangt und dafür des πέρας bedarf.

Jedes andere Sinnengebiet kann hinlänglich illustrierende Beispiele liefern. Recht bezeichnend sind vielleicht die Adaptationserscheinungen auf dem Gebiete der Temperaturempfindungen. Man wisse, daß wir eine objektiv identische Temperatur sowohl als Wärme, wie als Kälte empfinden, je nach der Adaption der den Reiz empfangenden Stelle unserer Haut an eine höhere oder niedere Temperatur, daß wir aber jene objektive Identität, wie das Steigen und Sinken der Temperatur exakt und zahlenmäßig bestimmen können.

[1] Phileb. 15 b: ὅλην αὐτὴν αὐτῆς χωρίς; vgl. S. 182, Anm. 2.

10. Zwar sind das Gleiche an sich und die gleichen Dinge nicht dasselbe.[1] Allein wenn «wir ganz die Ursache des Entstehens und Vergehens durchforschen»[2], dann ermitteln wir die Ideen selbst als die Ursachen aller Dinge, die da entstehen und vergehen, als Prinzipien aller Dinge des Werdens. Dabei müssen wir freilich scharf unterscheiden zwischen dem, was wirklich die Ursache für ein Ding ist und dem, ohne das bloß die Ursache nicht Ursache sein könnte[3], also, wie wir vielleicht am kürzesten sagen können, zwischen condicio per quam und condicio sine qua non.[4] So ist einer, der um einen Kopf größer als ein anderer oder um einen Kopf kleiner als ein anderer ist, nicht auch durch den Kopf größer als ein anderer oder durch den Kopf kleiner als ein anderer. Vielmehr ist jegliches, das größer als ein anderes ist, durch nichts anderes größer, als durch die Größe selbst; und nichts, was kleiner ist, als ein anderes, ist durch etwas anderes kleiner, als durch die Kleinheit selbst.[5] Immer findet man, wenn man den logischen Grund, der sich der Prüfung als der haltbarste erweist, zugrunde legt (ὑποθέμενος ἑκάστοτε λόγον, ὃν ἂν κρίνω ἐρρωμενέστατον εἶναι), die wahre αἰτία in dem αὐτό, dem Selbst, dem «An-sich».[6] Wenn also etwas außer dem Schönen selbst noch schön ist (ἄλλο καλὸν πλὴν αὐτὸ τὸ καλόν), so ist es aus keinem anderen Grunde schön als dadurch, daß es an jenem Schönen selbst teilhat (διότι μετέχει τοῦ καλοῦ).[7] Nur weil das Schöne also in ihm ist, weil jenes ihm beiwohnt (παρουσία) und es am Schönen selbst Gemeinschaft hat (κοινωνία), ist das außer dem Schönen schön, so daß allein durch das Schöne selbst alles

---

[1] Phaidon, 74 c: οὐ ταὐτόν ἄρα ἐστίν...ταῦτά τε τὰ ἴσα καὶ αὐτὸ τὸ ἴσον.
[2] Ebenda 96 a.
[3] Ebenda 99 b. ... ὅτι ἄλλο μέν τί ἐστι τὸ αἴτιον τῶι ὄντι, ἄλλο δὲ ἐκεῖνο, ἄνευ οὗ τὸ αἴτιον οὐκ ἄν ποτ' εἴη αἴτιον.
[4] Auch Natorp faßt die Mitursache als condicio sine qua non; vgl. a. a. O., S. 149.
[5] Phaidon, 101 a: ... ὅτι τὸ μεῖζον πᾶν ἕτερον ἑτέρου οὐδενὶ ἄλλωι μεῖζόν ἐστιν ἢ μεγέθει, καὶ διὰ τοῦτο μεῖζον, διὰ τὸ μέγεθος, τὸ δὲ ἔλαττον οὐδενὶ ἄλλωι ἔλαττον ἢ σμικρότητι, καὶ διὰ τοῦτο ἔλαττον, διὰ τὴν σμικρότητα.
[6] Ebenda 100 a/b.
[7] Ebenda 100 c.

Einzelne Schöne schön ist.¹ Jedes εἶδος ist zwar für sich etwas, aber die Dinge sind nur durch das εἶδος etwas, an dem sie teilhaben und durch dessen Teilhabe sie darum bezeichnet werden.² Sie sind das, was sie sind, durch das εἶδος, durch die Idee. Diese ist außer ihnen lediglich als das Prinzip ihrer Bestimmung, das ihnen zugrunde liegt. Aber eben darum sind die Dinge selbst nichts ohne die Idee und außer der Idee, da sie ja überhaupt nur sind, sofern sie nach der Idee bestimmt sind. Sie entstehen und vergehen ganz allein durch die Idee. Durch die reine Bewegung der Idee, ihr Kommen (προσέρχεσθαι, προσιέναι) und Gehen (ἀπέρχεσθαι) ist auch die Bewegung, ist Entstehen und Vergehen der Dinge bestimmt.³ Dieses Kommen und Gehen der Ideen ist, wie sich bald zeigen wird, nichts anderes als die Bewegung des νοῦς selbst, die durch die Ursächlichkeit des Idee-Seins in ihrer ganzen Bedeutung klar werden wird.

Die Ideen gründen das Sein der Dinge, wie den Wert der Erkenntnis. Allein, wenn die Erkenntnis auch einen Wert darstellt und sich, wie wir das längst gesehen haben, in ihrer Möglichkeit auf der Wertfrage gründet, wenn sie also, sofern sie wahrhaft Erkenntnis ist, auch wertvoll, also gut ist, so ist sie doch noch nicht das Gute selbst, sie setzt also die Idee des Wertes selbst, des Guten als den höchsten Wissensgegenstand selbst voraus (ἡ τοῦ ἀγαθοῦ ἰδέα μέγιστον μάθημα).⁴ Jede Erkenntnis aber ist, das haben wir längst selbst erkannt⁵, die Erkenntnis eines zu erkennenden Objektes durch ein erkennendes Subjekt. Ist nun in der Idee des Guten als in der Wertvoraussetzung des Erkenntniswertes dieser selbst gegründet, so muß sie nicht bloß dem Subjekte der Erkenntnis die Macht

---

¹ Ebenda 100 d.
² Ebenda 102 b: εἶναί τι ἕκαστον τῶν εἰδῶν καὶ τούτων τἆλλα μεταλαμβάνοντα αὐτῶν τούτων τὴν ἐπωνυμίαν ἴσχειν.
³ Ebenda 102 e/103 a.
⁴ Politeia, 505 a, vgl. 509 a. Hier also erfüllen sich in tiefstem Sinne die früheren Andeutungen Platons, die (siehe S. 138 ff.) in der Idee des Guten den Erkenntnisgegenstand überhaupt zum Unterschiede von bestimmten Gegenständen bezeichneten.
⁵ Vgl. S. 158, Theait. l. c.

zu erkennen und dem Objekte der Erkenntnis die Erkennbarkeit verleihen[1]; sie muß vielmehr auch dem Objekte der Erkenntnis, da es sein muß, um erkennbar zu sein, da also in seiner Erkennbarkeit sein Sein gefordert wird, sein Sein verleihen.[2] «Wie wir die sichtbaren Gegenstände nur sehen, wenn die Sonne sie bescheint, so erkennt die Seele nur, wenn sie sich auf das richtet, was Wahrheit und Sein erhellt, dann versteht sie es, und offenbart ihre Vernunft.»[3] Wie aber «die Sonne den sichtbaren Gegenständen nicht bloß Sichtbarkeit, sondern Werden, Wachstum und Nahrung verleiht, ohne daß sie selbst alles dieses ist, ebenso muß man sagen, daß dem Erkennbaren nicht nur die Erkennbarkeit vom Guten verliehen werde, sondern auch Sein und Wesen selbst, da doch das Gute selbst nicht bloß das Sein ist, sondern an Wert und Würde noch das Sein überragt».[4] Hier gelangt also mit aller Kraft die Erkenntnis zum Durchbruch, daß die Grundlage des Seins ohne einen fehlerhaften Zirkel nicht wieder in der Sphäre des Seins selber gesucht werden kann, daß darum vielmehr das Sein in der Idee des Guten, des Sollens[5] begründet ist oder daß wir, wie Lotze[6] sagt, «in dem, was sein soll, den Grund dessen suchen» müssen, «was ist».

---

[1] Politeia, 508 e: Τοῦτο τοίνυν τὸ τὴν ἀλήθειαν παρέχον τοῖς γιγνωσκομένοις καὶ τῶι γιγνώσκοντι τὴν δύναμιν ἀποδιδόν, τὴν τοῦ ἀγαθοῦ ἰδέαν φάθι εἶναι.
[2] Ebenda 509 b, ausführlich zitiert übernächste Anmerkung.
[3] Ebenda 508 d.
[4] Ebenda 509 b: ... καὶ τοῖς γιγνωσκομένοις τοίνυν μὴ μόνον τὸ γιγνώσκεσθαι φάναι ἀπὸ τοῦ ἀγαθοῦ παρεῖναι, ἀλλὰ καὶ τὸ εἶναί τε καὶ τὴν οὐσίαν ὑπ' ἐκείνου αὐτοῖς προσεῖναι, οὐκ οὐσίας ὄντος τοῦ ἀγαθοῦ, ἀλλ' ἔτι ἐπέκεινα τῆς οὐσίας πρεσβείᾳ καὶ δυνάμει ὑπερέχοντος.
[5] Es ist wohl nicht uninteressant, zu bemerken, daß der Denker, der heute den Primat des Sollens vor dem Sein am nachdrücklichsten vertritt, daß Heinrich Rickert nämlich, die soeben zitierte Stelle aus der Politeia, 509 b seinem «Gegenstand der Erkenntnis» als Motto vorgesetzt hat.
[6] Metaphysik, S. 604. Der Höhepunkt des Lotzeschen Denkens liegt also auch unter rein systematischem Betracht im echten Platonismus. Auf die Platon-Interpretation, die er in der Logik gibt, fällt von hier aus selbst ein ganz bedeutsames Licht. Wir kommen bald noch darauf zurück.

Sind also die einzelnen Ideen auch die Voraussetzungen der Dinge, so sind sie eben doch nur solche. Sie sind Bedingungen der Dinge, aber darum noch nicht selbst unbedingt. Sie sind hypothetische Voraussetzungen (ὑποθέσεις) für ein bestimmtes Ziel und Ende (τελευτή) der Erkenntnis.[1] Wenn wir von jenen ausgehen, können wir dieses zwar auf ihnen gründen. Allein jener Ausgang ist noch nicht ein eigentlicher erster und unbedingter Anfang, ein höchstes Prinzip. Sie sind nur Anfänge für die Einzelwissenschaften, die eben Hypothesen zu Prinzipien haben (αἷς αἱ ὑποθέσεις ἀρχαί)[2]; und diese lassen die Einzelwissenschaften selbst unbewegt (ἀκινήτους ἐῶσι[3]), weil sie nicht bis zur ἀρχή schlechthin zurück- sondern nur von Hypothesen ausgehen (διὰ δὲ τὸ μὴ ἐπ᾽ ἀρχὴν ἀνελθόντας σκοπεῖν ἀλλ᾽ ἐξ ὑποθέσεων).[4] Die dialektische Methode ganz allein hebt alle hypothetischen Voraussetzungen auf und schreitet zum Anfang selbst zurück, um hier festen Fuß zu fassen.[5] Nicht von den Hypothesen zu dem Ende (τελευτή), sondern zum ersten Anfang schlechthin, dem Unhypothetischen, dem Unbedingten schreitet sie vor (ἐξ ὑποθέσεως ἐπ᾽ ἀρχὴν ἀνυπόθετον), in dem sie die Ideen als Hypothesen selber gründet[6], als dem eigentlichen Ziel und dem eigentlichen Zweck (τέλος).[7] Sofern also der wahre Dialektiker, und das allein ist der wahre Philosoph, den logischen Grund und Begriff eines jeglichen Seins faßt[8], darf der Philosoph nicht eher ablassen, als bis er zur Erkenntnis des Guten, dessen also, was das Gute selbst ist, gelangt ist; dann erst ist er am eigentlichen Ziele des Vernünftigen angelangt.[9] Das geschieht auf dialektischem Wege (διαλεκτικὴ

[1] Politeia, 510 b.
[2] Ebenda 511 c. Vergl. hierzu auch Natorp, a. a. O., S. 172 ff. u. 188 ff.
[3] Ebenda 533 c.
[4] Ebenda 511 c.
[5] Ebenda 533 c/d: ἡ διαλεκτικὴ μέθοδος μόνηι ταύτηι πορεύεται τὰς ὑποθέσεις ἀναιροῦσα ἐπ᾽ αὐτὴν τὴν ἀρχήν, ἵνα βεβαιώσηται.
[6] Ebenda 510 b.
[7] Ebenda 532 b. Das τέλος ist also nicht τελευτή, sondern gerade ἀρχή.
[8] Ebenda 534 b: καὶ διαλεκτικὸν καλεῖς τὸν λόγον ἑκάστου λαμβάνοντα τῆς οὐσίας.
[9] Ebenda 532 b: ... πρὶν ἂν αὐτὸ ὅ ἐστιν ἀγαθὸν αὐτῆι νοήσει λάβηι, τότε δὴ ἐπ᾽ αὐτῶι γίγνεται τῶι τοῦ νοητοῦ τέλει.

προεία)[1], der also die Ideen im Einzelnen in der höchsten Idee des Guten gründet. Sie ist das Unbedingte schlechthin, in dem auch die Ideen im übrigen ihren Ursprung haben. Insofern ist sie selbst Gott (θεός), Wesensbildner (φυτουργός), der selbst die Ideen schafft[2], der als Schöpfer des Weltganzen unter allen Ursachen selbst am besten ist (ἄριστος τῶν αἰτίων[3]), und in seiner Güte selbst will, daß alles gut sei.[4] Sofern aber die Ursache und das Prinzip aller Bestimmung des Unbestimmten, das selbst eine Idee ist, die Vernunft, der νοῦς ist, wie wir gesehen haben, und insofern alle obersten Ursachen Vernunftursachen (τὰς τῆς ἔμφρονος φύσεως αἰτίας πρώτας) sind, auf die alle mittelbaren Bewegungen zurückgehen (ὑπ' ἄλλων κινουμένων)[5], ist im νοηθὸς θεός[6] die Einheit von Vernunft und Gott und damit von der Idee des Guten mit Gott und mit der Vernunft vollzogen. Die Idee des Guten, Gott und Vernunft sind Eines

[1] Ebenda.
[2] Ebenda 597 d.
[3] Timaios, 29 a.
[4] Ebenda 30 a. Aus diesen Bestimmungen, daß einerseits die Idee des Guten als Grundlage alles Seins, als höchste Ursache und den bestimmten Ideen gegenüber als Unbedingtes auftritt, daß andererseits Gott als Wesensbildner und Schöpfer der Ideen gilt und als letzte der Ursachen will, daß alles gut sei, scheint mir die Identität von Gott und der Idee des Guten mit einer so unwiderstehlichen Kraft hervorzugehen, daß das Argument Susemihls für diese Identität, das er in Am. 41 zu seiner Übersetzung des Timaios, S. 727, anführt, obwohl es an sich richtig ist, kaum noch etwas besonderes zu besagen vermag. Susemihl bemerkt hier, daß Tim. 29 a vom Weltschöpfer, genau wie von der Idee Gottes in der Politeia 517 d/e, ausgeführt wird, daß sich die unvollkommene Erkenntnis des Menschen zu diesem höchsten Gegenstande nur schwer zu erheben vermöge. Darum sei «schon hiernach die Identität dieser Idee mit dem Weltschöpfer kaum zu bezweifeln». In der Tat spricht ja auch der Umstand, daß beide als höchster Wissensgegenstand bezeichnet werden, für diese Identität. Doch sind wohl die anderen Gründe zwingender. — Das Mißverständnis, daß die Idee des Guten ein Geschöpf Gottes wäre, brauchen wir wohl nicht noch besonders abzuwehren. Das hat schon Zeller, a. a. O. II, S. 694 mit genügender Deutlichkeit getan, wenn er bemerkt, «daß die Idee des Guten, welche die Ursache alles Seins ist, nicht für ein Geschöpf der Gottheit, sondern nur für identisch mit ihr gehalten werden» kann.
[5] Ebenda 46 d/e.
[6] Ebenda 92 c.

und Ebendasselbe. Gott ist also, wie Windelband[1] richtig bemerkt, keine «geistige Persönlichkeit», sondern eben die Idee des Guten, und «das Gute ist der Sinn der Welt und die in ihr waltende Vernunft (νοῦς)».[2] Wie in der Bestimmung des Unbestimmten, die vom νοῦς geleistet wird, sich in letzter Linie Schönheit, Verhältnismäßigkeit und Wahrheit enthüllen und die «Mischung» bestimmen, so weisen alle diese drei hin auf Eines: die Idee des Guten, und sie alle drei sind selbst Eines in dieser Idee.[3] In der Vernunft (νοῦς, λόγος) als dem letzten Inbegriff aller Werte enthüllt sich Platon eine höchste, alles beherrschende unkörperliche Ordnung (κόσμος τις ἀσώματος), die zugleich göttliche, weltbildende Ordnung ist.[4]

Freilich es bleibt ein Unterschied: Was an dem ewig in sich Selbigen und Gleichen und Unsterblichen und Wahren haftet, selbst solches ist und auch in ihm entsteht (τὸ τοῦ ἀεὶ ὁμοίου ἐχόμενον καὶ ἀθανάτου καὶ ἀληθείας, καὶ αὐτὸ τοιοῦτον ὂν καὶ ἐν τοιούτωι γιγνόμενον), das hat ein höheres Sein (μᾶλλον εἶναι), als das an dem nie Gleichen und Sterblichen, das selbst solches ist und in solchem entsteht (ἢ τὸ μηδέποτε ὁμοίου καὶ θνητοῦ, καὶ αὐτὸ τοιοῦτον καὶ ἐν τοιούτωι γιγνόμενον).[5] Das Sein und Entstehen des Ewigen und Unsterblichen muß eine andere Grundlage haben als das des Sterblichen. Daß Unsterbliches wird, deutet auf einen höheren Ursprung: es kann nur von Ewigkeit her selbst entspringen. Wenn das ewige Sein der Ideen einen Ursprung hat, so kann er nie zeitlich gemeint sein: es ist der außerzeitliche teleologische Ursprung aus dem höchsten Prinzip, dem über dem Sein liegenden Ziele

---

[1] Platon, S. 106.
[2] A. a. O., S. 105. — Susemihl dagegen macht a. a. O. II, S. 196, trotzdem er richtig die Idee des Guten mit Gott identifiziert, aus Gott einen «Träger der absoluten Erkenntnis». Daß eines das andere ausschließt, daß ein «Träger der absoluten Erkenntnis» nicht Idee und gar Idee des Absoluten selbst und daß die Idee und vollends die Idee des Absoluten, als was sich die Idee des Guten darstellt, nicht bloß ein «Träger der absoluten Erkenntnis» sein kann, scheint Susemihl entgangen zu sein.
[3] Phileb. 65 a.
[4] Ebenda 64 a b; vgl. Politikos, 270 a ff.
[5] Politeia, 585 c.

(τέλος) des Guten, dessen Sein selbst ein höheres Sein ist als das seientliche Sein, weil es schlechtweg absolut ist, unbedingt (ἀνυπότεθον) gilt. In ihm haben die Ideen als das wahre Sein ihren Ursprung, der selbst ein Zweckursprung ist, und als bestimmte Zwecke bestimmen die Ideen die Dinge, als deren Ursache, sind also «Zweckursachen»[1]; ein «Reich der Werte»[2], gegründet in dem höchsten Werte, dem Werte aller Werte und Inbegriff der Werte selbst. Sie sind ihm nicht fremd, sie sind die ewigen Seinsweisen seines Über-Seins, um das Werden zum Sein als ein Unter-Sein zu bestimmen, das mithin weder ihnen noch dem Absoluten fremd ist. Das Unter-Sein ist im Sein gegründet, wie das Sein im Über-Sein. Die Ideen sind Seins-Weisen, die den Grund im Guten haben, und selbst Seins-Grundlage des Werdens sind. So wird das gesamte Werden des gesamten Seins wegen.[3] Das Gute ist die höchste Einheit, weil die ἀρχή des Seins und selbst also darum über dem Sein, weil das Prinzip des Seins nicht im Sein selber liegen kann, wie das Sein das höchste Prinzip des Werdens, so daß das Werden seinerseits vermittels des Seins selbst im überseienden Guten verankert wird, so daß das, wegen dessen etwas Werdendes selbst wird, seinen letzten Grund in der Ordnung des Guten findet.[4] Gott, das Gute, die Vernunft, sie drei sind

---

[1] So u. a. Siebeck, a. a. O., S. 93; vor allem Windelband, a. a. O., S. 103 ff.
[2] Eucken, Die Lebensanschauungen der großen Denker, S. 25; freilich streift Eucken manchmal, so S. 24, hart an die dingliche Auffassung. Wenigstens ist auch hier der Unterschied zwischen Dingen und «selbständigen Wesenheiten» nicht ganz scharf zu sehen.
[3] Phileb. 54 c: Ξύμπασαν δὲ γένεσιν οὐσίας ἕνεκα γίγνεσθαι ξυμπάσης.
[4] Ebenda: τό γε μὴν οὗ ἕνεκα τοῦ γιγνομένου ἀεὶ γίγνοιτ᾽ ἄν, ἐν τῇ τοῦ ἀγαθοῦ μοίρᾳ ἐκεῖνό ἐστιν.
  Hier möchte ich anmerken, daß der Grund der Polemik Natorps, a. a. O., S. 195 f., gegen Lotzes Auffassung des «Geltens» nicht recht ersichtlich ist. Es mag wahr sein, daß auch das Sollen sich als eine «Art des Seins» betrachten läßt. Nur glaube ich nicht, daß dem Lotze widersprochen haben würde. Spricht er doch sogar von der «Wirklichkeit der Geltung», wie Cohen vom «Sein der Geltung». Es ist nur in letzter Linie jenes Sein, das, um mit Platon zu reden, «über das Sein» hinausliegt. Denn das dürfte richtig bleiben, was neuerdings auch Cassirer, Das Erkenntnisproblem in der Philosophie und Wissenschaft der neueren Zeit, S. 36, von Platon bemerkt: «Indem er auf diese Weise gegen den Begriff des

Eines[1]: der absolute Seinsgrund, die Ideen sind die Bedingungen, durch die das Unbedingte die Dinge selbst zweckvoll bedingt und bestimmt in ihrem Sein, nicht bloß Gesetze der Erkenntnis der Dinge, sondern ihre Seinsgesetze, oder, wie Schleiermacher sagt, «in der Idee des Guten begründete Weltgesetze».[2] Wie aber gerade darum die Ideen nichts sind außerhalb und unabhängig von der Idee des Guten, getrennt nur, soweit diese eben ihr Prinzip ist, eines aber, insofern sie ohne ihr Prinzip selbst nicht sein können, so ist auch die Welt der Dinge nichts außerhalb und unabhängig von den Ideen sonst, getrennt nur, sofern sie selbst die Prinzipien wieder der Dinge im Einzelnen sind, eines aber wieder insofern auch diese Dinge ohne ihre Prinzipien im Einzelnen nicht sein können. Und insofern die einzelnen Prinzipien der Dinge bedingt sind

---

Seins fragen lehrt, muß deutlich werden, daß keine Antwort, die selbst dem Bereich des Seins entnommen wäre, der Tiefe des neuen Problems mehr gerecht werden kann». Diese Formulierung Cassirers ist nur deswegen nicht ganz einwandsfrei, weil sie bei ihrer bloß negativen Bestimmung einen Progressus in infinitum nicht ausschließt, indem man wieder nach jenem «Bereiche» des Sollens fragen könnte, ohne die Antwort selbst diesem «Bereiche» entnehmen zu dürfen usf. in infinitum. Dieser Schwierigkeit entgehen wir, unter völliger Anerkennung des Richtigen jener negativen Bestimmung, indem wir positiv die Klimax des Seins schlechthin bei Platon im Unbedingten, ἀνυπόθετον, gründen. Der Begriff des Seins läßt selbst eine Klimax zu, was aus dem μᾶλλον εἶναι Platons deutlich wird: Wie das Nichtsein selbst sich als Sein erwies und ebenso das Werden, obwohl es doch erst zum Sein gelangen soll, so ist freilich in letzter Linie auch das Sollen, das über dem Sein hinausliegen muß, weil es dessen Prinzip und Ursache ist. Aber es ist nicht, wie das seientliche Sein, es ist über ihm als ein Über-Sein, wie das Werden nicht das seientliche Sein ist, zu dem es erst werden soll und im Verhältnis zu dem es ein Unter-Sein ist. Vielleicht ist es gut, wenn wir bei Platon in letzter Linie nicht bloß Sein und Werden, sondern, wie ich es hier tue, Über-Sein, seientliches Sein und Unter-Sein scharf unterscheiden, um so am deutlichsten zu verstehen, wie sie sich vereinen. Die Trennung liegt selbst im «Anders-Sein» und in der Reflexion, die Einsicht wieder im «An-sich-Sein».

[1] Vgl. besonders Politeia, 596 a ff., Tim. 28 a und dazu auch noch Phaidros, 247 a.

[2] Anm. zu d. Übers. d. Politeia, S. 585. Die obigen Worte sind von mir gesperrt.

im Unbedingten, sind auch die Dinge bedingt im Unbedingten, und die Welt der Dinge ist nichts außerhalb der Idee des Guten oder Gottes. Sie ist nur die Gottheit in ihrer Wahrnehmbarkeit als Bild ihrer Vernünftigkeit.[1] Vernunftmäßig und darum zweckvoll ist deshalb sowohl das Bedingt-Sein, wie das Ursache- oder Bedingung-Sein der αἰτία. Es ist, wie die διαλεκτικὴ μέθοδος gezeigt hat, rein rational.[2]

Auf diesem Höhepunkte hat das Platonische Denken wiederum seinen Ausgangspunkt, nur in unvergleichlich vertiefter Bedeutung ergriffen. Von ethischen Fragestellungen ging es

---

[1] Timaios, 92c. εἰκὼν τοῦ νοητοῦ θεὸς αἰσθητός. — Wir kommen darauf noch einmal zurück. Hier aber sei noch soviel bemerkt, daß gerade in dieser Fassung Platons das Verhältnis von Idee und Erscheinung mit voller Deutlichkeit zum Ausdruck gelangt. Zeller hat durchaus recht, wenn er von Platon, a. a. O., S. 745 sagt: «Er braucht nicht nach einem Dritten zwischen Idee und Erscheinung zu fragen, denn beide sind ihm nicht verschiedene nebeneinander stehende Substanzen». Nur wenn er fortfährt «sondern die Idee ist ihm das allein Substantielle», so ist bei der Unbestimmtheit, in der Zeller dieses «Substantielle», wie wir das schon gesehen haben, gelassen hat, dieser Zusatz der Begründung nicht ohne weiteres annehmbar. Besser dagegen ist die andere Form der Begründung Zellers, daß die Ideen die «immanente Ursache» der Erscheinungen seien (S. 687).

[2] Siebeck, a. a. O., S. 95 bemerkt richtig, daß die Platonische αἰτία als finale Kausalität, und darum im Sinne des Verhältnisses von Grund und Folge, nicht eigentlich im gewöhnlichen mechanischen Sinne des Verhältnisses von Ursache und Wirkung zu fassen ist. Mit Recht verweist deshalb Siebeck hier auf Spinoza, der insoweit rücksichtlich seines Begriffes der causa mit Platon auf der einen Seite die größte Verwandtschaft zeigt. Diese ließ sich auch hinsichtlich des Gottesbegriffes im Verhältnis zu den Ideen und Dingen bei Platon und den Attributen und Modi bei Spinoza noch weiter verfolgen. Auf der anderen Seite wird freilich ein von Siebeck nicht angedeuteter Gegensatz deutlich, wie er größer nicht gedacht werden kann: auf der einen Seite zum System erhobene Teleologie, auf der anderen Seite prinzipieller Ausschluß aller Teleologie. Für Spinoza ist das Sein eben nie Problem, sondern immer Dogma. Zu bemerken ist hier vielleicht noch Eines: Sofern die Idee des Guten Ursache des Seins, zugleich aber auch identisch ist mit Gott und Vernunft, muß der göttlichen Weltvernunft Platons doch wohl Spontaneität zugeschrieben werden. Aber gerade hier zeigt sich nun wohl deutlich, was wir früher (S. 166) nur andeuteten, daß diese Spontaneität, wenn man von einer solchen redet, doch keine rein erkenntnistheoretische, sondern eine metaphysische ist.

aus. Allein für diesen Ausgang war die eigentümliche Konstellation die, daß zunächst zwar das Theoretische nur Form schien für den praktischen Gehalt, daß aber dennoch der eigentliche Ertrag und Inhalt sich als ein theoretischer erwies, für den hinsichtlich der Bedeutung das Praktische nur Form war. So wurden die Ideen erreicht als bleibende Wertordnungen des Erkennens. Insofern sie aber bleiben und in ihnen nicht nur das Erkennen, sondern mit dem Erkennen das Sein gegründet wird, wird in der Idee des Guten als in der Idee des absoluten Wertes, mithin im Praktischen zuletzt doch das Theoretische gegründet. Das zunächst für den Anfang mehr persönlich scheinende Interesse am Praktischen erlangt seine objektive Bedeutung, der Ausgangspunkt erlangt im Höhepunkt des philosophischen Denkens bei Platon seine sachliche Rechtfertigung: Die Ideen als Wertordnungen sind im tiefsten Sinne selbst Weltordnungen, begründet in der höchsten praktischen Ordnung des Guten, dem allumfassenden ordo ordinans, der jetzt in seiner bedeutsamsten Tiefe die Grundlage ist einer praktischen Weltordnung überhaupt, so daß, während am Ausgange bei aller praktischen Tendenz der inhaltliche Ertrag ein theoretischer war, jetzt aber auf dem Höhepunkte des Denkens bei aller Tendenz auf das Theoretische, für das Erkennen und Sein, doch das eigentliche Fundament im Praktischen gewonnen wird.

11. Wir hatten gesehen[1], daß es das Prinzip der Bestimmung ist, das in das Unbestimmte «Gesetz und Ordnung» bringt, und daß das, was alles ordnet, die Vernunft selber ist. Insofern das Unbestimmte, Unendliche aber selbst als Idee auftrat (ἰδέα τοῦ ἀπείρου), konnten wir sagen, daß Platon hier der Überwindung des ursprünglichen Dualismus am nächsten komme. Und diese Tendenz der Überwindung wird noch verschärft und verfestigt durch die Zweckursächlichkeit der Ideen, die zur «unbedingten» Idee des Guten als der letzten Grundlage alles Seins und Werdens führt. Und dennoch dürfen wir nur sagen, daß Platon der Überwindung des ursprünglichen

---

[1] Vgl. oben S. 182f.

Dualismus am nächsten kommt, nicht aber, daß er sie restlos vollzogen hat. In seinem Denken durchkreuzen sich zu verschiedene Motive, als daß er es hinsichtlich der erklärenden Theorie des Werdens zu einem vollkommenen Ausgleich gebracht hätte. Es ist sehr bemerkenswert, daß Platon selbst auf dem Höhepunkte des Problems des Werdens wiederum gesteht, daß, weil wir nur hinsichtlich des wahrhaft beharrlichen Seins volle Wahrheit (ἀλήθεια) erreichen, wir hinsichtlich des Werdens der Welt noch auf den bloßen Glauben (πίστις) verwiesen sind, und daß er darum selbst nicht imstande sei, in allen Punkten und in jeglicher Hinsicht durchaus mit sich übereinstimmende und stichhaltige Gründe zu geben.[1] Unter den verschiedenen Motiven, dem erkenntnistheoretischen, metaphysischen, psychologischen, mythischen, künstlerischen, ethischen, religiösen, die sich alle hier miteinander durchkreuzen und verschlingen, ist es aber gerade das letzte, das religiöse, das Motiv der πίστις im eminenten Sinne, das den Philosophen in einem gewissen Dualismus festhält, ohne ihn zum letzten Ausgleich gelangen zu lassen. Freilich läßt sich nicht verkennen, wie gerade wieder in erkenntnistheoretischer Hinsicht vom Werdensproblem aus das interessanteste gedankliche Aufringen erwächst und speziell für das Substanzproblem die bedeutsamsten Perspektiven eröffnet. Indes, eine restlose Überwindung des Dualismus für Platon in Anspruch nehmen, heißt die geschichtliche Sachlage verkennen.

Wenn die Vernunft die letzte Ursache von Gesetz und Ordnung in der Bestimmung des Unbestimmten ist und das ἄπειρον als ἰδέα auftritt, so scheint zwar die Überwindung des Dualismus vollzogen. Allein es heißt zwar, daß Gott, die höchste Ursache aller Ursachen, die Idee des Guten selbst wollte, daß nach Möglichkeit alles gut und nichts schlecht sei (ἀγαθὰ μὲν πάντα, φλαῦρον δὲ μηδὲν εἶναι κατὰ δύναμιν). Aber es heißt auch unmittelbar weiter: Weil nun alles Sichtbare in Unruhe, in regel- und ordnungsloser Bewegung war, führte er es aus

---

[1] Tim. 29 b: .... πάντηι πάντως αὐτοὺς αὐτοῖς ὁμολογουμένους λόγους καὶ ἀπηκριβωμένους ἀποδοῦναι.

der Unordnung zur Ordnung über (κινούμενον πλημελῶς καὶ ἀτάκτως, εἰς τάξιν αὐτὸ ἤγαγεν ἐκ τῆς ἀταξίας), weil es so besser (ἄμεινον) war.[1] Hiernach müßte also die «Unordnung» der göttlichen «Ordnung» gegenüber etwas Selbständiges und Ursprüngliches bedeuten. Gott müßte die Welt der Bewegung schon vorgefunden haben, wo er doch der Ursprung aller Bewegung als deren höchster Zweck sein soll. Der Grundtendenz des Philosophen, die Sein und Werden im Sollen verankert, widerspricht das offenbar. Allein gerade die Theorie der Werte, die er da gibt, kommt einem religiösen Bedürfnis entgegen, das den ursprünglichen Dualismus wieder eröffnet. In der «Ordnung» liegt der Wert. Die «Unordnung» muß außerhalb der Sphäre der Werte stehen. Sie kann nicht gut sein. Gott als dem Guten schlechthin kann darum selbst nur Gutes zugeschrieben werden. Für die Übel der Welt muß man daher andere Ursachen als Gott postulieren. Diese religiöse bezw. theologische Ansicht stellt Platon gerade da auf, wo er alles Sein und Werden in der Idee des Guten begründet hat.[2] So ist für Platon nun doch die Vernunft nicht die einzige Ursache der Welt, vielmehr ist diese aus einem Zusammentreten von Vernunft und Notwendigkeit geworden.[3] Der Vernunft tritt also die Notwendigkeit als etwas Selbständiges gegen-

---

[1] Ebenda 30 a.
[2] Politeia, 379c: τῶν δὲ κακῶν ἄλλ' ἄττα ζητεῖν τὰ αἴτια, ἀλλ' οὐ τὸν θεόν; vgl. auch Politikos, 273d. Ebenso erklärt Arist. Met. I, 6,987b, daß bei Platon dem Einen Prinzip des Guten, in dem die Ideen und wegen der Zweckursächlichkeit das Gute in der Welt seinen Ursprung habe, das Böse gegenüberstehe. — Hier ganz allein liegt der Antagonismus auch innerhalb der Politeia. Wenn dagegen A. Krohn, Der Platonische Staat, S. 102f. in der Bedeutung der Idee einmal als des «An-sich», das andere Mal als der Grundlage der empirischen Realität einen unausgleichbaren Antagonismus sieht, so verkennt er, wie er ja überhaupt Platons Dialektik einfach zu einem «Riß» im System Platons überspannt, wo doch das System Platons selbst ein System der Dialektik ist, völlig, daß das «An-Sich» nichts anderes bedeuten kann als Grundlage der empirischen Realität, oder wie Zeller sagt, «immanente Ursache» der Erscheinungen sein. Vgl. dazu oben S. 197 und für Zellers Auffassung unsere Anm. 1 auf derselben Seite. Mit besonderer Feinheit hat Windelband, a. a. O., S. 109ff. diese antagonistisch-dualistischen Denkmotive entwickelt.
[3] Tim. 48a: ἐξ ἀνάγκης τε καὶ νοῦ συστάσεως ἐγγενήθη.

über. Und wenn bei Platon die «Notwendigkeit» zunächst auch in einer Art von mythischer Personifikation auftritt, indem die Vernunft die Notwendigkeit «überreden», also durch Überredung sich fügsam machen und bestimmen soll, so ist hier doch ein außervernünftiger Faktor als solcher aufgestellt. Er verwickelt Platon in Schwierigkeiten, aus denen er sich gänzlich nie zu befreien vermag. Denn wenn auch das Böse nicht selbst der καθαρά οὐσία, dem ὄντως ὄν angehören kann, so kann doch, sofern das Nicht-Sein selbst ist, ja im ἄπειρον, sogar im νοῦς als «Idee» aufgehoben ist, nun das Böse nicht etwa überhaupt nicht sein. Es behält sein eigenes Sein. Ja es müßte zuletzt, wie das Nicht-Sein vermittels des ἄπειρον, im νοῦς die ἀνάγκη und mit ihr die κακά selbst gesetzt sein, was wieder dem Prinzip des Guten widerspräche. Ist es, so muß es im νοῦς sein, im νοῦς kann es nicht sein, weil der νοῦς nur gut sein kann. Aus diesem Widerspruch vermag sich Platon nicht zu retten. In letzter Linie ist diese Schwierigkeit freilich im ἄπειρον selbst angelegt.[1] Denn trotz seines «Idee»-Seins behält es der Vernunft gegenüber als das Unbestimmte zwar nicht absolut, aber doch wenigstens in gewisser Hinsicht etwas Fremdes.[2]

12. Damit sind wir zugleich wieder an dem Punkte angelangt, der für unser spezielles Thema von unmittelbarer Bedeutung wird, und um dessentwillen wir hier überhaupt nur den religiösen bezw. theologischen Antagonismus in Platons Denken berührten, weil nämlich aus ihm ein gerade in erkenntnistheoretischer Beziehung bedeutsames Motiv für unser Problem erwächst. Im Philebos waren vier γένη zunächst vonein-

---

[1] Natorp hat daher durchaus recht, wenn er a. a. O., S. 340 darauf aufmerksam macht, daß sich τάξις und ἀταξία verhalten wie πέρας und ἀπειρία.

[2] Diese Fremdheit möchte ich aber, trotzdem es gelegentlich heißt, das Unendliche sei nicht geschaffen von Zeus, sondern nur gebunden, nicht mit Schleiermacher, Einl. z. Phileb., S. 131 f. als eine Art von Absolutheit Gott gegenüber hinsichtlich der Fruchtbarmachung des ἄπειρον für den Begriff der Materie ansehen. Diese Fremdheit und Selbständigkeit ist dann eher das Gegenteil von Absolutheit, weil das Gegenteil von der allein absoluten Idee des Guten, so daß gerade dieser Irrationalismus noch ein bedeutsames logisches Motiv gegen jeden materiellen Dogmatismus zeitigen wird. Inwiefern nichts absolut Fremdes im ἄπειρον vorliegt, s. oben S. 185.

ander unterschieden worden: das πέρας, das ἄπειρον, das ἐξ ἀμφοῖν τούτοιν ἕν τι ξυμμισγόμενον und viertens τῆς ξυμμίξεως τούτων πρὸς ἄλληλα τὴν αἰτίαν. Diese αἰτία[1] aber stellt der νοῦς dar. Hier treten πέρας und ἄπειρον selbst dem νοῦς gegenüber. Nun könnte man ja zunächst mit Hartmann meinen: «Sofern der νοῦς Grund der Mischung sein soll, so muß notwendig das, was die Mischung eingeht, beides innerhalb seines Bereichs gedacht sein und auf keinen Fall außer ihm; er könnte das ἄπειρον nicht auf die μῖξις hin dirigieren, wenn es nicht in ihm selbst seinen Ursprung zusammen mit dem πέρας hätte.»[2] Allein so richtig das unter rein systematischen Gesichtspunkten sein mag, für diese unmittelbare Ineinssetzung finden wir historisch bei Platon noch keinen Anhalt. Erst mittelbar sind wir zu dieser Ineinssetzung berechtigt, insofern die Vernunft das Prinzip der Ordnung ist, das ἄπειρον selbst als ἰδέα bezeichnet wird und insofern endlich die Vernunft Eines ist mit Gott und der Idee des Guten, in der alles Sein und Werden seinen Ursprung hat. Aber gerade aus dieser Ineinssetzung der Platonischen Teleologie erwuchsen für das Verhältnis von Sein und Werden neue dualistische und antagonistische Schwierigkeiten, denen wir uns nun noch von einer anderen Seite nähern müssen, um ihre Auflösung, wenn auch nicht restlos zu vollziehen, so doch nach der Richtung ihrer Lage zu bezeichnen. Sie gipfeln in letzter Linie in jenem Moment höchster Dialektik, daß mit der ἰδέα τοῦ ἀπείρου im Absoluten wie im «An-Sich» etwas als außer dem Absoluten und dem «An-Sich», das also, obwohl im Absoluten und «An-Sich» enthalten, doch auch nicht im Absoluten und dem «An-Sich» enthalten sein soll, gesetzt ist. Diese Dialektik entrollt sich in der Erneuerung des Problems des Werdens: Hier müssen wir jetzt zunächst wieder zwei Gattungen (δύο εἴδη) unterscheiden: die «Eine des als Urbild zugrunde liegenden dem Denken erfaßlichen und ewig Selbigen» und die zweite, «die des Nachbildes des Urbildes (μίμημα τοῦ παραδείγματος δεύτερον), die im Werden liegt und sichtbar ist».

---

[1] Phileb. 23 c/d u. 28 d s. oben S. 184.
[2] N. Hartmann, a. a. O., S. 421.

Der Substanzbegriff innerhalb des Systems des Idealismus.

Allein das, was wird, erfordert nicht bloß das Urbild, nach dem es wird, sondern auch etwas, in dem es wird, also eine dritte (τρίτον) Gattung als die «Aufnehmerin jeglichen Werdens» (πάσης εἶναι γενέσεως ὑποδοχήν).[1]

Diese dritte Gattung «nimmt alle Gestalten auf».[2] Aber eben weil sie alle Gestalten aufnimmt, «kann sie selbst nie eine Gestalt annehmen, die dem, was in sie einginge», ähnlich wäre. Vielmehr liegt sie der ganzen Natur als ein Bildsames (ἐκμαγεῖον)[3] zugrunde, das unter dem Einfluß des in sie Eintretenden sich bewegen und gestalten (κινούμενόν[4] τε καὶ διασχηματιζόμενον) läßt und bald in dieser, bald in jener Weise erscheint. Was aber in sie eintritt und wieder aus ihr austritt, das sind die Nachbilder des ewig Seienden, die nach diesem geprägt (τῶν ὄντων ἀεὶ μιμήματα, τυπωθέντα ἀπ' αὐτῶν) sind»...[5] Die Aufnehmerin des Werdens nun verhält sich zum Werden wie die Mutter, während das, dessen Nachbild das Werden ist, sich zu diesem verhält, wie der Vater, so daß das Werden den beiden anderen Gattungen gegenüber die Rolle des Kindes übernimmt.[6]

Aber diese «dritte Gattung» involviert eben jene dialektische Schwierigkeit, die wir vorhin gelegentlich des ἄπειρον bereits

---

[1] Tim. 48 e/49 a.

[2] Ebenda 50 b.

[3] Wir könnten auch mit Windelband, a. a. O., S. 108 «Bildsamkeit» übersetzen; die sonst übliche Übersetzung «Bildsame Masse» verkehrt jedenfalls den echten Sinn Platons. Denn die πάντα δεχομένη σώματα φύσις (50 b) kann als Voraussetzung des Somatischen, selbst nicht somatisch gedacht werden. Zu dem ἐκμαγεῖον vgl. übrigens Trendelenburg, Platonis de ideis et numeris, S. 27 f., wo freilich auch nicht immer die erwünschte Schärfe der Begriffsbestimmung erreicht ist.

[4] Diese Bewegung ist wiederum als reine Bewegung, d. i. als zweckvolle Bestimmung durch die Weltvernunft selbst zu denken, da ja das «Dritte», die «Aufnehmerin» sich bald als Raum erweisen soll, der im empirischen Sinne ja selbst nicht bewegt sein kann, weil er die Voraussetzung der empirischen Bewegung als Aufnehmerin des Werdens ist.

[5] Tim. 50b/c: Die Unterscheidung zwischen Gestalten aufnehmen (δέχεσθαι) und Gestalten annehmen (λαμβάνειν) gibt wohl in der Übersetzung ebenso deutlich die Worte wie den Sinn Platons wieder.

[6] Ebenda 50d.

berührten: Auf der einen Seite muß die Aufnehmerin, weil sie alle Gattungen aufnimmt, selbst außerhalb der Ideen sein (διὸ καὶ πάντων ἐκτὸς εἰδῶν εἶναι χρεὼν τὸ τὰ πάντα ἐκδεχόμενον ἐν αὑτῶι γένη).[1] Auf der anderen Seite kann es als Grundlage des Sichtbaren und Sinnlichen selbst nicht sichtbar und sinnlich sein. Es muß selbst ein εἶδος, und zwar ein unsichtbares und gestaltloses allumfassendes εἶδος sein, das, so schwierig und schwerfaßlich es auch sein mag, richtigerweise doch wieder in irgendeiner Weise zum Gedanklichen, zu dem nur im Denken Erreichbaren gerechnet werden muß.[2] Also sowohl ἐκτὸς εἰδῶν, als auch selbst ein εἶδος tritt zwischen das «Eine, stets in sich Selbige, Unerzeugte und Unvergängliche, das weder ein Anderes in sich aufnimmt, noch selbst in ein Anderes eingeht, das unsichtbar und überhaupt nicht den Sinnen, sondern allein dem Denken erfaßlich ist», auf der einen Seite und andererseits zwischen «das, das nach jenem erst benannt und ihm ähnlich ist, das Sichtbare, Gewordene und ewig Wechselnde, das an einem Orte entsteht und wieder vergeht, und nur in der δόξα vermittels der αἴσθησις faßlich ist»[3], — zwischen sie beide also tritt als τρίτον γένος das, das selbst dem Untergange nicht hingegeben, allem Werdenden erst einen Sitz gewährt, selbst den Sinnen nicht faßlich ist, sondern nur der Vernunft, freilich nur in einem unechten Schluß, erreichbar ist: der Raum.[4] Sein, Raum und Werden sind drei und dreifach, noch ehe die Welt war.[5] Alle drei sind, aber sie sind nicht auf gleiche Weise. Wie das Werden, das selbst nicht wird, sondern als reines Werden allem Gewordenen vorausliegt, nicht etwa nicht ist, wie aber sein Sein darin liegt, Werden zum

---

[1] Ebenda 50 e.
[2] Ebenda 51 a: .... ἀλλ' ἀνόρατον εἶδός τι καὶ ἄμορφον, πανδεχές, μεταλαμβάνον δὲ ἀπορώτατον πῆι τοῦ νοητοῦ καὶ δυσαλώτατον αὐτὸ λέγοντες οὐ ψευσόμεθα.
[3] Ebenda 52 a.
[4] Ebenda: τρίτον δὲ αὖ γένος ὂν τὸ τῆς χώρας ἀεί, φθορὰν οὐ προσδεχόμενον, ἕδραν δὲ παρέχον ὅσα ἔχει γένεσιν πᾶσιν, αὐτὸ δὲ μετ' ἀναισθησίας ἁπτὸν λογισμῶι τινὶ νόθωι.
[5] Ebenda 51 d: ὄν τε καὶ χώραν καὶ γένεσιν, τρία τριχῆι, καὶ πρὶν οὐρανὸν γενέσθαι.

Sein zu sein, so ist der Raum weder wie das reine Sein, noch wie das reine Werden, da er diesem ja erst einen «Sitz» gewährt, um zu jenem zu gelangen. Insofern er ist, ist er ein εἶδος, insofern er nicht reines Sein ist, ist er ἐκτὸς εἰδῶν. Er ist nur im Denken zu fassen, und doch nicht durch ein echtes Denken, er gehört der Sphäre des Denkens an, aber als etwas außer dieser Sphäre. Das ist der tiefste Sinn dieses λογισμὸς νόθος, daß in ihm etwas im λόγος gesetzt wird, als außer dem λόγος, etwas als seiend, ohne doch ὄντως ὄν zu sein: Zwischen Sein und Werden gestellt, ist er mehr als die werdenden Dinge, die ja selbst erst im Raume sind, und dennoch ist er kein eigentliches «An-sich-Sein», und damit sind alle σώματα[1] in ihm, deren Aufnehmerin er ist, des «An-sich-Seins» im tiefsten Sinne entkleidet, so daß erst hier die letzte und tiefste Zersetzung des materialistischen Substanzbegriffes geleistet wird.[2] Der Raum ist, aber er ist nicht «an-sich» und erst recht nicht absolut, «unbedingt», ἀνυπόθετον. Wie das Unbedingt-Sein ein «Mehr-Sein» ist als das «An-sich» oder «Seientlich-Sein», und dieses ein «Mehr-Sein» als das «Nicht-Sein», so ist das Raum-Sein weder ein «Unbedingt-Sein» noch ein «An-sich-Sein». Hierin liegt der einschneidende Unterschied zwischen dem Nicht-Sein Platons und dem Demokrits. Für diesen sollte ja das «Nichts» nicht weniger sein als das «Es». Darum sollte

---

[1] Ebenda 50b.
[2] Trotzdem ist es mehr als kühn, wenn Lichtenstädt, Platons Lehren auf d. Geb. d. Naturf., S. 55 Platons Auffassung nicht bloß hinsichtlich des Raumes, sondern auch hinsichtlich der Zeit mit derjenigen Kants so ziemlich auf eine Stufe stellt. Es gehört schon eine ziemliche Gewaltsamkeit dazu, um Kants Auffassung mit der Platonischen in der Raum- und Zeitfrage so gut wie restlos zur Deckung bringen zu können. Was dabei richtig sein mag, das wird von Lichtenstädt aber sofort schon deswegen ins Sinnlose verkehrt, weil Raum und Zeit als «ursprünglich inwohnend» gedacht werden sollen, so daß Platon wie Kant einen subjektiven Idealismus vertreten haben müßte, der — darin stimmen beide freilich völlig überein, nur hat gerade das leider Lichtenstädt nicht bemerkt — dem einen so fern lag wie dem anderen. Kant selbst hat sich ja noch dagegen verwahren können, daß sein Idealismus im subjektiven Sinne des Berkeleyschen Idealismus mißdeutet werde. Platon aber muß wenigstens von der objektiven Historie gegen eine solche Unterstellung geschützt werden.

auch der Raum ebenso ein «An-sich» sein, wie die materiellen Dinge, und er mußte es sein, damit diese es sein konnten. In der eigentümlichen Differenz des Nicht-Seins liegt also das tiefste Unterscheidungsmerkmal zwischen Platonischem Idealismus und Demokritischem Materialismus, welch letzterer sich eben dadurch am deutlichsten als Materialismus erweist. Was dieser als beharrliche Substanz setzt, das zersetzt gerade der Platonische Substanzbegriff. Der kontinuierliche Fortgang des dialektischen Prozesses von Sein und Nicht-Sein, An-sich-Sein und Anders-Sein, Bestimmt-Sein und Unbestimmt-Sein hat dem Problem des Seins des Nicht-Seins in der ἰδέα τοῦ ἀπείρου die höchste Zuspitzung gegeben. Sie ist die Idee des im Absoluten und im «An-sich» gesetzten Nicht-Absoluten und Nicht-An-sich, und insofern führt zu ihr der Weg abwärts zur χώρα. Der Raum hat im ἄπειρον seine begriffliche Grundlage, und die χώρα ist das anschaulich gewandte ἄπειρον. Das ἄπειρον mischte sich, wie wir sahen, selbst mit dem πέρας, der Raum aber mischt sich nicht. Insofern aber jene Mischung von πέρας und ἄπειρον lediglich die der Bestimmung durch die Mischung der Gattungen war, ist in ihr die begriffliche Voraussetzung für die «Aufnahme der Gestalten» im Raume gewonnen, und die Ideen erlangen den Sinn der ἀσώματα εἴδη jetzt in vollster Klarheit: Sie sind nicht Gestalten, wie die σώματα im Raume, denn sie sind ἀσώματα, sie sind vielmehr **Prinzipien aller Gestaltung überhaupt**, die das Werden in der Aufnehmerin des Werdens zum Sein bestimmen.

Der Raum ist also das, «in dem» die Dinge werden, nicht das, «aus dem» sie werden.[1] Die πάντα δεχομένη σώματα φύσις[2] kann auch ihrerseits nicht den σώματα zugezählt werden, son-

---

[1] Tim. 49e/50a; Politikos, 286d. Über den Unterschied des ἐν ὧι und ἐξ οὗ vgl. auch J. Baßfreund, Über d. zw. Prinz. d. Sinnl. u. d. Mat. bei Plat., S. 31, sowie Bäumker, a. a. O., S. 166, woselbst auch weitere Literatur, neuerdings auch Hartmann, a. a. O., S. 431. Im Einzelnen gehen die Ansichten der Forscher, so sehr sie sich über den prinzipiellen Unterschied klar sind, an diesem Punkte so auseinander, daß eine Diskussion im Rahmen dieser Untersuchung eine Unmöglichkeit ist.

[2] Tim. 50b.

dern muß ein ἀσώματον[1] sein. Das, worin die körperlichen Dinge werden und das also schon deren Voraussetzung ist, kann selbst nicht körperlich sein. Was wir gewöhnlich die Elemente nennen, dürfen wir also keineswegs als Urgründe und Prinzipien (ἀρχάς) der Welt ansehen. Sie sind nicht den Buchstaben als den Grundelementen der Sprache (στοιχεῖα), sondern erst den Gebilden der Silben (συλλαβῆς εἴδεσι) zu vergleichen.[2] Sie beschreiben selbst einen Kreislauf des Werdens und der Umsetzung ineinander[3], keines von ihnen hat eine beharrliche Festigkeit (βεβαιότητα). Man kann darum nicht sagen: dies ist Wasser, sondern immer nur: es ist etwas gerade in dieser Beschaffenheit Wasser[4], weil eben keines ein Beharrliches (ὑπομένον) ist und keinem etwas Bleibendes (μόνιμα) zukommt.[5] Das bloß Wiebeschaffene, besser vielleicht die bloße Qualität[6] als solche, das Warme oder Weiße, wie deren Gegen-

---

[1] Arist. Met. I, 7,988 a/b. Hier unterscheidet A. darum auch ganz richtig zwischen Substanz und Materie.
[2] Tim. 48 b.
[3] Ebenda 49 c.
[4] Ebenda 49 d.
[5] Ebenda 49 e.
[6] Susemihl übersetzt, Übers. zum Timaios, S. 765 im Folgenden geradezu: «die Wärme» und «die Weiße». Dementsprechend würde auch das τὸ δὲ ὁποιοῦν τι am besten kurzweg mit Qualität übersetzt werden, und das drückt auch das Folgende aus, wonach es kein τοῦτο und τόδε ist, da das τοῦτο und τόδε bereits die Voraussetzung und das Substrat des ὁποιοῦν ist. Hier treten wir nun an das bestimmte Verhältnis von Substanz und Akzidenz heran, das wir aber im idealistischen Sinne nehmen müssen, also um den Aristotelischen Terminus vorwegzunehmen, als Kategorie, wenn wir damit überhaupt einen Sinn verbinden wollen. Es ist sehr interessant zu bemerken, wie zwei Forscher, Bäumker und Baßfreund, hier in Gegensatz geraten, weil sie das Richtige nur nach der einen Seite hin sehen. Bäumker, a. a. O., S. 157 erkennt richtig, daß wir das Verhältnis von τοῦτο und ὁποιοῦν nicht im materialistischen Sinne nehmen dürfen. Aber weil er, darin stimmt er mit Baßfreund überein, sich das Verhältnis von Substanz und Akzidenz selbst nur materialistisch zu denken vermag, verkennt er, daß hier dieses Verhältnis vorliege. Baßfreund umgekehrt erkennt a. a. O., S. 30 ff. richtig, daß es sich hier um das Inhärenzverhältnis handelt. Aber er verkennt, was Bäumker erkennt, daß wir es nicht materialistisch nehmen dürfen, und so deutet er es selbst materialistisch, weil auch er Substanz und Akzidenz nur im materia-

teil (τὸ δὲ ὁποινοῦν τι, θερμὸν ἢ λευκὸν ἢ καὶ ὁτιοῦν τῶν ἐναντίων) lassen die Bezeichnung des «Dieses» und «Das» (τοῦτο καὶ... τόδε) nicht zu.[1] Das dagegen, in dem alles hineinwird und zur Erscheinung gelangt, wie es auch wieder bei seinem Vergehen dahin zurückkehrt (ἐν ὧι δὲ ἐγγιγνόμενα ἀεὶ ἕκαστα αὐτῶν φαντάζεται καὶ πάλιν ἐκεῖθεν ἀπόλλυται), das allein darf als «Dieses» und «Das» bezeichnet werden[2], weil es die Grundlage aller Bestimmtheit und Beschaffenheit ist, die in ihm entstehen durch göttliche Ordnung. Gott bestimmt und begrenzt den Raum und gestaltet[3] in ihm die werdenden Dinge mit εἴδεσι καὶ ἀριθμοῖς als den Prinzipien der Gestaltung. So werden die körperlichen Elemente auf mathematische Verhältnisse zurückgeführt, und zwar sind alle körperlichen Bestimmungen geometrischen Ursprungs, reguläre Dreiecke die ἀρχαί aller Körperlichkeit, insofern sie weiter die Grundlagen regulärer Polyeder bilden, die die eigentlichen Fundamentalkörper sind.[4] Als solche sind diese unwahrnehmbar klein, und erst deren vielfache Anhäufung ermöglicht die sichtbaren Massen.[5] So nimmt der Raum die mathematischen Gebilde und in diesen selbst die Körper auf. Daß sie nichts ursprünglich und Selbständiges neben Idee und Raum Bestehendes sein können, lag in der ganzen Ausgangsposition des Problems. Die Durchführung des Problems hat sie nun vollends als Raumbestimmtheiten erwiesen. Damit ist aber die Funktion des πέρας und

---

listischen Sinn zu fassen weiß. Von demselben Fehler aus kommen beide Forscher zur entgegengesetzten Auffassung, behauptet der eine richtig, daß hier das Substanzverhältnis vorliege, während das dieser irrtümlicherweise leugnet, weil dieser wieder richtig dem Platonischen Idealismus Rechnung trägt, jener aber nicht — und alles das, weil sie Substanz und Akzidenz übereinstimmend nur materiell fassen. Das ist ganz lehrreich, weil es zeigt, daß nur eine idealistische Deutung die Schwierigkeit überwinden hilft. Vgl. dazu die treffenden Bemerkungen Windelbands über den Ausdruck «Materie» a. a. O., S. 108, die wir unten nach (S. 215) zitieren.

[1] Tim. 50 a.
[2] Ebenda 49 e/50 a.
[3] Ebenda 53 a/b: διεσχηματίσατο.
[4] Ebenda 53 d/56 d.
[5] Ebenda 56 c: ξυναθροισθέντων δὲ πολλῶν τοὺς ὄγκους ὁρᾶσθαι.

ἄπειρον in neue Wirksamkeit getreten, sie wird zur Grundlage der geometrischen, und diese zur Grundlage der anschaulichen Bestimmung. In der Konstruktion quantitativer Raumbestimmtheit erwachsen die Dinge, die durch Teilhabe an den Ideen der eigenschaftlichen Bestimmung fähig werden. In der quantitativen Grundlage eigenschaftlicher Bestimmungsmöglichkeit aber hat der Begriff der Substanz selbst seine tiefste Bestimmung gewonnen. Wir wären damit eigentlich am Ende der Untersuchung und brauchten nur noch das Fazit zu ziehen. Auf das διασχηματίζεσθαι εἴδεσι καὶ ἀριθμοῖς, durch das Gott und Raum selbst miteinander in Beziehung treten, fällt aber hinsichtlich des Verhältnisses von Gott und Welt noch einmal ein Licht, das Platon in dem interessantesten Ringen mit dem Dualismus selber zeigt. Von hier aus erfährt auch unser spezielles Problem noch eine neue Beleuchtung. Darum wollen wir zum Schluß noch mit einigen Bemerkungen darauf zurückkommen, ehe wir das eigentliche Resultat unserer Untersuchung feststellen.

13. Welche Rolle der Raum im metaphysischen System Platons hat, kann keine Frage sein. Wenn Gott als Weltschöpfer lediglich Ursache des Guten in der Welt sein soll, das ideale Sein aber die eigentliche Ursache sein soll, so kann Gott zum Raume sich nur verhalten, wie, nach unserer früheren Formulierung[1], die condicio per quam zur condicio sine qua non. Das ist der Dualismus, der im Timaios in gleicher Weise wie in der Politeia nicht gänzlich aufgeht. Aber es ist doch recht bemerkenswert, daß sowohl vor wie nach der Deduktion des Raumes im Timaios der Versuch in Wirksamkeit bleibt, die Welt als Selbstdarstellung Gottes zu begreifen, so daß hier immerhin wenigstens das Bestreben, über den Dualismus hinauszugelangen, vorliegt, wenn es auch niemals an sein eigentliches Ziel gelangen kann und der Dualismus nur mit Gewaltsamkeiten hinwegzuinterpretieren wäre. Und gerade in diesem Dualismus offenbart sich ein interessantes Ringen mit dem Substanzproblem, das diesem seine bedeutendste Vertiefung in

---

[1] Vgl. auch Windelband, a. a. O. ebenda.

der ganzen Philosophie des Altertums gibt, wenn es auch nicht seine restlose Lösung bezeichnen kann, weil diese zuletzt doch jenseits alles Dualismus liegen müßte.

Wir haben schon gesehen[1], daß Gott als die «beste unter den Ursachen» bezeichnet wurde, und wenn zugleich der κόσμος als κάλλιστος τῶν γεγονότων[2] gilt, so liegt darin immerhin schon ein bedeutsamer Impuls, die Wirksamkeit der condicio, sine qua non zugunsten der condicio, per quam und damit zugleich die dualistische Tendenz abzuschwächen. Zwar nicht absolut schön, aber doch unter allem Gewordenen am schönsten ist die Welt. Und das ist sie, weil der Weltschöpfer auf das ewig in sich Selbige hinblickt (πρὸς τὰ κατὰ ταὐτὰ ἔχον βλέπων ἀεί) und sich dessen als Muster bedient (τοιούτωι τινὶ προσχρώμενος παραδείγματι)[3], d. h. nach seinen eigenen Seins- und Wert-Modi der Ideen die Welt gestaltet und nach dem allein für Vernunft und Einsicht Erfaßbaren und in sich Selbigen (πρὸς τὸ λόγωι καὶ φρονήσει περιληπτὸν καὶ κατὰ ταὐτὰ ἔχον)[4] schafft. Und weil Vernunftbegabtheit (νοῦν ἔχειν) selbst besser und wertvoller ist als Vernunftlos-Sein (ἀνόητον), Vernunft aber nicht außerhalb der Seele (χωρὶς ψυχῆς) sein konnte, schuf Gott auf Grund dieser Erwägung (διὰ δὴ τὸν λογισμόν) die Vernunft in die Seele und die Seele in das Körperliche und fügte aus ihnen das All (τὸ πᾶν), den Kosmos (κόσμος) zusammen, der also selbst ein beseeltes und vernünftiges Wesen (ζῷον ἔμψυχον καὶ ἔννουν) durch Gottes Vorsehung (διὰ τὴν τοῦ θεοῦ πρόνοιαν) ist.[5] Weil die Welt nicht ohne Leben sein kann, ja schlechthin lebendig ist, so muß auch die ihr zugrunde liegende Idee die Idee des Vernunftlebendigen schlechthin sein, die zugleich die Idee des Einen und Ganzen selber ist, «die alles Vernunftleben ebenso in sich zusammenschließt, wie die Welt uns selber und alle Dinge» sonst. Ebendarum kann das

---

[1] Vgl. oben S. 193.
[2] Tim. 29 a.
[3] Ebenda 28 a b.
[4] Ebenda 29 a.
[5] Ebenda 30 b c.

Urbild der Welt nicht «in der Idee des Teiles liegen»[1], und ebendarum sind wir überhaupt erst imstande, eine einheitliche Welt (ἕνα κόσμον)[2] anzunehmen. Denn es kann auch darum nur eine solche höchste Idee des Vernunft-Lebendigen geben, und dieses kann nicht bloß eines neben einem anderen sein (μεθ' ἑτέρου δεύτερον οὐκ ἄν ποτ' εἴη), weil beide ja dann wieder nur ein Teil (μέρος) eines sie selbst umfassenden Dritten sein müßten, dem dann etwa die Welt nachgebildet wäre[3] usf. Darum also ist die Welt einheitlich (μονογενής), weil sie dem schlechthin Vollkommenen selber nachgebildet ist. Das schlechthin Vollkommene aber ist doch, wie wir wissen, die Idee des Guten, die Idee Gottes selbst. Urbild und Schöpfer der Welt sind Eines, das höchste Vernunftlebendige (ζῷον νοητόν)[4]; die Welt ist, von Gott nach seinem Bilde geschaffen, Selbstoffenbarung Gottes. Und diese Darstellung, die uns vor der Raumdeduktion Platons begegnet, finden wir auch nach dieser im Timaios wieder, wo es heißt, daß die Welt als ζῷον ὁρατόν nichts Anderes sei als das Bild des Vernunft-Lebendigen, die Gottheit in ihrer Sichtbarkeit als Bild ihrer Vernünftigkeit.[5] In ihrer Sichtbarkeit hat sie also die Vernünftigkeit darzustellen. Das Bild der Vernünftigkeit aber ist die Kugelgestaltigkeit (σφαιροειδές), weil diese Gestalt alle anderen in sich befaßt[6], und die Bewegung der stehenden Rotation[7], die der Vernunft und Einsicht am nächsten steht.[8] Es ist abermals, wie bei Parmenides, die Geschlossenheit des Denkens, die zu diesem Postulate führt. Und das findet bei Platon seinen präzisesten Ausdruck dadurch, daß die Geschlossenheit der Welt darin gesehen wird, daß zur Welt nichts hinzu- noch von ihr hinweg-

---

[1] Ebenda 30c.
[2] Ebenda 31a.
[3] Ebenda 31b. Daß auch hier der τρίτος ἄνθρωπος implizite mit widerlegt ist, sei nur nebenbei bemerkt.
[4] Ebenda.
[5] Ebenda 92c, vgl. oben S. 197.
[6] Ebenda 33b: σχῆμα τὸ περιειληφὸς ἐν αὑτῶι πάντα ὁπόσα σχήματα.
[7] Ebenda 34a: διὸ δὴ κατὰ ταὐτὰ ἐν τῶι αὐτῶι καὶ ἐν ἑαυτῶι περιαγαγὼν αὐτὸ ἐποίησε κύκλωι κινεῖσθαι στρεφόμενον.
[8] Ebenda κίνησιν ... τὴν περὶ νοῦν καὶ φρόνησιν μάλιστα οὖσαν.

kam, da außer ihr selbst ja nichts war, also in dem auf die Welt angewandten Erhaltungs- oder Substanzgesetze.[1] Wenn nun die Geschlossenheit der Welt zugleich auf die in sich geschlossene Selbstbewegung der Seele zurückgeführt wird[2], so bezeichnet das zunächst nichts Anderes als die Priorität des Seelischen vor dem Körperlichen.[3] Der Ursprung ist aber lediglich ein Wertursprung, und die Seele ist hier selbst nicht das Letzte. Ihre Bewegung ist zwar Selbstbewegung, aber diese geht doch in letzter Linie auf die Weltvernunft selbst zurück, ist, wie wir sahen, deren Schöpfung. Die Umlaufsbewegungen (περίοδοι) des νοῦς[4] aber im Weltall sind nichts anderes als die allgemeine Zweckwirksamkeit. Das ist die reine Bewegung des Einen, das an sich selbst unbewegt ist (τὸ δὲ ἀεὶ κατὰ ταὐτὰ ἔχον ἀκινήτως).[5] Die Umlaufsbewegungen der Weltvernunft (τὰς ἐν οὐρανῶι τοῦ νοῦ περιόδους) sind also Bewegungen im reinen Sinne, und als Grundlagen der empirischen Bewegung sind sie selbst unbewegt: Die Seele aber ist nichts anderes als die mathematische Ordnung der Welt. Das aber erhält seine volle Klarheit aus dem Wesen der Zeit. Sie wird gefordert als Grundlage des Weltgeschehens oder des Geschehens im All, und zwar als der in der Einheit und Selbstheit beharrenden Ewigkeit nach der Zahl sich bewegendes ewiges Bild.[6] «Das ‚War'- und das ‚Wird'-sein sind selbst gewordene Formen der Zeit, wenn wir sie auch unrichtig dem ewigen Sein selber beilegen.»[7] Wir sagen freilich von ihm: «es war, es ist und es wird sein». Aber nach dem wahren Grunde (κατὰ τὸν ἀληθῆ λόγον) kommt ihm allein das «Es ist» zu. Das «Es war» und das «Es wird sein» darf allein auf das in der Zeit gehende Werden (τὴν ἐν

---

[1] Ebenda 33c: ἀπήιει τε γὰρ οὐδὲν οὐδὲ προσήιει αὐτῶι ποθέν· οὐδὲ γὰρ ἦν.
[2] Ebenda 36e.
[3] Ebenda 34c: καὶ γενέσει καὶ ἀρετῆι προτέραν καὶ πρεσβυτέραν ψυχὴν σώματος.
[4] Ebenda 47b.
[5] Ebenda 38a.
[6] Ebenda 37d: μένοντος αἰῶνος ἐν ἑνὶ κατ' ἀριθμὸν ἰοῦσαν αἰώνιον εἰκόνα.
[7] Ebenda 37e.

χρόνωι γένεσιν ἰοῦσαν) angewandt werden. Denn beides sind Bewegungen (κινήσεις). Das ewig unbewegt in sich Selbige aber[1] hat es nicht an sich, älter oder jünger (οὔτε πρεσβύτερον οὔτε νεώτερον) zu werden in der Zeit, noch überhaupt zu werden oder geworden zu sein oder künftig zu werden.[2] Und doch muß das Eine, das ja nichts Anderes ist als die Allgemeinheit der Selbigkeit, auch älter und jünger werden: «Weil das Sein nichts Anderes ist als das Sein an sich haben in der gegenwärtigen Zeit, so das ‚Es war' in der vergangenen und das ‚Es wird sein' in der zukünftigen Zeit, so muß, weil die Zeit fortschreitet und das Sein an der Zeit haftet, das Selbige älter werden als es selbst, und darum auch, weil das Jüngere, im Verhältnis zu dem das Ältere älter wird, hier selbst das Selbige ist, auch das Jüngerwerdende sein.»[3] Das Eine und Selbige ist also sowohl der Zeit entrückt, wie in die Zeit hineingestellt. Diese Antinomie löst sich auf mit der Auflösung der zweiten, daß es auf der einen Seite vor der Welt (πρὶν οὐρανόν) keine Zeit gab, sondern erst mit der Welt die Zeit (χρόνος οὖν μετ' οὐρανοῦ γέγονεν) entstanden ist[4], und daß auf der anderen Seite die Zeit selbst «der beharrlichen Ewigkeit ewiges Bild» ist.[5] Beides kann sie nur sein, wenn sie die Bedingung der Welt selbst ist, in der das Eine und Ewige sich darstellt, in der das An-sich in die Erscheinung tritt.[6] Obwohl an sich ewig im «Jetzt», ist es doch hier auch im «Es war», wie im «Es wird sein» selbst gegenwärtig; obwohl an sich nie alternd oder jünger werdend, wird es doch beides in der Erscheinung. Es tritt in die Bestimmtheiten ein, nach seinem eigenen Prinzip der Bestimmung.

---

[1] S. vor. S.
[2] Ebenda 37e/38a.
[3] Parm. 151d/152a. Hinsichtlich des Zeitproblems wird man also an den Philosophen Parmenides nicht bloß in dem gleichnamigen Dialoge Platons, sondern auch im Timaios und hier ganz besonders erinnert.
[4] Tim. 37e/38b.
[5] Ebenda, zitiert S. 212, Anm. 6.
[6] Susemihl sagt in der Übersetzung zum Timaios, S. 742, Anm. 85 richtig, das könne nur bedeuten, daß es ohne Zeit keine Erscheinungswelt und ohne Erscheinungswelt keine Zeit geben könne. Von hier aus fällt vielleicht auch erst das vollste Licht auf jenes «Plötzliche» (ἐξαίφνης) außer der Zeit; vgl. S. 177 f.

Die Welt ist nichts außer der Idee und die Idee nichts außer der Welt. Die Welt ist Selbstdarstellung der Idee und die Idee das Wesen und «An-sich» der Welt, oder um Platons eigene Worte noch einmal zu wiederholen: die Welt ist die Gottheit in ihrer Sichtbarkeit als Abbild ihrer Vernünftigkeit.

14. Fassen wir jetzt die Leistung Platons für das Substanzproblem zusammen, so können wir sagen: sie stellt das Bedeutsamste dar, was das ganze Altertum — Platons großen Nachfolger, Aristoteles, nicht ausgenommen — für unser Problem geleistet hat. Im Reiche der Ideen wird zunächst das Beharrliche schlechthin ergriffen. In der Idee des Unbedingten wird dieses zur Grundlage aller Bedingung überhaupt und damit zu der in allem von ihm selbst bedingten Wechsel beharrlichen Vernunftgrundlage, die diesen nach den bestimmten Ideen, als nach seinen eigenen Ordnungen, bestimmt. Wir sehen also: Aus dem vollen Umfange der Vernunft wird hier der Gehalt für unser Problem geschöpft, aber das ist noch nicht das Ganze der Leistung Platons. Dahin tendierten ja auch, wenngleich ihm selbst nicht an Tiefe und Eindringlichkeit vergleichbar, Denker vor ihm. Es ist das Moment der Bestimmung, das seine Tendenz für unser Problem auszeichnend charakterisiert. Und hier wiederum liegt die Bedeutung nicht darin, daß er überhaupt in einer besonderen Vernunftbestimmung die Leistung des Substanzbegriffes einfach festlegt, — das war ja auf den Anfängen der mathematischen Begriffsbildung auch bereits in den Zahlen geschehen, — sondern darin, daß er sie selbst zum Problem macht in ganz ausdrücklicher und expliziter Weise. Platon entdeckt die logische Notwendigkeit eines Substrates der Bestimmbarkeit überhaupt, das mit den Prinzipien der Vernunftbestimmung belegt werden kann, indem es diese aufnimmt und indem diese sich an ihm und in ihm miteinander verbinden. So können die Dinge bestimmt, und so kann die Welt der Erscheinungen in ihrem Entstehen und in ihrem Vergehen, kurz so kann der Wechsel der Erscheinungen erklärt werden, da hier selbst das Substrat des Wechsels der Erscheinungen erwächst. Dieses verlegt Platon in den Raum. Aber nicht ist ihm der Raum als solcher schon

Substanz, noch sind ihm dies etwa die körperlichen Dinge; das ist ihm vielmehr — darin liegt, von der metaphysischen Seite jetzt einmal ganz abgesehen, auch der logische Sinn der Weltbeseelung — ganz allein die Bestimmung des Raumes als Grundlage der Dinge. Diese drei Faktoren sind sehr genau von einander zu unterscheiden. Der ganze fruchtlose Streit um die sogen. primäre und sekundäre Materie beruht auf dem Mangel dieser Unterscheidung. Platon kennt so wenig eine primäre wie eine sekundäre Materie, er kennt nur Substanz zunächst als räumliche Bestimmbarkeit und körperliche Dinge als räumliche Bestimmtheit, oder als Funktion der Substanz, so daß es wohl gut ist, Windelbands Vorschlag strikte durchzuführen und überhaupt «den zu Mißverständnissen unvermeidlich Anlaß gebenden Ausdruck ‚Materie' in die Darstellung der Platonischen Lehre nicht erst einzuführen».[1] Jedenfalls aber ist die ganze Diskussion über die sogen. primäre und sekundäre Materie so unplatonisch wie nur möglich. Alles, auf das es hier ankommt, ist, daß in der mathematischen Raumbestimmung selbst die Dinge ermöglicht werden, die wir dann mit Eigenschaften belegen, so daß wir die Grundlage der Vereigenschaftlichung erreichen. Dann können wir dem τοῦτο oder τόδε das ὁποιονοῦν beilegen, wir können ihm «den Beinamen dessen geben, was ist», «jegliches Viele mit dem Namen dessen belegen», das «in der Idee als Einheit gesetzt» ist oder die «Aussageweise des Seins» beilegen und wie sonst die mannigfachen Bestimmungen, die uns begegnet sind, alle lauten, die jedenfalls alle der Ausdruck der Vereigenschaftlichung sind und in denen das Substanzproblem bei Platon bereits mit voller Deutlichkeit für die Aristotelische Kategorie der Substanz die Grundlage schafft, als das bestimmte εἶδος der Substanz innerhalb des allgemeinen νοῦς.

Wenn hier freilich, wie wir sahen, der Raum sowohl als εἶδος (wie das ἄπειρον ja als ἰδέα) als auch ἐκτὸς εἰδῶν gesetzt wird, so scheint darin nun nicht bloß für das System Platons als Ganzes der dualistische Antagonismus in ganzer Strenge gewahrt zu bleiben, sondern auch für unser spezielles Problem

---

[1] A. a. O., S. 108.

die Einheit der Lösung gefährdet. Und in der Tat ist das bis zu einem gewissen Grade der Fall; aber gerade nur, weil sich darin zugleich nicht bloß eine von Platon nicht gelöste Schwierigkeit, sondern auch die tiefste für seine Zeit überhaupt mögliche Einsicht verbirgt. Der Raum mußte ἐκτὸς εἰδῶν gesetzt werden, damit nicht die Dinge im Raume selbst zum «An-sich» würden und der Substanzbegriff in dogmatischen Materialismus versänke. Also gerade um εἶδος zu bleiben, mußte der Raum ἐκτὸς εἰδῶν sein. Das ist das tiefste dialektische Motiv, das wir bereits im ἄπειρον wirksam sahen. Der Raum mußte selbst dem ewigen Sein der Ideen angehören, weil er die Voraussetzung des Werdens und der Dinge ist, aber er mußte zugleich von den Ideen unterschieden werden, da er wiederum Voraussetzung des Werdens, das erst zum Sein gelangen soll, ist. Das ist eine Schwierigkeit, die Platon freilich nicht gelöst hat. Aber in ihr liegt die Einsicht in das gleichsam mit Vernunftnotwendigkeit folgende Wesen «unechter Vernunft». Wie in der Vernunft Außervernünftiges selbst gedacht werden könne, das ist die Frage, die sich hier entrollt. Platon hat sie nicht beantwortet. Aber daß er sie gerade am Substanzproblem enthüllt, das offenbart seine ganze Bedeutung. Es ist eine Schwierigkeit, die kein Dogmatiker bis auf unsere Tage auch nur von ferne gesehen hat: **Das ewig beharrliche Sein der Vernunft in ihrer Totalität fordert die bestimmte Idee des Beharrlichen im Wechsel der Erscheinungen im Raume, das selbst nicht wechselt und dennoch nicht «an sich» sein kann, weil seine wechselnden Relationen nicht «an sich» sein können.** Das ist der tiefste und ewig wertvolle Ertrag für unser Problem innerhalb des Platonischen Systems. Und wenn ihm die restlose Ausgeglichenheit fehlt, so wird man immerhin seinen Wert recht zu beurteilen vermögen, wenn man bedenkt, daß seine Ausgleichung, soweit sie überhaupt geleistet worden ist, erst nach zwei Jahrtausenden geleistet werden konnte, und daß die gedanklichen Mittel, die dazu das Wesentlichste beigetragen, ihre tiefste Bedeutung bereits erhalten hatten gerade durch die Tat des «göttlichen Platon».

Siebentes Kapitel.
Der Substanzbegriff innerhalb des Aristotelischen Systems.

1. Platon und sein bedeutendster Schüler Aristoteles werden heute vielfach in einen schier unüberbrückbaren Gegensatz gestellt. Das zwar ist keine Frage, daß Aristoteles seinen Lehrer in wichtigsten Grundlagen des Systems mißverstanden hat, und seit Lotze ist das gerade in den letzten Dezennien immer und immer wieder betont worden. Es ist weiter richtig, daß Aristoteles jener Spezialdisziplin, die für Platons System einen integrierenden Faktor bildet, der Mathematik, ein verhältnismäßig geringes Verständnis entgegengebracht hat. Und dennoch würde es einer Gesamtdarstellung und Gesamtvergleichung der Systeme beider, von der wir in unserem Zusammenhange freilich absehen müssen, möglich sein zu zeigen, daß die Anschauungen beider Denker inniger verwandt sind, als es auf den ersten Blick den Anschein hat, als es nach der zum Teil geradezu leidenschaftlichen Polemik des Aristoteles und nach mancherlei älteren und neueren Deutungen scheinen muß. Es mag schwer verständlich erscheinen, daß Aristoteles trotz der zeitlich recht umfangreichen und ebenso zeitlich wie persönlich nahen Beziehung zu Platon diesen so von Grund aus mißverstanden haben sollte. Aber das ist in der Geschichte der Philosophie nicht gerade ein absolut einzig dastehender und unerhörter Fall. Das Verhältnis von Fichte und Schelling, das uns näher liegt, macht uns etwas ganz Analoges noch unmittelbarer anschaulich: Auch hier wiederholt sich engste persönliche Beziehung, Mißverständnis, Gegensatz und im Grunde doch

ein gerade beiden Denkern und manchen ihrer Interpreten verborgenes gar nicht oberflächliches Zusammenstimmen. Wie das möglich ist, mag psychologisch in der Tat schwer verständlich sein, aber es ist gerade bei stark ausgeprägten Persönlichkeiten nicht etwa absolut unverständlich. Und hinsichtlich Platons und Aristoteles' scheint durch den sachlichen Faktor der Mathematik das Verständnis des Aristotelischen Mißverstehens noch erheblich unterstützt zu werden. So wenig ich hier nun eine Gesamtdarstellung des Platonischen Denkens gegeben habe, ebensowenig kann ich jetzt eine solche des Aristotelischen Denkens geben. Immerhin möchte ich von vornherein einen Gesichtspunkt bezeichnen, von dem aus, auch für unser Problem, wie in letzter Linie auch für die Gesamtauffassung beider Denker sich deren Anschauungen doch nicht als gar so gegensätzlich erweisen, wie es nach Aristoteles selbst und namentlich vieler Platon-Freunde und Aristoteles-Gegner scheint. Wenn ich diesen auch rückhaltlos zugebe, daß Aristoteles der Mathematik innerlich fremd gegenüberstand, während Platon gerade in der Mathematik einen systembildenden Faktor besaß, so darf doch aus Gründen historischer Gerechtigkeit von vornherein nicht verkannt werden, was gerade die Geschichte der Mathematik aufs evidenteste zeigt, und was ich selbst schon betont habe, daß Aristoteles eine reiche mathematische Kenntnis besessen hat. Was ihm versagt war, das war die Einsicht in die philosophische Bedeutung der Mathematik. Beides ist gar wohl voneinander zu unterscheiden. Und wer den Unterschied gleichsam in aller Kürze ad oculos demonstriert haben will, der findet bereits in der Schrift über die Kategorien, Kap. 6, wo die Kategorie der Größe behandelt wird, wo die Begriffe des Stetigen und Diskreten (συνεχές – διωρισμένον)[1] sprachlich scharf ausgebildet erscheinen, während die

---

[1] Categ. VI, 4b. Die Unterscheidung kehrt sehr oft bei A. in fast allen Schriften, am häufigsten in der Metaphysik, Physik und de gen. et corr. wieder. Ausführlich und doch ziemlich konzentriert geben uns die ersten neun Kapitel des XII. Buches der Metaphysik die Aristotelische Mathematikauffassung. Im übrigen kann es hier nicht meine Aufgabe sein, über Aristoteles' Verhältnis zur Mathematik zu handeln. Das ist in der Geschichte bereits mehrfach

philosophische Präzision an diejenige Platons, der sprachlich die Ausprägung nicht in diesem Maße hat, kaum heranreicht, den sprechendsten Beleg. Allein, ein so wichtiger Faktor unter systematischem Betracht die Mathematik für ein philosophisches System ist, der auch als solcher in seiner Wichtigkeit anzuerkennen ist, so ist er eben ein systematischer Faktor, aber selbst noch kein System. Es wäre also äußerst unbillig, ein System als Ganzes nach diesem einen Faktor bewerten zu wollen. Ich weiß den philosophischen Wert der Mathematik sicherlich gar wohl zu schätzen und weiß, daß er gar nicht überschätzt werden kann. Auf der anderen Seite muß man freilich auch wissen, daß man ein System als Ganzes sehr leicht überschätzt oder unterschätzt, wenn man seinen Wert lediglich nach seinem Verhältnis zur Mathematik bewertet. Das gilt es auch für Aristoteles zu bedenken, damit einen die Scharfsichtigkeit für die Schwäche seiner mathematischen Position nicht blind gegen die Größe seiner ganzen Leistung macht. Selbst wer ihn an Tiefe und Originalität Platon nicht zur Seite zu stellen vermag, wird nicht verkennen dürfen, daß seine Leistung eben eine Leistung ist, auch wenn er sich aller Unzulänglichkeit des Aristoteles in mathematischen Dingen bewußt ist. Wir geben diese also von vornherein zu, ohne darum von seiner Philosophie als Ganzem gering zu denken. Ferner gilt es zu beachten: Wenn Platon auch die Philosophie, indem er sie an die Mathematik verwies, streng rational intendierte, so darf man nun Aristoteles aus der starken Tendenz zur Empirie keinen Vorwurf machen. Im Gegenteil, darin liegt sein ganz unermeßliches Verdienst. Nur hüte man sich, auf Grund einer Verwechselung von Empirie und Empirismus, Aristoteles in die Schablone eines erkenntnistheoretischen Parteistandpunkts einzuspannen und aus seinen Verdiensten um die Empirie ihm etwa gar den Vorwurf des Empirismus zurechtzudrehen. Wie es immer bedenklich ist, historischen Erscheinungen des Altertums moderne erkenntnistheoretische Schemata überzuwerfen, so hält das gerade hin-

---

geschehen, so unter vorwiegend historischem Betracht bereits von Burja: Mem. de l'académie de Berlin und M. Kantor, a. a. O., vorwiegend kritisch von Natorp, Plat. Ideenl. und A. Görland, Arist. u. d. Mathem.

sichtlich des Aristoteles jede objektiv-historische Würdigung auf. Einem Empiristen hätte schwerlich gerade Hegel die Bewunderung gezollt, die er dem Aristoteles entgegenbrachte. Und wenn endlich bei den aristotelischen Scholastikern gerade die Empirie wiederum nie und nirgends in ihrer Bedeutung gewürdigt wurde, so trifft doch hier die Schuld wiederum nicht den Aristoteles selber, sondern die aristotelischen Scholastiker. Das alles darf von vornherein für eine historische Gesamtdarstellung des Aristotelischen Denkens ebensowenig übersehen werden, wie für eine Spezialuntersuchung im Sinne unseres Problems. In beiden Fällen darf man von **Partialdifferenzen** her, wie sie ohne Frage hinsichtlich der Mathematik bei Platon und Aristoteles vorliegen und wie sie freilich in **gewisser Hinsicht** für das Gesamtsystem bestimmend sind, ebensowenig totale und **radikale** Differenzen in jeglicher Hinsicht konstruieren, wie man partielle Übereinstimmungen zu totalen umdeuten darf.

Es ist im weiteren nun nicht leicht, unser Problem gegen die Gesamtheit des Aristotelischen Denkens abzugrenzen. Wenn der verdiente Herausgeber des Index Aristotelicus hinsichtlich des Wortes οὐσία bemerkt: «usum Aristotelicum nominis οὐσία plene persequi esset ipsam Aristotelis philosophiam exponere»[1], so bezeichnet er damit die ganze Schwierigkeit unseres Problems. Nicht auf die Exposition des ganzen Aristotelischen

---

[1] Index Aristotelicus, S. 544. Aus dieser beherrschenden Stellung des Substanzproblems innerhalb der Aristotelischen Philosophie erklärt es sich auch, daß es bereits mehrfach zum Gegenstande besonderer Untersuchung gemacht worden ist, besonders von B. Weber: De οὐσίας apud Aristotelem notione eiusque cognoscendae ratione und H. Dimmler: Arist. Met. auf Grund der Usia-Lehre entwicklungsgeschichtlich dargestellt. Außer den Arbeiten von Weber und Dimmler können in gewissem Sinne auch die Schriften von Franz Brentano, «Von der mannigfachen Bedeutung des Seienden nach Aristoteles» und von Nikolaus Kaufmann, «Elemente der Aristotelischen Ontologie», die den bezeichnenden Untertitel «Mit Berücksichtigung der Weiterbildung durch den hl. Thomas von Aquin und neuere Aristoteliker» führt, in diesen Zusammenhang einbezogen werden. Trotzdem die drei zuletzt genannten manches Gute bringen, so ist doch der Untertitel Kaufmanns eigentlich auf alle vier anzuwenden: Die Aristoteles-Auffassung ist durch das katholisch-thomistische Medium getrübt.

Systems legen wir es hier an, sondern nur auf die systematische Stellung des Substanzbegriffes, wenn auch nicht den Namen innerhalb des Systems. Daß diese eine beherrschende ist, das kommt in Bonitz' Satze voll und klar zum Ausdruck. Aber ebendarum läßt sich auch unsere Aufgabe unter dem Gesichtspunkte der dominierenden, also prinzipiellen Stellung abgrenzen.

2. Aristoteles übernimmt den bedeutsamen Impuls, den Platon dem Substanzproblem in der Funktion der Grundlage der Bestimmbarkeit gegeben. Darin lag bei Platon die kategoriale Bedeutung vorbereitet. Und Aristoteles ist es, der überhaupt zum ersten Male eine explizite Kategorienlehre unternimmt. Implizite freilich sind auch dafür von Platon die fruchtbarsten Motive bereits gegeben. Ja, man wird vielleicht, ohne Aristoteles unrecht zu tun, sagen dürfen, daß die Kategorienlehre Platons systematisch gefestigter ist als die des Aristoteles. Allein, die Kategorie qua Kategorie bleibt bei Platon impliziter Faktor. Erst bei Aristoteles wird das Kategorienproblem explizite aufgerollt. So wird man auch hier von vornherein die Größe wie die Grenze der Bedeutung beider Denker in ihrem Verhältnis zueinander richtig bestimmen können.

Aristoteles' Kategorienlehre ist als Ganzes, wie im Einzelnen, freilich in die größten Schwierigkeiten verwickelt. Das ist nicht nur von der allgemeinen philosophiegeschichtlichen Forschung, sondern auch von der Einzelforschung, soweit diese sich gerade der Kategorienlehre zugewandt hat, vielfach betont worden; darin liegt auch der Grund für die wenig einheitliche Ausdeutung dieses Fundamentalfaktors der Aristotelischen Lehre, wie sie in den Spezialuntersuchungen, deren jede in ihrer Art vortrefflich ist, etwa Trendelenburgs[1], Bonitz'[2], Prantls[3], Schuppes[4] vorliegt. Das Schwankende und Variierende der Deutung hat seinen Grund in der mannigfachen Unstimmigkeit des Gedeu-

---

[1] Geschichte der Kategorienlehre (Histor. Beiträge I, S. 1 ff.).
[2] Über die Kategorien des Aristoteles (Sitzungsber. d. Wiener Akad. X, 591 ff.; vgl. auch Ind., S. 377).
[3] Geschichte der Logik I, S. 181 ff.
[4] Die Aristotelischen Kategorien.

teten, so daß wir ehrlicherweise oft über bloße Vermutungen nicht hinauskommen. So ist schon der Namensgebrauch von «Kategorie» nicht einheitlich gedeutet, worauf hier im Einzelnen indes nicht eingegangen werden kann. Im Grunde scheint indes Bonitz[1], dem sich auch Zeller[2] angeschlossen hat, die Bestimmung der Kategorie richtig getroffen zu haben. Wie bei Aristoteles überhaupt die logischen und grammatikalischen Gesichtspunkte nicht scharf und deutlich von einander unterschieden werden, so gehen sie auch im Kategorienproblem durcheinander, was die Deutung leicht begreiflicherweise nur erschweren kann. Hier könnte ganz dahin gestellt bleiben, ob die Aristotelische Einteilung der Logik richtig ist oder nicht, ebenso vor allem, ob die Klimax jener Einteilung zu Recht besteht oder nicht. Eines aber ist sicher, daß die Einteilung als solche, wie deren Klimax, nicht unter einem logischen, sondern ausschließlich unter einem grammatikalischen Gesichtspunkte gewonnen ist. Und sprachliche Prinzipien haben einen bestimmenden Einfluß auch auf das logische Kategorienproblem. Kategorie bedeutet ursprünglich für Aristoteles «Aussage» im wörtlichen Sinne.[3] Man wird den Plural des Wortes, wie Bonitz es tut[4], als Aussageweisen fassen, also κατηγορίαι und σχήματα τῆς κατηγορίας gleichsetzen dürfen, wenn man nur die Aussageweisen richtig versteht. Es ist zwar ebenso für den allgemeinen philosophischen Zusammenhang, wie für unser spezielles Problem von fundamentaler Bedeutung, daß im Begriff der «Verbindung» (συμπλοκή)[5] das Grundmittel der Erkenntnis bezeichnet wird, indem Verbindung und Trennung, Bejahung und Ver-

---

[1] A. a. O., S. 610. Was Schuppe, a. a. O., S. 3, der im übrigen sonst das Problem unter philosophischem Gesichtspunkte am tiefsten gefaßt hat, gegen Bonitz mit Beziehung auf die Termini σχήματα und γένη τῶν κατηγορημάτων und κατηγορουμένων bemerkt, scheint mir doch nicht zwingend, wie Bonitz' und Schuppes Deutung nicht unvereinbar.

[2] A. a. O. II, 2, S. 187.

[3] Categ. II, 1 b und IV, 1 b. Wir kommen auf diese Stellen gleich genauer zurück; vgl. auch Anal. post. I, 22,83 b; Top. I, 9,103 b; de soph. el. IV, 28,1024 b; siehe auch Prantl, a. a. O. I, S. 207.

[4] A. a. O. ebenda.

[5] Categ. IV, 1 b; vgl. Met. VIII, 10,1051 b.

neinung richtig als die Beziehungen erkannt werden, die allein die Bestimmungen des «Wahr» und «Falsch» zulassen; es könnte darum scheinen, als sollte den Kategorien im Sinne der «Aussageweise» nun die Funktion etwa von Beziehungsweisen oder Beziehungsformen beigelegt werden, und das scheint mir, wenn ich ihn recht verstehe, der Grund Schuppes gegen Bonitz' Deutung. Allein, Beziehungsweisen sind freilich die Kategorien für Aristoteles noch nicht, wie sie es für die moderne Logik sind. Immerhin dürften sie doch als Aussageweisen angesprochen werden. Sprachlich werden die Kategorien, bei ihrer Aufzählung schon, gerade als solche Worte bezeichnet, die keine Verbindung ausdrücken.[1] Logisch wird von ihnen ausgemacht, daß keine der Kategorien an und für sich schon eine Bejahung oder Verneinung ausdrückt. Aber sie werden als dasjenige erkannt, durch dessen Verbindung Bejahung und Verneinung möglich wird, wodurch weiter die Bestimmungen von «Wahr» und «Falsch» möglich werden, während ohne Verbindung Ausgesagtes weder wahr noch falsch sein kann.[2] In diesem Sinne werden die Kategorien in der Tat zu Aussageweisen, und zwar zu logischen Aussageweisen oder logischen Grundmitteln des Urteils. Wie immer man sonst über die Kategorien des Aristoteles denken mag, mag man schon die Grundposition für nicht einwandsfrei halten und mag man den Zusammenhang und die Einheit der Kategorien untereinander vermissen, mögen die einzelnen zum größten Teil aufgegeben werden müssen, schon der Versuch, diese Grundmittel in ihrer Gesamtheit ausfindig zu machen, bleibt in seiner expliziten Tendenz, so mangelhaft deren Durchführung sein mag, wie Schuppe sagt, «eine Tat des Genies».[3] Und wenn die Kategorien danach auch nicht

---

[1] Ebenda: τῶν κατὰ μηδεμίαν συμπλοκὴν λεγομένων ἕκαστον ἤτοι οὐσίαν σημαίνει, ἢ ποσόν ἢ ποιόν etc.; vgl. auch de interpr. I, 30a.

[2] Ebenda: ἕκαστον δὲ τῶν εἰρημένων αὐτὸ μὲν καθ᾽ αὑτὸ ἐν οὐδεμίαι καταφάσει λέγεται ἢ ἀποφάσει, τῆι δὲ πρὸς ἄλληλα τούτων συμπλοκῆι κατάφασις καὶ ἀπόφασις γίγνεται. ἅπασα γὰρ δοκεῖ κατάφασις καὶ ἀπόφασις ἤτοι ἀληθὴς ἢ ψευδὴς εἶναι. Die Fortsetzung lautet ähnlich wie die vorige Anmerkung. Nur anstatt der Aufzählung der bekannten zehn Kategorien folgen hier Beispiele: οἷον ἄνθρωπος, λευκόν, τρέχει, νικᾶι.

[3] Schuppe, a. a. O., S. 62.

Aussageweisen im Sinne von Verbindungsweisen sind, so sind sie es doch im Sinne von letzten Elementareinheiten jener Verbindungsweisen.[1]

Man bemerkt hier, wie sprachliche und logische Gesichtspunkte bei Aristoteles sich verbinden, indem das Sprechen als Ausdruck des Denkens und das Denken als Inhalt des Sprechens von vornherein in Korrelation gesetzt werden. Weiter aber ist alles Denken auch immer das Denken eines Seins, wie das Sprechen das Bezeichnen eines Seins ist. Man spricht nicht, ohne etwas zu sprechen, und man denkt nicht, ohne ein Sein selber zu denken. An und für sich freilich sind Wahrheit und Falschheit nur im verknüpfenden oder trennenden Denken, nicht aber im Sein, da ja Verknüpfung (συμπλοκή) und Trennung (διαίρεσις) im Denken, nicht im Sein sind.[2] Allein insofern das Denken selbst auf das Sein geht, haben Verbinden und Trennen ihrerseits Verhältnisse des Seins und Nicht-Seins auszudrücken. Wie nun die Kategorien Elementareinheiten solchen Beziehens, wenngleich nicht Beziehungsweisen selber sind, so ermöglichen sie selbst auch die Seinsbeziehungen und bezeichnen letzte elementare Seins-Einheiten, stellen die Formen des Seins selber dar[3], sind Seins-Kategorien, κατηγορίαι τοῦ ὄντος[4], das Allgemeine, κοινά[5], γένη im Platonischen Sinne als γένη τῶν ὄντων[6] und Seinsweisen selber, ὄντα[7], so daß Sein wie Nicht-Sein nach den Formen der Kategorien erst gefaßt wird.[8]

[1] Auf diese Weise scheint mir die Differenz der Auffassung Schuppes, a. a. O., S. 3 und Bonitz', a. a. O., S. 610 ff. ausgeglichen werden zu können.
[2] Met. V, 4,1027 b: ἡ συμπλοκή ἐστιν καὶ ἡ διαίρεσις ἐν διανοίαι ἀλλ' οὐκ ἐν τοῖς πράγμασι ...
[3] Ebenda IV, 4, 7,1017 a: καθ' αὑτὰ δὲ εἶναι λέγεται ὅσαπερ σημαίνει τὰ σχήματα τῆς κατηγορίας · ὁσαχῶς γὰρ λέγεται, τοσαυταχῶς τὸ εἶναι σημαίνει.
[4] Ebenda IV, 28, 1024 b; Phys. III. 1.200 b.
[5] Phys. ebenda; Anal. post. II, 13,96 b; De an. I, 1, 1,402 a.
[6] De an. ebenda.
[7] Met. VI, 3,1029 b.
[8] Ebenda VIII. 10,1051 b: ... τὸ ὂν λέγεται καὶ τὸ μὴ ὂν κατὰ τὰ σχήματα τῶν κατηγοριῶν ... Wenn ich mit Trendelenburg, a. a. O., S. 24 ff. in der Aristotelischen Kategorienlehre sprachliche Gesichtspunkte ausdrücklich als wirksam anerkenne, so will ich das aber nicht in dem Sinne verstanden

Wenn so die Kategorien als Seins-Bestimmungen angesprochen werden, so erscheint der Aristotelische Versuch einer Kategorienlehre erst hier in seiner ganzen Großartigkeit. Wie wenig seine Durchführung auch genügen kann, wie sehr die einzelnen Kategorien selbst diejenigen unter der bekannten Zehnzahl, die an und für sich der Kritik standhalten, auch immer der scharfen Grenz- und Verhältnisbestimmung zueinander ermangeln mögen[1], die Tendenz, die bei Aristoteles eben doch von vornherein eine planmäßig explizite ist, behält ihren Wert.[2] Freilich liegt gerade in dem Verhältnis der Kategorien zum Sein noch eine nicht unerhebliche Schwierigkeit. Auf der einen Seite sollen, wie wir soeben sahen, die Kategorien Seinsweisen, das Allgemeine, ja einzig und allein κοινά sein.[3] Auf der anderen Seite ist das Sein allen Kategorien entrückt, selbst keine Kategorie, sondern steht über ihnen allen.[4] Aber gerade darum soll es allgemein ausgesagt werden und erscheint doch selbst als Kategorie[5], so daß die κοινά der Kategorien, die ja die einzigen κοινά sein sollen, eben doch nicht die einzigen κοινά wären. Allein Aristoteles fordert selbst ausdrücklich verschiedene Bedeutungen des Seins zu unterscheiden.[6] Sind die Kategorien κατηγορίαι τοῦ ὄντος, so kann das ὄν, das κατὰ πάντων κατηγορεῖται, nur das reine Sein, das ὄν καθ' αὐτό[7] sein. Es ist das Sein schlechthin, dessen besondere inhaltliche Bestimmungen die Kategorien sind, über denen es danach stehen muß, ohne selbst Kategorie zu sein. Das ist der idealistische Grundzug in dem gewöhnlich als so

---

wissen, daß solche bis ins Einzelne den Plan der Kategorien bestimmen, und daß dieser Plan überhaupt ein einheitlicher sei, wie außer Trendelenburg auch Brentano, a. a. O., S. 150 behauptet. Vgl. dazu gegen Trendelenburg und Brentano besonders Zeller, a. a. O., S. 264 f.

[1] Categ. V wird das in dem ganzen Kapitel am deutlichsten.
[2] Vgl. Schuppe, a. a. O., S. 62.
[3] Met. XI, 4,1070b; Phys. l. c.
[4] Met. IX, 2,1053b; Top. IV, 6,127a.
[5] Met. X, 2,1060a: κατὰ πάντων τὸ ὄν κατηγορεῖται. Es erscheint so als die Kategorie καθόλου, vgl. auch IX, 2,1053b und 1053a.
[6] Ebenda VI, 1,1028a: Τὸ ὄν λέγεται πολλαχῶς...
[7] Ebenda X, 1,1059b.

realistisch bezeichneten Denken des Aristoteles, daß das Sein als reines Sein die Idee und Aufgabe der Bestimmung durch die Kategorien bezeichnet. Das freilich nicht im Sinne des Platonischen Nicht-Seins und Anders-Seins und Unbestimmten[1] als Objekt der Bestimmung, sondern als höchstes Prinzip der Bestimmung, dessen Spezifikationen die Kategorien sind, um die Sphäre des Seins auszumessen.

3. Rücksichtlich des reinen Seins nun nimmt er, genau wie Platon, Stellung gegen den Relativismus, der allein im Sinnlichen das Sein setzt.[2] Die Erhärtung des Seins schlechthin ermittelt er am schärfsten gerade durch die Widerlegung der relativistischen Theorie. Das ist einer der Fundamentalfaktoren innerhalb der Gesamtheit seines Denkens, in dem Aristoteles sich so innig mit Platon berührt, daß wir, genau wie bei diesem, eine formale und eine inhaltliche Widerlegung des Relativismus auch bei Aristoteles unterscheiden können. Am schärfsten, schärfer noch als in den eigentlich logischen Schriften, erhält diese Widerlegung des Relativismus, sowie mit ihr die Erhärtung des reinen Seins schlechthin ihre Darstellung in der Metaphysik. Am Gesetze des Widerspruchs zieht sich hier die formale Widerlegung in glänzender Weise durch das ganze dritte Buch der Metaphysik und bewegt sich im Prinzip durchaus in den Bahnen, die wir bei Platon vorgezeichnet fanden und erörtert haben. In sie flicht sich ungezwungen ein auch die inhaltliche Behandlung des Problems. Wir halten uns hier für eine kurze Darstellung am einfachsten an die grundlegenden Erörterungen der Metaphysik. Wenn der Relativismus nur im Sinnlichen das Sein setzt, so ist es konsequent, die Erkenntnis überhaupt zu leugnen, weil ja dann ebenso gut alles wahr, wie alles falsch sein muß, der Unterschied von Wahrheit und Falschheit und damit der Begriff

---

[1] Schuppe, a. a. O., S. 41 scheint es diesem einmal recht nahe zu rücken. Es ist nicht uninteressant zu bemerken, wie Aristoteles, Met. I, 8,989b gerade in der Gleichsetzung des «Unbestimmten» mit dem «Anderen» ausdrücklich sich mit Platon identifiziert: ... θάτερον, οἷον τίθεμεν τὸ ἀόριστον πρὶν ὁρισθῆναι καὶ μετασχεῖν εἴδους τινός. — Vgl. auch III, 4,1007 b.

[2] Met. III, 5,1010 a.

der Erkenntnis selbst aufgehoben wird. Aus dem Problem der Erkenntnis heraus soll also bei Aristoteles, wie bei Platon, auch der Begriff des Seins schlechthin erhärtet werden. Formal hebt sich der Relativismus deswegen selbst auf, weil nach ihm alles sowohl wahr, wie auch falsch sein muß. Wären wir, wie der Relativismus will, nur auf Wahrnehmung und Sinnlichkeit verwiesen, dann wäre zunächst freilich der Satz des Protagoras, daß alles so ist, wie es jedem scheint, im Rechte. Da tatsächlich aber die Menschen entgegengesetzte Meinungen haben, so hätte nicht bloß der Relativismus recht, sondern auch diejenige Meinung, die der relativistischen Meinung entgegengesetzt wäre. Mithin hätte auch der Relativismus nicht recht, sondern auch unrecht. Er wäre falsch, wenn ihn die entgegengesetzte Meinung, weil diese nach ihm selbst ja wahr sein sollte, für falsch hielte.[1] Wir finden also in formaler Hinsicht jenes in der Tat zwingende Argument gegen den Relativismus ins Feld geführt, das seit den Tagen Platons mit Recht immer und immer wieder gegen den Relativismus geltend gemacht worden ist.

Wie bei Platon, so ist auch bei Aristoteles indes die inhaltliche Argumentation für unser Problem von größerer Bedeutung. Wäre es richtig, daß nur das Sinnliche sei (εἶναι τὰ αἰσθητὰ μόνον)[2], so müßte sich abermals auch inhaltlich die relativistische Position selbst aufheben. Zwar das ist dem Relativismus abermals zuzugeben,- daß im Sinnlichen es nur ewig Wechsel und Bewegung gebe, daß wir hier nur ein Werden, ein stetiges Entstehen und Vergehen ergreifen. Allein, daß es darum nur Wechsel und Bewegung, Entstehen und Vergehen gebe, das ist falsch. Aller Wechsel, alles Entstehen und Vergehen, setzt schon ein Beharrliches im Wechsel voraus. Im Wechsel ist nicht nur der Begriff des beharrenden Seins mitgesetzt, insofern der Wechsel selber ist, sondern auch das Wechselnde, und damit das Entstehende und Vergehende, insofern jenes selbst ist und aus etwas entsteht und dieses, insofern es zu

---

[1] Vgl. besonders Met. III, 5,1009a und X, 5,1062a/b, 1063a.
[2] Ebenda III. 5,1010a.

etwas wird, da alles Vergehen ein Werden zu etwas ist, wie alles Entstehen ein Werden aus etwas. Es muß also etwas sein, das wechselt, dessen Wechsel also in einem Verlieren von Eigenschaften und einem Erlangen anderer Eigenschaften besteht.[1] Die Welt des Wechsels und der Bewegung fordert also schon eine Welt des Wechsellosen und Unbewegten.[2] Ja, ohne ein beharrliches Sein schlechthin gäbe es nicht nur nicht einen sinnlichen Wechsel, sondern dieser könnte, selbst, wenn es ihn gäbe, auch nicht erkannt werden. Ganz ähnlich wie bei Platon wird auch hier gezeigt, daß man von der bloßen Wahrnehmung aus nicht einmal zu deren eigenem Sein gelange. Wenn es nur Sinnliches gäbe, dann gäbe es — das ist jener innere Widerspruch jeglichen Relativismus, der nun seine inhaltliche Selbstaufhebung vollendet, — überhaupt nichts.[3] Da es doch keine Wahrnehmung der Wahrnehmung gibt, da die Wahrnehmung sich also nicht selbst wieder wahrnimmt, so würden wir, wenn es nur Wahrnehmungen gäbe, von diesen selbst nichts wissen. Um also auch nur etwas von der Wahrnehmung zu wissen, ist für das Wissen von der Wahrnehmung selbst schon mehr als bloße Wahrnehmung vorausgesetzt.[4] Erst unter

---

[1] Ebenda: τό γε γὰρ ἀποβάλλον ἔχει τι τοῦ ἀποβαλλομένου, καὶ τοῦ γιγνομένου ἤδη ἀνάγκη τι εἶναι. ὅλως τε εἰ φθείρεται, ὑπάρξει τι ὄν. καὶ εἰ γίγνεται, ἐξ οὗ γίγνεται καὶ ὑφ' οὗ γεννᾶται, ἀναγκαῖον εἶναι. Aristoteles richtet sich hier, ebenso X, 5,1062a/b, wie früher auch Platon, gegen Heraklit. Allein auch von seiner Polemik gegen Heraklit dürfte das gelten, was wir früher von derjenigen Platons bemerkten.

[2] Ebenda: ὅτι γὰρ ἔστιν ἀκίνητός τις φύσις δεικτέον...; vgl. auch ebenda 8,1012b. ἔστι γάρ τι ὃ ἀεὶ κινεῖ τὰ κινούμενα, καὶ τὸ πρῶτον κινοῦν ἀκίνητον αὐτό.

[3] Ebenda III, 5,1010b: ὅλως τ' εἴ πέρ ἐστι τὸ αἰσθητὸν μόνον, οὐδὲν ἂν εἴη... Zunächst scheint hier die Begründung eine psychologische Wendung zu nehmen, wenn die Fortsetzung der oben zitierten Worte lautet: μὴ ὄντων τῶν ἐμψύχων. Allein unmittelbar darauf folgt: αἴσθησις γὰρ οὐκ ἂν εἴη. Insofern nun das bloße Wahrnehmungs-Sein aber zum Sein als unzulänglich erwiesen wird, bleibt Aristoteles in der Tat keineswegs beim bloßen Wahrnehmungsproblem stehen, sondern bezieht es sofort in das allgemeine Erkenntnisproblem ein. Das wird auch oben aus dem Texte sogleich deutlich werden.

[4] Ebenda: οὐ γὰρ δὴ ἥ γ' αἴσθησις αὐτὴ ἑαυτῆς ἐστιν, ἀλλ' ἔστι τι καὶ ἕτερον παρὰ τὴν αἴσθησιν, ὃ ἀνάγκη πρότερον εἶναι τῆς αἰσθήσεως.

der Voraussetzung eines Seins an sich (αὐτὰ καθ' αὐτά)[1] kann auch der Relativismus selbst ein Sein und einen Sinn — nämlich innerhalb der Sphäre des Sinnlichen — erhalten, indem ja nur so die relativen Beziehungen selbst als seiend gedacht werden können. Ohne ein Sein an sich wären diese nichts und wäre der Relativismus selber nichts. Beschränkt er sich auf die relativen Wahrnehmungsbeziehungen, so mag er das tun, absolut gesetzt ist er eine contradictio in adjecto. Wenn er sich aber in dieser seiner Selbstbeschränkung selbst verstehen will, so muß er auch verstehen, daß er, um auch nur von seinen relativen Bestimmungen reden zu können, selbst schon eine mehrfache Bestimmtheit durch das Sein schlechthin voraussetzt, insofern doch jene relativen Beziehungen selbst bestimmte sein sollen und eine Beziehung doch nur bestimmt sein kann, durch an sich Bestimmtes, Bezogenes, so daß auch das als Beziehung bestimmte Sein immer schon das Sein schlechthin voraussetzt, durch das es als seiend bestimmt wird.[2] So ist jegliches Wissen, und auch das des Relativismus, nur möglich unter Voraussetzung des beharrlichen Seins schlechthin. Wie immer man sich auch auf das Relative beschränken mag, selbst diese Beschränkung setzt, sofern sie sich auch nur

---

[1] Ebenda III, 6,1011 a.
[2] Ebenda b. Hier wird besonders mit Rücksicht auf die Zeit, insbesondere auf Vergangenheit und Zukunft ausgeführt, daß, wenn es etwas gibt, das einmal war, und etwas, das sein wird, damit zugleich ein Sein außer dem Sein πρὸς δόξαν vorausgesetzt wird. Soviel Schwierigkeiten nun auch gerade in dem Sein des Gewesenen, also doch nicht mehr Seienden und dem Sein des Künftigen, also doch noch nicht Seienden an und für sich liegen mögen, so wird doch — und das ist das Bedeutsame des Arguments, wie Aristoteles deutlich gesehen haben muß — davon keine Theorie härter gedrückt als die relativistische. Wenn Aristoteles nun unter Beziehung auf diese Schwierigkeit weiter argumentiert: ἔτι εἰ ἕν, πρὸς ἕν ἢ πρὸς ὡρισμένον, so bezeichnet er damit durchaus zutreffend die irrelative Seinsvoraussetzung auch des Relativismus. Adolf Lasson übersetzt hier in seiner, trotz mancherlei an Hegel orientierten Freiheiten, vortrefflichen Übersetzung der Aristotelischen Metaphysik, S. 80: «Weiter aber, ist es ein Relatives, so steht es in Relation zu einem oder doch in bestimmter Relation 'zu Bestimmtem».... Das mag dem Buchstaben nach sehr frei sein, so bezeichnet es doch den Sinn und Geist mit völliger Sicherheit.

selbst verstehen will, und gerade dadurch, das Sein schlechthin voraus.

Von ganz besonderem Interesse ist es dabei, wie Aristoteles an dem Relativen das Objektive gleichsam im konkreten Falle ergreift. Ich halte mich hier an ein von ihm selbst gewähltes, äußerst instruktives Beispiel. Er führt aus: Ein und derselbe Wein kann jetzt süß schmecken, dann aber auch nicht: entweder weil er sich selbst geändert hat, oder aber auch, weil in der sinnlichen Organisation dessen, der ihn trinkt, sich eine Änderung eingestellt hat. Was sich aber trotzdem nicht verändert hat, das ist die Süßigkeit selbst. Sie ist, was sie ist und bleibt es, wann und wo sie auch auftritt und besteht eben jedesmal als ein an und für sich Beschaffenes.[1] Wir sehen hier noch ganz von der genaueren Behandlung der Bestimmtheit des Seins ab, da es uns zunächst nur auf das Sein als solches ankommt. Immerhin ist die Art und Weise, wie Aristoteles hier gerade im scheinbar ganz Relativen, wie dem Geschmack des Süßen, das objektive Sein des Süßen selbst ergreift, von dem allergrößten Interesse. Denn von hier aus fällt ein helles Licht auf den Platonismus des Aristoteles. Das zeigt uns nicht bloß, wie innig im tiefsten Kern des Denkens Aristoteles auch da mit Platon verwandt bleibt, wo er ihn aufs leidenschaftlichste bekämpfen zu sollen glaubt. Auf der anderen Seite wird von hier aus auch noch einmal das Wesen der Platonischen Idee deutlich. Sie besagt eben nichts Anderes, als jene allgemeingültige Bestimmung, die alles Einzelne beherrscht. Ob ich etwas Süßes schmecke oder nicht, das gilt zunächst gleichviel, — um den Sachverhalt an dem Aristotelischen Beispiel zu verdeutlichen — immer aber wenn bestimmte Bedingungen erfüllt sind, unter denen irgendein Ding in bestimmter Weise auf das Geschmacksorgan einwirken kann, resultiert eine bestimmte Empfindung, die ich in dieser ihrer

---

[1] Ebenda III, 5,1010b: λέγω δ' οἷον ὁ μὲν αὐτὸς οἶνος δόξειεν ἂν ἢ μεταβαλὼν ἢ τοῦ σώματος μεταβαλόντος ὁτὲ μὲν εἶναι γλυκὺς ὁτὲ δὲ οὐ γλυκύς. ἀλλ' οὐ τό γε γλυκὺ οἷόν ἐστιν ὅταν ἦι, οὐδεπώποτε μετέβαλεν, ἀλλ' ἀεὶ ἀληθεύει περὶ αὐτοῦ, καὶ ἔστιν ἐξ ἀνάγκης τὸ ἐσόμενον γλυκὺ τοιοῦτον; vgl. ebenda X, 6,1063a/b.

Bestimmtheit als süß bezeichne, für welche Bezeichnung dieses so beschaffenen Empfindungsinhaltes die Idee des Süßen selbst die Voraussetzung bildet. In diesem Sinne hat auch Otto Liebmann[1], an und für sich freilich mehr in systematischer, als in historischer Absicht, die Platonische Idee als «Naturgesetz» angesprochen. Und wenn er auch zwischen der Platonischen Ideenlehre und der Aristotelischen Entelechienlehre einen größeren Unterschied zu konstatieren sucht, als es historisch zulässig ist, so verkennt er doch gerade auch die wichtigen Momente der Übereinstimmung nicht. Gerade dies Moment aber hebt er an Platon hervor, daß seine Idee sei ein alles Einzelne beherrschendes Gesetz als Inbegriff bestimmter Bedingungen für bestimmte Erscheinungen, so daß diese da auftreten, wo jene erfüllt sind, wie z. B. eine bestimmte Art oder Gattung von Lebewesen unter den vom Art- oder Gattungsbegriff umfaßten Lebensbedingungen dieser Art oder Gattung, wann und wo auch immer es sei. Daß aber gerade hier eine tiefe Übereinstimmung zwischen Platon und Aristoteles besteht, das lehrt am deutlichsten wohl des Aristoteles eigene von uns besprochene Exemplifikation.

So wird mit zwingender Klarheit deutlich, daß auf Grund des Sinnlichen allein überhaupt keine Wissenschaft möglich ist[2], daß alle Wissenschaft ist ein Wissen vom ewig Seienden und Allgemeinen.[3] Der Gegensatz zu Platon liegt vielmehr in dem Verhältnis des Allgemeinen zum Besonderen. Ob mit Recht oder mit Unrecht, das mag hier dahingestellt bleiben, weil darüber fast schon zu viel gestritten worden ist und weil implizite die Entscheidung eigentlich schon in unseren Ausführungen

---

[1] Vgl. dazu «Analysis der Wirklichkeit», besonders das ganze Kapitel über «Platonismus und Darwinismus» und «Gedanken und Tatsachen» I, besonders den Abschnitt über «Idee und Entelechie»; vgl. auch II, S. 145.

[2] Anal. post. I, 31,87b: Οὐδὲ δι' αἰσθήσεως ἔστιν ἐπίστασθαι.

[3] Met. V, 2,1027a: ἐπιστήμη μὲν γὰρ πᾶσα ἢ τοῦ ἀεὶ ἢ τοῦ ὡς ἐπὶ τὸ πολύ. Das «τὸ ὡς ἐπὶ τὸ πολύ» bezeichnet ohne Zweifel aber doch keine bloß empirische Enumeration, sondern zum Unterschiede von τοῦ ἀεί sicher das auf diesem Gegründete. Das kann gerade aus der Analyse des oben besprochenen Beispiels klar werden. Und wenn, wie sich noch zeigen wird, Aristoteles dem «Ungefähr» noch eine Stelle in der Wirklichkeit läßt, so läßt er ihm doch keine solche in der Wissenschaft. Vgl. übrigens auch a. a. O. X, 8,1065a.

7. Kapitel.

über Platon liegt: ob mit Recht oder Unrecht also, gleichviel, jedenfalls sieht Aristoteles selbst seinen Gegensatz zu Platon zunächst darin, daß sich aus Platons Allgemeinem nicht das Einzelne erklären lasse, und er selbst dringt gerade auf diese Erklärung[1]. Daß er dadurch selbst ein innigeres Verhältnis zwischen dem Allgemeinen und dem Besonderen herstellen zu können meint, als er es bei Platon vorzufinden glaubt, steht außer Frage. Ebenso sicher ist es, daß, so angesehen, sein Standpunkt als Ganzes vom Dualismus weiter abzurücken scheint als derjenige Platons. Ob freilich gerade darin der Platonische Dualismus liege, das muß ebenfalls aus dem vorigen Kapitel längst deutlich geworden sein. Ob aber Aristoteles selbst wirklich so über «allen Dualismus erhaben» sei, wie es mancher seiner getreuen Verehrer meint[2], ob bei ihm selbst nicht ein gewisser dualistischer Rest verbleibt und er sich auch gerade darin mit Platon berührt, wird sich vielleicht später zeigen. Verkannt darf aber seine Tendenz, über den Dualismus hinauszugelangen, ebensowenig werden, wie sein subjektives Bewußtsein, über diesen hinauszuführen, obgleich es wohl bei ihm selbst nicht ganz so stark entwickelt gewesen sein mag, wie bei seinen Hegelischen Interpreten.

Diese Tendenz wird aber vollkommen deutlich in der Art, das «An-sich» der Dinge auf die Dinge zu beziehen. Das

---

[1] Ebenda I, 9,992a; vgl. Eucken, D. Methode d. Arist. Forsch., S. 22 ff.

[2] Anton Bullinger hat in einer besonderen Schrift «Des Aristoteles Erhabenheit über allen Dualismus und die vermeintlichen Schwierigkeiten seiner Geistes- und Unsterblichkeitslehre» mit entschiedenem Verständnis und unverkennbarer Sachkenntnis behandelt. Ob aber seine übrigens durchaus echte Begeisterung nicht doch schon zu viel «Erhabenheit über allen Dualismus» in Aristoteles hineingelesen hat, wird sich später zeigen, wo sich wohl Gelegenheit bieten wird, auf diese Schrift zurückzukommen. Bullinger steht mit seiner Ansicht natürlich nicht allein. Seit Hegel stimmen alle an Hegel selbst sich systematisch anlehnende Denker auch in der historischen Beurteilung des Aristoteles überein. Der treffliche Adolf Lasson erklärt die Aristotelische Philosophie in der Vorrede (S. 9) zu seiner Metaphysikübersetzung für den «energischsten und konsequentesten Monismus des Geistes, den die Welt bis auf Hegel gesehen hat». Ed. Caird und mancher andere moderne Hegelianer sind kaum weniger energisch in der Vertretung dieses historischen Urteils.

«An-sich» ist nichts Anderes als gerade das, was die Dinge bestimmt und diesen als ihre Bestimmung innewohnt, ihr «Was» und «Wesen» ausmacht, ihnen nicht bloß «zufällig» und «akzidentell», sondern «essentiell» zukommt, d. h. nicht eigentlich das bloß «Zukommende» ist, sondern Grundlage des Zukommens, die nicht von etwas außer ihr ausgesagt, sondern Substrat auch der Aussage des Zukommenden ist, und als Allgemeines allem Einzelnen innewohnt und sein Wesen ist.[1] Diese — denen, die in Platons Ideen selbst Einzeldinge sehen, zum Trotz sei es nun doch herausgesagt — echt Platonische Tendenz gibt bei aller Neigung zum Formalen in der Logik dieser dennoch auch einen bedeutsamen inhaltlichen Charakter.[2]

Wenn also Aristoteles, wie er selbst meint: im Gegensatz zu Platon, betont, das Allgemeine sei nicht etwas neben dem Einzelnen[3], so fordert er doch auch für die echte Erkenntnis des Einzelnen, daß es aus dem Allgemeinen, auf Grund des Allgemeinen erkannt werde, in dem es ebenso logisch enthalten ist[4], wie das Allgemeine realiter in ihm enthalten ist[5], da das Allgemeine eben den Grund des Einzelnen enthält.[6] Wenn also auch das «Warum» und das «Daß» nicht getrennt werden dürfen, so gebührt auch dem Wissen, das das «Warum» ebenso enthält wie das «Daß», der Vorzug.[7] Denn

---

[1] Anal. post. I, 4,73 a/b. Ich habe mich oben im Ausdruck möglichst eng an die Aristotelische Bestimmung der Beziehungen von κατὰ παντός, καθ᾽ αὐτό und καθόλου, des ἐνυπάρχειν ἐν τῶι τί ἐστιν, der οὐσία und des λόγος gehalten.

[2] Vgl. Heinrich Maier, Die Syllogistik des Aristoteles, Einltg. Eigentlich kann das ganze eingehende und gründliche Werk Maiers als Bestätigung dieser Behauptung dienen.

[3] Anal. post. I, 24,85 b: ἔτι εἰ τὸ μὲν καθόλου μή ἐστί τι παρὰ τὰ καθ᾽ ἕκαστα ...

[4] Ebenda: ὥστε ὁ καθόλου εἰδὼς μᾶλλον οἶδεν ἧι ὑπάρχει ἢ ὁ τὸ κατὰ μέρος.

[5] Ebenda: ἔτι τε οὐδεμία ἀνάγκη ὑπολαμβάνειν τι εἶναι τοῦτο παρὰ ταῦτα, ὅτι ἓν δηλοῖ, οὐδὲν μᾶλλον ἢ ἐπὶ τῶν ἄλλων, ὅσα μή τι σημαίνει ἀλλ᾽ ἢ ποιόν ἢ πρός τι ἢ ποιεῖν.

[6] Ebenda: αἴτιον ἄρα τὸ καθόλου.

[7] Ebenda I, 27,87 b: ἀκριβεστέρα δ᾽ ἐπιστήμη ἐπιστήμης καὶ προτέρα ἥ τε τοῦ ὅτι καὶ διότι ἡ αὐτή, ἀλλὰ μὴ χωρὶς τοῦ ὅτι τῆς τοῦ διότι, καὶ ἡ

erst darin liegt eigentliches und wissenschaftliches Wissen.
Das Wahrnehmungswissen, das immer auf das Einzelne geht,
reicht dazu nicht aus. Denn Wissenschaft ist begründetes
Wissen. Begründung liefert aber nur das Allgemeine, das
nicht wahrnehmbar ist. Ebendarum kann eigentliches Wissen
nicht durch Wahrnehmung erlangt werden.[1] Wenn man also
selbst imstande wäre, wahrzunehmen, daß die Winkelsumme
im Dreieck gleich zwei Rechten ist, so wäre das ohne Begründung doch noch ebensowenig eigentliches Wissen, wie
die bloße Wahrnehmung einer Mondfinsternis, wenn man
nicht für das eine wie für andere die Gründe wüßte.[2]
Diese aber liegen im Allgemeinen, und ebendarum hat das
Allgemeine einen höheren Wissenwert.[3] Das Allgemeine ist
das Notwendige, das sich nicht auch anders verhalten kann.
Und wenn auch das, was sich anders verhalten kann,
sein kann, so kann es doch eben als solches nicht wissenschaftlich erkannt werden. Das ist immer nur möglich vermittels und auf Grund eines Allgemeinen, durch das sich
echtes Wissen von bloßer Meinung unterscheidet.[4] Wenn nun
die Wahrnehmung sich auf das Einzelne bezieht, so erfaßt sie
in dem Einzelnen doch nicht den Gegenstand als solchen,
sondern nur seine Eigenschaften. Da diese aber dem Gegenstande gegenüber, weil sie ja nicht ihm allein zukommen, selbst
ein Allgemeines sind, wenn sie auch von der Wahrnehmung
nicht als Allgemeines, sondern nur selbst als Einzelnes erkannt

μὴ καθ᾽ ὑποκειμένου τῆς καθ᾽ ὑποκειμένου, οἷον ἡ ἀριθμητικὴ ἁρμονικῆς,
καὶ ἐξ ἐλαττόνων τῆς ἐκ προσθέσεως, οἷον γεωμετρίας ἀριθμητική.

[1] Ebenda I, 31,87 b: ἐπεὶ οὖν αἱ μὲν ἀποδείξεις καθόλου, ταῦτα δ᾽ οὐκ
ἔστιν αἰσθάνεσθαι, φανερὸν ὅτι οὐδ᾽ ἐπίστασθαι δι᾽ αἰσθήσεως ἔστιν.

[2] Ebenda.

[3] Ebenda I, 31,88a: τὸ δὲ καθόλου τίμιον, ὅτι δηλοῖ τὸ αἴτιον· ὥστε
περὶ τοιούτων ἡ καθόλου τιμιωτέρα τῶν αἰσθήσεων καὶ τῆς νοήσεως, ὅσων
ἕτερον τὸ αἴτιον.

[4] Ebenda I, 33,88 b/89 a. Daß hinsichtlich des psychologischen Ursprungs die Wahrnehmung des Einzelnen dem Denken des Allgemeinen vor-
ausgeht, wie Aristoteles besonders de an. II, 8,432a betont, tut ihrem logischen Verhältnis keinen Eintrag. Auch darin stimmt Aristoteles mit
Platon überein.

werden, so ergreift das Denken unmittelbar am einzelnen Gegenstande selbst seine allgemeinen Bestimmungen.[1] Wahrhafte Erkenntnis ist nur möglich vom wahrhaften Sein[2], das allein in den allgemeinen Grundlagen und Prinzipien der Dinge[3], nicht aber in den einzelnen Dingen als solchen[4], liegt. Und wenn auch die allgemeinen Grundlagen der Dinge nicht außer den Dingen zu suchen sind, sondern allein in den Dingen wirksam sind, so sind die Dinge doch nichts ohne sie. Und wir erkennen das einzelne Ding sowohl als Gegenstand nur durch das Denken, wie wir auch seine zwar der Wahrnehmung gegebenen, aber insofern sie selbst ein Allgemeines sind, in ihrer Bestimmtheit doch auf das Denken verwiesen bleibenden Eigenschaften in letzter Linie nur durch das Denken erkennen.

4. Mit dem Verhältnis von Gegenstand und Eigenschaft sind wir bereits an die fundamentalsten Bestimmungen auch des Verhältnisses von Allgemeinem und Einzelnem, sowie an das Wesen der Substanz herangetreten; zugleich ist von hier aus die Anknüpfung an unseren Ausgangspunkt gewonnen. Ist das Einzelne zwar nichts ohne das Allgemeine, so ist doch auch das Allgemeine nichts neben dem Einzelnen.[5] Wenn wir in der Erkenntnis und im Urteil etwas bestimmen, wenn wir (um uns an des Aristoteles eigene Ausdrucksweise zu halten) im Urteil etwas erkennend aussagen, so ist streng zu unterscheiden zwischen dem, was ausgesagt wird, und dem, wovon jenes ausgesagt wird. Und wie jede Aussage neben dem Ausgesagten ein Substrat der Aussage fordert, so ist mit dieser Unterscheidung zugleich noch die andere, mit der ersten selbst nicht zu verwechselnde, Unterscheidung gesetzt zwischen dem, was das ist, das ausgesagt wird, und dem, was das ist, von dem es ausgesagt wird. Oder mit anderen Worten: Jede Aussage erfordert neben dem Aus-

---

[1] Ebenda I, 31,88 a.
[2] Ebenda II, 19,100 a, besonders deutlich auch Met. III, 2,996 b und IV, 2,1004 b.
[3] Phys. I, 1,184 a und Anal. post. I, 2,71 b; vgl. Zeller, a. a. O., S. 175f.
[4] Anal. post. I, 31,88 a.
[5] Anal. post. I, 11,77 a: εἴδη μὲν οὖν εἶναι ἢ ἕν τι παρὰ τὰ πολλὰ οὐκ ἀνάγκη, εἰ ἀπόδειξις ἔσται, εἶναι μέντοι ἓν κατὰ πολλῶν ἀληθὲς εἰπεῖν ἀνάγκη.

7. Kapitel.

gesagten ein Substrat (ὑποκείμενον) der Aussage; und damit ist zugleich zu unterscheiden zwischen dem, was das Substrat (ὑποκείμενον) des Seins selber von etwas ist und dem, was bloß in und an und durch dieses Substrat selber sein kann.[1] Von hier aus enthüllen sich zunächst zwei Bedeutungen des Begriffes der Substanz, die sich für Aristoteles mit- und aneinander entwickeln und die die Substanz einmal als Kategorie, das andere Mal als Wesen zeigen: Was nämlich für sich selbst weder ein Substrat der Aussage, noch ein solches des Seins fordert, das muß und kann allein letztes Substrat aller Aussage und alles Seins selber sein. Es ist Substanz im eminenten Sinne des Wortes, Substanz erster Ordnung als Grundlage alles Denkens oder Aussagens und als Grundlage alles Seins.[2]

Die «erste Substanz» ist die Substanz im eigentlichen Sinne nach Aristoteles, das eigentlich seiende Wesen und entspricht streng der Substanzkategorie als der eigentlichen Grundkategorie. Wie diese das Substrat aller übrigen Kategorien ist[3], so ist das substantielle Wesen die Grundform und das Substrat alles Seins. Wie die Substanzkategorie als Grundlage aller Aussage selbst nie ausgesagt werden, d. h. hier in diesem Falle nie Prädikat[4] sein kann, so kann das eigentlich substantielle Wesen nie bloß an etwas anderem, d. h. bloß relativ in Beziehung (πρός τι) auf etwas anderes sein.[5] Es muß in sich

---

[1] Categ. II, 1 b.

[2] Ebenda V, 2a: οὐσία δέ ἐστιν ἡ κυριώτατά τε καὶ πρώτως καὶ μάλιστα λεγομένη, ἡ μήτε καθ' ὑποκειμένου τινὸς λέγεται μήτ' ἐν ὑποκειμένωι τινί ἐστιν...; vgl. ebenda 3a: ἡ μὲν γὰρ πρώτη οὐσία οὔτε ἐν ὑποκειμένωι ἐστίν, οὔτε καθ' ὑποκειμένου λέγεται.

[3] Ebenda.

[4] Ebenda, sowie Anal. post. I, 22,83a und Met. IV, 8,1017b. Man hat darauf zu achten, daß hier von Aristoteles «Aussage» im Sinne der Prädikation verstanden wird, da man ja, ohne des Aristoteles sonstige Absicht zu verfehlen, behaupten kann, daß vom Sein überhaupt auch die Substantialität als Seinsweise ebenso gut ausgesagt werden kann, wie das Sein von der Substanz. Aber diese Aussage wäre eben keine Prädikationsaussage. So hebt sich eine Schwierigkeit, von der manchmal die Aristoteles-Literatur (vgl. Schuppe, a. a. O., S. 40 und Trendelenburg, a. a. O., S. 17) gedrückt wird.

[5] Met. XIII, 1,1088b. Die Relationslosigkeit betrifft lediglich, wie bald klar werden wird, die substantielle Bestimmtheit, nicht eine absolute Beharr-

selbständig sein[1] und Eines und Bestimmtes für sich selbst[2], hat darum auch nicht eigentlich ein Gegenteil, obwohl es Entgegengesetztes aufnimmt.[3] Wenn es nun auch «weder Vermehrung noch Verminderung aufnehmen kann»[4], so bedeutet das eben, daß es «das, was es ist, nicht mehr und nicht weniger sein kann, als es ist».[5] Als solches, in dieser Bestimmtheit und einheitlichen Ganzheit also hat es keinen Gegensatz und keine Intensitätsunterschiede des Seins und ist lediglich das konstante im Wechsel seiner Eigenschaften beharrende Substrat dieser seiner Eigenschaften. Diese sind im Verhältnis zu ihm lediglich συμβεβηκότα.[6] So wird vollkommen deut-

---

lichkeit, die sonst und später auch noch bei Aristoteles für den Substanzbegriff charakteristisch ist. Die Beharrlichkeit der «ersten Substanz» ist lediglich selbst relative Konstanz.

[1] Met. VI, 3, 1028b und 1029a.
[2] Categ. V, 3b und Anal. post. I, 4,73a.
[3] Diese Beziehung und Unterscheidung ist von Wichtigkeit. Einerseits heißt es Categ. ebenda: ὑπάρχει δὲ ταῖς οὐσίαις καὶ τὸ μηδὲν αὐταῖς ἐναντίον εἶναι und ganz entsprechend Phys. I, 6,189a: ἔτι οὐκ εἶναί φαμεν οὐσίαν ἐναντίαν οὐσίαι. Auf der anderen Seite aber wird es als das Wesentlichste und Charakteristischste der Substanz angesehen, daß sie als in sich Dasselbe und Einheitliche doch Entgegengesetztes aufnehmen kann. So Categ. ebenda 4a: μάλιστα δὲ ἴδιον τῆς οὐσίας δοκεῖ εἶναι τὸ ταὐτὸν καὶ ἓν ἀριθμῶι ὂν τῶν ἐναντίων εἶναι δεκτικόν,... Schon daraus wird deutlich, wie für Aristoteles zunächst die Substantialität den Sinn der Realität oder Dinglichkeit annimmt. Völlig scharf tritt das hervor, wenn wir zu den angeführten Stellen jetzt auch noch ausdrücklich hinzunehmen die Worte Anal. post. I, 4,73b ... οἷον τὸ βαδίζον ἕτερόν τι ὂν βαδίζον ἐστι καὶ λευκόν, ἡ δ' οὐσία, καὶ ὅσα τόδε τι σημαίνει, οὐχ ἕτερόν τι ὄντα ἐστιν ὅπερ ἐστίν. So wird die Substanz gedacht als das, was, ohne noch etwas anderes zu sein, als es ist, eben gerade das ist, was es ist, wodurch das Wesen der Realität selbst schon als individuell bestimmt wird.

[4] Categ. ebenda.
[5] Ebenda.
[6] Anal. post. l. c. u. I, 22,83b, sowie besonders Met. IV, 7,1017a und de part. animal. I, 1,639a. Trendelenburg setzt a. a. O., S. 53 durchaus zutreffend οὐσία und συμβεβηκότα in das Verhältnis von Substanz und Akzidenz. Und ebenso richtig ist seine Bemerkung S. 70: «Die Substanz im ersten und eigentlichen Sinne ist keine Akzidenz, kein Prädikat; indem sie als solche keinen Gegensatz und keine Unterschiede des Grades hat, vermag sie im Wechsel beharrend Entgegengesetztes in sich aufzunehmen». Allein diese Be-

lich, in welcher Bedeutung bei Aristoteles die Substanz im
eigentlichen Sinne auftritt. Sie ist das eine Mal Aussageform,
Kategorie. Weil aber das Seiende von allem ausgesagt wird,
(κατὰ πάντων τὸ ὂν κατηγορεῖται)¹, ebendarum kann das Seiende
nicht schlechthin schon substantiell sein, weil ja sonst alles
Substanz sein müßte und weil die Substanz ja überhaupt nicht
im Sinne der Prädikation ausgesagt wird.² Darum kann also
Substanz das andere Mal lediglich Ding oder Realität bedeuten.
Das liegt selbst schon in der Aristotelischen Fassung der Kategorie der Substantialität, die für ihn immer schon mit der
Kategorie der Realität oder Dinglichkeit zusammenfällt. Daraus
folgt konsequenterweise und mit analytischer Notwendigkeit,
daß das eigentlich erste Wesen bei Aristoteles dem Allgemeinen
aufs strengste entgegengesetzt sein muß. Denn allgemein ist,
wie sich ja schon gezeigt hat, etwas ja gerade deshalb, weil es
sowohl an Anderem unter sich Verschiedenem gemeinsam sein
und ebendarum auch von ihm ausgesagt werden kann. Arten
und Gattungen sind also ganz und gar nicht eigentliche Substanzen. Sie sind höchstens «Substanzen zweiter Ordnung»
(δεύτεραι οὐσίαι), weil sie ohne die «ersten Substanzen» selbst
nichts wären. Freilich, insofern, wie sich schon gezeigt, auch
das Einzelne nichts ohne das Allgemeine wäre, ist die erste
Substanz selbst Darstellung der zweiten Substanz und die zweite

---

harrlichkeit ist keine schlechthinige, und die spezifische Differenz der Aristotelischen «ersten Substanz» vom allgemeinen Substanzbegriff, für den Trendelenburgs Formulierung ja auch gelten müßte, kommt hier nicht zum Ausdruck. Sie liegt in dem Verhältnis des beharrlichen Substrates zum Wechsel
der Eigenschaften. Vollends ist T.'s Parallele zu Spinozas «in se esse» der
Substanz irreführend. Denn hier handelt es sich um die allgemeine Substanz, nicht um die dinglich-individuelle. Gerade am Gegensatz zu Spinoza
wird die «erste Substanz» des Aristoteles deutlich. Die Substanz Spinozas ist
in jeder Hinsicht für sich und in sich selbständig, alles Einzelne geht aber
in ihr auf. Die «erste Substanz» des Aristoteles ist gerade nur als Einzelnes
jedem Einzelnen gegenüber für sich und selbständig. Spinozas Substanz ist
schlechthin beharrlich; die «erste Substanz» des Aristoteles nur den συμβεβηκότα gegenüber.

[1] Met. X, 2,1060 b.
[2] Vgl. S. 236, Anm. 4.

Substanz selbst Form und Inbegriff der ersten Substanz.[1] In der Kategorie der Substanz hat darum Aristoteles die Bedeutung der Substanz im Sinne des Einzelwesens festgelegt. Denn nur vom Einzelwesen, und zwar vom individuellen Einzelwesen, haben alle die bezeichneten Bestimmungen eine Geltung. Es ist Sache der Individualität, gerade das zu sein, was es ist, und eben dieses auch nicht mehr und nicht minder zu sein. Gerade weil es in sich selbst bestimmt ist, ist das Individuum als solches einem anderen nicht im eigentlichen Sinne entgegengesetzt. Alle Gegensätzlichkeit liegt hier in den Eigenschaften, für die das Einzelwesen, die, zwar nicht schlechthin, aber relativ konstante Grundlage bildet.

In diesen Bestimmungen kündigt sich eine weittragende Erkenntnis an: die Einsicht, daß das eigentlich Reale durchgängig individuell bestimmt, und daß das individuell Bestimmte auch das einzig Reale ist. Freilich haben wir, um Aristoteles gerecht zu werden und sowohl seine weiteren Bestimmungen über das Substanzproblem richtig zu verstehen, wie auch seine Platon-Kritik in ihre Grenzen zu weisen, streng zwischen Sein und Realität zu unterscheiden und festzuhalten, daß auch nach ihm das Sein in der Realität nicht erschöpft ist. Sein individualistischer Realismus ist ein unschätzbares Verdienst, das ganz eigentlich erst unsere Zeit zu würdigen imstande ist. Aber dieser individualistische Realismus, und darin liegt vielleicht seine ganze Größe, hindert nicht den prinzipiellen Idealismus, sondern ruht auf ihm, auch bei Aristoteles. Dessen Platon-Kritik wird darum gerade freilich hinfällig. Hat Aristoteles einmal die Bedeutung der Substanz auf das Einzelwesen festgelegt, so muß er konsequenterweise Platon bekämpfen, so-

---

[1] Am einfachsten ist wohl das Verhältnis von πρῶται οὐσίαι und δεύτεραι οὐσίαι im V. Kapitel der «Categ.» behandelt. Windelband hat es a. a. O., S. 117 f. ebenso kurz wie treffend folgendermaßen zum Ausdruck gebracht: «Die Gattung besteht nur, insofern sie sich in den einzelnen Dingen verwirklicht, und das einzelne Ding besteht nur, indem in ihm die Gattung zur Erscheinung kommt». Das Zutreffende dieser Formulierung wird vielleicht noch deutlicher werden, wenn wir die Bedeutung der Prinzipien der Form und der Materie für das Substanzproblem behandeln.

bald er in dessen Ideen Substanzen in seinem Sinne sieht. Aber Platons οὐσίαι sind eben nicht Einzelwesen. So bedeutsam der Aristotelische realistische Substanzbegriff auch ist, so ist er doch weder für Aristoteles selbst schon das letzte Wort und kann es schon den früheren Darlegungen zufolge nicht sein; noch ist seine eigentliche und erste Substanz in ihrer relativen Ding-Beharrlichkeit schon Substanz im eigentlichen Sinne des schlechthin Beharrlichen, eben weil das Einzelwesen nicht schlechthin, sondern bloß relativ beharrlich ist. Es ist nur Substanz, weil es konkrete Wirklichkeit, Realität ist, und weil das Substantielle sich im Konkreten darstellt. Aber die Substantialität als solche ist immer schon Grundlage der Realität.

5. Daß Aristoteles sich darüber prinzipiell klar gewesen ist, das folgt schon daraus, daß auch bereits nach seiner Kategorienlehre das substantielle Sein im Sinne des konkreten Wesens das Sein überhaupt nicht erschöpft und mit diesem nicht zusammenfällt, sondern nur eine Form dieses Seins ist. Das aber wieder liegt darin, daß, wie schon bemerkt, das Sein von allem ausgesagt und alles vom Sein ausgesagt werden kann, daß eben darum das Sein nicht bloß Substanz sein kann, weil ja sonst wieder alles Substanz sein müßte, die als solche ja aber überhaupt nicht im prädikativen Sinne ausgesagt werden kann.[1] Das Sein, das von allem ausgesagt werden kann, und von dem alles ausgesagt werden kann, insofern alles, was ist, eben ist, ist das Sein an und für sich, αὐτὸ καθ᾽ ἑαυτό, dessen besondere Form, wie die übrigen Kategorien auch, so die der Substanz im Sinne des substantiellen Wesens ist, und im Verhältnis zu dieser ist es selbst in einem höheren Sinne Substanz, nämlich im ideell-logischen Sinne, οὐσία κατὰ τὸν λόγον.[2] Die Substanz im konkreten Sinne ist jenes Sein, dem

---

[1] Met. X, 2, 1060 b: εἴ γε μὴν τόδε τι καὶ οὐσίαν ἑκάτερον αὐτῶν δηλοῖ, πάντ᾽ ἐστὶν οὐσίαι τὰ ὄντα· κατὰ πάντων γὰρ τὸ ὂν κατηγορεῖται, κατ᾽ ἐνίων δὲ καὶ ἕν. οὐσίαν δ᾽ εἶναι πάντα τὰ ὄντα ψεῦδος. Vgl. auch S. 236 u. 238.

[2] Met. ebenda 1059 a/b. Vgl. dazu auch Trendelenburg, a. a. O., S. 67 ff. Es ist unter diesem Betracht auch von besonderem Interesse, daß, obwohl faktisch bei Aristoteles die einzelnen Kategorien z. B. im V. Kap. der «Categ.» etwas durcheinandergehen, er sie doch prinzipiell in ihrer besonderen Seins-

das «Was ist» eben ursprünglich an sich zukommt, während es allem übrigen nur in gewissem Betracht zukommt, wie «das Ist», das Sein, selbst zwar allem, was ist, zukommt, aber nicht allem in gleicher Weise, sondern dem einen schlechterdings, dem anderen bedingterweise, d. h. in der Folge.[1]

Diese Unterscheidung ist für unser Problem von besonderer Tragweite. Indem das reine Sein eine größere Sphäre umfaßt als das Sein substantieller Dinge, erschließt sich von hier aus die Möglichkeit, erst die bleibenden Grundlagen der Dinge zu ermitteln, jene Grundlagen, die nicht bloß wie die Einzelsubstanzen oder realen Dinge im Wechsel der Eigenschaften relativ beharren, sondern die im Wechsel der Dinge selbst beharren. Sie sind eigentlich erst die Substanz der Substanzen. Zwar das bleibt bestehen: Die Substanz kann nicht getrennt werden von dem, dessen Substanz sie ist.[2] Allein, die Unmöglichkeit der realen Trennung hindert zunächst doch schon nicht die logische Unterscheidung zwischen der Substanz und dem, dessen Substanz sie ist. Denn diese Unterscheidung vollzieht ja Aristoteles ausdrücklich und zwar in dem Moment, in dem er die reale Trennung aufhebt, da man ja nur eine Trennung zwischen solchem aufheben kann, das man, wie er es richtig tut, voneinander logisch unterscheidet. Und wie logisch die wahrhafte Erkenntnis eben immer Erkenntnis der Gründe und Prinzipien ist, so ist die höchste Erkenntnis eben «Erkenntnis der höchsten und allgemeinsten, alles Einzelne umspannenden und unter sich begreifenden Gründe, die die Wirklichkeit als Ganzes erklären.»[3] Haben wir sie auch nicht neben und außer den einzelnen substantiellen Dingen zu suchen, so

---

bestimmtheit streng geschieden wissen will, und daß er betont, daß sie weder ineinander noch in etwas anderes, ihnen einheitlich Gemeinsames aufgelöst werden können. So Met. IV, 28,1024b: τὰ μὲν γὰρ τί ἐστι σημαίνει τῶν ὄντων, τὰ δὲ ποιόν τι, τὰ δ' ὡς διῄρηται πρότερον· οὐδὲ γὰρ ταῦτα ἀναλύεται οὔτ' εἰς ἄλληλα οὔτ' εἰς ἕν τι.

[1] Met. VI, 4,1030a: ὥσπερ γὰρ καὶ τὸ ἔστιν ὑπάρχει πᾶσιν ἀλλ' οὐχ ὁμοίως, ἀλλὰ τῶι μὲν πρώτως τοῖς δ' ἐπομένως, οὕτω καὶ τὸ τί ἐστιν ἁπλῶς μὲν τῆι οὐσίαι πῶς δὲ τοῖς ἄλλοις.

[2] Met. I, 9,991b: ἀδύνατον εἶναι χωρὶς τὴν οὐσίαν καὶ οὗ ἡ οὐσία.

[3] Met. I, 2,982b und V, 1,1026a; vgl. Zeller, a. a. O., S. 273f.

7. Kapitel.

fallen sie doch auch mit diesen nicht restlos zusammen und können mit ihnen je so wenig restlos zusammenfallen, wie der Grund überhaupt je restlos mit dem zusammenfällt, dessen Grund er ist. Damit ist für das Substanzproblem eine neue logische Etappe bezeichnet: Die Einzeldinge sind zwar allein und eigentlich Substanzen, aber sie sind nicht die Substanz, das im Wechsel Beharrliche schlechthin, sondern eben nur die konkreten, wahrnehmbaren Gegenstände, die man eben so allgemein Substanzen nennt.[1] Ihre Analyse führt zu jenen zwei neuen Bestimmungen der Substanz, die zugleich für das ganze Aristotelische System die fundamentalen Tragpfeiler werden. Denn jene Gegenstände sind einerseits konstituiert aus Stoff oder Materie; und so ist Substanz in einem weiteren Sinne «einerseits selbst jenes materielle Substrat, der Stoff». Andererseits sind die Einzelsubstanzen in diesem ihren materiellen Sein bestimmt durch eine bestimmende Form, die im Denken als Begriff gefaßt werden kann. Und so ist Substanz abermals in einem weiteren Sinne auf der anderen Seite «der Begriff und die Form, die im Denken als etwas für sich selbst Bestimmtes begriffen werden kann». Die aus beider Verbindung bestehenden Gegenstände sind Substanz also eigentlich in einer dritten Bedeutung, die freilich die eigentliche Substanzbedeutung, wie sie sich aus der Kategorie der Substanz als ὑποκείμενον der Prädikation, die also noch als vierte Bedeutung gezählt werden müßte, entwickelt hat, bleibt, insofern die Einzelsubstanzen als konkrete Dinge die eigentlich für sich bestehenden Realitäten sind, denen aber als solchen Entstehen und Vergehen zukommt.[2]

---

[1] Met. VII, 1,1042 a: νῦν δὲ περὶ τῶν ὁμολογουμένων οὐσιῶν ἐπέλθωμεν. αὗται δ' εἰσὶν αἱ αἰστηϑαί. Sie sind ὁμολογούμεναι wohl nur für Aristoteles und die Seinen. Denn er hat ja diese Bedeutung der οὐσία erst festgelegt. Sonst hätte ja auch sein Kampf gegen Platon nicht einmal einen terminologischen Anhaltspunkt.

[2] Ebenda: ἔστι δ' οὐσία τὸ ὑποκείμενον, ἄλλως μὲν ἡ ὕλη ..., ἄλλως δ' ὁ λόγος καὶ ἡ μορφή, ὃ τόδε τι ὂν τῶι λόγωι χωριστόν ἐστιν. τρίτον δὲ τὸ ἐκ τούτων, οὗ γένεσις μόνου καὶ φϑορά ἐστι, καὶ χωριστὸν ἁπλῶς. Daß darum Aristoteles gelegentlich selbst vier Bedeutungen der Substanz unterschieden, dazu vgl. man Met. VI, 3,1028 b/1029 a.

6. Aber gerade dieser Umstand ist es, der ihre weitere Reduktion und Analyse fordert. Denn wie das Erkennen sich nicht beim Wahrnehmen des Einzelnen beruhigen und darin aufgehen kann, so kann sich das Sein nicht im Entständlichen und Vergänglichen erschöpfen und darin aufgehen. Dieses fordert selbst bleibende, dem Entstehen und Vergehen entrückte Grundlagen. Denn Entstehen und Vergehen behaftet von vornherein doch das, was nicht schlechthin für sich ist, obwohl es immerhin im eigentlichen Sinne und schlechterdings real, als solches aber immer schon zusammengesetzt ist, wie eben die konkreten wahrnehmbaren Einzelsubstanzen.[1] Entstehen und Vergehen fordern ihrerseits aber zunächst ein Substrat, an dem sie sich vollziehen, das sie in ihren gegensätzlichen Bestimmungen der Veränderung, wie die Veränderung überhaupt, aufnimmt, also das Substrat des Wechsels und der Veränderung ist. Das aber ist im eigentlichsten und vorzüglichsten Sinne der Stoff.[2] Und in dieser Bedeutung ist der Stoff offenbar selbst Substanz, οὐσία.[3] Er ist Substanz, insofern er nicht selbst an einem anderen Substrate haftet, sondern etwas ist, an dem Anderes als an seinem Substrate haftet.[4] Allein, wie die konkreten Substanzen zwar Substanz sind, weil sie schlechterdings für sich bestimmt sind, wie sie aber darum noch nicht schlechterdings die Substanz sind, weil sie nicht schlechterdings überhaupt sind, so ist umgekehrt der Stoff oder die Materie Substanz, insofern sie zwar dadurch schlechterdings ist, daß sie lediglich Substrat ist und nicht an einem anderen Substrate haftet, daß sie darum aber noch nicht schlechterdings für sich bestimmt ist, so daß ihr Sein schlechterdings dennoch nicht ein schlechterdings-Bestimmt-Sein, wie auch ebendeshalb nicht ein schlechthiniges Sein und eigent-

---

[1] de gen. et corr. II, 1,329a: γένεσις μὲν γὰρ καὶ φθορὰ πάσαις ταῖς φύσει συνεστώσαις οὐσίαις οὐκ ἄνευ τοῦ αἰσθητῶν σωμάτων.
[2] Ebenda I, 5,320a: ἔστι δὲ ὕλη μάλιστα μὲν καὶ κυρίως τὸ ὑποκείμενον γενέσεως καὶ φθορᾶς δεκτικόν, τρόπον δέ τινα καὶ τὸ ταῖς ἄλλαις μεταβολαῖς, ὅτι πάντα δεκτικὰ τὰ ὑποκείμενα ἐναντιώσεών τινων.
[3] Met. l. c.: ὅτι δ' ἐστὶν οὐσία καὶ ἡ ὕλη, δῆλον.
[4] Met. VI, 1,2,1028b/1029a.

liches Substanz-Sein ist. Vielmehr ist ihr schlechterdings- oder Substrat-Sein selbst bloß ein nur in-gewisser-Hinsicht-Sein. Denn die Materie ist zwar das Substrat aller körperlichen Bestimmungen. Allein, ohne diese Bestimmungen ist sie nicht etwa noch etwas für sich selbst Bestimmtes, sondern ein Unbestimmtes. An sich selbst hat sie noch nicht jene Bestimmungen, deren Substrat sie ist. Da sie aber ohne diese eben nicht selbst an und für sich bestimmt ist, ist sie, obwohl sie Substanz dieser Bestimmungen ist, doch nicht im höchsten und eigentlichen Sinne Substanz. Denn dazu gehörte, daß sie in ihrem Sein für sich selbst bestimmt wäre.[1] Immerhin bleibt die Materie doch in gewisser Weise und nahezu Substanz.[2] Denn als Grundlage des Werdens der Einzeldinge muß die Materie selber sein. Weil nämlich aus nichts auch nichts werden kann, muß etwas sein, aus dem das wird, was wird. Und das ist die Materie, die so die Möglichkeit des Werdens darstellt.[3] Also muß die Materie selber sein. Allein ihr Sein ist nicht ein in jeder Hinsicht schlechthiniges, sondern ein solches nur hinsichtlich des Werde-Substrat-Seins. Denn alles Werden ist sowohl ein Werden aus Nicht-Seiendem, wie aus Seiendem: Aus Nicht-Seiendem nicht im Sinne des «schlechthin-Nicht-Seienden», aus Seiendem nicht im Sinne des «schlechthin-Seienden», sondern beides in gewisser Hinsicht das eine Mal Nicht-Seiendem, das andere Mal Seiendem: in gewisser Hinsicht Nicht-Seiendem, insofern das, was wird, eben noch nicht das sein kann, was es erst werden soll, aber in anderer Hinsicht doch als ein zu Werdendes ist, also doch auch in gewisser Hinsicht auch überhaupt ist, also selbst ein Seiendes ist. Und so ist das Werden aus dem Seienden ein Werden

---

[1] Dazu vergleiche man den ganzen Passus ebenda 1029 a/b. Einige weitere zusammenfassende Formulierungen des Aristoteles selbst werden die nächsten Anmerkungen bringen.

[2] Phys. I, 9,192a: ... καὶ τὴν μὲν ἐγγὺς καὶ οὐσίαν πως, τὴν ὕλην wird die Materie der στέρησις gegenübergestellt; vgl. die übernächste Anmerkung.

[3] Met. VI, 7,1032b: ὥστε καθάπερ λέγεται, ἀδύνατον γενέσθαι εἰ μηθὲν προϋπάρχοι, und ebenda a: τὸ δ' ἐξ οὗ γίγνεται, ἣν λέγομεν ὕλην. Vgl. ferner de caelo I, 3,270a und de gen. et corr. I, 3,317a.

nicht aus dem Sein schlechthin, sondern aus dem in gewisser Hinsicht Seienden.[1] Insofern das, aus dem etwas wird, selbst nicht das ist, was wird, und das, was wird, nicht das ist, aus dem es wird, muß das, was wird, dem, aus dem es wird, fehlen. Das, aus dem etwas wird, ist also das, dem eine Bestimmung fehlt, die ihm erst im Werden zukommen soll. Das Fehlen, die Privation, die στέρησις ist allein das schlechthin Nicht-Seiende im Werden. Der Stoff aber ist lediglich in jener Hinsicht des Fehlens — Stoff und Fehlen aber sind voneinander selbst aufs strengste zu unterscheiden — nicht seiend; und wenn der Stoff auch hinsichtlich des Fehlens der Bestimmung nicht-seiend ist, so ist er doch nicht schlechthin nicht-seiend, sondern in gewisser Weise und nahezu Substanz, was das Fehlen der Bestimmung auf keine Weise ist.[2] Als Grundlage des Entstehens und Werdens muß die Materie in ihrem In-gewisser-Weise-Sein aber dem Entstehen und Vergehen selbst entrückt sein, sie muß unentstanden und unvergänglich sein. Denn wäre sie entstanden, so müßte sie entstanden sein, ehe sie entstanden wäre, da aus ihr ja das Entstehende entspringt. Und weil dieses sich in letzter Linie auch wieder in sie auflöst, so müßte es sich analog, nur nach der entgegengesetzten Richtung, auch mit ihrem Vergehen verhalten. Sie müßte vergangen sein, ehe sie vergangen wäre.[3] Schon in der Unentstandenheit und Unvergänglichkeit des Stoffes liegt in gewisser Weise seine Unendlichkeit. Daß es ein Unendliches gibt, folgt

[1] Phys. I, 8,191 b: ἡμεῖς δὲ καὶ αὐτοί φαμεν γίγνεσθαι μὲν οὐδὲν ἁπλῶς ἐκ μὴ ὄντος, ὅμως μέντοι γίγνεσθαι ἐκ μὴ ὄντος, οἷον κατὰ συμβεβηκός. ἐκ γὰρ τῆς στερήσεως, ὅ ἐστι καθ' αὑτὸ μὴ ὄν, οὐκ ἐνυπάρχοντος, γίγνεταί τι. θαυμάζεται δὲ τοῦτο καὶ ἀδύνατον οὕτω δοκεῖ, γίγνεσθαί τι ἐκ μὴ ὄντος, ὡσαύτως δὲ οὐδ' ἐξ ὄντος οὐδὲ τὸ ὄν γίγνεσθαι, πλὴν κατὰ συμβεβηκός.

[2] Ebenda I, 9,192 a: ἡμεῖς μὲν γὰρ ὕλην καὶ στέρησιν ἕτερόν φαμεν εἶναι, καὶ τούτων τὸ μὲν οὐκ ὄν εἶναι κατὰ συμβεβηκός, τὴν ὕλην, τὴν δὲ στέρησιν καθ' αὑτήν, καὶ τὴν μὲν ἐγγὺς καὶ οὐσίαν πως, τὴν ὕλην, τὴν δὲ στέρησιν οὐδαμῶς.

[3] Ebenda: ... ἄφθαρτον καὶ ἀγένητον ἀνάγκη αὐτὴν εἶναι. εἴτε γὰρ ἐγίγνετο, ὑποκεῖσθαί τι δεῖ πρῶτον, τὸ ἐξ οὗ ἐνυπάρχοντος· τοῦτο δ' ἐστὶν αὐτὴ ἡ φύσις, ὥστ' ἔσται πρὶν γενέσθαι. λέγω γὰρ ὕλην τὸ πρῶτον ὑποκείμενον ἑκάστωι, ἐξ οὗ γίνεταί τι ἐνυπάρχοντος μὴ κατὰ συμβεβηκός. εἴτε φθείρεται, εἰς τοῦτο ἀφίξεται ἔσχατον, ὥστε ἐφθαρμένη ἔσται πρὶν φθαρῆναι.

7. Kapitel.

überdies noch aus den fünf folgenden Gründen: erstens aus der Unendlichkeit der Zeit, die, was auch noch in einer anderen Hinsicht sich als bedeutsam erweisen wird[1], weder Anfang noch Ende haben kann; zweitens aus der mathematischen Teilbarkeit jeder Größenrelation; drittens aus der Lückenlosigkeit von Entstehen und Vergehen; viertens aus der Relativität der Grenzen; fünftens — und das ist das wichtigste Argument — aus der Lückenlosigkeit und Kontinuität des Denkens.[2] Daß das Unendliche ist, steht fest. Noch aber fragt es sich, was es genauer ist. Und diese Frage ist von der größten Bedeutung. Ihre richtige Entscheidung hilft allein die dem Unendlichkeitsbegriffe sonst anhangenden Aporien lösen und vermag zugleich das Wesen des Stoffes in letzter Linie deutlich zu machen. Vor allem nun muß vom Sein des Unendlichen die Vorstellung abgewehrt werden, daß es ein Sein schlechthin bedeute. Daraus würde allerhand Unmögliches (πολλὰ ἀδύνατα) folgen, das gerade jenen fünf Argumenten, die zur Annahme des Unendlichen geführt haben, widersprechen müßte. Man würde, ohne es zu wissen und zu wollen, der Zeit Anfang und Ende (ἀρχὴν καὶ τελευτήν) setzen, die Relativität der Größen und der Grenzen aufheben[3] usf. Das Sein des Unendlichen kann darum kein absolutes sein. Es kann abermals nur in gewisser Weise sein, in gewisser Weise nicht sein. Es ist kein An-sich-Sein, sondern ein Anders-Sein und Unbestimmt-Sein; sein Sein besteht darin, daß es ein Anderes und immer wieder ein An-

---

[1] Vgl. S. 251; auch Anm. 2 u. 3.

[2] Diese in gewisser, wenigstens impliziter Weise das ganze vierte Kapitel des dritten Buches der Physik durchziehenden Argumente sind ebenda 203 b/204 a kurz folgendermaßen zusammengefaßt: τοῦ δ' εἶναί τι ἄπειρον ἡ πίστις ἐκ πέντε μάλιστ' ἂν συμβαίνοι σκοποῦσιν, ἔκ τε τοῦ χρόνου (οὗτος γὰρ ἄπειρος) καὶ ἐκ τῆς ἐν τοῖς μεγέθεσι διαιρέσεως (χρῶνται γὰρ καὶ οἱ μαθηματικοὶ τῶι ἀπείρωι), ἔτι τῶι οὕτως ἂν μόνως μὴ ὑπολείπειν γένεσιν καὶ φθοράν, εἰ ἄπειρον εἴη ὅθεν ἀφαιρεῖται τὸ γιγνόμενον. ἔτι τῶι τὸ πεπερασμένον ἀεὶ πρός τι περαίνειν, ὥστε ἀνάγκη μηδὲν πέρας, εἰ ἀεὶ περαίνειν ἀνάγκη ἕτερον πρὸς ἕτερον. μάλιστα καὶ κυριώτατον, ὃ τὴν κοινὴν ποιεῖ ἀπορίαν πᾶσιν· διὰ γὰρ τὸ ἐν τῆι νοήσει μὴ ὑπολείπειν...

[3] Man vergleiche dazu die ganzen letzten Abschnitte des fünften und den Anfang des sechsten Kapitels im dritten Buche der Physik.

deres wird, wie der Tag und das Kampfspiel.[1] Da es also kein schlechthiniges Sein ist, sondern eben nur insofern ist, als es immer anders und immer wieder anders werden kann, so bleibt nur übrig, daß sein Sein das Sein der Möglichkeit, daß es selbst nur potentiell ist und im potentiellen Sein sein Sein beschlossen ist.[2] Es ist nicht etwa ein unendliches Ding oder Wesen, keine unendliche Substanz im eigentlichen Sinne der Substanz, obwohl es im gewissen Sinne auch Substanz ist, nämlich als «unbestimmter Stoff für die größenhafte Bestimmtheit», also lediglich der Potenz nach ein Ganzes, nicht der Wirklichkeit nach, da ja das wirkliche Ganze eben immer ein einheitlich Bestimmtes sein müßte.[3] Und wenn es von manchen als «das alles Umfassende» bezeichnet wird, so ist es das doch ebenfalls nur der Möglichkeit nach, insofern es alle Bestimmungen aufzunehmen vermag; nicht der Wirklichkeit nach, weil es ja für sich noch keine Bestimmungen hat. Vielmehr wird es unter dem Gesichtspunkte der Unbestimmtheit gerade etwas, das nicht selbst umfaßt, sondern umfaßt wird (οὐ περιέχει, ἀλλὰ περιέχεται).[4] So führen die Ermittelungen über das Unendliche zu genau demselben Ergebnis wie diejenigen über den Stoff. Das Unendliche kann Ursache oder Prinzip der Dinge nur sein als Stoff[5]; und zwar kann das Unendliche überhaupt nur sein als der an sich unbestimmte Stoff der Bestimmung, der nichts Bestimmtes ist, aber alles werden kann; und ihr Stoff kann nur sein als die unendliche und darum an sich unbestimmte Möglichkeit aller Bestimmbarkeit. Die Materie existiert also nicht der Wirklichkeit, sondern nur der Möglichkeit nach. Sie ist nicht etwa schlechthin nicht, aber sie ist auch nicht schlechthin, obwohl sie ist. Sie hat, wie wir sahen, als Grundlage des Werdens sogar schlechterdings

---

[1] Phys. III, 6,206a: ἀλλ' ἐπεὶ πολλαχῶς τὸ εἶναι, ὥσπερ ἡ ἡμέρα ἐστὶ καὶ ὁ ἀγὼν τῶι ἀεὶ ἄλλο καὶ ἄλλο γίγνεσθαι, οὕτω καὶ τὸ ἄπειρον.

[2] Ebenda: λείπεται οὖν δυνάμει εἶναι τὸ ἄπειρον.

[3] Ebenda 207 a: ἔστι γὰρ τὸ ἄπειρον τῆς τοῦ μεγέθους τελειότητος ὕλη καὶ τὸ δυνάμει ὅλον, ἐντελεχείᾳ δ' οὔ ...

[4] Ebenda.

[5] Phys. III, 8,208 a: φανερὸν ὅτι ὡς ὕλη τὸ ἄπειρόν ἐστιν αἴτιον.

substantielles Sein, aber nicht ein schlechthiniges und bestimmtes Sein. An ihrer unendlichen Bestimmbarkeit erweist sich ihr Sein als ein Sein der Möglichkeit nach. Sie ist als Möglichkeit.[1] Sie ist das, «was nichts ist, aber alles werden kann».[2] Sie hat ein Sein, aber nicht ein Sein bestimmter Wirklichkeit und wirklicher Bestimmtheit, sondern ein solches der Möglichkeit jeglicher Bestimmbarkeit. Darum ist sie weder körperlich noch auch ein bestimmtes Element oder ein Grundstoff, weil sie ja bereits die Grundlage der Körperlichkeit ist und ebenso auch die Voraussetzung der Elemente, die im Kreislauf erst aus ihr hervorgehen, und weil endlich Körperlichkeit und Elemente selbst schon Bestimmungen der Materie, und zwar sowohl quantitative (μεγέθη), wie qualitative (πάθη) Bestimmungen darstellen, während die Materie für sich selbst unbestimmt bleibt.[3]

---

[1] De anima II, 1,412a: ἔστι δ' ἡ μὲν ὕλη δύναμις. Vgl. Met. XI, 5,1071a: ... δυνάμει δὲ ἡ ὕλη.

[2] So formuliert Zeller geradezu ihren Begriff, a. a. O., S. 320. Freilich darf dann das «nichts» eben nur bedeuten: «nichts Bestimmtes».

[3] De gen. et corr. I, 5,320b und II, 10,337a; Phys. III, 6,206b und III, 7,208a/b. Trotzdem Aristoteles die Elementenlehre Platons insbesondere rücksichtlich der Elementardreiecke de gen. et corr. II, 1,329a; de caelo III, 1,299a und IV, 2,308b bekämpft, stellt er de gen. et corr. II, 8,335a selbst eine freilich recht äußerlich gedachte Analogie zwischen Mathematischem und Körperlichem auf, indem von den vier Elementen die Erde Prinzip der räumlichen Lage, das Wasser Prinzip der Abgrenzung sein soll, denen dann Luft und Feuer als Gegensätze korrespondieren. Daß er neben die wandelbaren irdischen Elemente noch als unwandelbares himmlisches Element den Äther setzt und dieser ihm sogar als πρώτη οὐσία τῶν σωμάτων (de caelo I, 3,270b) gilt, das ist zwar ein charakteristisches Moment in der Aristotelischen Kosmogonie, für unseren Zusammenhang aber trotz der Benennung einer πρώτης οὐσίας ziemlich belanglos. Denn die ganze Gegenüberstellung beruht, wie Zeller, a. a. O., S. 473 richtig bemerkt, auf einem ganz naiven Ausgehen vom anschaulichen Sinnenschein.

Dabei darf hinter aller Polemik gegen Platon doch auch die tiefgehende Übereinstimmung, die sich gerade hier wieder offenbart, nicht verkannt werden. Ganz zutreffend bemerkt Bäumker, a. a. O., S. 241 auch hinsichtlich der Materie das Zusammenstimmende zwischen Platon und Aristoteles. Er sagt hier: «Trotz der durchaus veränderten Beweisführung kommt also Aristoteles bei der Beschreibung der Materie in den wichtigsten Punkten mit Platon überein». Mit dem Vorbehalt, den wir hinsichtlich Platons bei dem Terminus Materie machten, können wir das zugeben, woraus freilich die Restriktion

7. Die Materie ist das, aus dem (ἐξ οὗ)[1] die Dinge werden. Indes, sie allein in ihrer bloßen Möglichkeit genügt nicht, deren Wirklichkeit zu erklären. Wir haben hinsichtlich des Begriffes des Werdens ein Mehreres zu unterscheiden. Das Werden

folgen müßte, daß auch der Aristotelische Terminus ὕλη mit deren Bedeutung bloßer unendlicher Möglichkeit unendlicher Bestimmbarkeit und In-sich-Bestimmungslosigkeit eben die Materie, wenigstens in gewisser Weise, mehr terminologisch als sachlich charakterisiert. Die Differenz, die Bäumker dann noch zwischen Platon und Aristoteles statuiert, «daß an die Stelle der unbegrenzten Ausdehnung, mit der Platon die Materie identifiziert, bei Aristoteles der Begriff der Möglichkeit, also an Stelle der geometrischen die dynamische Betrachtung getreten ist» — diese Differenz brauchen wir nicht einmal im Sinne Bäumkers zugunsten des Aristoteles anzuerkennen. Denn erstens kann bei Platon von einer einfachen Identifikation von Materie und unbegrenzter Ausdehnung nicht die Rede sein. Zweitens ist, wenn auch vielleicht nicht dem Buchstaben, so doch dem Geiste und der Sache nach bei Platon der Begriff der Möglichkeit in dem der Bestimmbarkeit des Unbestimmten vollkommen scharf entwickelt. Drittens aber fehlt ebensowenig das dynamische Moment, von dem Bäumker spricht, bei Platon; es ist vielmehr — und darin liegt sein wertvoller und echt wissenschaftlicher Charakter — mathematisch vertieft. Zwar dürfen wir Platon nicht etwa die Ansicht unterschieben, als habe er die Ausdehnung im materiellen Sinne als Volumenergie und die Masse als intensive Größe gefaßt. Aber das hat doch schließlich auch wohl Aristoteles nicht getan. Wenn wir, wie Bäumker, überhaupt von einer dynamischen Betrachtung reden wollen, so müssen wir uns schon bewußt bleiben, daß in der δύναμις zunächst nur das Moment der Möglichkeit vorliegt. Wenn aber darüber hinausgegangen wird, dann muß gerade in die Mathematik die ganze Wertbetonung verlegt werden, insofern alles Dynamische sich wissenschaftlich selbst mathematisch darstellt. Es ist freilich nicht zu verkennen, daß Aristoteles in der Tat über die δύναμις als reine Möglichkeit hinausgeht, wenn er de caelo III, 1,299a die Platonische Konstruktion der Elementarkörper mit Rücksicht auf das Moment der Schwere, die jenen fehlen soll, bekämpft. Allein, der wissenschaftliche Begriff der Schwere ist, wie der der Masse, in letzter Linie der Begriff einer intensiven Größe. Diese kennt Aristoteles so wenig wie Platon. Ohne Mathematik läßt er sich aber nicht fassen. Gerade darum behält Platons mathematische Tendenz, wenigstens als Tendenz, ihren Wert. Als eine so historisch-bedeutsame Potenz sich also gerade unter diesem Betracht die Platonische mathematisierende Spekulation darstellt, — man denke nur daran, wie verschieden Galilei gerade darum zu Platon und Aristoteles Stellung nahm — einen so wenig günstigen Dienst würde Bäumker nun Aristoteles leisten, wenn er diesem die Ausschaltung des Mathematischen so ganz besonders anrechnen wollte.

[1] Vgl. S. 244 Anm. 3 und S. 245 Anm. 1 und 3.

fordert doch nicht bloß das, aus dem etwas wird, sondern zweitens auch das, was das ist, was wird; sie fordert drittens ein Ziel, zu dem das Werden führt, und viertens endlich die Ursache, die zu diesem Ziele, die von der bloßen Möglichkeit zur Wirklichkeit führt. Das sind also eigentlich vier Prinzipien der Dinge, sie sind die höchsten Prinzipien, die letzten Ursachen. Die Materie ist das, woraus alles wird. Das Was des Werdens ist die Form oder der Begriff; das Ziel des Werdens ist der Sinn und Zweck, kurz das Gute; und was von der bloßen Möglichkeit zur Wirklichkeit führt, ist die Bewegung. Materie, Form oder Begriff, Ziel oder Zweck und Bewegung sind die vier Grundlagen der Dinge, die wir auch als solche nur wahrhaft kennen, wenn wir ihre Grundlagen und Prinzipien kennen.[1] Hier aber zeigt sich sofort, daß das, was wird, und das Ziel des Werdens nicht auseinanderfallen können. Form und Zweck müssen Eines und Ebendasselbe sein.[2] Es bleiben also neben der Materie zunächst noch — nicht Form und Zweck, sondern, da beide Eines sind, — Form oder Zweck. Die Materie ist das, was für das Entständliche die Möglichkeit zu sein oder nicht zu sein darstellt.[3] Als dasjenige, um dessentwillen etwas ist, ist die Form und Gestalt Ursache. Sie ist gleichbedeutend mit dem Begriff des substantiellen Wesens, dem, was da ist.[4] Zu beiden aber muß noch eine

[1] Met. I, 3,983a: ἐπεὶ δὲ φανερὸν ὅτι τῶν ἐξ ἀρχῆς αἰτίων δεῖ λαβεῖν ἐπιστήμην (τότε γὰρ εἰδέναι φαμὲν ἕκαστον, ὅταν τὴν πρώτην αἰτίαν οἰώμεθα γνωρίζειν) τὰ δ' αἴτια λέγεται τετραχῶς, ὧν μίαν μὲν αἰτίαν φαμὲν εἶναι τὴν οὐσίαν καὶ τὸ τί ἦν εἶναι (ἀνάγεται γὰρ τὸ διὰ τί εἰς τὸν λόγον ἔσχατον, αἴτιον δὲ καὶ ἀρχὴ τὸ διὰ τί πρῶτον), ἑτέραν δὲ τὴν ὕλην καὶ τὸ ὑποκείμενον, τρίτην δὲ ὅθεν ἡ ἀρχὴ τῆς κινήσεως, τετάρτην δὲ τὴν ἀντικειμένην αἰτίαν ταύτηι, τὸ οὗ ἕνεκα καὶ τἀγαθόν· τέλος γὰρ γενέσεως καὶ κινήσεως πάσης τοῦτ' ἐστίν. Vgl. Phys. II, 3,194b: ἕνα μὲν οὖν τρόπον αἴτιον λέγεται τὸ ἐξ οὗ γίγνεταί τι ἐνυπάρχοντος . . . καὶ τούτων γένη . . . ἄλλο δὲ τὸ εἶδος καὶ τὸ παράδειγμα· τοῦτο δ' ἐστὶν ὁ λόγος ὁ τοῦ τί ἦν εἶναι καὶ τὰ τούτου γένη . . . καὶ τὰ μέρη ἐν τῶι λόγωι. ἔτι ὅθεν ἡ ἀρχὴ τῆς μεταβολῆς ἡ πρώτη ἢ τῆς ἠρεμήσης . . . ἔτι ὡς τὸ τέλος· τοῦτο δ' ἐστὶν τὸ τοῦ ἕνεκα . . .

[2] Phys. II, 7,198a: τὸ μὲν γὰρ τί ἐστι καὶ τὸ οὗ ἕνεκα ἕν ἐστι . . .

[3] De gen. et corr. II, 9,335b: ὡς μὲν οὖν ὕλη τοῖς γενητοῖς ἐστιν αἴτιον τὸ δυνατὸν εἶναι καὶ μὴ εἶναι.

[4] Ebenda: . . . ὡς δὲ τὸ οὗ ἕνεκα ἡ μορφὴ καὶ τὸ εἶδος· τοῦτο δ' ἐστὶν ὁ λόγος ὁ τῆς ἑκάστου οὐσίας.

dritte Ursache hinzukommen.¹ Das ist die Bewegung. Freilich fällt auch sie, wie sich bald zeigen wird, in gewisser Weise mit jenen oder vielmehr der einen von ihnen zusammen. Die Bewegung ist das, was das Mögliche zur Wirklichkeit überführt. Wie die Materie ist sie ewig, ungeworden und unvergänglich. Sie kann nicht in der Zeit entstanden sein und kann nicht in der Zeit vergehen, sondern muß immer gewesen sein und immer sein, wie die Zeit selbst, die ja auch nicht entstanden sein und nicht vergehen kann, da Entstehen und Vergehen immer schon die Zeit mit den Zeitbestimmungen des Früher und Später voraussetzen, die es ja nicht geben könnte, wenn es die Zeit selbst nicht gäbe.² Weil aber die Zeit selbst eine Art von Bewegung, nämlich eben vom Früher zum Später, ist und weil sie als solche eigentlich nichts anderes als das Maß oder die Zahl der Bewegung selbst bedeutet, muß auch die Bewegung von Ewigkeit her sein³; und sie kann nicht entstehen und nicht vergehen, weil alles Entstehen und alles Vergehen nicht bloß die Zeit und vermittels dieser die Bewegung voraussetzt, sondern auch weil unmittelbar Entstehen und Vergehen notwendig nicht ohne Bewegung sein können, sondern sich durch und mit Bewegung vollziehen⁴, und die Bewegung die höchste und eigentliche Ursache von Entstehen und Vergehen selber ist.⁵ Ihr Sein ist freilich schwer zu bestimmen. Insofern

---
[1] Ebenda: δεῖ δὲ προσεῖναι τὴν τρίτην.
[2] Met. XI, 6,1070b: ἀλλ' ἀδύνατον κίνησιν ἢ γενέσθαι ἢ φθαρῆναι · ἀεὶ γὰρ ἦν. οὐδὲ χρόνον · οὐ γὰρ οἷόν τε τὸ πρότερον καὶ ὕστερον εἶναι μὴ ὄντος χρόνου.
[3] Phys. VIII, 1,251b: εἰ δή ἐστιν ὁ χρόνος κινήσεως ἀριθμὸς ἢ κίνησίς τις, εἴπερ ἀεὶ χρόνος ἐστίν, ἀνάγκη καὶ κίνησιν ἀΐδιον εἶναι. Die Ewigkeit der Zeit wird hier auch daraus bewiesen, daß schon das «Jetzt» immer eine Beziehung auf einen Anfang und ein Ende voraussetze, ein Mittleres sei zwischen dem Früher und Später; und da das «nach beiden Seiten» hin von jedem «einzelnen Jetzt» gelte, so kann man nie zu einem ersten und nie zu einem letzten Jetzt gelangen; d. h. nie zu einem Anfang oder Ende der Zeit. Also muß die Zeit selbst ohne Anfang und ohne Ende, ewig sein.
[4] Ebenda 250b: ἀναγκαῖον γὰρ τὰς γενέσεις καὶ τὰς φθορὰς εἶναι μετὰ κινήσεως αὐτῶν.
[5] Phys. VIII, 7,260b werden die Veränderungen im qualitativen (κατὰ πάθος), wie im quantitativen (κατὰ μέγεθος) Sinne selbst als Bewegungsformen

sie das Mögliche zum Wirklichen überführt, ist sie als solche und rein für sich genommen, nicht bloß das Mögliche, wie die Materie, da das Mögliche ja eben bloß das für die Bewegung Empfängliche oder Bewegbare ist. Dieses ist ebendarum auch nicht schon das Wirkliche, da es zum wirklichen Sein ja erst durch die Bewegung gelangen soll. Es ist darum noch nicht selbst das wirkliche Sein, auch wenn es bewegt wird, sondern das zum wirklichen Sein in der Bewegung Übergehende, und das wirkliche Sein ist das Ziel der Bewegung, die eben das Mögliche erst zu einem Möglichen für das Wirkliche macht, Prozeß der Verwirklichung (ἐνέργεια) ist, dessen Ziel das Wirkliche (ἐντελέχεια) ist.[1] Wenn die Bewegung darum, weil sie das Mögliche erst zum Wirklichen überführt, selbst also nicht bloß ein Mögliches sein kann, so kann sie ebendarum für sich genommen auch noch nicht ein Wirkliches selber sein, da ja das Wirkliche für sie erst Ziel ist. Als weder dem Möglichen noch dem Wirklichen zuzuzählen ist sie für sich selbst schwer oder gar nicht zu bestimmen und kann in letzter Linie nur bestimmt werden durch das, was in der Tat selber wirklich ist

gefaßt und die κίνησις κατὰ τόπον, die φορά, sieht Aristoteles als πρώτην an, die den qualitativen und quantitativen schon zugrunde liegt. Über die Zeit als «Maß» bezw. als «Zahl» der Bewegung vgl. auch VI, 11,220a und 12,221 a/b. Hier macht A. auch den Versuch, nach Platons und der Pythagoreer Vorgang die Zahl und das Zählbare zu unterscheiden. Allein indem er beides auch wieder als «Zahl» bezeichnet, und gerade indem er die Zeit 220 b und 14,223a sowohl im Sinne der Zahl wie des Zählbaren nimmt, zeigt sich die Unexaktheit seines Versuches.

[1] Met. X, 9,1065 b: διῃρημένου δὲ καθ' ἕκαστον γένος τοῦ μὲν δυνάμει τοῦ δ' ἐντελεχείᾳ, τὴν τοῦ δυνάμει ᾗ τοιοῦτόν ἐστιν ἐνέργειαν λέγω κίνησιν; und ebenda: ἡ δὴ τοῦ δυνάμει ὄντος ἐντελεχεία ὂν ἐνεργῇ ἢ αὐτὸ ἢ ἄλλο ᾗ κινητόν, κίνησίς ἐστιν. Vgl. auch Siebeck, Aristoteles, S 40, wo das Verhältnis von Energie und Entelechie folgendermaßen ausgedrückt wird: «Die Energie als Bewegung ist die Verwirklichung als Prozeß, die Entelechie dagegen bezeichnet das erreichte Ziel des Prozesses, das als solches den Vorgang der Bewegung bereits hinter sich hat». Damit ist das Verhältnis zwar nach einer Seite hin richtig charakterisiert, aber noch nicht allseitig erschöpft. Das wird erst möglich sein, wenn wir vom Prinzip der Bewegung handeln. Hier stehen wir noch immer bei dem, was Siebeck «den Vorgang der Bewegung» nennt, sind aber noch gar nicht beim Prinzip der Bewegung angelangt.

und der Bewegung selbst den Impuls zum Ziele gibt, also nicht bloß Bewegung, sondern Prinzip der Bewegung selber ist.[1]

8. Vom Begriff des Werdens her hatten sich ursprünglich vier Prinzipien ergeben: der Begriff dessen, was wird, oder die Form, der Zweck des Werdens, die Bewegung und die Materie. Begriff oder Form einerseits und Zweck andererseits aber erwiesen sich als identisch, so daß Begriff, Form und Zweck Eines und Ebendasselbe bezeichnen. Hinsichtlich der beiden anderen aber hat sich gezeigt, daß das eine, die Materie, gar nicht der Wirklichkeit, sondern bloß der Möglichkeit nach ist, während das andere, die Bewegung, zwar nicht bloß möglich, aber auch noch nicht wahrhaft wirklich ist, sondern den Übergang von der bloßen Möglichkeit zur Wirklichkeit darstellt. Im eigentlichen Sinne wirklich kann also nur der Begriff oder Zweck, d. h. die Form sein. Sie muß, da ja sonst die werdenden Dinge, auch wenn sie geworden, nicht eigentlich wirklich sein könnten, wenn nicht eines der Prinzipien des Werdens selbst wahrhaft wirklich wäre, sondern sie alle bloß möglich oder in der Schwebe zwischen Möglichkeit und Wirklichkeit blieben, der Materie als der bloßen Möglichkeit nun als Wirklichkeit im strengen Sinne gegenübertreten und eigentliche Wirklichkeit bedeuten. Sie ist es, was die bloße στέρησις durch Bestimmung der unbestimmten Möglichkeit überwindet und durch die Formung der bloß möglichen Materie die Dinge gestaltet als wahrhafte Wirklichkeit.[2] Ohne wahrhafte Wirklichkeit, die nicht bloß Möglichkeit und Vermögen, sondern eigentliche Wirksamkeit ist, gäbe es aber auch keine Bewegung. Weil, was bloß die Möglichkeit oder das Vermögen hätte zu sein, auch nicht sein könnte, so muß etwas schlechthin Wirkliches

---

[1] Über die Unbestimmtheit der Bewegung und ihre Zwischenstellung zwischen dem Möglichen und Wirklichen vergleiche man den ganzen zweiten Teil des neunten Kapitels im X. Buche der Metaphysik. Ich habe mich oben im Texte möglichst eng an die wichtigsten Stellen, auch dem Wortlaute nach, gehalten, da ich das Ganze hier unmöglich anführen kann.

[2] Met. XI, 5,1071 a: ἐνέργειαι μὲν γὰρ τὸ εἶδος, ἐὰν ᾖ χωριστόν, καὶ τὸ ἐξ ἀμφοῖν, στέρησις δὲ οἷον σκότος ἢ κάμνον, δυνάμει δὲ ἡ ὕλη. Vgl. dazu auch Bäumker, a. a. O., S. 222 und Zeller, a. a. O., S. 318.

und Wirksames sein, aus dem die Bewegung entspringen könnte, da sie ja selbst mehr als Möglichkeit, wenn auch noch nicht Wirklichkeit selber, sein soll. Mithin muß es ein Prinzip geben, dessen Wesen in voller Wirklichkeit besteht.[1] Es muß die Ursache der Bewegung selber sein. Denn woher sollte die Bewegung entspringen, wenn sie keine wahrhaft wirkliche Ursache hätte?[2] Kann doch zufällig und ohne Grund, ohne etwas der Bewegung zugrunde Liegendes eben keine Bewegung vorhanden sein.[3] Etwas, woraus die Bewegung entspringt, ein Prinzip (ἀρχή), ein ὅθεν ἡ κίνησις[4] ist für die Bewegung selbst erfordert. Da dieses wahrhaft wirklich sein muß, so kann es von den vier Prinzipien der Dinge nur in dem einen, schlechthin wirklichen liegen: in der Form. Mithin sind nicht bloß Form und Zweck untereinander identisch, sie sind auch mit dem Prinzip der Bewegung der ἀρχὴ κινήσεως, dem ὅθεν ἡ κίνησις identisch.[5] Insofern das Ziel oder der Zweck des Werdens eben das ist, was wirklich wird, fallen Begriff und Ziel oder Zweck zusammen, insofern aber weiter die Verwirklichung dessen, was wird, sich in der Bewegung vollzieht, die für die Verwirklichung selbst ein wirkliches Prinzip fordert, muß dieses Prinzip der Bewegung selbst mit jenen unter einander identischen Bestimmungen des wahrhaft Wirklichen zusammenfallen. Die vier Prinzipien reduzieren sich also in letzter Linie auf zwei: Materie und Form.[6] Die Identität von Form und Zweck ergab

---

[1] Met. XI, 6,1071b: εἰ γὰρ μὴ ἐνεργήσει, οὐκ ἔσται κίνησις. ἔτι οὐδ᾽ εἰ ἐνεργήσει, ἡ δ᾽ οὐσία αὐτῆς δύναμις· οὐ γὰρ ἔσται κίνησις ἀΐδιος· ἐνδέχεται γὰρ τὸ δυνάμει ὂν μὴ εἶναι. δεῖ ἄρα εἶναι ἀρχὴν τοιαύτην ἧς ἡ οὐσία ἐνέργεια.

[2] Ebenda: πῶς γὰρ κινηθήσεται, εἰ μηθὲν ἔσται ἐνεργείᾳ αἴτιον; vgl. Phys. VIII, 4,256a: ἅπαντα ἂν τὰ κινούμενα ὑπό τινος κινοῖτο.

[3] Ebenda: οὐδὲν γὰρ ὡς ἔτυχε κινεῖται, ἀλλὰ δεῖ τι ἀεὶ ὑπάρχειν ...

[4] Phys. II, 7,198a. Vgl. dazu auch Zeller, a. a. O., ebenda.

[5] Ebenda. Besonders deutlich wird das ausgesprochen in den Worten: τὸ μὲν γὰρ τί ἐστι καὶ τὸ οὗ ἕνεκα ἕν ἐστι, τὸ δ᾽ ὅθεν ἡ κίνησις πρῶτον τῶι εἴδει ταὐτὸ τούτοις.

[6] Vgl. Zeller ebenda und Windelband, a. a. O., S. 115f. Vier Prinzipien und dennoch nur zwei Prinzipien, dürfte man also wohl sagen, aber nicht mit Bullinger, a. a. O., S. 2f.: «Vier Prinzipien und nur Ein Prinzip». Von einer Reduktion auch der Materie ist weder auch nur an irgendeiner Stelle

sich leicht, ihre Identität mit der Bewegung ist nur verständlich, wenn wir die bloße Bewegung, die ja, wenn auch nicht bloß möglich, so doch auch nicht schon wirklich, sondern den Übergang von Möglichkeit und Wirklichkeit bedeutete und darum eines Prinzips bedurfte, von ebendiesem Prinzip, das wahrhaft wirklich sein muß, um die Bewegung zur Wirklichkeit überzuführen, streng unterscheiden. Und erst in der allein wirklichen Form sind wir auch beim Prinzip der Bewegung angelangt. Es fragt sich nun, wie denn die Form als solche wirken und bewegen könne. Als Prinzip der Bewegung kann sie selbst nicht bewegt sein. Sie kann also nicht bewegen, wie ein Ding, das selbst bewegt wird, und kann auch nicht bloß bewegt werden, wie die Materie, die von sich aus eben überhaupt nicht bewegt ist, sondern erst durch die Form bewegt werden soll, indem sie ja allererst durch die Bewegung von ihrer bloßen Möglichkeit zur Wirklichkeit gelangt. Wie es also etwas gibt, das nur bewegt wird, nämlich die Materie, und etwas, das sowohl bewegt als auch selbst bewegt wird, nämlich die bewegenden und bewegten Dinge, so gibt es auch etwas, das bewegt, aber nicht selbst bewegt wird, sondern reine Substanz und reine Energie oder Wirksamkeit ist.[1] Diese drei Bestimmungen sind zugleich die drei Formen der Substanz (οὐσίαι δὲ τρεῖς)[2]: Die Materie ist, wie wir schon gesehen, in ihrem Möglich-Sein das Substrat der Veränderung und Bestimmbarkeit, die Form als bestimmende Wirklichkeit und die Dinge als Bestimmungen des Bestimmbaren durch das Bestimmende, d. h. als Verbindung von Materie und Form. Alle drei sind freilich in anderem Sinne Substanz, wie wir auch das schon gesehen haben, und wie

---

irgendeiner aller Aristotelischen Schriften die Rede, obwohl die Form allein wahrhaft wirklich und die Materie bloß möglich sein soll, noch kann, wie sich noch zeigen wird, dem ganzen Tenor des Aristotelischen Denkens gemäß, davon die Rede sein, weil, wovon später, die Materie trotz ihrer bloßen Möglichkeit doch die Macht hat, der Form in der Verwirklichung Widerstand zu leisten.

[1] Met. XI, 7,1072a: ἔστι τοίνυν τι καὶ ὃ κινεῖ. ἐπεὶ δὲ τὸ κινούμενον καὶ κινοῦν, καὶ μέσον τοίνυν ἐστί τι ὃ οὐ κινούμενον κινεῖ, ἀΐδιον, καὶ οὐσία καὶ ἐνέργεια οὖσα.

[2] Ebenda 1,1069a; vgl. VI, 10,1035a: ... καὶ οὐσία ἥ τε ὕλη καὶ τὸ εἶδος καὶ τὸ ἐκ τούτων ...; ähnlich auch 3,1029a.

das auch hier wieder deutlich wird. Die eigentlich realen Einzelsubstanzen sind in letzter Linie doch nur abgeleiteterweise Substanz, insofern sie aus Materie und Form bestehen, die Materie ist mit ihrer bloßen Möglichkeit nur Substanz als Substrat des Werdens und der Veränderung. Die Form aber ist Substanz im höchsten Sinne, insofern sie nicht nur ein höheres Sein hat als die Materie, sondern ebendarum auch als die aus beiden bestehenden Dinge.[1] In tiefster Bedeutung ist nun nicht mehr das Einzelding, obwohl es das eigentlich Reale ist, erste und ursprüngliche Substanz, sondern gerade das, was für das Sein des Einzelnen als das eigentlich Wirkliche und Wirksame zum Unterschiede vom bloß Realen und als Grundlage des Realen selbst schon Voraussetzung ist.[2] Vermöge dieser Unterscheidungen und Bestimmungen wird hinsichtlich der Wirksamkeit der Form freilich nur die negative Seite klar. Das höchste substantielle Wirken und Bewegen muß selbst außerhalb des bloß Bewegbaren, wie auch dessen, was sowohl bewegbar wie bewegend ist, stehen. Rein bewegend ist seine Wirksamkeit. Aber wie etwas bewegend im Sinne des Prinzips der Bewegung sein könne, ohne selbst bewegt zu sein, — erst mit der Entscheidung dieser Frage ist die positive Bedeutung der Wirksamkeit der höchsten Substanz gewonnen.

Die Entscheidung liegt implizite freilich schon in der Art, wie die Form als solche erkannt worden ist. Sie ward ja identisch gesetzt mit dem Begriff und Zweck. Was darum bewegt, ohne selbst bewegt zu werden, also schlechthin wirksam ist, das ist die Zweckursache (τὸ οὗ ἕνεκα).[3] Sie ist das eigentliche Prinzip, insofern eben Prinzip das ist, um dessentwillen

---

[1] Met. VI, 3,1029 a: ὥστε εἰ τὸ εἶδος τῆς ὕλης πρότερον καὶ μᾶλλον ὄν, καὶ τοῦ ἐξ ἀμφοῖν πρότερον ἔσται διὰ τὸν αὐτὸν λόγον.

[2] Ebenda 7,1032: εἶδος δὲ λέγω τὸ τί ἦν εἶναι ἑκάστου καὶ τὴν πρώτην οὐσίαν. Daß nicht bloß die Einzelsubstanz, sondern das εἶδος selbst als πρώτη οὐσία auftritt, darf jedenfalls doch nicht ganz unbeachtet bleiben. Ich glaube: wir können das eben nur verstehen, wenn wir zwischen Substanz, Wirklichkeit und Realität unterscheiden und sie in das Verhältnis bringen, das ich in dem obigen Satze des Textes zu bezeichnen versucht habe, durch den dann auch das τὸ τί ἦν εἶναι in seiner Bedeutung deutlich werden kann.

[3] Met. XI, 7,1072 b.

etwas geschieht, und das Geschehen ist eben um des Zweckes
willen. Der Zweck ist die eigentliche Wirklichkeit, für die auch
schon die bloße Möglichkeit eben überhaupt auch nur als Möglichkeit ist.[1] Insofern alles Geschehen auf ihm beruht, ist er auch
Prinzip der Veränderung, das als solches selbst keiner Veränderung fähig ist.[2] Weil dieses schlechthin seiend ist, ist es
notwendig; und daß es notwendig ist (ἐξ ἀνάγκης ὄν)[3], darin liegt
sein Wert. Denn darum ist es vernünftig. Als Begriff ist es
das vernünftige Denken selbst; und so ist das vernünftige
Denken als Begriff und Form und Zweck selbst Prinzip (ἀρχὴ
δὲ ἡ νόησις).[3] Das vernünftige Denken hat an und für sich
zum Inhalte das Beste und Wertvollste. Das aber ist die Vernünftigkeit selbst. In ihm denkt also die Vernunft sich selbst (αὐτὸν δὲ
νοεῖ ὁ νοῦς)[3], sind denkende Vernunft und ihr Vernunftinhalt
oder Gegenstand dasselbe (ὥστε ταὐτὸν νοῦς καὶ νοητόν).[3] Der
höchste Zweck ist also die Vernunft; sie ist das Ziel des Geschehens und zugleich seine Ursache, und sie ist Ursache, indem sie Ziel ist, und Ziel, indem sie Ursache ist. Insofern
bewegt sie, wie das selbst nicht bewegte Geliebte den Liebenden
bewegt und vermittels dessen, was sie bewegt, bewegt sie auch
das Übrige (κινεῖ δὲ ὡς ἐρώμενον, κινούμενον δὲ τἄλλα κινεῖ).[3]
Freilich das ist ein Bild. Wenn die Vernunft selbst zum
Prinzip der Bewegung wird, insofern sie Zweck ist und alles
um des Zweckes willen geschieht, darum aber selbst nicht bewegt wird, so kann das nicht heißen, daß die höchste Wirksamkeit in einer bloßen Passivität aufgehoben werden solle,
weil ja der höchste Zweck nur als Geliebtes bewegt. Denn
auch dieses Bewegen ist so wahrhaft ein Tun, wie das vernünftige Denken, mit dem es Eines und Ebendasselbe ist, ein
Tun ist. Es ist nur ein Tun, das keines Zweckes über sich
bedarf, das sich nicht auf einen Zweck außer sich erstreckt,
weil es selbst der höchste Zweck ist und darum in sich selbst

---

[1] Met. VIII, 7,1050a: ἀρχὴ γὰρ τὸ οὗ ἕνεκα, τοῦ τέλους δ' ἕνεκα ἡ γένεσις. τέλος δ' ἡ ἐνέργεια, καὶ τούτου χάριν ἡ δύναμις λαμβάνεται.

[2] Met. XI, 7,1072b: ἐπεὶ δ' ἐστί τι κινοῦν αὐτὸ ἀκίνητον ὄν, ἐνεργείαι
ὄν, τοῦτο οὐκ ἐνδέχεται ἄλλως ἔχειν οὐδαμῶς.

[3] Ebenda.

7. Kapitel.

beschlossen bleibt, sich auf sich selbst richtet, sich selbst zum Inhalte und Gegenstande hat, insofern in ihm das Denken sich selber denkt und mit seinem Gegenstande identisch wird. Weit entfernt also von bloßer Passivität und toter Ruhe kommt dem höchsten Zwecke vielmehr das höchste Leben zu. Denn die Wirksamkeit der denkenden Vernunft ist gerade Leben, und zwar ewiges Leben. Lebendige Wirksamkeit der ewigen lebendigen Vernunft, als welche sich der höchste Zweck, die wirksame Form erweist, aber bezeichnen wir als Gott. Und so ist die Form als höchster, wirksamer, zweckvoll lebendiger, ewiger Grund selbst: Gott.[1] An der Gottheit hängen Himmel und Welt[2], die freilich selbst einheitlich sind. Weil Gott Eines ist, ebendarum gibt es auch offenbar nur eine Welt.[3] Als höchster Zweck wird die Gottheit bei Aristoteles genau so wie bei Platon zum höchsten Prinzip aller Dinge. Denn als höchster Zweck und höchstes Prinzip ist sie selbst das Gute, und das Gute ist selbst Prinzip.[4] Und darin liegt ihre lebendige Wirksamkeit, daß sie als Form und Wirklichkeit die Materie als das bloß Mögliche derart zur Wirklichkeit überführt, daß die Dinge in der Natur stetig zum Besseren streben[5] und Gott ihr Werden zweckvoll eingerichtet hat.[6] In der Bestimmung aber, daß Gott das Geschehen in der Weise zweckvoll, entelechisch

---

[1] Ebenda: καὶ ζωὴ δέ γε ὑπάρχει· ἡ γὰρ νοῦ ἐνέργεια ζωή, ἐκεῖνος δὲ ἡ ἐνέργεια· ἐνέργεια δὲ ἡ καθ' αὑτὴν ἐκείνου ζωὴ ἀρίστη καὶ ἀΐδιος. φαμὲν δὲ τὸν θεὸν εἶναι ζῷον ἀΐδιον ἄριστον, ὥστε ζωὴ καὶ αἰὼν συνεχὴς καὶ ἀΐδιος ὑπάρχει τῷ θεῷ· τοῦτο γὰρ ὁ θεός. Vgl. dazu auch Bullinger, a. a. O., S. 25.

[2] Ebenda: ἐκ τοιαύτης ἄρα ἀρχῆς ἤρτηται ὁ οὐρανὸς καὶ ἡ φύσις.

[3] Met. XI, 7,1074a: ὅτι δὲ εἷς οὐρανός, φανερόν; und rücksichtlich der Einheit Gottes zitiert A. 10,1076a: οὐκ ἀγαθὸν πολυκοιρανίη· εἷς κοίρανος ἔστω.

[4] Ebenda 10,1075a: καίτοι ἐν ἅπασι μάλιστα τὸ ἀγαθὸν ἀρχή. Diese Übereinstimmung mit Platon in diesem ungemein wichtigen Faktor der Lehre betont auch Windelband, Lehrbuch der Geschichte der Philosophie, S. 120, wo es heißt: «Die erste bewegende oder die reine Form bedeutet also in der Aristotelischen Metaphysik ganz dasselbe, wie die Idee des Guten in der Platonischen».

[5] De gen. et corr. II, 10,337a: τοῦ βελτίονος ὀρέγεσθαι.

[6] Ebenda: ἐντελεχῆ ποιήσας τὴν γένεσιν.

eingerichtet habe, daß die werdenden Dinge stetig zum Besseren streben — auf diesen Komparativ kommt dabei sehr viel, wenn nicht gar alles, an — erhält der ganze Energie- und Entelechie-Gedanke des Aristoteles seine bestimmteste Präzision als zweckvolle Entwickelung. Man kann daher mit Windelband sagen, daß Aristoteles das Substanzproblem, «das Grundproblem der griechischen Philosophie, wie hinter der wechselnden Mannigfaltigkeit der Erscheinungen ein einheitliches und bleibendes Sein zu denken sei, durch einen Beziehungsbegriff, denjenigen der Entwickelung gelöst hat».[1] Es ist, um mit Goethe zu reden, der sich in seiner Weise ja den Aristotelischen Begriff der «Entelechie» zu eigen gemacht, eben der Fortschritt «aus dem simpelsten Stoff..... bis zur größten Vollendung», der die entelechische Entwickelung charakterisiert.[2] Die Form als das wahrhaft Wirkliche muß diese Entwickelung ursächlich bestimmen, indem sie dieser als Zweck das Ziel weist, und sie kann nur als Zweck und Ziel der Entwickelung die Richtung geben, indem sie diese ursächlich bestimmt. Das nun vermag sie durch die Bestimmung des Stoffes. Form und Stoff bestehen ja nicht ohne einander, sondern immer miteinander. Denn die Form für sich selbst schließt das Entstehen von sich aus. Nur die Dinge entstehen, die aus Form und Stoff bestehen, in denen also nicht bloß Form, sondern immer auch Stoff ist, insofern ja dieser das Substrat des Werdens und der Veränderung ist und bald dieses, bald jenes wird.[3] Wie Form und Stoff nicht ohne einander sind, weil sie gerade in ihrer Verbindung die Dinge bestimmen, so sind sie auch nicht außer und neben den Dingen, sondern in den Dingen, den Dingen immanent.[4] Sie sind das, wie schon früher deutlich wurde, als

[1] Windelband, a. a. O., S. 115.
[2] Vgl. dazu meine Antrittsvorlesung: «Über Goethes philosophische Weltanschauung». (Preußische Jahrbücher, Bd. 115, Heft 3, bes. S. 526 f.).
[3] Met. VI, 8, 1033 b: φανερὸν δὴ (ἐκ τῶν εἰρημένων) ὅτι τὸ μὲν ὡς εἶδος ἢ οὐσία λέγομεν οὐ γίγνεται, καὶ ὅτι ἐν παντὶ τῷ γενομένῳ ὕλη ἔνεστι, καὶ ἔστι τὸ μὲν τόδε τὸ δὲ τόδε. Auch zahlreiche, früher schon gegebene Zitate können dafür als Beleg gelten.
[4] Wie es von der Materie Met. VI, 8, 1033 b soeben hieß, ὅτι ἐν παντὶ τῷ γενομένῳ ὕλη ἔνεστι, so heißt es ebenda 1037 a auch von der Form und

7. Kapitel.

das Bestimmende und Bestimmbare, als das Aufgenommene und das Aufnehmende. Indem die Materie die Bestimmung der Form aufnimmt und die Form so die Materie bestimmt, erlangen die Dinge ihr Sein.[1] Insofern aber diese Bestimmung ihrem Wesen nach Zweckbestimmung ist, ist der Zweck der Wirklichkeit selbst immanent, ist eine «immanente Zweckmäßigkeit»[2] der Natur selbst notwendig. Da Form und Ma-

---

ihrem Verhältnis zur Materie: ἡ οὐσία γάρ ἐστι τὸ εἶδος τὸ ἐνόν, ἐξ οὗ καὶ τῆς ὕλης ἡ σύνοδος λέγεται οὐσία ... Vgl. dazu und zur vorigen Bestimmung rücksichtlich der Immanenz der Materie auch Bäumker, a. a. O., S. 261 f. Diese Immanenz, wenn man das Verhältnis des ἐνεῖναι so nennen will, wogegen kaum etwas einzuwenden ist, folgt unmittelbar auch schon aus den früheren Erörterungen. Denn danach sollten ja die allgemeinen Prinzipien nicht neben dem Einzelnen sein, und Form und Materie wurden als allgemeine Prinzipien betrachtet. Also konnten sie danach schon nicht außer und neben dem Einzelnen sein. Für das Substanzproblem ist es unter diesem Betracht von Interesse, daß Met. XI, 5,1071 a mit Rücksicht auf die Prinzipien der Form, Materie, Steresis und Bewegung von οὐσιῶν αἴτια gesprochen wird. Hier wird zunächst wieder die mehrfache Bedeutung des Substanzbegriffes in der Weise deutlich, daß die Einzelsubstanz eben einer allgemeineren Ursächlichkeit bedarf, in der jene vier Prinzipien zusammenkommen. Da die στέρησις aber im positiven Sinne ausschaltet, dagegen die Bewegung zwischen Materie und Form, wie wir sahen, derart vermittelt, daß sie den Übergang von der einen zur anderen, als von der Möglichkeit zur Wirklichkeit darstellt, so muß, da sie selbst eigentlich nur eine Relation zwischen beiden ist und ihr Prinzip selbst in der Form hat, die Bewegung mit ihren auf ihr beruhenden Formen der quantitativen und qualitativen Veränderung ebenfalls den Dingen immanent sein. Diese Konsequenz hat Aristoteles in der Tat Phys. II, 1,192 b gezogen, wo es heißt: τὰ μὲν γὰρ φύσει ὄντα πάντα φαίνεται ἔχοντα ἐν ἑαυτοῖς ἀρχὴν κινήσεως καὶ στάσεως, τὰ μὲν κατὰ τόπον, τὰ δὲ κατ' αὔξησιν καὶ φθίσιν, τὰ δὲ κατ' ἀλλοίωσιν. Das ist unter mehreren Gesichtspunkten von Bedeutung: sowohl dafür, daß von der ἀρχὴ κινήσεως in ihrem Verhältnis zu den φύσει ὄντα πάντα das ἐν ἑαυτοῖς ausgesagt wird, als auch dafür, daß früher die μορφή als ἀρχὴ τῆς κινήσεως aufgestellt worden ist. So wird hinsichtlich der Dinge die Immanenz der Bewegung und hinsichtlich der Form als des Prinzips der Bewegung die Immanenz der Form deutlich.

[1] Vgl., außer den schon zitierten Stellen de gen. et corr. I, 4,326 a und de caelo III, 8,306 mit dem Hinweis auf den Timaios, auch Bäumker, a. a. O., S. 362. Auch das οὐσιῶν αἴτια aus Met. XI, 5,1071 a, auf das in der vorigen Anmerkung schon hingewiesen wurde, ist dafür nicht ohne Belang.

[2] Worte Zellers, a. a. O., S. 427. Siehe hier auch die zahlreichen Stellen-

terie nicht außer den Dingen sind, sondern als das zweckbestimmende und das zweckbestimmte Prinzip ihnen immanieren, die Form aber allein wahrhaft wirklich ist, so kann das Wesen des Dinges, das, wie ja schon gesagt, von dem Ding, dessen Wesen es ist, nicht getrennt werden darf[1], allein in der Form liegen. Die Form aber ist der Begriff, und die Begriffe sind Formen der Form überhaupt.[2] So wird — durch diesen echt Platonischen Zug des Aristotelischen Denkens — die entelechische Zweckentwickelung und das «Streben zum Besseren» ein stetiger Fortgang von niederen zu höheren Formen, so daß unter den realen Dingen, was für das eine selbst Form ist, für ein höheres wieder Stoff ist, vom bloßen Stoff bis zur reinen Form, und in diesem Sinne wird die Entelechie zur Selbstdarstellung «des Wesens in den Erscheinungen».[3]

Freilich hatte Aristoteles einen zu offenen Blick für die harte Wirklichkeit, um in dieser das Zwecklose und Zweckwidrige zu übersehen. Wie Platon, so brauchte er auch für die Erklärung dessen einen Grund; und, wie Platon, so findet auch er ihn in der Materie. Zwar gilt ihm diese nicht, wie seinem Vorgänger, selbst schon als das Böse und das Übel.[4]

---

belege. Zu den empirischen Argumenten des Aristoteles, die besonders der organischen Natur entnommen sind, sowie auch der Astronomie, vgl. S. 425.

[1] Siehe oben S. 241. Anm. 2 das Zitat aus Met. I, 9,991 b.

[2] Vgl. de caelo I, den ganzen ersten Teil bis Mitte 9,278 a; auch Bäumker, a. a. O., S. 282.

[3] Windelband, S. 115 f. Hier finden sich besonders folgende vortreffliche Formulierungen: «Aristoteles aber bestimmte das Seiende als das sich in den Erscheinungen selbst entwickelnde Wesen».... «und alle Erscheinung wird zur Verwirklichung des Wesens» (S. 115) und «der Schwerpunkt der Aristotelischen Philosophie liegt also in diesem neuen Begriff des Geschehens als der Verwirklichung des Wesens in der Erscheinung» (S. 116).

[4] Es geht trotz einer gewissen Einschränkung auch gegen Platon, wenn es Met. XIII, 4,1091 b heißt: ἀλλὰ μὴν οὕτω βούλεται τιθέτω τις εἶναι ἰδέας. εἰ μὲν γὰρ τῶν ἀγαθῶν μόνον, οὐκ ἔσονται οὐσίαι αἱ ἰδέαι, εἰ δὲ καί, τῶν οὐσιῶν, πάντα τὰ ζῷα καὶ τὰ φυτὰ ἀγαθὰ καὶ τὰ μετέχοντα. ταὐτά τε δὴ συμβαίνει ἄτοπα, καὶ τὸ ἐναντίον στοιχεῖον, εἴτε πλῆθος ὂν εἴτε τὸ ἄνισον καὶ μέγα καὶ μικρόν, τὸ κακὸν αὐτό. Wenn auch, was hier über Einheit, Vielheit, Gleichheit, Ungleichheit, Großes und Kleines ausgeführt wird, auf Platon nicht zutrifft,

7. Kapitel.

Allein insofern der Form allein wahrhaftes Sein und darum ein höheres Sein (μᾶλλον εἶναι)[1] zukommt als der Materie, ist auch diese weniger vollkommen als die Form. Und sie muß das ja auch sein, insofern die Form Ziel und Zweck und das Gute selber ist. So hat die Materie überhaupt erst nach der Form zu streben. Sie bleibt also, so wahr es das Göttliche und Gute gibt, diesem entgegengesetzt, so wahr das seinem Ziele entgegengesetzt ist, das nicht das Ziel selbst ist, sondern erst nach dem Ziele strebt.[2] Mag immerhin also der Zweck der Natur immanent wie der Kunst sein und die Natur einem Arzte gleichen, der sich selbst behandelt, mag darum also die Natur nichts Anderes sein, als die Zweckursache selbst[3], so sind doch in der Natur wie auch in der Kunst die zweckwidrigen Bildungen, die dem Zwecke gegenüber zufällig und von ungefähr (κατὰ συμβεβηκός — ἀπὸ τύχης) erscheinen und die Zweckdarstellung hindern (ἐμποδίζειν)[4], nicht zu leugnen. Der Grund dafür kann nur in dem liegen, was dem Zwecke selbst entgegengesetzt ist, also in der Materie, wie sie auch den Grund bilden muß für alle individuellen, das Reale als solches gerade kennzeichnenden Differenzen, weil eben die Form der Begriff selbst ist, und weil der Begriff als das Allgemeine, auch wenn es nicht neben und außer dem Einzelnen ist, doch das Ewige und Unveränderliche bedeutet, so daß das von ihm befaßte Einzelne nur verschieden ist der Materie nach, nicht verschieden, sondern Eines und Ebendasselbe, der Form nach.[5]

Gelegentlich spricht Aristoteles freilich auch von indivi-

---

eine Spitze gegen Platon ist doch von vornherein (siehe besonders Anfg. 4) beabsichtigt.

[1] Vgl. S. 257, besonders das Zitat aus Met. VI, 3,1029a in Anm. 2.
[2] Phys. I, 9,192a: ὄντος γάρ τινος θείου καὶ ἀγαθοῦ καὶ ἐφετοῦ, τὸ μὲν ἐναντίον αὐτῶι φαμεν εἶναι, τὸ δὲ ὃ πέφυκεν ἐφίεσθαι καὶ ὀρέγεσθαι αὐτοῦ κατὰ τὴν ἑαυτοῦ φύσιν.
[3] A. a. O. II, 8,199b: ὥστ' εἰ ἐν τῆι τέχνηι τὸ ἕνεκα του, καὶ ἐν φύσει. μάλιστα δὲ δῆλον, ὅταν τις ἰατρεύηι αὐτὸς ἑαυτόν· τούτωι γὰρ ἔοικεν ἡ φύσις. ὅτι μὲν οὖν αἰτία ἡ φύσις, καὶ οὕτως ὡς ἕνεκα του, φανερόν.
[4] Ebenda.
[5] Met. VI, 8,1034a: καὶ ἕτερον μὲν διὰ τὴν ὕλην, ἑτέρα γάρ, ταὐτὸ δὲ τῶι εἴδει. ἄτομον γὰρ τὸ εἶδος.

duellen Unterschieden der Form.[1] Dementsprechend muß er dann auch die Form mit Entstehen und Vergehen behaften. So viel Schwierigkeit auch in dem Verhältnis von Form und Materie überhaupt auch noch das ganze Aristotelische System drücken mögen, gerade darin, daß auch individuelle Unterschiede der Form und damit für sie Entstehen und Vergehen impliziert werden, darf man wohl mit Bäumker[2] keinen Widerspruch des Systems sehen. Denn es handelt sich, wie besonders die Aristotelischen Beispiele an jenen Stellen beweisen, um bloß empirische Verhältnisse. Der Unterschied zum εἶδος selbst mag wohl allein aus dem Grunde von Aristoteles nicht besonders betont worden sein, weil er ihm als zu selbstverständlich erschien. Die Schwierigkeit hebt sich, wenn man bedenkt, daß Form und Materie weder ohne einander, noch ohne die Dinge sind, sondern diese gemeinsam bestimmen. Es liegt also auch darin noch kein Widerspruch, wie ebenfalls Bäumker[3] und ähnlich auch Siebeck[4] meinen, daß die Materie als solche eben bloße Möglichkeit ist, die bestimmte Materie dagegen sowohl Möglichkeit für ein höheres Ding als auch Wirklichkeit und Entelechie im Verhältnis zu einem niederen Dinge ist. Weil Form und Materie in den konkreten Dingen nicht zu trennen und nur in der Abstraktion und Reflexion als die Prinzipien der Dinge zu unterscheiden sind, würde man in die konkreten Verhältnisse eine Abstraktion hineintragen, die diesen und dem ganzen Aristotelischen Denken fremd ist, wenn man hier einen Widerspruch ansetzen wollte.

Allein, eine Schwierigkeit bleibt bestehen: Die Materie soll zwar nur der Möglichkeit nach sein, die Form allein der Wirklichkeit nach. Dennoch aber soll das bloß Mögliche, wie wir sahen, die Macht besitzen, die restlose Darstellung und Selbstverwirklichung der Form oder des Wesens zu hindern. Wir stoßen hier auf dieselbe dualistische Schwierigkeit, der wir bei Platon begegnet sind. Weil die Materie nicht wahrhaft wirk-

---

[1] Ebenda 1033 b, auch XI, 5, 1071 a u. a. m.
[2] A. a. O., S. 256 ff.
[3] Ebenda.
[4] Siebeck, a. a. O., S. 38.

lich ist und die wahrhafte Wirklichkeit allein der Vernunft und Form zukommt, mag man immerhin glauben können, wie Lasson, von einem «Monismus des Geistes»[1] sprechen zu dürfen. Allein die Materie soll selbst allgemeines Prinzip sein. Daß sie das nur als Möglichkeit ist, mag die dualistische Schwierigkeit wie bei Platon abschwächen, auflösen aber kann es sie ebensowenig wie bei diesem. Denn daraus ergeben sich nicht nur neue Schwierigkeiten für das Einzelwesen, das ja das eigentlich Substantielle als Einzelsubstanz sein und gerade von der Materie in seiner Individualität bedingt sein soll. Die Hauptschwierigkeit liegt vielmehr darin, wie das bloß Mögliche das Wirkliche einschränken und als Mitursache (συναίτιον)[2] hemmen könne. Die Unbedingtheit mag der Form verbleiben, die Materie mag bloß bedingte Notwendigkeit (ἐξ ὑποθέσεως ἀναγκαῖον)[3] haben, ihre antientelechische Eigenbedeutung wird damit doch nicht aufgehoben. Von einem «Monismus des Geistes» dürfen wir also nicht sprechen, wohl aber mit Windelband von einem «Monotheismus des Geistes».[4] Denn der schließt den Dualismus nicht aus, sondern fordert ihn.[5] Daß Tendenzen, über den Dualismus hinauszuführen, vorhanden sind, ist freilich deutlich. Sie liegen eben in der Bestimmung, daß das wahrhaft unbedingt und Wirkliche allein die Form, die Materie aber das bloß Mögliche und bedingt Notwendige ist. Der Absolutheit

---

[1] Siehe oben S. 232, ähnlich auch Bullinger, a. a. O., S. 18. Im übrigen verkenne ich — ich sage das auch gleich für die folgenden letzten Sätze dieses Buches — durchaus nicht, daß, wie bei Platon, Impulse zur Überwindung des Dualismus vorhanden sind. Aber jene Impulse sind noch nicht diese Überwindung selbst. So schön es weiter auch ist, aus lauterer und echter Liebe für den Hegelschen «Monismus des Geistes» einen solchen auch in das Aristotelische System hineinzulesen, so ist doch das nicht ganz historisch. Und — Hegeln mußte doch der Weltgeist in der Geschichte auch noch eine Arbeit übrig lassen.

[2] Met. IV, 5,1015a b.

[3] Phys. II, 9,200a. Vgl. dazu auch Windelband, a. a. O., S. 119; Bäumker, a. a. O., S. 268; Zeller, a. a. O., S. 429.

[4] Windelband, a. a. O., S. 120.

[5] Dieser Dualismus ist auch mit Ausnahme der strikte hegelisierenden Geschichtsschreibung von allen Historikern, die sich um die Entwickelung der Philosophie bemüht haben, einstimmig anerkannt worden.

ist die Materie so freilich in gewisser Weise entkleidet, aber
eben nur in gewisser Weise, nicht gänzlich und restlos. Ihre
antiteleologische Eigenwirksamkeit involviert den dualistischen
Rest. Daß Aristoteles über diesen nicht hinausgelangt ist, zeigt
das Substanzproblem zur Evidenz. Der Aristotelische Substanzbegriff bleibt dualistisch, ja, wenn man mit Rücksicht auf die
Einzelsubstanz und die Substanzkategorie will, (sit venia verbis)
tertialistisch, bezw. quartalistisch. Das ist freilich auf dieser
Stufe des Denkens und für die Kontinuität der Problementwickelung kein Fehler, sondern ein Verdienst: Hat Platon das
Substanzproblem im Altertum am profundesten aufgegraben,
so hat ihm Aristoteles die weiteste Fülle und Breite gegeben.
Tiefer als Platon und weiter als Aristoteles konnte das Altertum in der Bearbeitung unseres Problems nicht gehen. Und
wer heute über das Substanzproblem philosophiert, als habe
Kant nie gelebt, mag er die Substanz im Sinne der Materie
oder des Geistes oder wie immer sonst fassen, der ist, falls er
die Verschlingung von Bedingendem und Bedingtem, von Be-
stimmendem und Bestimmtem nicht in dem Probleme selbst
angelegt erkennt, über den Standpunkt von Platon und Aristoteles sicher nicht nur nicht hinaus; er steht günstigstenfalls
auf dem prinzipiellen Boden Demokrits oder Protagoras', aber
bei Platon und Aristoteles ist er noch nicht einmal angelangt.

www.ingramcontent.com/pod-product-compliance
Lightning Source LLC
Chambersburg PA
CBHW021943240426
43668CB00037B/656